本书系国家社科基金年度项目（18BFX180）最终成果

从恢复原状生态化到环境修复责任独立化研究

Ius est ars boni et aequi

胡 卫——著

法律出版社 LAW PRESS · CHINA
——北京——

图书在版编目（CIP）数据

从恢复原状生态化到环境修复责任独立化研究 / 胡卫著. -- 北京 : 法律出版社, 2024. -- ISBN 978 -7 -5197 -9856 -7

Ⅰ. D922.680.4

中国国家版本馆 CIP 数据核字第 2024XQ1928 号

从恢复原状生态化到环境修复责任独立化研究
CONG HUIFU YUANZHUANG SHENGTAIHUA DAO HUANJING XIUFU ZEREN DULIHUA YANJIU

胡 卫 著

策划编辑 似 玉
责任编辑 似 玉 石蒙蒙
装帧设计 臧晓飞

出版发行 法律出版社
编辑统筹 法律应用出版分社
责任校对 李 军
责任印制 刘晓伟
经 销 新华书店

开本 710 毫米 × 1000 毫米 1/16
印张 27.5 **字数** 380 千
版本 2024 年 12 月第 1 版
印次 2024 年 12 月第 1 次印刷
印刷 唐山玺诚印务有限公司

地址:北京市丰台区莲花池西里 7 号(100073)
网址:www.lawpress.com.cn
投稿邮箱:info@lawpress.com.cn
举报盗版邮箱:jbwq@lawpress.com.cn

销售电话:010 - 83938349
客服电话:010 - 83938350
咨询电话:010 - 63939796

书号:ISBN 978 -7 -5197 -9856 -7
定价:109.00 元
凡购买本社图书,如有印装错误,我社负责退换。电话:010 - 83938349

缩略语一览表

主要法律法规及缩略语

《中华人民共和国民法典》	《民法典》
《中华人民共和国民法通则》(已废止)	《民法通则》
《中华人民共和国物权法》(已废止)	《物权法》
《中华人民共和国侵权责任法》(已废止)	《侵权责任法》
《中华人民共和国刑法》	《刑法》
《中华人民共和国环境保护法》	《环境保护法》
《中华人民共和国长江保护法》	《长江保护法》
《中华人民共和国黄河保护法》	《黄河保护法》
《中华人民共和国湿地保护法》	《湿地保护法》
《中华人民共和国野生动物保护法》	《野生动物保护法》
《中华人民共和国海洋环境保护法》	《海洋环境保护法》
《中华人民共和国青藏高原生态保护法》	《青藏高原生态保护法》

续表

《中华人民共和国土壤污染防治法》	《土壤污染防治法》
《中华人民共和国固体废物污染环境防治法》	《固体废物污染环境防治法》
《中华人民共和国水污染防治法》	《水污染防治法》
《中华人民共和国大气污染防治法》	《大气污染防治法》
《中华人民共和国噪声污染防治法》	《噪声污染防治法》
《中华人民共和国放射性污染防治法》	《放射性污染防治法》
《中华人民共和国土地管理法》	《土地管理法》
《中华人民共和国森林法》	《森林法》
《中华人民共和国草原法》	《草原法》
《中华人民共和国渔业法》	《渔业法》
《中华人民共和国矿产资源法》	《矿产资源法》
《中华人民共和国野生动物保护法》	《野生动物保护法》
《中华人民共和国水法》	《水法》
《中华人民共和国黑土地保护法》	《黑土地保护法》
《中华人民共和国自然保护区条例》	《自然保护区条例》
《中华人民共和国风景名胜区条例》	《风景名胜区条例》
《中华人民共和国煤炭法》	《煤炭法》
《中华人民共和国水土保持法》	《水土保持法》
《中华人民共和国标准化法》	《标准化法》
《中华人民共和国担保法》(已废止)	《担保法》
《中华人民共和国合同法》(已废止)	《合同法》
《中华人民共和国职业教育法》	《职业教育法》
《中华人民共和国种子法》	《种子法》
《中华人民共和国湿地保护法》	《湿地保护法》
《中华人民共和国人口与计划生育法》	《人口与计划生育法》
《中华人民共和国兵役法》	《兵役法》
《中华人民共和国安全生产法》	《安全生产法》

续表

《中华人民共和国食品安全法》	《食品安全法》
《中华人民共和国药品管理法》	《药品管理法》
《中华人民共和国建筑法》	《建筑法》

主要指导性文件及略缩语

《全国法院民商事审判工作会议纪要》	《九民纪要》

主要政策文件及略缩语

《中共中央办公厅、国务院办公厅生态环境损害赔偿制度改革方案》	《改革方案》

主要司法解释及略缩语

《最高人民法院关于贯彻执行〈中华人民共和国民法通则〉若干问题的意见(试行)》[法(办)发〔1988〕6 号,已废止]	《民法通则意见》
《最高人民法院关于审理环境侵权责任纠纷案件适用法律若干问题的解释》(法释〔2015〕12 号,已废止)	《环境侵权责任解释》
《最高人民法院关于审理生态环境侵权责任纠纷案件适用法律若干问题的解释》(法释〔2023〕5 号)	《生态环境侵权责任解释》
《最高人民法院关于审理环境民事公益诉讼案件适用法律若干问题的解释》(法释〔2015〕1 号,法释〔2020〕20 号修正)	《环境民事公益诉讼解释》
《最高人民法院关于审理生态环境损害赔偿案件的若干规定(试行)》(法释〔2019〕8 号,法释〔2020〕17 号修正)	《生态环境损害赔偿规定》
《最高人民法院关于审理生态环境侵权纠纷案件适用惩罚性赔偿的解释》(法释〔2022〕1 号)	《生态环境侵权惩罚性赔偿解释》

续表

《最高人民法院关于审理森林资源民事纠纷案件适用法律若干问题的解释》(法释〔2022〕16号)	《森林资源民事解释》
《最高人民法院关于具有专门知识的人民陪审员参加环境资源案件审理的若干规定》(法释〔2023〕4号)	《具有专门知识陪审员规定》
《最高人民法院关于贯彻实施〈中华人民共和国黄河保护法〉的意见》(法发〔2023〕8号)	《黄河保护法意见》
《最高人民法院贯彻实施〈长江保护法〉工作推进会会议纪要》(法〔2021〕304号)	《长江保护法纪要》
《最高人民法院关于审理海洋自然资源与生态环境损害赔偿纠纷案件若干问题的规定》(法释〔2017〕23号)	《海洋自然资源损害规定》
《最高人民法院关于深入学习贯彻习近平生态文明思想为新时代生态环境保护提供司法服务和保障的意见》(法发〔2018〕7号)	《新时代生态环境保护司法意见》
《最高人民法院关于完整准确全面贯彻新发展理念　为积极稳妥推进碳达峰碳中和提供司法服务的意见》(法发〔2023〕5号)	《碳达峰碳中和司法意见》
《最高人民法院关于适用〈中华人民共和国公司法〉若干问题的规定(三)》(法释〔2020〕18号)	《公司法司法解释三》

主要技术文件及缩略语

原环境保护部发布的《环境损害鉴定评估推荐方法(第Ⅱ版)》(环办〔2014〕90号)	《推荐方法(第Ⅱ版)》
生态环境部《生态环境损害鉴定评估技术指南总纲和关键环节第1部分:总纲》(生态环境部公告2020年第79号)	《总纲》

导　论

从2007年11月我国第一个生态环境保护法庭——贵州省清镇市人民法院环境保护法庭成立开始,环境司法专门化、专业化实践取得了丰硕成果,积极回应了人民群众对美好生态环境的向往与期盼。面对日益严重的生态破坏和环境污染危机,立法积极跟进,执法力度加大,司法能动因应,其中尤以环境司法最为耀眼。在恢复性司法理念的导引下,司法机关科学运用包括生态环境修复责任在内的各类法律责任,在一定程度上遏制了生态环境恶化的趋势。

2017年7月,笔者在实证分析基础上完成了拙作《环境侵权中修复责任的适用研究》,提出并论证了将环境修复责任独立化、彻底摆脱"借道"民法中恢复原状的论点,但仍有未研究透彻之感,遂决定再对此课题作细化、深入、全面研究。遂以《从恢复原状生态化到环境修复责任独立化研究》申报国家社科基金项目,并于2018年获准立项,于2023年年底得到专家肯定,以"良好"结项,本书即为研究成果同名著作。鉴定专家提出了良多建设性指导意见,笔者受益匪浅。笔者结合专家修改建议,将全书字数由鉴定成果的 56 万字精简到 33 万字,并坚持实证研究导向,力求周延反映最新立法进展、司法经验和理论成果。

笔者立足于千余份生态环境修复典型裁判文书的实证研究,对 1979 年至今的生态环境法律法规之法律责任制度及相关规范进行系统梳理,对党的十八大以来的生态文明政策、司法政策、司法解释所彰显的恢复性司法理念与修复责任制度进行高度提炼,并借鉴国外立法和司法经验,聚焦于生态环境修复法律责任制度的科学、规范设计。探究生态环境修复责任这一新型法律责任从民法中"恢复原状"演进到独立的"生态环境修复责任"的规律,塑造契合生态环境保护理念的独立化生态环境修复责任法律框架,形成完整的生态环境修复责任理论体系和制度体系。

本书以生态修复责任独立化、体系化、专门化为导向,以实务创新与理论创新双重视角展开研究,旨在构建独立化的生态环境修复责任理论体系。全书总体分为三部分共七章。第一部分为第一章,力图阐释修复责任独立化基本原理与制度逻辑,将修复责任定性为新型环境民事责任,并在公私法协同理念下以多维视角视之。第二部分包括第二、三、四、五、六章,力图勾勒出独立化生态环境修复责任之适用条件、主体扩张、责任分担、类型构造、责任方式等实体性规则与适用机制,彰显其作为独立化新型生态环境法律责任特有的规则构造。第三部分为第七章,论证了生态环境修复责任实现的多元协同机制,提出行政处理优先、刑事附带救济、民事兜底保障的复合实现机制。生态环境修复责任独立化的未来方向是坚持公私法协同规制理念,在生态环境法典中作为专门性责任系统化规定。

本书力求做到:第一,系统总结环境修复司法规律,提炼司法规则。深度归纳 17 年来的生态环境修复司法规律,梳理司法实践的好经验、好规则和有效做法,凝练司法智慧,为将来有序、高质量推进生态环境司法保护提供理论支撑。第二,系统总结法律法规及政策,改良责任规则。以国家法律法规、生态文明政策、司法政策及地方规范为原始样本,塑造基于本土但又具有前瞻性、科学性、有效性的生态环境修复责任制度规则，对生态环境修复责任的范畴界定、适用条件、主体扩张、责任分担、类型构造、责任方式及实现机制等进行契合实际的规则构造探索，为生态环境法典责任编的完善提供建议。第三，适度结合交叉学科原理，确保修复责任设计规范、科学。近 20 年来民法、环境法、生态学、环境科学等多学科、多领域对生态环境修复制度及修复原理的探究，融合了科学与法律、事实与价值，形成了有别于传统法律责任理论的生态环境修复责任理论框架体系，对丰富和发展环境法律责任理论，以及改良传统民事、行政、刑事责任理论提供了新视角。第四，以生态恢复论为指引，形塑生态环境法律责任制度框架。

本书系以生态环境损害下的生态环境修复责任适用及规则塑造为中心，基于作为侵权损害后果的法律责任视角进行理论建构与规则构造，除在必要之处作拓展研究之外，对涉及国家义务的生态修复制度不作重点研究。

目录

第一章　范畴界定：从恢复原状到生态环境修复责任的变化

第一节　概念变迁：从恢复原状到生态环境修复责任的嬗变

从民法中“恢复原状”到独立化的“生态环境修复责任”，是环境责任摆脱依附或从属于传统民事、行政、刑事责任，实现责任形式跨越式发展的重要标志。这正是从“恢复原状”生态化到“生态环境修复责任”独立化转型的外观呈现与实质彰显。经由民法规范中“恢复原状”的生态化扩张解释，这一责任形式融入环境法视野中，成为“环境修复责任”[1]、“生态环境修复责任”[2]及“修复生态环境责任”[3]，巧妙地将传统民事责任适用到环境私益、公益、生态环境损害赔偿诉讼中。《民法典》肯定了司法实践的成功经验，于第179条继续规定“恢复原状”，第1234条将“生态环境

〔1〕《环境侵权责任解释》第14条。
〔2〕《环境民事公益诉讼解释》第20条。
〔3〕《生态环境损害赔偿规定》第11条。

修复责任”独立化规定，作为恢复原状责任在生态环境侵权领域的具体表达。[1] 总体来看，生态环境修复责任的独立化演进历程经历了四个时期：朦胧期、雏形期、发展期、定型期[2]。

一、朦胧期：通过朴素的财产救济规则间接救济生态环境（1979～2007年）

（一）民事规则：多重规范救济财产权以间接救济生态环境

1. 环境污染责任规则救济生态损害的不确定性

1979年9月通过的《环境保护法（试行）》（已废止）开启了重视环境污染责任的新篇章，其第32条规定污染者应当承担责令停产治理、赔偿损失等责任；具体民事责任被1986年颁布的《民法通则》第124条“违反国家保护环境防止污染的规定，污染环境造成他人损害的，应当依法承担民事责任”所取代。《民法通则》第124条随即成为环境民事责任所援引的“高频条款”，体现了法官对该条款的“偏好”。[3] 1989年《环境保护法》第41条第1款“造成环境污染危害的，有责任排除危害，并对直接受到损害的单位或者个人赔偿损失”之规定，从法律上消弭了环境污染侵权责任的归责争论，确立无过错归责原则。环境污染造成人身或财产损害的民事责任归由《民法通则》第124条统领，并从第134条责任“工具箱”[4]中寻找与之匹配的具体责任方式。环境污染造成取水权、渔业

---

〔1〕 参见黄薇主编：《中华人民共和国民法典侵权责任编释义》，法律出版社2020年版，第202～203页。

〔2〕 此四个时期是根据环境司法演进历程大体所作的区分。以2007年11月贵州省清镇市人民法院环境保护法庭作为全国第一个环保专业法庭开启环境司法专业化、专门化为标志，这一历程大体划分为四个阶段：1979年至2007年为第一阶段；2007年至2014年《环境保护法》修订，建立环境民事公益诉讼制度为第二阶段；从2015年试点检察公益诉讼、生态环境损害赔偿诉讼开始至2019年《生态环境损害赔偿规定》实施为第三阶段；2020年《民法典》确立独立化的生态环境修复责任之后为第四阶段。根据各阶段修复责任发展特点，分别将其命名为“朦胧期”“雏形期”“发展期”“定型期”。

〔3〕 参见樊杏华：《环境损害责任法律理论与实证分析研究》，人民日报出版社2015年版，第67页。

〔4〕 王轶：《论侵权责任承担方式》，载《中国人民大学学报》2009年第3期。

权、养殖权、土地承包经营权等权利损害，当事人除可选择既有和将来损失的补偿请求外，还可要求“恢复原状”，以保护权利的完整性、可持续性。

在法律未规定生态环境损害侵权责任时，“保护生态环境”只是侵权法保护民事主体人身或财产权益的“伴生品”。[1] 环境要素可被量化为民法上之“物”，成为民事法律关系的客体，在适用侵权责任机制救济其承载的私权时，客观上部分地、一定程度地救济了生态环境损害，属于侵权责任机制实施的间接制度效果。[2] 其之所以与生态环境保护有关联，在于自然资源兼具生态价值与经济价值双重属性。一方面，民事主体的财产权受到侵害寻求恢复财产原状，其本旨在于经济价值的恢复。无论是从规范视角，还是从发动诉讼及诉讼请求包含恢复原状的动因看，其都不是追求修复生态环境这一目标，其终极目标是私益保护。另一方面，民事主体寻求财产救济附带对生态环境有救济功能时，无论称其为“附带”抑或“间接”效果[3]，其前提在于经济价值与生态价值的双重交叠。如只是对财产权本身有帮助，并未触及生态价值部分，并不能发挥救济生态的功能。由此：第一，基于财产权的生态救济模式乃无心之举，甚或是理论解释的结果。第二，基于财产权的生态救济模式存在极大不确定性，常伴随民事主体之间利益交换、权利处分等未能产生生态救济的效果。第三，基于财产权的生态救济模式规范缺失，其前提设定的财产权无法兼容生态利益，甚或与生态利益处于冲突状态，难以直接援引财产权规范救济公共利益。

2. 相邻污染损害规则零星兼及生态环境救济

《民法通则》第 83 条规定了相邻妨害，目的是正确处理不动产相邻者之间的截水、排水、通行、通风、采光等方面的社会矛盾，并未将生态环境置于重点考量。《民法通则意见》第 97、99、101、103 条规定，对于相邻

〔1〕 参见侯佳儒：《中国环境侵权责任法基本问题研究》，北京大学出版社 2014 年版，第 25 页。

〔2〕 参见刘超：《〈民法典〉侵权责任编的绿色制度创新》，载《法学杂志》2020 年第 10 期。

〔3〕 参见李承亮：《侵权责任法视野中的生态损害》，载《现代法学》2010 年第 1 期。

者之间临时施工占用土地、向他方土地排水、堵塞他人通道、危及他人建筑安全等事项,权利人可提出“恢复原状”诉请,亦无救济生态环境之意。《物权法》第90条对“生活污染”的规定,与工业污染侵权存在明显差异,类似于《德国民法典》规定的不可量物侵入制度,或法国的妨害相邻关系。当有毒不可量物如毒气、焊接烟雾、粉尘等,以及含重金属和其他有毒物的生活垃圾,造成相邻关系人的侵害时,就呈现环境污染侵权与相邻关系的交错,在救济相邻权利人时零星兼及生态环境的救济。居民之间的“生活污染”适用过错责任,由相邻关系规则调整,部分情形适用“恢复原状”。[1] 工业污染则适用无过错责任,由侵权法、环境保护法、水污染防治法等相关法律调整。

上述规范表明:第一,相邻关系规范本旨在于保护“所有权”或“使用权”相关的相邻权益,在确保权利完整的同时给予一定限制,维护不动产相邻各方利益的平衡。[2] 尽管涉及通风、排水、土地污染等事项,但其“恢复原状”局限于私权的恢复。第二,相邻关系规范只在有限范围内具有附带救济生态的效果,且依托于土地、建筑等相邻关系;行为限于“不动产权利人”实施的弃置固体废物、排放大气、水等污染物等行为,且影响范围亦局限于相邻权利人。若扩展至不特定主体,则非相邻规范所能“涵射”。第三,民事案由上将其界定为“相邻关系纠纷”,其下级案由“相邻污染侵害纠纷”“相邻妨害纠纷”明显局限于相邻关系。

3. 物权请求权之“恢复原状”规则间接救济生态环境

《物权法》第35条规定了“恢复原状”的物权保护方式,在一定程度上具有恢复生态的功能,但亦是基于物权(所有权、使用权)等产生的对物权请求权的妨害而生。若基于环境污染或生态破坏造成损害,可通过恢复原状达到一定程度的生态恢复功能,但同样也是依附于财产权利,

---

〔1〕 参见《最高人民法院关于审理建筑物区分所有权纠纷案件具体应用法律若干问题的解释》第10、14条;《最高人民法院关于审理物业服务纠纷案件具体应用法律若干问题的解释》第1条。

〔2〕 参见最高人民法院民法典贯彻实施工作领导小组主编:《中华人民共和国民法典物权编理解与适用》,人民法院出版社2020年版,第433页。

属间接救济范畴。

(二)刑事法规范:刑事责任仍以惩罚为主要目标

根据刑法理论,刑法的目标主要是惩罚犯罪、预防犯罪。在此时期,我国刑法理论及实践虽然也探索恢复性司法,但很少用于环境案件中。较早能找到报道和研究的,是四川古蔺县人民法院审理的"黎某伦失火案"[1]。被告除杂草过程中引发了森林火灾造成重大损失,考虑到黎某伦身患残疾、经济困难等因素,法院适用缓刑,责令其在一定年限内补种林木、恢复原状,以弥补过失和所造成的损失。这仅系个案。1997年《刑法》规定的环境资源类犯罪包括失火、放火、投放危险物质等破坏自然资源犯罪,以及专节规定的重大环境污染事故、非法处置进口的固体废物、擅自进口固体废物,以及非法捕捞水产品,非法猎捕、杀害珍贵、濒危野生动物,非法收购、运输、出售珍贵、濒危野生动物、珍贵、濒危野生动物制品,非法狩猎,非法占用耕地,非法采矿,破坏性采矿,非法采伐、毁坏珍贵树木,盗伐林木,滥伐林木,非法收购盗伐、滥伐的林木等犯罪。该等罪名后来被部分修改、新增与废止。[2] 从此阶段的最高人民法院工作报告等信息可见,这一阶段的责任形式仍然是以"打击"为常态。未能发挥修复的功能,或者说修复功能较弱。

(三)行政法规范:命令型的修复责任规范已存在

此时期,环境保护相关立法沿着自然资源管理与环境保护分置的路径展开,命令型修复规范不断出现。一是自然资源法规定了不少"责令恢复原状""补种林木""采取补救措施"等行政命令型修复责任。[3] 这在《森林法》《草原法》《渔业法》《水法》《野生动物保护法》《矿产资源法》《土地管理法》等法律中均有体现。二是环境保护类法律中亦规定了"责令恢复原状"等行政命令型修复责任。《环境保护法》《水污染防治

[1] 李龙、闫宾:《解读"规范出发型"诉讼理念——以具体个案为基点》,载《西南政法大学学报》2005年第4期。

[2] 参见《最高人民法院、最高人民检察院关于执行〈中华人民共和国刑法〉确定罪名的补充规定(七)》(法释〔2021〕2号)。

[3] 参见李挚萍:《行政命令型生态环境修复机制研究》,载《法学评论》2020年第3期。

法》《大气污染防治法》等均有涉及。“责令恢复原状”在性质上究竟属于行政命令还是行政处罚存在争议。从规范分析的角度分析,应是行政命令。[1] 行政命令虽具有恢复环境的作用,但实为行政处罚前的改正程序,不具有强制作用,很难有效执行,功能未得到有效发挥。如不履行,可触发行政代履行或行政处罚。

二、雏形期:环境司法专门化、专业化孕育生态环境修复责任(2007~2014年)

以2007年11月贵州省清镇市人民法院环境保护法庭、贵阳市中级人民法院环境保护法庭的设立为开端,昆明、无锡、南平等地的生态环境法庭如雨后春笋般出现,将杂糅于民事、刑事、行政案件中的环境案件逐步独立出来,成为环境司法专门化、专业化的重要支撑点。此阶段,逐步挣脱传统司法思维,预防性、恢复性司法理念不断得到确认、巩固和发展,推动生态环境恢复性救济逐渐展开。

(一)恢复性司法:刑事案件中首先推进恢复性责任的适用

推动生态环境修复责任形成和发展的原初动力并非民事规范,而是刑事恢复性司法理念从国外到国内的转介和接受,从融入个案到理念形成。梳理此期间环境司法案例,恢复性司法理念的大体轮廓初现。

第一,恢复性司法理念首先在刑事案件中得以确立。刑罚虽在惩罚犯罪方面能发挥有效作用,但对犯罪所造成的社会关系的破坏难以有效修复,对被害人的救济并不充分,对犯罪人的隔离式处罚加深了其与社会的脱节,犯罪人将来再犯的风险依然存在。刑法遂逐渐修正传统的报应型理论:一是对犯罪人的处罚不局限于自由刑的限制,让其通过参与社会矫正、提供社会服务,消弭其人身危害性,取得社会尤其是被害人的谅解。这对社会关系的修复至关重要。二是为使犯罪人重回社会,故而

---

[1] 参见胡建森、胡晓军:《行政责令行为法律规范分析及立法规范》,载《浙江大学学报(人文社会科学版)》2013年第1期。

采取了缓刑、假释等措施,为其提供融入社会的机会。恢复性司法改造理念在北美国家得以发展,逐渐为我国理论与实务所接纳。有趣的是,原本应在社会矫正方面发挥更大作用的恢复性司法理念,并未在我国传统犯罪中取得优势地位,而是在环境犯罪这个新兴领域打开缺口,逐渐成为整个环境司法的指导性理念。

第二,恢复性司法理念促进修复性责任方式的创新。如在失火、盗伐、滥伐等破坏森林案件中,可采用“复种补绿”方式修复;在破坏土地、草地、湿地等自然资源案件中,可采用“恢复植被”方式修复;在非法捕捞水产品案件中,可采用“增殖养流”方式修复;原地、原物不能修复的,采用异地补种、支付修复费用等替代修复方式。这表明:首先,在环境资源刑事案件中,以恢复性司法理念指导改良刑罚的适用。借助修复性责任方式来实现对受损生态环境的修复,其本质是修复人与自然之间的关系、人与人之间就自然资源权益共享的关系。其次,这种创新有时呈现出不受法定刑罚实施方式制约的特点。可根据不同环境要素、环境特点等进行合理配置,彰显司法能动。再次,这种修复生态环境的方式在定性上比较复杂。有量刑情节〔1〕、非刑罚处罚措施〔2〕、刑罚执行方法〔3〕、附带民事责任〔4〕或者生态修复刑罚〔5〕等不同认知,实践中更多是将其作为量刑情节予以处理。最后,这种创新方式呈现开放形态,各地的做法略有差异。

第三,恢复性司法理念推动环境公共政策形成并不断演进。环境司法指导性文件、司法解释得到很大程度的发展。各省、市高级人民法院

---

〔1〕 参见张小雪、苑占伟:《生态环境修复责任承担方式的司法适用——基于347篇裁判文书的样本分析》,载《山东法官培训学院学报》2020年第3期。

〔2〕 参见徐本鑫:《刑事司法中环境修复责任的多元化适用》,载《北京理工大学学报(社会科学版)》2019年第6期。

〔3〕 参见孙昭宇:《环境修复责任方式探析》,载吕忠梅主编:《环境资源法论丛》第11卷,法律出版社2019年版。

〔4〕 参见靳匡宇:《生态修复量刑情节运用的困境与调适——以污染环境罪量刑中的行政司法衔接为中心》,载《南京工业大学学报(社会科学版)》2020年第2期。

〔5〕 参见宁清同:《刑事生态修复责任初论》,载《深圳社会科学》2022年第1期。

及典型地区,如贵阳、重庆、昆明、无锡、南平等地法院做了很多有益探索,出台的不少规范性文件成为最高人民法院指导性文件及司法解释的重要参考素材和样本。

(二)行政规则:激活了部分行政命令型修复责任实现机制

前一时期,行政命令型修复规范并未得到有效运用,此时期出现了一些新变化:

一是行政机关可以通过责令恢复原状方式督促违法行为者承担修复责任。但行政命令只是行政处罚的前置或平行程序,并非最终处罚;而根据行政处罚法定主义原则,行政处罚中并未包括补种树木、增殖养流等责任方式。这就可能出现违法者不修复,又不能通过责令修复进行处罚的尴尬。此为其一。其二,行政代履行机制得到一定程度激活,成为实现责令修复责任的替代机制。如《森林法》(2009)、《草原法》(2013)中规定的行政代履行,增加了行政命令性修复责任实现的路径,但因成本、回收风险等因素,实际运用较少。

二是行政非诉审查机制在责令恢复原状等方面得到激活。不少法院受理了行政机关就责令拆除违章建筑、退还非法占用土地、恢复土地功能的命令等行政非诉审查执行案件,对促进生态修复发挥积极作用。

三是行政机关在环境民事公益诉讼探索中的原告身份及变化。此时,部分行政机关开始探索采用公益诉讼的方式进行救济。[1] 贵阳、昆明、无锡、重庆等地设立了国土资源、环境保护、渔业管理等部门提起环境民事公益诉讼的试点,取得了良好效果,但也催生了一个新问题——部分行政机关放弃监管职责,未穷尽行政命令、行政处罚、行政强制、代履行等救济手段,直接采用公益诉讼方式将原本可以用行政手段处理的案件推至人民法院,由此产生负面效果:一是行政机关不履职,不利于水体、土壤、森林等生态环境要素的保护;二是徒增人民法院受理环境资源

〔1〕 参见云南省昆明市中级人民法院民事判决书,(2010)昆环保民初字第1号;云南省高级人民法院民事判决书,(2011)云高民一终字第41号;云南省昆明市中级人民法院民事调解书,(2010)昆环保民初字第4号。

案件的压力，浪费了宝贵的司法资源，甚至导致司法权代替行政权对环境资源进行管理的隐忧。由此，行政机关提起环境民事公益诉讼的案件大幅压缩，起诉主体限定为“法定的”机关和社会组织。[1]

四是行政机关代履行后，可依法对应急处理、修复、治理的费用进行追索。此情形仍在恢复性责任框架下，修复行为已完成，仅是将行政机关所支付的费用索回。性质上可作为追索权案件处理。

(三)民事规范：开启借用私益规范救济环境公共利益模式

此时，环境民事案件中潜移默化地运用了恢复性司法理念。

1. 私益诉讼：通过恢复原状间接救济公益仍具有局限性

鉴于私益的可处分性，借助私益诉讼对公益进行救济有明显局限性。如原告诉请恢复原状，常被法院以环境已恢复、无法恢复、成本过高等为由不予支持，挫伤原告通过恢复原状救济私人财产权益的积极性，间接影响公共利益搭私益诉讼“便车”。侵权法作为私法规范，生态环境权益超越了其个人主义立场预设，对公共利益为主的环境损害救济心有余而力不足，对环境问题回应乏力。因此，在私益案件中，法官已倾向于有意识增强“恢复原状”对私益财产权益的救济，注重引导其向公共利益倾斜。

2. 环境民事公益诉讼：探索开辟环境公共利益救济的新路径

此时期，贵阳、昆明、无锡、南平等法院在水污染、土壤污染、森林破坏等领域开展环境民事公益诉讼试点。其并无现成经验可以参照，仰赖于对现有规范的解释、创新与发展，促成生态环境修复责任的雏形逐步成型。

第一，程序准备：环境民事公益诉讼机制由经验上升为法律规则。在各地探索环境民事公益诉讼的司法案例、积累经验、出台地方规范等基础上，急需形成具有公益性责任的诉讼机制，程序法改革势必处在最

---

〔1〕 参见甘肃2018年环境资源审判十大典型案例之六：兰州市西固区环境保护局诉刘某雷、兰州金浩金属材料加工有限公司民事公益诉讼案。

前线。2012 年修订的《民事诉讼法》第 55 条作出原则性规定:“对污染环境、侵害众多消费者合法权益等损害社会公共利益的行为,法律规定的机关和有关组织可以向人民法院提起诉讼。”该规定规范了环境民事公益诉讼的起诉主体、保护对象及司法程序。

第二,实体规范:司法能动孕育恢复性责任形成,为生态环境修复责任的独立化创造了条件。实体规范沿着三条路径展开:

一是扩张解释民事责任之“恢复原状”,赋予其生态化内涵。民事司法并不排斥参照适用,法官亦不得拒绝裁判。对遭受损害的森林、土壤、水体、大气、湿地等环境要素的修复性救济,在无直接规范的情况下,参照民法之“恢复原状”进行救济无可厚非。但我国民法中的“恢复原状”与传统民法上的恢复原状已不能同日而语:经过不断细化,已将排除妨碍、消除影响等预防性责任方式独立化,将修理、更换、重做等原属恢复原状的内容也抽离出来,人格上的恢复原状演变为赔礼道歉,经济上的恢复原状回归赔偿损失。如此,我国民法上的恢复原状不及德国、日本及我国台湾地区“民法”中“恢复原状”的含义之广泛。通过“恢复原状”救济生态环境面临困难:第一,恢复环境的“原状”从技术到现实都不太现实。环境原状如何、恢复原状是否必要、如何评判是否恢复了原状都是面临的现实问题,法院往往以不具备恢复原状条件为由驳回,或概括性判决但难以执行。第二,恢复原状的法律外延极为狭隘,除非以目的性扩张解释方法将“恢复原状”解释为包括生态环境修复或恢复,赋予其生态化内涵因应时代发展之需并主动调适。[1] 2014 年修订的《环境保护法》第 64 条采用“转致”立法模式,将生态破坏与环境污染侵权指引至侵权法,解决了私益规范救济公益的通道问题。

二是物权请求权之“恢复原状”保护方式的扩张。基于国家所有权及物权保护理论,所有权人或使用权人可依据《物权法》第 36 条行使“恢复原状请求权”,以保护物之完整性与恢复力。当土地、矿产、森林、水体

---

〔1〕 参见胡卫:《环境污染侵权与恢复原状的调适》,载《理论界》2014 年第 12 期。

等自然资源遭受损害时，权利人可向侵权人主张恢复性救济。这也成为生态环境损害赔偿制度改革的重要理论支撑。但以此规则救济公共利益存在缺陷：首先，国家所有权难以覆盖集体所有权；其次，国家所有权代表的利益不当然等同于公共利益，国家利益与公共利益在法律上是有区别的；最后，基于国家所有权角度出发的诉讼虽然有保护公益的成分，但国家作为特定民事主体所提起的诉讼本质上也是民事诉讼。

三是行政命令型“恢复原状”规范的民事化改造。环境责任尚未独立化，融混于民事、行政规范之中，呈现“民事责任行政化、行政责任民事化”[1]的模糊化、交融化特点，与环境兼具公益和私益的双重特性契合。在司法能动中涌现的“补植复绿”“增殖养流”“防沙固土”“劳务代偿”“治理环境”等多样化的修复方式，有利于生态环境修复判决的高效执行，避免了通过“纸面”文书笼统判决的困境。溯其本源，大多可在行政命令型恢复方式中找到原型。如复种补绿可对应《森林法》之“责令补种树木”、《草原法》之“责令恢复植被”等；限期治理可与《环境保护法》《水污染防治法》《大气污染防治法》中的“限期治理”等对应；增殖养流对应《渔业法》中的相关措施等。这既是法官能动司法、积极司法和合理释法的结果，也是行政责任向民事责任转化与改造的产物。就修复生态环境这一本质任务而言，行政与民事责任相同或相近为法官释法预留了空间，为制度间的互鉴、互通、互融、互借等提供了“接口”。

三、发展期：恢复原状生态化向生态环境修复责任的独立化发展（2015～2019年）

此阶段，随着环境司法制度改革的持续推进，以2015年1月1日修订后的《环境保护法》实施为推力，生态环境诉讼类型不断增加，诉讼模式不断发展，修复责任持续深化，并逐渐脱离恢复原状成为独立的新型环境责任形态。

---

〔1〕 薄晓波：《生态破坏侵权责任研究》，知识产权出版社2013年版，第70页。

(一)扩张解释:将"恢复原状"扩张解释为"生态环境修复责任"

1. 私益侵权:将"恢复原状"作生态化表达,将其命名为"环境修复责任"

针对环境侵权适用修复责任的需求,2015 年 6 月出台的《环境侵权责任解释》第 13、14 条将"恢复原状"与"环境修复责任"连接起来:一是将环境修复责任作为"恢复原状"的生态化表达,这种责任系一种行为责任,由责任人实施。二是为防止责任人不履行环境修复责任,在裁判其履行修复行为责任的同时,明确其不履行时应承担修复费用。三是考虑到修复费用的公益属性,不宜由原告作为私人享有。当责任人不履行修复义务时,由法院委托第三方修复,费用由责任人承担。这意味着修复费用不落入原告之手,避免了原告获得修复费用后不修复环境的尴尬局面。[1]

该解释的特点在于:一是巧妙解决司法解释不能创设新型民事责任的局限,实现从传统民事责任到"环境修复责任"的跨越。以司法能动精神"找法"名正言顺,对应了"恢复原状",通过原告诉请"恢复原状"与人民法院裁判"环境修复责任"两条规范来逐步分解、合理衔接。二是将恢复原状作生态化表达,将其命名为"环境修复责任",扩展了规范适用范围。尽管名称称谓不尽相同[2],其实质在于将恢复原状结合生态环境发展要求进行合理改造、创新与发展,赋予原始立法不具有的生态内涵,拓展规制对象。三是规范了环境修复责任的路径,重塑了私益诉讼间接救济生态的模式。四是为后来环境修复责任的独立发展做了良好的铺陈。司法解释对民法中恢复原状的"借用",建构了公益与私益沟通的桥梁,为两者融合留下了空间。从实践来看,司法裁判的内容早已脱离了"恢复原状",基于环境特质来具体化设计和科处修复责任。

2. 环境民事公益诉讼:将"恢复原状"扩张解释为"生态环境修复责任"

2015 年 1 月发布的《环境民事公益诉讼解释》,将民法中"恢复原

---

〔1〕 参见最高人民法院研究室、最高人民法院环境资源审判庭编著:《最高人民法院环境侵权责任纠纷司法解释理解与适用》,人民法院出版社 2016 年版,第 177 页。

〔2〕 参见吴鹏:《最高法院司法解释对生态修复制度的误解与矫正》,载《中国地质大学学报(社会科学版)》2015 年第 4 期。

状”转化为“生态环境修复责任”，实现了私法规范与公共利益救济的“平滑”衔接。如果说《环境侵权责任解释》将其生态化表达为“环境修复责任”系目的扩张解释、符合民法体系自洽的话，那么《环境民事公益诉讼解释》则是借助私法规范进行责任“创造”，是为创新责任形式所做的努力。其一，该解释依循侵权法之“恢复原状”，接受《环境保护法》第64条指引，使作为规范“私”之利益的规则发挥扩张保护“公”的利益之功能。其二，为使司法裁判中适用“恢复原状”等责任形式无缝衔接，该解释于第20条对“恢复原状”进行具体转化设计，将其扩张解释为“生态环境修复责任”。其三，为防止二次裁判，采用了一次性判决“梯队式”执行的裁决机制：先由责任者履行修复生态环境的行为责任；如其不履行，则应承担修复生态环境的费用。

该规定具有多重价值：一是确定了环境民事公益诉讼多元化责任形式之间的顺位，确立修复责任的核心地位。[1] 修复生态环境具有动态、整体、持续的功能，具有“首适性”。[2] 二是初步塑造了环境民事公益诉讼中修复责任的独立责任形态。从实际效果看，此后的环境民事公益诉讼中，原告“恢复原状”“恢复环境”“复原环境”等模糊化、不精确的诉讼请求样态逐渐减少，法院裁判时也改变了模棱两可、原则性的裁判路径，分期支付、异地修复、补种林木、修复植被等各种创新性修复责任裁判方式应运而生。三是形塑了生态环境修复责任的基本类型：直接修复与替代性修复。其中，替代性修复在环境修复责任方式创新中发挥着独特作用。四是生态环境修复责任是一个开放式、包容性、独立性较强的责任。为包容后续更多的创新性修复方式预留空间，是《民法典》确定修复责任独立化立法的重要依托素材。[3]

---

〔1〕 参见张辉：《论环境民事公益诉讼的责任承担方式》，载《法学论坛》2014年第6期。

〔2〕 参见费安玲：《论恢复原状在环境损害救济中的首适性》，“环境司法与环境正义”国际研讨会会议论文，2014年6月于昆明。

〔3〕 参见黄薇主编：《中华人民共和国民法典侵权责任编释义》，法律出版社2020年版，第203页。

(二)检察民事公益诉讼：环境民事公益诉讼的类型加持并更注重修复责任适用

2015年7月，全国人大常委会授权在环境资源等领域，在北京、贵州等13个省(区、市)开展为期两年的检察公益诉讼试点。2017年6月，全国人大常委会在总结试点经验的基础上修订了《民事诉讼法》与《行政诉讼法》，将检察机关提起民事公益诉讼和行政公益诉讼纳入法律轨道。检察民事公益诉讼强化了修复责任的适用，推进了生态环境修复责任的独立化转型。

1. 检察民事公益诉讼：规则及实践均重视修复责任的适用

检察民事公益诉讼对修复生态环境、保护公共利益发挥了积极作用。

第一，诉讼规则凸显修复责任的重要性。诉讼规则包括三大类：一是检察机关制定的司法解释，明晰修复责任诉请的重要地位。2015～2017年，以充分、全面、有效救济为中心，最高人民检察院制定了多个文件，把修复责任置于诉请的关键位置。[1] 二是最高人民法院发布的检察公益诉讼司法解释，强调了修复责任的重要性和优先性，包括调解、司法确认等。[2] 三是多部门联合出台的解释及规定，不同程度上强调修复责任及其适用机制。

第二，修复责任在检察公益诉讼实践中发挥了重要生态保护价值。

一是诉前督促程序：发挥诉讼拦截功能并修复生态环境。从最高人民检察院发布的多批典型案例、指导性案例看，督促程序在土地、水体、大气、固体废物治理等环节中都发挥着重要的预防、修复与救济功能，取得了良好的社会效果与法律效果。2016～2019年最高人民检察院的工作报告显示，诉前程序的有效执行率达到97%以上，监督建议、督促程序有效制止了违法行为、修复了生态环境。

二是检察民事公益诉讼：检察机关提起民事公益诉讼在环境领域的

---

〔1〕 参见最高人民检察院发布的《人民检察院提起公益诉讼试点工作实施办法》(已废止)第16条；最高人民法院发布的《关于审理环境公益诉讼案件的工作规范(试行)》第2、7、15条等。

〔2〕 参见最高人民法院、最高人民检察院发布的《关于检察公益诉讼案件适用法律若干问题的解释》第18条。

发展突飞猛进。这得益于检察机关在办理破坏资源、污染环境等刑事案件中固定了大量证据,掌握了案件具体情形。与社会组织相比,检察机关拥有法定的调查职权,其获得证据的便利度明显优于社会组织。因此,检察民事公益诉讼数量上明显增长,超过了社会组织提起的民事公益诉讼,并延续至今。〔1〕不论是先刑后民,还是单纯的检察民事公益诉讼,修复责任适用都居于核心地位。

2. 刑事附带民事公益诉讼:后来居上并重视修复责任

自启动检察公益诉讼开始,刑事附带民事公益诉讼数量大幅上升,这可能基于:一是检察机关办理案件时固定了大量的证据,有提起公益诉讼的先天优势;二是刑事诉讼与民事追责同步进行,有利于提升审判效率,节约司法资源;三是刑事责任与民事责任同步追究,有利于协调多重责任之间的关系,将民事责任的适用作为刑事责任追究的考量因素,避免重叠适用加重责任或少适用责任使行为人逃脱责任。从实践效果看,不少修复责任的创新源于刑事附带民事公益诉讼。

但刑事附带民事公益诉讼也存在明显局限:其一,大量的刑事附带民事公益诉讼抢占了本应由以社会组织为代表的主体提起民事公益诉讼的机会,压缩了社会组织参与环境治理的空间。其二,为配合刑事案件处理,修复责任等民事责任有成为刑事责任附庸的风险,其独立性和价值彰显不足。不少被告以从轻、从宽、适用缓刑等量刑目的为导向,使修复责任"工具化"或"量刑情节化"。其三,刑事附带民事公益诉讼在诉讼管辖级别、审判组织等要求方面,与民事公益诉讼的基本程序存在矛盾。其四,在此类案件中适用修复责任争议较大,导致修复责任性质模糊化。

(三)生态环境损害赔偿诉讼:名为赔偿实为修复中心主义的政策与法律融合诉讼

2015 年 12 月,中共中央办公厅、国务院办公厅发布了《生态环境损

---

〔1〕 参见吕忠梅等:《中国环境司法发展报告(2021 年)》,法律出版社 2022 年版,第 241 页。

害赔偿制度改革试点方案》,以政策为主导,以自然资源国家所有权为基础,构建与私益、公益有别的"国益"诉讼。[1] 其请求权基础和法理根据众说纷纭,但从制度初衷和最高人民法院立场看[2],自然资源国家所有权理论是推动该制度建立的重要动因。从各地试点方案和地方司法文件看,如何落实修复与赔偿是其核心要义。虽然生态环境损害赔偿之"赔偿",形式上与侵权法中的"赔偿"相似,但实质则不同;既包含了"赔偿"损失的内容,更是以"生态环境修复"为中心,"名不符实"。2017 年 12 月发布的《生态环境损害赔偿制度改革方案》继续坚持修复为中心的责任机制。

生态环境损害赔偿诉讼无专门规则,程序法上主要参照环境民事公益诉讼相关规范,实体法上既适用私法规范也适用环境保护与自然资源法方面的法律。在以修复为中心的责任实现上,《生态环境损害赔偿规定》第 11、12 条延续了《环境侵权责任解释》《环境民事公益诉讼解释》的规范起草路径,明确了修复生态环境责任的具体规则。不同的是:第一,《生态环境损害赔偿规定》的制定依据并非《民法通则》和《侵权责任法》,而是《环境保护法》和《民事诉讼法》。这表明该修复责任并非对私法规范中"恢复原状"的改造,而是"原创"。其以《改革方案》为依据,确立了独立化的"修复生态环境责任"。第二,"修复生态环境责任"之名称,与《环境侵权责任解释》之"环境修复责任"和《环境民事公益诉讼解释》之"生态环境修复责任"有差异。第三,《生态环境损害赔偿规定》将"修复生态责任"置于六种责任方式之首,明确该责任的优先地位和独立化特质。[3] 这是催生独立的生态环境修复责任的又一助力因素。

---

〔1〕 参见肖建国:《利益交错中的环境公益诉讼原理》,载《中国人民大学学报》2016 年第 2 期。

〔2〕 参见《最高人民法院关于充分发挥审判职能作用为推进生态文明建设与绿色发展提供司法服务和保障的意见》第 19 条。

〔3〕 参见王旭光等:《〈关于审理生态环境损害赔偿案件的若干规定(试行)〉的理解与适用》,载《人民司法》2019 年第 34 期。

（四）行政诉讼：多元行政诉讼构成机制助力修复责任的实现

1. 普通行政诉讼：支持行政"责令恢复"或行政处罚以实现生态修复

行政诉讼的被告恒定性，决定其诉讼结构始终由行政相对人一方发起，将责令恢复型行政命令、行政处理置于行政诉讼机制下，对行政处理予以合法性审查。若行政机关认为行政相对人发出的责令恢复、责令治理、责令赔偿等有充分法律依据、事实根据，程序合法，司法审查后应对其予以确认和维持。作为社会治理的重要工具和机制，法院对行政机关合法行为予以维持，亦是支持修复生态等责任方式实现的重要路径。

2. 行政公益诉讼及行政附带民事公益诉讼：直接或间接支持修复生态环境

行政机关不履职、违法履职等，可能或已经造成环境公共利益受损的，检察机关可以提起行政公益诉讼。行政公益诉讼有两种途径助力并有效实现生态环境修复责任：

一是通过诉前程序或诉讼程序督促行政机关依法履职，间接促使侵权者承担修复责任。在涉及污染环境、破坏生态行为追责时，启动修复生态的机制，通过行政公益诉讼的诉前督促程序或诉讼程序，促进行政机关依法履职尽责维权，责令、督促、监督、指导侵权者及时履行修复责任，最终达到修复生态的目标。

二是行政附带民事公益诉讼的创新，在确认行政违法的同时适用修复责任。《行政诉讼法》第 61 条确立了行政附带民事诉讼机制，可在对行政行为进行审查的同时，就应承担的停止违法行为、修复生态环境或赔偿损失等民事责任一并作出裁决。该机制具有优化审判资源、提升程序效益、统一司法尺度和增强裁判权威性的功能。在检例第 29 号指导性案例[1]中，行政裁决部分确认被告对医院执业许可证校验合格的行政行为违法，判令其履职监督医院在 3 个月内完成医疗污水处理设施的

---

〔1〕 白山市江源区卫生和计划生育局及江源区中医院行政附带民事公益诉讼案，最高人民检察院第八批指导性案例第 29 号（2017 年）。

整改;民事判决判令江源区中医院立即停止违法排放医疗污水。这为修复责任在此类案件中的运用提供了契机。

(五)行政责任改造:对自然环境资源法中责令恢复原状的民事化改造

此阶段的主要自然资源法规范中,侵权责任方式仍以赔偿损失为主,仅《水法》第31条、《煤炭法》第32条、《矿产资源法》第32条规定的复垦、补救措施、治理责任等具有民事恢复原状的特点,但行政化色彩浓厚。恢复原状散见于各自然资源法,如《草原法》第65条至第72条、《森林法》第39条及第44条、《水土保持法》第49条至第52条、《水法》第七章等法律中规定的破坏自然资源的恢复原状责任,多用"责令限期恢复""责令恢复原状"等术语表达,常与责令停止违法行为、罚款等行政处罚并列规定,呈现强行政化、弱民事性的特征。司法文件曾将之归为"行政命令"〔1〕,实践中将之明确区别于行政处罚;而2020年《关于行政案件案由的暂行规定》将之归为"行政处理"〔2〕。

司法实践创新性地将自然资源法中行政责令恢复原状与民事恢复原状对接、改造与调适,将责令恢复原状转化为民事恢复原状,弥补了民法上恢复原状适用于生态破坏侵权的规则缺失。从代表性案例看,司法创新的修复责任方式,可从责令恢复原状中找到原型:如判决种植树木或发布植树令(森林法)、复种补绿或固土复绿(草原法)、增殖养流或放生鱼苗(渔业法)等。其后的诸多法律中仍然可见这种遗留痕迹,其对生态环境修复责任的形态丰富化发挥着重要作用。其意义在于,通过解释性作业使抽象的责令恢复原状具体化,适用于生态破坏或环境污染侵权,弥补自然资源法民事恢复原状规制的不足;打通民事责任、刑事责任与行政责任在恢复原状上的渠道,不同性质的责任方式共同为生态环境修复提供救济。

---

〔1〕 参见《最高人民法院关于规范行政案件案由的通知》(法发〔2004〕2号,已废止)。

〔2〕 参见《最高人民法院印发〈关于行政案件案由的暂行规定〉的通知》(法发〔2020〕44号)第15部分"行政处理"相关内容。

四、定型期：生态环境修复责任作为独立化责任的确立（2020 年至今）

（一）立法铺陈：生态环境修复责任的入法经历

1. 巨大分歧：《民法总则》阶段的“修复生态责任”入法责任形式论争

2017 年制定《民法总则》时，涉及民事责任修改。《民法总则》二审稿曾将“恢复原状”修改为“恢复原状、修复生态环境”。在征求意见及审议过程中，各界分歧较大：支持者认为，应将修复责任独立化，作为救济生态环境的重要责任形式。[1] 反对者认为，修复生态环境责任关系到社会公共利益，与民法保护私人利益的特点不符，将生态修复责任归入民事法律责任中不妥。[2] 这一修改最后因争论过大而作罢，体现了立法者对是否将修复生态环境的责任方式列入民法典的慎重考虑。虽然《民法总则》最终未规定修复生态责任这一责任形式，但系修复责任独立化的重要尝试，相关讨论为后来这一责任的独立化奠定了基础。

2. 水到渠成：《民法典》制定中的“生态环境修复责任”入“典”顺畅而直接

经《环境侵权责任解释》《环境民事公益诉讼解释》《生态环境损害赔偿规定》的实践检验后，基本结论是：第一，《民法典》作为民事基本法，须为生态环境损害赔偿诉讼、环境民事公益诉讼中修复生态环境提供请求权基础规范，作为对生态环境的合理关照和回应。第二，司法解释“孕育”了独立化的生态环境修复责任，《民法典》对其进行规定已水到渠成。司法解释对“恢复原状”的扩张解释，先赋予“恢复原状”包含修复生态环境责任的意涵，然后将修复生态环境责任单独抽离出来成为独立责任。时机成熟，是时候将所添加的新意涵“剥离”，独立化为新型环境民事责任。第三，储备已久的多样化生态环境修复责任方式、多类型的规范共同支撑、多元化的司法实践验证，都为其独立化做好了充分铺垫。

---

〔1〕 参见刘士国：《论民法总则之民事责任规定》，载《法学家》2016 年第 5 期。

〔2〕 参见吕忠梅、窦海阳：《修复生态环境责任的实证解析》，载《法学研究》2017 年第 3 期。

十余年的环境司法专门化实践表明:借用民法中的恢复原状救济生态环境,只不过是化解裁决形式“合法化”危机。此时,生态环境修复责任与恢复原状也不可同日而语,已然是特殊意义上升级版的“恢复原状”。[1]

3. 规范配置:“恢复原状”与“生态环境修复责任”之间的总分逻辑

生态环境修复责任应置于总则还是分则?这关涉两个问题:生态环境修复责任是否为独立责任,以及生态环境修复责任与恢复原状责任之间的关系。不同的回答体现不同立场。对于生态环境修复责任的独立化定位,各界立场渐趋一致。为保护生态环境,尤其是为环境民事公益诉讼和生态环境损害赔偿诉讼确立实体规范依据和请求权基础[2],《民法典》给出确立修复责任的规范是合适的。历次草案的变迁过程可见证这一点。[3] 关于生态环境修复责任与恢复原状之间的关系,修复责任的原理仍是“恢复原状”法理。立法机关认同将恢复原状作为一般性规则、生态环境修复责任作为特殊规范对待,确认了生态环境修复责任是恢复原状的生态化或具体化表达[4],属恢复原状的特殊方式[5]。因此,《民法典》在第 179 条中规定了恢复原状,在第 1234 条、第 1235 条中规定了修复生态环境责任,符合“总分”立法惯例,实现了生态环境修复责任的独立化特质。

(二)规则续造:民法典框架下的生态环境修复责任的解释与法律继造

1.《民法典》第 1234 条规范性质的解释

《民法典》第 1234 条确立了修复责任的法律地位,推动了生态环境修复责任的独立化。但理论上对该条规范的性质未达成共识,有实体规

---

[1] 参见刘士国:《民法典“环境污染和生态破坏责任”评析》,载《东方法学》2020 年第 4 期。

[2] 参见最高人民法院民法典贯彻实施工作领导小组主编:《中华人民共和国民法典侵权责任编理解与适用》,人民法院出版社 2020 年版,第 548 页。

[3] 参见邹海林、朱广新主编:《民法典评注 · 侵权责任编》,中国法制出版社 2020 年版,第 631 页。

[4] 参见黄薇主编:《中华人民共和国民法典侵权责任编释义》,法律出版社 2020 年版,第 202~203 页。

[5] 参见邹海林、朱广新主编:《民法典评注 · 侵权责任编》,中国法制出版社 2020 年版,第 630 页。

范说、程序规范说、转引规范说、衔接规范说等多种观点。总体上的认识是:《民法典》第 1234 条是将生态环境修复责任独立化的实体性规范。《民法典》实施以来的案例表明,该条已成为司法机关审理生态环境损害赔偿诉讼和环境民事公益诉讼的实体法规范依据。[1] 多数裁判的说理、判项主文都援引了《民法典》第 1234 条作为实体法依据。但适用生态环境修复责任时不应局限于《民法典》,还应借助其他环境法及非环境法规范。

2. 司法解释的续造与确认:生态环境修复责任作为独立化新型环境民事责任

生态环境修复责任之"新",是与民法中"恢复原状"、行政法中的责令恢复原状等相比而言。《民法典》第 1234 条生态环境修复责任是独立化的责任及承担方式[2],在环境侵权、民事公益诉讼及生态环境损害诉讼中,不再需要借助"恢复原状"的转化、扩张与解释。几个重要的司法解释也配合《民法典》作出修改:如《环境民事公益诉讼解释》第 18 条(修复生态环境)、第 20 条(生态环境修复),《生态环境损害赔偿规定》第 12 条(生态环境修复)等,纷纷将制定依据更替成《民法典》,对应原来"恢复原状"的表达,一律更替为"修复生态环境",厘清"恢复"和"修复"界限,以彰显以《民法典》第 1234 条作为实体法依据来确立该等司法解释中的"生态环境修复责任"的独立责任地位。

3. 立法的再续:其他特别环境法再次确认生态环境修复责任

2018 年制定的《土壤污染防治法》涉及大量的环境修复责任,包括国家、潜在责任人、污染行为人的修复责任,夯实了生态环境修复责任独

---

〔1〕 参见宁波海事法院民事判决书,(2023)浙 72 民初 19 号;重庆市第五中级人民法院民事判决书,(2022)渝 05 民初 37 号;湖南省益阳市中级人民法院民事判决书,(2023)湘 09 民初 2 号;吉林省辽源市中级人民法院民事判决书,(2021)吉 04 民初 110 号;陕西省铜川市中级人民法院民事裁定书,(2022)陕 02 民特 1 号;上海市第三中级人民法院民事判决书,(2021)沪 03 民初 31 号。

〔2〕 参见最高人民法院民法典贯彻实施工作领导小组主编:《中华人民共和国民法典侵权责任编理解与适用》,人民法院出版社 2020 年版,第 548 页。

立化的基础。之后的大量生态环境立法中都规定了生态环境损害赔偿诉讼和民事公益诉讼条款。如《固体废物污染环境防治法》《长江保护法》《湿地保护法》《黄河保护法》《野生动物保护法》《青藏高原生态保护法》等重要法律,都有与《民法典》衔接的条款,规定了生态环境损害赔偿诉讼、环境民事公益诉讼及生态环境修复责任承担。未来单行立法如国家公园法、自然保护地法等自然资源立法,以及环境保护类法律的制定、修改或调整,应将生态环境修复责任作为重要内容加以规范。生态环境法典制定已启动,学界在拟定生态环境法典专家建议稿时,都专章规定环境法律责任,其中修复责任的独立化是重要的设计,并应注重公私法协同理念下的系统性和协调性。

第二节 语境限定:作为生态环境损害的恢复性救济责任

法律概念具有认识、表达、改进和提升法律科学化程度的功能〔1〕,并在特定语境中被赋予精确含义,由此建构的法律制度方能更加清晰和明确。法律问题源于法律的模糊性,若完全否弃概念,则整个法律大厦将化为灰烬。〔2〕而语言的开放性结构导致法律语言的外延存在不确定的边缘区域。〔3〕立法用语、行政执法抑或司法裁判中,"生态环境修复责任"的概念,就有恢复原状、生态修复责任、环境修复责任、生态修复义务、修复生态责任、恢复性责任、环境恢复治理等近似表达,令人眼花缭乱。不明晰的概念犹如"流浪者"〔4〕角色,漂浮不定,势必使制度难以落

〔1〕 参见蒋德海:《法律概念和正义——试论法律概念的方法论意义》,载《东方法学》2012年第2期。

〔2〕 参见[美]E. 博登海默:《法理学:法律哲学与法律方法》,邓正来译,中国政法大学出版社1999年版,第485页。

〔3〕 参见[英]哈特:《法律的概念》(第2版),许家馨、李冠宜译,法律出版社2011年版,第124页。

〔4〕 高思洋:《生态修复制度之现实隐忧与规范精进》,载《中国石油大学学报(社会科学版)》2021年第5期。

实。循《民法典》第1234条、第1235条文本语义，采“生态环境修复责任”概念以指代之，并分析其合理语境限制与适用场域，至关重要。

一、法律场域：“生态环境损害”作为生态环境修复责任适用的法律场域

从逻辑上看，生态环境损害是生态环境修复的前因，修复生态环境则是生态环境损害的必然要求。[1] “生态环境损害事实”是“修复”的前提与对照线[2]，是生态环境修复责任适用的法律场域。民法学者多使用“生态环境侵权”“环境污染责任”等表达，环境法学者则多使用“环境侵害”、“环境损害”[3]、“生态环境损害”等表达。相较而言，“生态环境侵权”强调个人权利，“环境侵害”则兼容了对个人权益和公共利益的侵犯，更契合环境法的整体主义立场。[4] “环境损害”则常在损害结果层面[5]或介绍欧盟等域外环境法时使用。本书采“生态环境侵权”[6]以表达包含对人身权益、财产权益及生态环境造成损害的上位概念，体现环境损害结果的复合化特质；采用“生态环境损害”来表达因环境侵权导致的“环境损害”结果。

我国环境法律法规未对“生态环境损害”做精确、系统、全面的界定。

---

〔1〕 参见刘静然：《论污染者环境修复责任的实现》，载《法学杂志》2018年第4期。

〔2〕 参见杜健勋：《“修复生态环境”的法律适用研究——基于对〈民法典〉第1234条的理解》，载《学术界》2021年第11期。

〔3〕 参见李昊：《论生态损害的侵权责任构造——以损害拟制条款为进路》，载《南京大学学报（哲学·人文科学·社会科学）》2019年第1期。

〔4〕 参见吕忠梅：《环境侵权的遗传与变异——论环境侵害的制度演进》，载《吉林大学社会科学学报》2010年第1期；吕忠梅等：《理想与现实：中国环境侵权纠纷现状及救济机制构建》，法律出版社2011年版，第286页。

〔5〕 参见徐祥民、巩固：《环境损害中的损害及其防治研究——兼论环境法的特征》，载《社会科学战线》2007年第5期。

〔6〕 《最高人民法院关于生态环境侵权案件适用禁止令保全措施的若干规定》《最高人民法院关于审理生态环境侵权纠纷案件适用惩罚性赔偿的解释》均使用“生态环境侵权”兼容私益与公益的损害，包括生态环境损害。《长江保护法》《黄河保护法》《青藏高原生态保护法》《湿地保护法》等均使用“生态环境损害”的表述。《生态环境侵权责任解释》使用“生态环境侵权”指代私益侵权。

其有以下特点。

（一）法律层面：从碎片化向规范化的转变

对“生态环境损害”的界定逐步由离散性、碎片化向整体性、规范化迈进。

一是法律文本中常采用单个环境要素损害的方式进行界定。《环境保护法》多处提及“损害”“污染”“破坏”，却未给出总括性定义。在污染防治法和自然资源法“分置立法”[1]的路径下，各单行法对特别环境要素损害分别界定。(1)污染防治法注重对特定环境要素污染的界定。如《海洋环境保护法》第120条对“海洋环境污染损害”的界定、《噪声污染防治法》第2条对“噪声污染”的界定、《土壤污染防治法》第2条对“土壤污染”的界定、《水污染防治法》第102条对“水污染”的界定、《放射性污染防治法》第62条对“放射性污染”的界定等。(2)自然资源法对自然资源造损害，注重原因行为描述，未对造成生态环境损害的结果进行界定。如《森林法》第68条、《草原法》第70条、《水法》第31条、《矿产资源法》第32条、《渔业法》第47条等。

二是生态环境立法日渐注重融合性发展，生态环境损害的认知呈现整合化、规范化趋势。表现为：(1)损害原因整合：改变了过去污染防治法只关注污染、自然资源法只关注破坏的局面，将污染与破坏共同整合为生态环境损害的基础性原因，由“分置立法”走向“融合立法”。(2)损害结果整合：逐步由单一环境要素向综合性“生态环境损害”方向发展。如《长江保护法》第93条、《湿地保护法》第61条、《黑土地保护法》第31条、《黄河保护法》第119条、《青藏高原生态保护法》第59条等，规定了“生态环境损害”结果意义上的民事公益诉讼及生态环境损害诉讼救济路径。这些规定既与《民法典》衔接，也体现了从生态环境整体而非单一要素审视生态环境损害的价值观转向。

---

[1] 参见沈百鑫：《德国和欧盟水法概念考察及对中国水法之意义（下）》，载《水利发展研究》2012年第2期。

(二)规范层面:从政策性向法律化的演进

借助灵活性、原则性、探索性的政策规范、技术规范,对“生态环境损害”这一关键概念进行界定。

一是政策文件〔1〕。以最严格的法律制度保护生态环境,是诸多政策文件的基本要求。《改革方案》将“生态环境损害”界定为“因污染环境、破坏生态造成大气、地表水、地下水、土壤、森林等环境要素和植物、动物、微生物等生物要素的不利改变,以及上述要素构成的生态系统功能退化”。这一概念虽主要适用于生态环境损害赔偿诉讼,但也适用于环境民事公益诉讼下的生态环境损害界定。

二是技术规范。技术规范系环境政策法规体系的重要构成部分。生态环境部制定了一系列规范性文件、技术规范和国家标准,对“环境损害”“生态环境损害”皆有界定。2014 年《推荐方法(第Ⅱ版)》将“环境损害”界定为“因污染环境或破坏生态行为导致人体健康、财产价值或生态环境及其生态系统服务的可观察的或可测量的不利改变”,将“生态环境损害”界定为“由于污染环境或破坏生态行为直接或间接地导致生态环境的物理、化学或生物特性的可观察的或可测量的不利改变,以及提供生态系统服务能力的破坏或损伤”〔2〕。随着生态环境损害赔偿制度及诉讼推进,大量“生态环境损害”相关的技术性规范颁行〔3〕,最典型的是《总纲》,第 3.1 条将生态环境损害界定为“因污染环境、破坏生态造成

〔1〕 2013 年《中共中央关于全面深化改革若干重大问题的决定》使用了“生态环境损害”的表述;2014 年中共中央、国务院在《关于印发〈国家新型城镇化规划(2014—2020 年)〉的通知》中也沿用了“生态环境损害”与“生态环境损害赔偿”的表述;2015 年中共中央、国务院《关于加快推进生态文明建设的意见》中指出要“建立独立公正的生态环境损害评估制度”。

〔2〕《推荐方法(第Ⅱ版)》第 4.5 条。

〔3〕 2020 年 12 月 29 日,生态环境部发布了 6 部生态环境损害鉴定评估指南,包括《总纲和关键环节　第 1 部分:总纲》《总纲和关键环节　第 2 部分:损害调查》《环境要素　第 1 部分:土壤和地下水》《环境要素　第 2 部分:地表水和沉积物》《基础方法　第 1 部分:大气污染虚拟治理成本法》《基础方法　第 2 部分:水污染虚拟治理成本法》。此外,2020 年 6 月 3 日发布的《生态环境损害鉴定评估技术指南　地表水与沉积物》(已失效)第 3.5 条、2022 年 7 月 25 日发布的《生态环境损害鉴定评估技术指南　森林(试行)》第 3.1 条分别对“地表水生态环境损害”“森林生态环境损害”进行了界定。

环境空气、地表水、沉积物、土壤、地下水、海水等环境要素和植物、动物、微生物等生物要素的不利改变,及上述要素构成的生态系统的功能退化和服务减少”。《总纲》还定义了三组概念:污染清除、环境修复和生态环境恢复,实际上对应预防—修复—恢复三个步骤。这是目前法律或政策中对“生态环境损害”最明确的界定。表明“环境损害”包括了私益和公益的损害,而“生态环境损害”则单纯地指公共利益损害,环境损害包含了生态环境损害。[1]

三是司法政策。政策不具有法律的外在形式,但两者在内在价值上能达成共识,对立法滞后性起到补救功能。[2] 对政策文件及技术性规范的吸纳与创新,丰富和发展了司法政策。《环境民事公益诉讼解释》只提及“生态环境损害”[3]未作界定;《生态环境损害赔偿规定》第 3 条对“生态环境损害”的界定完全因循《改革方案》,旨在从环境法、民法典中寻找法律支撑。而司法实践中的案件处理还遵循了技术性规范,毕竟损害认定依赖于鉴定机构依据技术规范所作的评价。在政策向法律转化的过程中,针对生态环境损害诉讼下的“生态环境损害”已有明确定义,环境民事公益诉讼可参酌。

(三)实质观察:从局部性向整体性的发展

对“生态环境损害”的认知,已从局部的、朴素的、浅表意义上的观察向整体的环境要素、生态系统及功能等演进。

一是由单一环境要素向综合化环境要素的发展。生态环境损害技术规范,既有单一要素的土壤、地表水、地下水、沉积物、森林等规范及损害认定,又有综合性的生态环境损害认定规范;环境民事公益诉讼中,《推荐方法(第Ⅱ版)》将“环境损害”与“生态环境损害”区别对待,并将

---

〔1〕 参见杜健勋:《“修复生态环境”的法律适用研究——基于对〈民法典〉第 1234 条的理解》,载《学术界》2021 年第 11 期。

〔2〕 参见肖强、赵腾宇:《民法典绿色条款实施对土壤污染修复责任法律制度的影响》,载《天津法学》2021 年第 1 期。

〔3〕 《环境民事公益诉讼解释》第 1 条规定了“实害结果”及“危险状态”,第 21、22 条使用了“生态环境受到损害”“生态环境损害”的表述。

前者作为后者的上位概念。

二是从关注局部性的生态环境损害到关注整体性的生态环境功能、状态及生态系统。在生态环境损害认定、调查、评估、监测、修复等方面,既有各类诉讼均可适用的《推荐方法(第Ⅱ版)》,也有针对场地污染损害认定及修复标准的规则〔1〕,还有生态环境损害认定、评估等一整套规范。当前虽呈现条块式分布,但总体循着由局部性向整体性关注生态环境损害导致的功能、状态等变化的考量发展。这也是"山水林田湖草沙"系统保护、系统修复理念的要求。在最高人民法院指导性案例 207 号中,司法裁判就从生态环境的整体性认知出发,认定非法采矿造成的损害不限于矿产资源本身的损失,还包含土壤含水、动物栖息地、哺乳动物损害等。在另一典型案例〔2〕中,法院特别重视对"生态敏感区附加损失"的赔偿,也基于环境整体性的考量。

三是注重法律与技术的融合。"生态环境损害"界定涉及生态学、环境科学、法学等诸学科,是科学术语转化为法律术语的产物,应遵循科学原理与技术规范,然后通过法律规范及司法运用将之法律化。在法律化过程中,就要充分考虑生态环境本身以及由此产生的公益、私益等问题。如二氧化碳不是污染物,但过量排放二氧化碳亦可能造成生态环境损害,构成重大风险,须进行风险预防。〔3〕

二、适用对象:"生态环境"作为修复责任适用的空间场域不断拓展

《环境保护法》第 2 条所指"环境"遭受损害,皆属可适用生态环境修复责任的范畴。这锁定了生态环境修复责任的适用对象与空间场

---

〔1〕《污染地块风险管控与土壤修复效果评估技术导则》《场地环境监测技术导则》《污染场地风险评估技术导则》《污染场地土壤修复技术导则》《建设用地土壤污染状况调查技术导则》。

〔2〕2022 年最高人民法院"生物多样性司法保护典型案例"之九:上海市人民检察院第三分院诉蒋某成等六人生态破坏民事公益诉讼案。

〔3〕参见北京草原之盟环境保护促进中心等诉兴义市上乘发电有限公司环境污染公益诉讼案。

域——“生态环境”。《总纲》第3.1条与《推荐方法(第Ⅱ版)》对生态环境损害界定相比较,明确了生态环境损害的对象是“环境要素+生物要素+生态系统”。与《改革方案》相比较,一是环境要素的差异:环境要素由“大气、地表水、地下水、土壤、森林”等,变为“环境空气、地表水、沉积物、土壤、地下水、海水”等,不完全相同,这是二者开放性列举的合理延伸。二是生物要素的微变:生物要素从“动植物、微生物”等,变为“植物、动物、微生物”等,本质无变化。三是结果表达改变:从“发生不良变化,造成生态环境恶化”,变为“不利改变,及上述要素构成的生态系统的功能退化和服务减少”,强调了从单独要素到系统功能的发展,且丰富了损害后果的内涵。据此,生态环境修复责任适用的对象可具体化为:“环境要素+生物要素+生态系统”。

(一)环境要素:自然环境要素与人工环境要素

受损害的生态环境要素包括自然环境与人工环境,以及两者的复合。

1.自然环境要素

自然环境要素是各种天然形成的环境要素,是环境法调整的主体部分,也是生态环境修复责任适用的核心范畴。各国对受损自然环境的恢复性救济适用对象相对狭窄。例如,1980年美国《超级基金法》的适用对象为“自然资源损害”,1993年《罗加诺公约》的适用对象为“环境损伤”,2004年欧盟《环境责任指令》的适用对象为水体、土壤、受保护物种和自然栖息地的损害,2007年德国《环境损害预防及恢复法》的适用对象为生物物种及栖息地、水质、土壤的损害。我国执法及司法实践在不断细化、深化认识各环境要素。

第一,基本环境要素:是具有生命特征的动物、植物及微生物所赖以生存和发展的环境要素,是各国环境法及自然资源法保护的基本对象。包括土壤、大气、水、海洋、湿地、草地、林地、滩涂等。最主要的是大气、土壤、水体,国家为此制定了打赢“蓝天、碧水、净土”三大保卫战的三个“十条计划”,分别制定了《土壤污染防治法》《水污染防治法》《大气污染防治法》等。针对森林、草原、湿地、海洋、黑土地等不同自然要素，分别制定了相应法律专门保护；针对具有重大生态价值的高原、大江、大河、湖泊、海洋等特殊生态环境制定了专门的《青藏高原生态保护法》《长江保护法》《黄河保护法》等法律，予以系统性保护。随着认知深入，法律界对诸多之前未关注的沙漠、溶洞、暗沟、暗河、渗坑等特殊环境要素逐渐给予关怀及关注，更多自然环境要素会被重新发掘、纳入法律规制视野，得到生态修复责任的有效救济。

第二，特定化自然要素。部分环境要素经过法律、政策规划后，成为特定化的自然要素，受到特别保护。一是自然遗产。即从美学、科学或保护等角度看具有突出的普遍价值，包括由物质和生物结构或这类结构组成的自然面貌、地质和自然地理结构以及明确划为受威胁的动物和植物、天然名胜或明确划分的自然区域。如贵州梵净山作为世界自然遗产，某游客在梵净山金顶摩崖处刻画了“丽水陈国”，对世界自然遗产造成了破坏，被判处承担修复责任和惩罚性赔偿责任。[1] 二是自然保护区、风景名胜区。[2] 通过普通民事诉讼[3]、民事公益诉讼[4]、行政诉讼[5]、刑事诉讼等多元化的诉讼机制，强化对自然保护区或风景名胜区的保护救济。我国正在制定国家公园法，并强化国家公园内各类自然资源与环境要素的司法保护。如在自然保护地种植小麦，亦构成生态破

---

〔1〕 参见贵州省2021～2022年环境资源审判十大典型案例之五：贵州省江口县人民检察院诉陈某平生态破坏民事公益诉讼案。

〔2〕 参见《自然保护区条例》第2条；《风景名胜区条例》第2条。

〔3〕 参见四川金核矿业有限公司与新疆临钢资源投资股份有限公司特殊区域合作勘查合同纠纷案，载《最高人民法院公报》2017年第4期。

〔4〕 参见2020年重庆法院公益诉讼与生态环境损害赔偿诉讼典型案例之二：北京市丰台区源头爱好者环境研究所诉石柱县临港经济开发有限公司等环境民事公益诉讼纠纷案；最高人民法院2020年度人民法院环境资源典型案例之七：江西省上饶市人民检察院诉张某明、毛某明、张某生态破坏民事公益诉讼案。

〔5〕 参见湖南省张家界市中级人民法院行政判决书，(2018)湘08行终33号；2018年最高人民法院、最高人民检察院发布的十起检察公益诉讼典型案例之七：贵州省江口县人民检察院诉铜仁市国土资源局、贵州梵净山国家级自然保护区管理局行政公益诉讼案。

坏。[1] 三是特别划定的自然区域。如依据《水法》第33条、《饮用水水源保护区污染防治管理规定》划定的饮用水水源保护区等,实行分区保护,分类限制人类活动。四是其他自然环境要素,如矿产资源,特殊地质地貌等。如在一起喀斯特地貌保护的公益诉讼案件中,涉及林地、溶洞、河道、水体等多种环境权益的保护,体现了对生态环境要素的一体化保护。[2]

2. 人工环境要素

经人工改造的环境是生态环境的重要部分。[3] 人工环境,是通过人为设计、建造、构筑、改造、重组等方式形成的,与自然环境融合为一体的特殊环境形态,体现了人与自然之间的和谐共生关系。人工环境要素有几种典型形态,并处于动态发展中:

一是依附于自然环境要素重构的人工环境。如小区人工湖,系小区生态环境组成部分。是否适用修复责任,关键要看行为人的行为是否具有正当性,是否构成侵权。[4]

二是依托于自然资源的开发利用形成新的生态环境。如兴修的水利工程、旅游工程项目等,随着时间迁延,亦会形成重要的生态环境。如位于贵阳市的红枫湖是电力企业修建的水力发电设施,现已成为重要的湿地公园。此类生态环境遭受破坏,自当适用修复责任。

三是人类历史文化遗迹遗址。文化遗产,是具有历史、艺术、审美、科学、考古、人种学或人类学等普遍价值的建筑物、碑雕、碑画、铭文、窟洞以及联合体、单立或连接的建筑群、人类工程或自然与人联合工程以及考古地址等。无法复原的文化遗产、街道及景观的损伤等,都属生态

---

〔1〕 参见2024年湖南省高级人民法院2023年度环境资源审判典型案例之一:侯某祥、肖某明破坏自然保护地案。

〔2〕 参见贵州省高级人民法院2020~2021年环境资源审判十大典型案例之四:贵州省遵义市人民检察院诉肖某开、肖某波生态破坏民事公益诉讼案。

〔3〕 参见蔡唱:《民法典时代环境侵权的法律适用研究》,载《法商研究》2020年第4期。

〔4〕 参见北京市第四中级人民法院民事判决书,(2015)四中民初字第233号。

环境损害，且绝对不可逆转。[1] 已有不少案件将古文化、古墓葬等遗址纳入环境司法保护范围。[2] 对未被认定为文化遗址的古墓葬破坏案件，有法院并未将其视为环境的部分，不适用环境修复责任。[3] 近年来，贵州、江西、浙江等地司法机关采用民事、行政公益诉讼等方式加大了对革命文物、红色文化遗址、古城堡等历史文物的保护力度。[4] 不少人文遗迹与自然遗迹之间高度融合，人文遗产与环境高度"绑定"，亦可适用修复责任。近年来，对革命遗迹、会议遗址、烈士陵园、烈士墓等遗址或设施的保护受到高度重视，最高人民法院、最高人民检察院均发布了系列公益诉讼典型案例，对各地加强保护给予指引[5]，并通过文物司法解释强化保护。[6]

四是不断发展形成的古村落、古民居、建筑物、苗寨、侗寨等。这些古村落等具有典型的文化和民族特色，是生态环境不容错过的靓丽人文风景。各地司法机关对此逐步重视，贵州司法机关积累了不少经验，出台司法意见[7]，助力做好传统村落的历史建筑、人文景观、自然生态环境方面的综合保护，确保传统村落风貌得以可持续留存和延续；设立传统村落司法保护法官工作站、司法保护中心[8]或古寨司法保护基地[9]，发布《传统村落司法保护令》[10]，作出有益探索。

---

〔1〕 参见［日］宫本宪一：《环境经济学》，朴玉译，生活·读书·新知三联书店2004年版，第122～124页。

〔2〕 参见2021年最高人民法院发布的十起黄河流域生态环境司法保护典型案例之三：陈某强、董某师等盗掘古墓葬案。

〔3〕 参见河南省高级人民法院民事判决书，(2019)豫民终1607号。

〔4〕 参见2022年2月贵州省高级人民法院发布的《贵州环境资源审判绿皮书》第8页。

〔5〕 2021年9月29日退役军人事务部、最高人民检察院联合发布9起烈士纪念设施保护行政公益诉讼典型案例。

〔6〕 参见最高人民法院、最高人民检察院、公安部、国家文物局联合发布的《关于办理妨害文物管理等刑事案件若干问题的意见》。

〔7〕 2022年8月出台的《贵州省高级人民法院关于为传统村落提供司法保护的意见》，坚持"保护优先、传承利用、集聚发展"的原则。

〔8〕 参见2022年2月贵州省高级人民法院发布的《贵州环境资源审判绿皮书》第8页。

〔9〕 2022年6月，惠水县设立了全省首个"好花红布依古寨司法保护基地"。

〔10〕 由贵州省雷山县人民法院发布，文号为(2021)黔2634行初26号。

五是特定的人工设施。如地下管网、污水管道等。现代城市高度立体化发展，空间已然分层为空中、地上、地表、地下等多个部分。地下管网等被誉为“城市良心”、地下空间成为被忽视的特殊环境，非法向排污管道、地下管道等排放危险液体或固体废物，引发爆炸、水体污染、人身伤亡等事件和案件频发[1]，应予关注。

此外，《生态环境侵权责任解释》第 2 条排除车内、室内空间造成的损害，不将其作为生态环境侵权处理。部分案件将公共空间视为公共环境，认定在公共场所吸烟等行为危害公众健康，将案件定性为“环境公益诉讼”。[2]

（二）生物要素：动物 + 植物 + 微生物

凡是有生命的机体，均是生物。从《改革方案》到《总纲》都使用“生物要素”的提法，列举了植物、动物、微生物等生物要素。

1. 植物

能固着生活和自养的生物称为植物。主要依存在陆地及海洋生态环境，并塑造新型生态环境系统。植物在自然界发挥着重要作用，植物通过光合作用释氧固碳，成为自然界、人类及其他生物生存和发展的主要食物、材质等来源，陆生植物和藻类植物几乎是自然界能量的初始来源。植物与动物及微生物之间形成良好的动态平衡，不少动物与植物共同演化，互为补充。植物除美化环境的景观功能外，还可以提供绿茵、调节温度、降低风速、减少噪声、防风固沙、涵养水源、固土、捕捉碳汇等，是其他生物赖以生存和发展的必要条件。不少植物具有较高的历史、科学、文化等价值，不再是简单的植物。人类过度开发、利用、破坏、污染等行为，导致植物种群、数量、质量都发生很大改变，严重危及生态安全及可持续发展。

实践中，对植物的保护存在层次性。

---

[1] 参见广东省广州市中级人民法院民事判决书，(2018) 粤 01 民初 990 号。

[2] 参见河北省高级人民法院民事裁定书，(2019) 冀民辖终 127 号。

一是根据稀缺及濒危程度,采取不同等级的保护措施。世界自然保护联盟(IUCN)物种生存委员会(SSC)将濒危等级划分为8大类,依次为灭绝、野外灭绝、极危、濒危、易危、低危、数据缺乏和未予评估。《国家重点保护野生植物名录》对植物的保护级别有一级、二级保护两大类。

(1)珍稀植物。采个别化与整体区域化保护相结合的方式。个别化保护是针对野生珍稀植物,通过强化行政执法、司法等实现保护。整体化的保护是将珍稀植物连片的特殊地区,划分为特定的自然保护地、自然保护区或国家公园,通过自然保护区的保育工作,使其生存、发展得到系统性的保护。如为保护绿孔雀、陈氏苏铁等濒危物种,突破了"有损害才有救济"的司法理念,探索以预防性民事公益诉讼方式,防止正在建设的水电站淹没其栖息地的重大风险,避免了该区域生物多样性和遗传资源遭受不可逆转的损害。[1] 为保护处于极度濒危状态的"五小叶槭",判令被告将五小叶槭的生存作为项目可研阶段环境评价工作的重要内容,并经审批后方可开展工作。[2] 在"原生麒麟菜"案[3]中,通过行政公益诉讼方式加强对珍稀植物的保护。

(2)具有重要历史、文化价值的植物。如古楠木树、古柏树、古樟树、古茶树、古松树、古银杏树等,经岁月洗礼和历史沉淀,具有人文、历史、美学、生态、经济、景观等价值。对该等植物的破坏会造成生态、文化及历史等多重价值损失。实践中加大了对此类植物的保护力度。如对以切割楠木树块方式盗取树龄达2600年的"古楠木王"的行为,判决15名被告承担替代性修复责任和惩罚性赔偿。[4] 有村民非法砍伐树龄在400年以上的古柏树,当地主管部门未履行职责,被检察机关提起行政公

---

〔1〕 参见北京市朝阳区自然之友环境研究所诉中国水电顾问集团新平开发有限公司等生态环境保护民事公益诉讼案,最高人民法院指导性案例173号(2021年)。

〔2〕 参见中国生物多样性保护与绿色发展基金会诉雅砻江流域水电开发有限公司生态环境保护民事公益诉讼案,最高人民法院指导性案例174号(2021年)。

〔3〕 2021年最高人民检察院生物多样性保护公益诉讼典型案例之十三:海南省文昌市人民检察院督促保护文昌市麒麟菜省级自然保护区行政公益诉讼案。

〔4〕 参见邢天然:《拯救被盗割的"古楠木王"》,载《人民法院报》2024年8月15日,第1版。

益诉讼督促履职。[1] 在河南“枣树”案[2]中，被告擅自移栽1870棵枣树并致枣树大面积死亡，即便该百年树龄枣树并非古树名木，但具有一定生态价值和人文价值，被告亦应承担恢复林地、植被的责任。

(3)具有重要生态价值的公益林、林地、草地、湿地、红树林、防护林、防沙林等。这类植物关系生态安全及环境质量的维持。法院对破坏红树林等生态环境的行为进行打击；对失火造成“沙漠的守护神”胡杨林被毁，判令被告除承担刑事责任外，还需补种一定数量的梭梭林或支付修复费用。[3] 对违法发包公益林用于经营的行为，依法确认承包合同因损害公共利益而无效，确保公益林性质的及时回归。[4]

(4)普通植物。普通植物同样具有重要的生态、经济、美学等价值，受到法律保护。滥伐、盗伐、毁坏林木，以及在自然资源非法开采、利用过程中破坏了森林、草地、湿地、红树林等植物资源及生存环境，均在修复责任保护的范围内。至于占用林地行为是否经批准，不影响其承担森林资源恢复责任。[5] 对林地、植被造成破坏的，应按技术规范标准补种树木。[6] 但对普通植物的砍伐、破坏、盗窃、烧毁、污染等构成刑事犯罪的标准与珍稀植物、名贵植物有所不同，罪名有异，修复责任的承担方式也存在差异。

2. 动物

动物，指自然界具有生命、能自主运动或活动的生命体。依据国际公约、《野生动物保护法》、《国家重点保护野生动物名录》等，根据野生

[1] 参见2021年最高人民检察院生物多样性保护公益诉讼典型案例之一：四川省剑阁县人民检察院督促保护古柏行政公益诉讼案。

[2] 河南省郑州市中级人民法院民事判决书，(2016)豫01民初705号。

[3] 参见2021年最高人民检察院生物多样性保护公益诉讼典型案例之五：内蒙古自治区阿拉善盟额济纳旗人民检察院诉王某某失火刑事附带民事公益诉讼案。

[4] 参见2018年最高人民法院“人民法院服务保障新时代生态文明建设典型案例”之七：贵州省清镇市流长苗族乡人民政府诉黄某发等确认合同无效纠纷案。

[5] 参见福建省高级人民法院民事判决书，(2015)闽民终字第2060号。

[6] 参见吉林省长春林区中级法院民事判决书，(2019)吉76民初2号；福建省南平市中级人民法院民事判决书，(2019)闽07民初179号。

动物保护的重要性将其区分为一级、二级保护动物以及普通动物,实行区别化保护。

一是对《国家重点保护野生动物名录》内野生动物的特殊保护。针对不同等级的保护动物采取不同的保护措施。立法上修订《野生动物保护法》、制定禁止食用野生动物的决定,司法上采取积极行动,联合制定司法解释〔1〕,分别发布保护生物多样性、国家公园的典型案例等,涉及长江鳗鱼苗、穿山甲、棕熊、中华蜜蜂、中华鲟、黑颈鹤、海龟、海豚〔2〕、玳瑁、绿色海龟〔3〕等动物。通过刑事诉讼、行政公益诉讼和民事公益诉讼等类型丰富、多样化的司法机制,形成对野生动物全方位立体化的保护态势。

二是"三有动物"。对"三有动物"名录范围内的野生动物的猎捕、杀害、出售、贩卖、运输、走私等违法犯罪行为,可同时追究刑事、民事责任。〔4〕 非法猎捕、杀害野生动物的亦可判决其承担修复责任,重庆九龙坡区人民法院就创设了"打鸟赔巢"的替代性修复方式。〔5〕

三是普通野生动物。其虽然未列入"重点保护"或"三有动物"名录,但依然具有重要的生态价值,对其损害直接或间接影响生态环境平衡和物质能量的流动。如蚯蚓虽小,却事关生态。蚯蚓作为食物网一员,可促进微生物和其他土壤动物的活动,虽然蚯蚓不在"三有动物"范畴内,但具有重大生态价值,被告在淘宝网公开宣传、出售蚯蚓电击猎捕工具,导致大量买家购买用于捕获蚯蚓,不属于可持续利用野生动物的

---

〔1〕 2022年4月6日,最高人民法院、最高人民检察院联合发布《关于办理破坏野生动物资源刑事案件适用法律若干问题的解释》。

〔2〕 参见2021年最高人民检察院生物多样性保护公益诉讼典型案例之三、九、十、十一、十四等。

〔3〕 参见2023年海洋自然资源与生态环境检察公益诉讼典型案例之四:海南省海口市人民检察院诉周某某非法收购珍贵、濒危野生动物民事公益诉讼案。

〔4〕 参见2021年最高人民检察院生物多样性保护公益诉讼典型案例之八:黑龙江省齐齐哈尔市龙沙区人民检察院诉李某某等13人非法狩猎刑事附带民事公益诉讼案;辽宁省辽阳市中级人民法院民事判决书,(2020)辽10民初28号。

〔5〕 参见吴晓锋、董银萍、谭嘉晨:《重庆九龙坡区:"打鸟赔巢"实现生态修复》,载《法治日报》2021年12月14日,第11版。

合理手段，对蚯蚓和土壤生态环境造成损害，使公共利益受损。[1] 电捕蚯蚓并收购、加工、外销的行为破坏了土壤生态环境及生物多样性，侵权者须承担赔偿损失等责任。[2] 这种“灭绝式”捕杀蚯蚓的方式随即被系统性整治。[3] 再如，对非法捕捞水产品案件适用增殖养流等替代性修复方式，即修复责任在普通动物损害中的运用。

3. 微生物

微生物是指借助肉眼难以看清，需要借助现代光学显微镜或电子显微镜才能观察到的一切微小生物的总称。微生物通常包括细菌、病毒、真菌和少数藻类等。最高人民法院的司法文件明确将涉及微生物与动物的案例并列归入生物多样性案件类型。[4] 以“微生物”为关键词，在中国裁判文书网进行检索，然后进一步筛选，只有寥寥数起案件提及其他环境要素与微生物之间相互依存，并未以微生物保护为主。[5] 部分案件中，法院已注意到微生物的存在及其重要性，并加以保护。[6]

（三）复合系统：环境要素、生物要素及其他要素之间组合的生态系统

生态系统时刻处于能量流动和物质循环之中。环境要素、生物要素可以是单一的，更多时候是复合的；而环境要素与生物要素之间又往往存在千丝万缕的联系，进而形成高度复杂又有机统一的生态系统。从《推荐方法（第Ⅱ版）》、《改革方案》到《总纲》，逐步重视生态系统功能的

---

〔1〕 参见广东省珠海市中级人民法院民事判决书，（2020）粤04民初129号。

〔2〕 参见《“电捕野生蚯蚓”民事公益诉讼案，当庭宣判！》，载微信公众号“最高人民检察院”2022年8月27日，https://mp.weixin.qq.com/s/BwhUEuWiOrKH7OzeFloiQQ。

〔3〕 《关于加强野生蚯蚓保护　改善土壤生态环境的通知》（农办科〔2022〕20号）。

〔4〕 参见《最高人民法院关于印发〈环境资源案件类型与统计规范（试行）〉的通知》。

〔5〕 参见2022年最高人民法院发布的“森林资源民事纠纷典型案例”之一；2021年11月5日最高人民检察院发布的五起“检察为民办实事”之检察机关依法惩治长江流域非法捕捞水产品犯罪典型案例之二；2021年最高人民检察院发布的二十三起“检察公益诉讼起诉典型案例”之七；2020年福建法院生态环境审判典型案例之三；2022年天津市高级人民法院发布的十八起环境资源典型案例之六；2023年浙江省高级人民法院发布的十五起环境资源审判典型案例之五。

〔6〕 参见贵州省2020～2021年环境资源审判十大典型案例之四：贵州省遵义市人民检察院诉肖某开、肖某波生态破坏民事公益诉讼案。

保护,从单一要素走向多元要素、从环境要素或生物要素走向对生态系统、生态功能的减损、退化与改变的重视。司法亦须重视要素与要素之间、系统与系统之间的协同、共生关系。如对土壤污染的修复治理措施,若采用大量的化学、生物元素进行处置,固然可将污染物涤除、封控、减毒、防渗等,亦可能破坏土壤的透气性、微生物、生物群落及土壤肥力,产生适得其反的效果。因此,在生态环境系统遭受损害对其进行修复时,应采用整体主义立场,既注重单一环境要素、生物要素的修复,又注重生态系统整体功能的恢复。

三、损害程度:生态环境损害"质"和"量"与修复责任的触发条件

生态环境损害是一种"面向未知"的风险判断,涉及事实判断与价值判断,其认定标准和技术方法直接影响对生态损害的构成、性质、程度等认知。[1] 例如,对同属采煤导致的地表水位下降或塌陷,就有普通财产损害赔偿纠纷、生态破坏侵权纠纷[2]、危险作业纠纷[3]的不同处理。生态环境损害事实的存在是适用生态环境修复责任救济的前提,但并非所有"损害"皆应给予修复救济,需"区分事实与价值,转化科学与法律"[4]。这涉及生态环境损害认定"质的规定性"与"量的规定性"之双重判断。

(一)生态环境损害"质的规定性"

从"质的规定性"上看,生态环境损害指因环境污染或生态破坏行为所引发的环境要素、生物要素或整体生态功能的"不利改变"或"功能退化"或"服务减少"。这种质的规定性,使环境损害赔偿与普通侵权损害赔偿存在差异,用侵权规则来解决生态环境损害就会导致侵私法体系内

---

〔1〕 参见吕忠梅、窦海阳:《修复生态环境责任的实证解析》,载《法学研究》2017 年第 3 期。

〔2〕 参见最高人民法院民事裁定书,(2015)民申字第 3423 号。

〔3〕 参见最高人民法院民事判决书,(2019)最高法民终 289 号。

〔4〕 巩固、陈瑶:《生态环境损害赔偿合目的性的制度保障》,载《中国人口·资源与环境》2021 年第 4 期。

部冲突。[1] 生态环境损害"质的规定性"体现为以下几个层次。

第一，质的规定之一：不限于单个环境要素损害。以《推荐方案（第Ⅱ版）》为代表，从逻辑上将"环境损害"作为"生态环境损害"的上位概念，涵盖了"对人的损害"与"对环境的损害"。"生态环境损害"，美国称为"自然资源损害"，法国称为"生态损害"，德国、瑞士等多数欧盟国家称为"环境损害"，我国多称为"生态环境损害"。但名异实同，皆指生态环境相关要素、空间、系统的不利改变及相关生态服务、功能的减损。[2] 生态环境损害既包含单个环境要素、生物要素的损害，也包括由多个环境要素、生物要素组合或共同构成的生态环境系统的损害，包括生物多样性丧失、土壤肥力下降、生态服务功能的降低等。实践中，多数裁判只关注单一环境要素，未能系统兼及生态功能及生态系统保护，实有欠缺。

第二，质的规定性之二：以公共利益损害为主。生态环境损害曾作为一个综合性概念，涵括了与生态环境有关的公益与私益损害。[3] 环境民事公益诉讼及生态环境损害赔偿制度改革，使"生态环境损害"逐渐定型化，专指生态环境本身的损害。《民法典》将生态环境损害赔偿制度列于环境侵权之后，从体系上肯认了生态环境损害与环境私益损害相互区分和二者的并列地位，"生态环境损害"指向公共利益损害已基本无争议。[4] 《民法典》第1229条之"他人损害"指向私益，第1234、1235条规定的"生态环境损害"指向公益[5]，论及生态环境修复责任时，需将其与个人私益损害进行区分。[6] "生态环境损害"包含两层意思，一层是"事

---

〔1〕 参见吕忠梅：《论环境侵权纠纷的复合性》，载《人民法院报》2014年11月12日，第8版。

〔2〕 参见巩固：《生态损害赔偿制度的模式比较与中国选择——〈民法典〉生态损害赔偿条款的解释基础与方向探究》，载《比较法研究》2022年第2期。

〔3〕 参见麻昌华、郭晓虹：《生态环境损害复合救济模式探析》，载《法学杂志》2019年第3期。

〔4〕 参见刘长兴：《生态环境损害中的私益辨识与责任界分》，载《吉首大学学报（社会科学版）》2022年第1期。

〔5〕 张璐：《环境法与生态化民法典的协同》，载《现代法学》2021年第2期。

〔6〕 参见吕忠梅、窦海阳：《修复生态环境责任的实证解析》，载《法学研究》2017年第3期。

实上的生态环境损害”，可能包括私益损害；另一层是“制度意义上的生态环境损害”，是排除私益利益后定性为公益的纯粹生态环境损害。[1]新近司法认为，受污染土地的所有权属于国家，污染修复费用涉及社会公共利益，不能裁决支付给个人。[2]《民法典》第1234、1235条专门救济公共利益，不救济私人利益。[3]

第三，质的规定性之三：以环境损害时为准。生态环境损害有其特有的行为逻辑与时间逻辑。从环境侵权的机理看，先污染或破坏生态环境，再以环境要素为媒介，对人体健康、生命权、安全等造成损害或威胁，即环境侵权的“二阶段理论”[4]。从时间节点上讲，不能等到出现明显标志性的民事权益损害时方寻求救济，而应在生态环境损害出现时便加以规制。据此，一方面，在实害结果产生前即可寻求生态环境损害救济，在具有现实危险性的情况下便可触发行政执法或环境民事公益诉讼。例如，对于已被列入红色名录等级的“五小叶槭”，雅江种群作为世界上残存的最大的一个种群也仅有大树262株，如未经环评且保护措施不到位即开发水电站，必然威胁该濒危物种的生存，预防性民事公益诉讼应运而生。[5]因此，第一阶段引发的生态环境损害才是催生公益诉讼的动力。作为公共物品的生态环境，在缺乏明确所有权主体时，公益诉讼制度是化解生态利益无人救济的重要方式。[6]另一方面，如未能成功在第一阶段实现控制，发展到第二阶段时，同时对生态利益、公众健康等公共利益造成损害和对特定人的人身或财产造成损害。则特定主体可依据

---

〔1〕参见刘长兴：《生态环境损害中的私益辨识与责任界分》，载《吉首大学学报（社会科学版）》2022年第1期。

〔2〕参见山东省东营市中级人民法院民事判决书，（2019）鲁05民终1627号。

〔3〕参见辽宁省高级人民法院民事裁定书，（2021）辽民申8640号；沈阳铁路运输中级法院民事判决书，（2021）辽71民终9号。

〔4〕参见黄锡生：《环境权民法表达的理论重塑》，载陈锐主编：《重庆大学法律评论》第1辑，社会科学文献出版社·社会政法分社2018年版。

〔5〕参见四川省甘孜藏族自治州中级人民法院民事判决书，（2015）甘民初字第45号。

〔6〕参见黄锡生、王中政：《海洋环境民事公益诉讼：识别、困境与进路——从〈海洋环境保护法〉第89条切入》，载《中国海商法研究》2020年第1期。

侵权原理寻求救济,生态环境本身所代表的公共利益,可通过环境民事公益诉讼或生态环境损害赔偿诉讼救济。

(二)生态环境损害"量的规定性"

第一,从事实到价值:由事实上的损害到法律上的损害。

生态环境损害要达到足够的量,才能触发损害认定,常采用"利益总量"的观察方法[1],并通过技术标准明晰损害的确定方法、基准、计量及补救措施。美国、欧盟、德国、俄罗斯、法国等国家和地区法律框架下的生态环境损害,以"不良""严重""重大不利"等为要件。如仅是对环境微小的不利改变,或者以现有科技认知水平难以评估损害,通常不能认定为法律上的损害。未造成显著损害的,法院一般不会作出判决被告承担修复责任的裁判。在致害机理颇为复杂的环境侵权链条中,对损害的判断往往是"截取"严重损害之处和"排除"轻微的损害,这同样适用于环境损害。[2] 由事实上的"损伤"上升为法律上的"损害",须跨越事实与价值的鸿沟,通过"损伤"到"损害"的转化来实现,由科学的损害概念演变为应予以修复或赔偿的生态环境损害法律概念。这包含三个步骤:一是"资源损伤"识别:生态环境的状态变化归属于负面评价从而有救济可能的"损伤"这个门槛条件;二是服务减损的量化:参照环境基线,以服务减损为核心指标,对资源损伤的后果进行量化分析;三是损害认定:将服务减损转化为具体损害金额,计算依据和计算方法是两大关键要素。[3] 由此,使客观上的生态损伤上升为法律上可救济的损害,尚未构成法律上损害的损害则排除在外。

第二,量化基准:以生态基准为基础的损害认定路径。

法律上的损害实为"不利益"或"利益减少和灭失"。[4] 民法视野中

---

〔1〕 参见吕忠梅:《"生态环境损害赔偿"的法律辨析》,载《法学论坛》2017年第3期。

〔2〕 参见刘超:《环境修复理念下环境侵权责任形式司法适用之局限与补强》,载《政法论丛》2020年第3期。

〔3〕 参见巩固、陈瑶:《生态环境损害赔偿合目的性的制度保障》,载《中国人口·资源与环境》2021年第4期。

〔4〕 参见张新宝:《侵权责任构成要件研究》,法律出版社2007年版,第121页。

包括主体的利益组成是否改变(具体损害)[1]与主体的利益总量是否减损(总量减损)。法国法中将利益总量称为"总体财产",二者似同一容器,尽管组成部分发生变化,总体财产依然保持存在且始终保有其个体性。[2] 从以"具体损害"认定损失的思维看,环境要素、生物要素的"不利改变"和"生态系统服务功能退化"都可纳入"不利性"[3],但很难用民法的"损害"包容生态环境损害,不能生硬地套用侵权损害的"差额说"或"组织说"。生态环境损害之损害量判断具有专业性、技术性,应当根据一整套规范体系,以科学、严谨、可信的证明过程评估其损害。没有达到技术规范要求的"生态环境损害"的量的标准时,并不引起生态环境修复的法律责任。"环境基线"是触发责任的重要依据。

"环境基线"是什么?即《总纲》第3.5条所指"污染环境或破坏生态未发生时评估区生态环境及其服务功能的状态"。根据《总纲》第3.9、3.10、3.14条"生态环境恢复""基本恢复""生态环境损害鉴定评估"之界定,损害认定及恢复标准均以基线为原则。《生态环境损害鉴定评估技术指南　森林(试行)》将"损害程度"界定为"林木、林地或森林生态系统所受到损害的严重程度,即其结构或功能指标与基线状态的差距百分比"[4]。当生态环境质量标准低于其基线时,即构成损害,触发了生态环境损害的修复责任适用。

如何判断基线?《总纲》给出了四种路径:应选择适当的评价指标和方法调查并确定基线。基线的确定方法包括历史数据、对照数据、标准基准、专项研究。[5] 应循着顺序确定,专项研究则是补充,必要时才开展。森林资源损害的基线确认则稍有不同,其确认方法包括:历史数据;

---

[1] 参见姚辉、邱鹏:《侵权行为法上损害概念的梳理与抉择》,载《私法研究》2009年第1期。

[2] 参见[法]雅克·盖斯旦、吉勒·古博:《法国民法总论》,陈鹏等译,法律出版社2004年版,第150页。

[3] 王利明:《侵权行为法研究》(上卷),中国人民大学出版社2004年版,第349页。

[4] 《生态环境损害鉴定评估技术指南　森林(试行)》附录F(资料性附录)"森林相关术语"F.18。

[5] 参见《总纲》第5.2条。

对照数据；考虑生物物候(包括动植物)、物种及其数量的年际(大小年)、年内(如季节性变化)变化过程，选择相同或相似历史数据；前述方法无法确定时采用专家判定法确定。[1] 对森林植被破坏，需同时结合历史数据和对照数据两种方法确定，历史数据确定损害发生前的状态，对于评估区历史上的植被物种组成与对照区一致的，则通过对比数据确认实际基线水平；对于不一致的，结合历史数据、对照数据等综合判定基线水平。对特定用途林、风景名胜区、自然保护地等的基线认定亦有差异；当生态破坏与环境污染两种不同原因造成损害时，认定基线的表征有所不同。[2]

判断损害的程序包括损害调查—确定基线—损害确定三个步骤。调查是前提，"通过资料收集与分析、人员访谈、现场踏勘、环境监测、问卷调查、生态调查、遥感影像分析等，掌握污染环境或破坏生态行为的事实，调查评估区生态环境质量及其服务功能现状和基线"[3]，按照前述规定确定基线。然后确定损害，"对比评估区生态环境及其服务功能现状与基线，必要时开展专项研究，确定评估区生态环境损害的事实和损害类型"[4]。最后是生态环境损害的量化，包括"生态环境损害实物量化"和"生态环境损害价值量化"。[5]

第三，基于类型化思路判断生态环境损害。

生态环境损害的"量"涉及专业性判断，须借助技术规范、指南或标准及其方式来确定基线。[6] 不囿于生态环境外形及物理结构，还需考虑生态系统的整体性功能、状态、服务及系统的完整性。环境损害"质"与"量"的认定，应当基于类型化进路，而不是采用同一化标准。例如，一是

---

[1] 《生态环境损害鉴定评估技术指南　森林(试行)》第6.5.1.1条。

[2] 《生态环境损害鉴定评估技术指南　森林(试行)》第6.5.1.2条。

[3] 参见《总纲》第5.1条。

[4] 参见《总纲》第5.3条。

[5] 参见《总纲》第7、8条。

[6] 参见吕忠梅、窦海阳：《修复生态环境责任的实证解析》，载《法学研究》2017年第3期。

建设用地，对于由于历史原因形成的特定区域损害，应适用建设用地风险控制标准、技术导则等系列规范。二是农业用地，应根据相应农业用地风险控制标准和技术规范进行认定。三是森林资源，基于森林资源的特殊性，专门制定特别的鉴定评估程序。四是地表水、地下水、土壤、沉积物等的损害调查、认定等，适用《总纲》及相应的生态环境损害技术规范。五是暂未纳入规范体系的如湿地、草地、海洋、大气等，原则上适用《总纲》规定，应当尽快完成此类技术性标准编制。无论何种类型的环境要素，不应简单根据环境质量（介质）基准进行判断，而应当根据生态系统本身的多元特殊性加以综合考察，避免涉水的只管水、涉土的只管土等明显僵化与要素孤立的问题。

第四，生态环境损害确定还应考量人类健康因素。

《改革方案》《总纲》等对生态环境损害界定站在纯粹生态环境的立场，《推荐方法（第Ⅱ版）》的界定更为周延，其第4.9条界定"基线"、第4.10条界定"环境修复"时，充分考虑到环境污染对人体健康的风险、生态风险及生态系统服务功能的损伤等因素。即对生态环境损害的判断，不仅应考虑环境要素、生物要素等，还应考虑环境与人类不可分离以及最重要的人体健康、安全风险。不仅考虑当代人或特定人，更应考虑后代人或不特定人。对生态环境损害的认定、测量有多种技术路径和方法，但基本逻辑还是要充分衡量在受损害环境中生活或者从事生产活动的人所受到的不利影响。[1] 简言之，生态环境损害在"质"的方面注重其公益属性，在"量"的方面存在公益与私益交错之处。特定人受影响，宜归入私益；如是不特定人受影响，宜归入公益；特定人的范围过宽，也会由"量变"到"质变"演化为公益。公益损害中往往附带有私益损害，有"私"的成分；私益损害中不可避免影响公益，有"公"的身影。

---

〔1〕 参见刘长兴：《生态环境损害中的私益辨识与责任界分》，载《吉首大学学报（社会科学版）》2022年第1期。

第五，生态环境自我修复并不意味着生态环境损害量的减轻。

在生态容量许可范围内，经历时间、物质变化、化学反应、生物分解等后，遭受损害的环境可以自行恢复。但超过环境自我修复能力时，需启动环境修复，通过人工干预辅助环境功能复原。因此，并非有环境损害就必然启动修复，其中有技术、政策等多维度的考量。轻微的损害无须修复，这不仅考虑修复成本，还考虑修复本身亦是人为对环境的扰动，轻微损害原本损伤不大，但修复引入各种工程、器具、化学、生物或物理性物质，使得二次污染或生态破坏的可能性增加，徒增环境风险，因而并非所有修复都对生态环境有利。坚持以自然修复为主、人工修复为辅，依此逻辑。自然修复并非放弃追究行为人责任，其当然要承担由此造成的自然恢复成本及期间损失，包括通过虚拟治理成本法计算治理费用实现补救。部分司法裁判将具有自净能力与不需要修复画上等号，认为水体具有自净能力而无须修复，是值得商榷的。[1]

四、人为损害：生态环境修复责任作用的行为场域

（一）人为损害：生态环境修复责任的原因行为设定

"生态损害赔偿"，泛指一切要求他人为其相关行为、活动所致生态损害进行预防、修复、赔偿等补救的法律责任制度。[2]"人为"损害，从广义的角度看，但凡人类活动引发的生态环境的不利改变皆是，但易失之过泛。如国家修建公路、铁路、机场、水库等基础设施，企业建造房屋、进行生产经营等，个人的必要生产生活活动，都会对生态环境产生不利影响，都适用修复责任不可取。故应合理限定"人为损害"的边界，即违反法律规范的人为行为导致的生态环境损害才适用这种责任，以排除那些合法的、合理的开发行为，以及被容忍的、允许的，甚至是社会鼓励的

〔1〕 参见重庆市人民检察院第五分院诉重庆瑜煌电力设备制造有限公司等环境污染民事公益诉讼案，最高人民法院指导性案例204号（2022年）。

〔2〕 参见巩固：《生态损害赔偿制度的模式比较与中国选择——〈民法典〉生态损害赔偿条款的解释基础与方向探究》，载《比较法研究》2022年第2期。

行为。

1."加法"之污染行为

环境污染是最为传统、典型的环境侵权形态,常将其界定为"人类实施那些导致'被人们利用的物质或能量直接或间接进入环境'的行为"。从人与自然的关系层面,污染环境的核心特征体现为"过度排放"[1],物质或能量的排放强度或排放量超过了环境容量或者环境自净能力,导致生态环境的危害或人类健康危害、财产损害等后果,破坏了原有健康安宁状态[2];本质上,这种排放行为导致自然因素总体的不良变化。[3]包括企业、事业单位或个人等不同主体实施的向环境添加原本不应有的物质的行为,可以是生产经营过程中的"排放",也可以是违法丢弃、堆放、填埋、释放、添加、处置、泄漏等行为,还可以是正常使用过程中物质或能量添加过剩引发由量变到质变的转化。据此,环境污染行为是给环境做"加法"[4]。有时这种"加法"是通过伪装实现的。如某环保公司通过投加 COD 去除剂,干扰自动监测系统设施,以达到违法偷排大量 COD 含量超标废水的目的,应被追究污染环境责任。[5]

根据为环境做"加法"的逻辑,环境污染根据不同标准有不同划分,但其本质都相同。即人为因素导致向土壤、大气、水体、海洋、湿地等环境中排放、释放、处置物质或能量,需要由行为人将"排放"的多余物质"清除",然后恢复生态环境原本的功能与属性。但污染容易、治理难,并非所有的污染都可以治理如初。据此:其一,不同的污染损害可否适用

---

[1] 最高人民法院民法典贯彻实施工作领导小组主编:《中华人民共和国民法典侵权责任编理解与适用》,人民法院出版社 2020 年版,第 502 ~ 503 页。

[2] 参见邹海林、朱广新主编:《民法典评注 · 侵权责任编》,中国法制出版社 2020 年版,第 600 页。

[3] 参见张新宝:《中国民法典释评 · 侵权责任编》,中国人民大学出版社 2020 年版,第 208 页。

[4] 参见杨宇静:《生态环境损害责任的理论辨析与司法实践》,载《华北电力大学学报(社会科学版)》2019 年第 4 期。

[5] 参见 2023 年浙江法院环境资源审判典型案例之一:浙江某环保公司、夏某某污染环境案。

修复、如何适用修复存在差异。其二,不是所有的污染行为都需要修复,如光污染、噪声污染、阴影污染等,只要停止即可恢复。其三,与生态破坏修复机理不同,需将“加”的内容“减”出去,然后采用人工或自然恢复手段恢复生态功能或状态。修复行为实际上分两步:先减法—后恢复。

2.“减法”之生态破坏侵权

生态破坏侵权早已纳入司法审查视野。如侵占耕地、破坏林地、砍伐林木、破坏绿地、非法采矿等行为,从刑事案件到民事案件,在环境司法专门化早期就纳入考量范围。[1] 《民法典》第1229条明确了“污染环境”“破坏生态”两种环境侵权行为。[2] 破坏生态,是对自然资源的不合理开发利用行为,导致环境要素的数量减少或质量降低,破坏环境效能和生态平衡。[3] 破坏生态从结果角度谓之生态破坏[4],其核心特征在于“过度索取”,即人类过量地向自然索取物质和能量或不合理地使用自然资源,使生态平衡受到破坏而危及人类生存和发展。[5] 更宏观一点,生态破坏造成了生态系统失衡[6],且有一定的后果反应时间。

从机理上讲,既然是“过量索取”,是对自然资源做“减法”[7],则造

---

〔1〕 参见江苏省无锡市锡山区人民法院民事判决书,(2009)锡法民初字第1216号;贵州省清镇市人民法院刑事判决书,(2010)清环保刑初字第25号;贵州省清镇市人民法院刑事判决书,(2011)清环保刑初字第21号;贵州省清镇市人民法院刑事判决书,(2012)清环保刑初字第6号。

〔2〕 参见黄薇主编:《中华人民共和国民法典侵权责任编释义》,法律出版社2020年版,第176页。

〔3〕 参见黄薇主编:《中华人民共和国民法典侵权责任编释义》,法律出版社2020年版,第176页。

〔4〕 参见最高人民法院民法典贯彻实施工作领导小组主编:《中华人民共和国民法典侵权责任编理解与适用》,人民法院出版社2020年版,第502页。

〔5〕 参见最高人民法院民法典贯彻实施工作领导小组主编:《中华人民共和国民法典侵权责任编理解与适用》,人民法院出版社2020年版,第503页。

〔6〕 参见邹海林、朱广新主编:《民法典评注·侵权责任编》,中国法制出版社2020年版,第596页。

〔7〕 杨宇静:《生态环境损害责任的理论辨析与司法实践》,载《华北电力大学学报(社会科学版)》2019年第4期。

成损害后就应当采用“加法”的方式将之“补回来”。问题在于:第一,对生态破坏侵权类型、机理的了解并不深入。根据保护生态对象,可将侵权行为区分为破坏生物多样性、破坏景观、破坏区域生态等侵权类型,且每一类都可以细分为若干情形,但仍不足以涵括纷繁复杂的生态破坏行为。第二,生态破坏侵权形态上呈现法律延展的情况:从线下走向线上、线下及其他多种方式的组合形态。如线上销售可能损害生态环境的设备设施,亦可能构成生态破坏侵权,此种情况下,可将间接因果关系与损害认定联系起来确定责任承担者〔1〕。而那些购买电击蚯蚓设备的人灭绝式捕捉蚯蚓,则因果关系更为直接,被提起公益诉讼承担修复或赔偿责任乃属当然。线上或线下购买野生动物被追究刑事责任已屡见不鲜。〔2〕第三,并非所有生态破坏都可以或有必要适用修复责任。对损害后果轻微或可自然修复的,无判决修复责任之必要;对损害极其严重无法修复的,或者环境损害修复成本过高的,亦常裁决不支持修复。第四,生态修复往往涉及更深层次的生态系统平衡与功能调适问题。司法实践中,大量采用种树、增殖养流等朴素修复方式,难以满足现实需求,特殊情况下还可能产生适得其反的效果。

(二)二元因素之外的情形:其他人为情形及其与传统情形的复合

1. 不断涌现的新环境侵权形态

在生态破坏或环境污染二元情形之外,新型形态不断涌现:

一是新型环境污染形态。如光污染(光辐射)、电磁辐射、阴影污染、震动、转基因之物污染、非法进口固体废物〔3〕等在实践中也不断出现,须予以合理规制。

二是新型生态破坏形态。如生态流量、生物安全等新型生态破坏案件不断涌现,应纳入生态环境损害情形;在新经济、新业态背景下,通过

〔1〕 参见广东省珠海市中级人民法院民事判决书,(2020)粤04民初129号。

〔2〕 参见2023年5月30日浙江法院环境资源审判典型案例之四:被告人罗某某危害珍贵、濒危野生动物案。

〔3〕 参见2024年新疆维吾尔自治区高级人民法院发布的四起环境资源审判典型案例之一:叶某非法处置进口固体废物罪案。

直播方式非法销售、猎捕濒危野生动物盔犀鸟及其制品[1]、通过网络平台购买国家重点保护植物苏铁[2]等,被追究刑事或民事责任。

三是环境空间的拓展。一方面,新型环境形态受到立法及司法关注。以"净空"环境为例,各地立法强化保护,近年来"净空"环境也被纳入司法保护范畴,司法判决责令未全面履行飞禽养殖行政管理职责的管理者继续履职。[3] 另一方面,应重视特殊环境空间,防范隐性污染或生态破坏现象的发生。如废弃矿井多次发生污染物外泄,通过暗沟、暗管、渗漏等方式排放污染物,另外,沙漠戈壁、荒野、溶洞、地下管道等往往成为易污染或破坏而不被发现的地方,值得重视。

四是行使相关权利后造成生态环境损害。有以下几种情形:一是依法获得行政许可。如从事采矿、勘探、捕捞、砍伐、取水等行为,行使权利过程中造成污染或破坏的,被许可人既是权利人,也是侵权人。又如,被告矿业公司依法取得取水权,但违规超量疏排地下水构成侵权,应承担修复责任。[4] 在承包地外"非法开垦公益林地"的,也应承担修复责任。[5] 二是许可违法。所从事的行为造成污染或破坏的,自当构成侵权。如水利局原本无权出让自然保护区段的河道砂石开采权,尽管通过挂牌方式确定了采矿权人,也不合法。[6] 三是通过签订承包合同、租赁合同等方式从事某些行为、行使特定权利,但若因该行为损害环境公共利益,将可能触发生态环境损害责任。如乡政府将公益林承包给私人做

---

[1] 参见2024年山东省高级人民法院发布的十起环境资源审判典型案例之四:刘某某危害珍贵、濒危野生动物案。

[2] 参见2024年山东省高级人民法院发布的十起环境资源审判典型案例之五:李某某危害国家重点保护植物案。

[3] 贵州法院2023年度环境资源审判典型案例之九:贵州省贵阳市花溪区人民检察院诉某镇人民政府不履行行政管理职责行政公益诉讼案。

[4] 参见2024年最高人民法院发布的十起司法服务黄河流域生态保护和高质量发展典型案例之二:鄂尔多斯市人民检察院诉鄂尔多斯市某矿业有限责任公司生态破坏民事公益诉讼案。

[5] 参见2024年新疆维吾尔自治区高级人民法院发布的四起环境资源审判典型案例之二:公益诉讼起诉人塔城地区检察分院诉被告王某生态破坏民事公益诉讼案。

[6] 参见湖南省张家界市中级人民法院行政判决书,(2018)湘08行终33号。

经济林进行开发,被法院确认无效,并应承担修复责任[1]。

五是未直接实施环境侵权但法院突破因果链条判令其承担责任。如出售、出租、提供设施、设备、材料等行为,足以导致生态破坏、环境污染的,则因果关系的链条可被突破,出售、出租、提供者须承担责任。如网上售卖电捕捉蚯蚓设备[2]、销售不符合排放标准的汽车[3]、淘宝网销售干扰汽车尾气检测的"年检神器"等案件[4],将环境侵权责任从线下延伸至线上,将损害救济关口前移。

六是环境侵权责任关口向后延伸。如废弃油井所有者在油井关闭后未采取措施,导致泄漏引起污染,无论其是否存在过错,均应承担不作为的侵权责任。[5] 这是责任后移的表现,与责任前移现象恰好对应。

2. 生态破坏与环境污染之间的交错

生态破坏与环境污染之间具有共通性,其构成具有"人—自然—人"的互动性。[6] 从行为结果来看,两者都是不合理开发利用生态环境及资源的负面效果,互为因果、相互交错。严重的环境污染可以导致生态破坏,生态破坏又会降低环境自净能力和自我修复能力,进而加剧污染的程度。两者在侵权法意义上都会造成生态环境损害,致人损害也都具有间接性、连续性、复杂性、广泛性、潜伏性、隐蔽性等特征,进而法律上将其共同评价为"环境侵权"这一整体性的概念[7]。因此,不能决然将两者区别对待。可能在某些案件中污染占主导,在另一些案件中生态破坏

---

〔1〕 参见2018年最高人民法院发布的十起人民法院服务保障新时代生态文明建设典型案例之七:贵州省清镇市流长苗族乡人民政府诉黄某发等确认合同无效纠纷案。

〔2〕 参见广东省珠海市中级人民法院民事判决书,(2020)粤04民初129号。

〔3〕 参见最高人民法院2019年度"人民法院环境资源环境公益诉讼及生态环境损害赔偿典型案例"之三:北京市朝阳区自然之友环境研究所诉现代汽车(中国)投资有限公司大气污染责任纠纷案。

〔4〕 参见浙江省高级人民法院民事判决书,(2019)浙民终863号。

〔5〕 参见最高人民法院民事判决书,(2018)最高法民再415号。

〔6〕 参见余耀军、张宝、张敏纯:《环境污染责任:争点与案例》,北京大学出版社2014年版,第151页。

〔7〕 参见最高人民法院民法典贯彻实施工作领导小组主编:《中华人民共和国民法典侵权责任编理解与适用》,人民法院出版社2020年版,第504页。

占主导。因此,在进行生态环境损害评价时,不能忽略两者交错或演变下后果的复杂性,防止救济不周延的情形发生。

第三节 内涵解析:生态环境修复责任独立化之意涵诠释

经过"恢复原状"的生态化诠释、孕育与发展,"生态环境修复责任"终于在《民法典》第1234条中获得其独立化地位。这既是对理论上长期呼吁的回应[1],也是对实践中大量司法案例缺乏实体规范请求权基础的立法因应,是对同时期不断推进的自然资源与环境保护法制定、修改、调整等所增设或强化修复责任的系统化总结。言及其独立化,于环境法律责任视角,核心是独立于民法中的恢复原状,事实上还独立于其他法律责任形式(如行政处罚、行政强制等)。理论上将其视为一种新型环境民事责任[2],其实其并不"新","新"在与"恢复原状"的对比差异。环境司法日益使民法变成环境公共政策的重要渊源,民事责任与行政责任、刑事责任在环境修复领域相互创造性转化,发展成复合性、公私法领域交错的新型环境责任。[3] 体现了从救济转向救济与预防并存,注重深层次预防的法政策转向。

一、内涵超越:生态环境修复责任源于恢复原状生态化及其拓展与丰富

(一)渊源关系:生态环境修复责任源于"恢复原状"的生态化拓展

恢复原状具有丰富而深刻的内涵,彰显了最富有实际意义的社会公

---

[1] 参见吕忠梅:《环境司法理性不能止于"天价"赔偿:泰州环境公益诉讼案评析》,载《中国法学》2016年第3期;刘士国:《论民法总则之民事责任规定》,载《法学家》2016年第5期。

[2] 参见康京涛:《生态修复责任:一种新型的环境责任形式》,载《青海社会科学》2017年第4期。

[3] 参见胡卫:《民法中恢复原状的生态化表达与调适》,载《政法论丛》2017年第3期。

平、公正价值。其不仅仅是一个具体的制度,更应当是民法、环境法等法律责任设计的原则或理念。仅从恢复原状的意义表达上,就有作为损害赔偿标准的恢复原状和作为责任承担方式的恢复原状两层含义[1]。前者实际上代表完全赔偿、全面救济的原则,后者代表以修理、修复、治理等方式来实现物理状态、功能等的恢复,并最终接近于事物本来的面目。在此意义上,恢复原状更应作为一种理念来对待。立法制度设计要充分考虑环境保全、复原与再生的生态化、绿色化;在责任体系建构上无论是刑事责任还是行政责任抑或民事责任,都应体现对环境功能与状态的保持、恢复与发展的持续关照。

因此,在生态环境修复责任尚未成为独立责任之前,其更多是借助民法中"恢复原状"的生态化改造来展现。生态环境修复责任则是环境污染治理和损害救济责任的加强与升级版,是综合考量受损害生态环境的修复必要性、可修复性、修复技术、修复成本与效益等因素后的生态化表达。[2] 实践表明,《民法典》之前的诸多环境立法所展现的态势仍是静态的、技术层面的具体要素治理思维,对系统性、整体性的环境治理逻辑关注有所欠缺。值得关注的是,环境保护立法与生态系统整体维护立法并不能画等号,当下的环境法治建设仍有被技术、数据、问题牵着鼻子走的痕迹,未做好生态文明时代法律制度迎接"生态化"转型的充分准备。[3] 在公私协同治理理念下,《民法典》及其他法律所规定的生态环境修复责任,已迥异于传统民法中的恢复原状、损害赔偿等传统责任方式,亦与传统环境法中的污染治理、限期整改、责令恢复等不同。修复责任脱胎于民法中的"恢复原状",又广泛地吸收了环境法与自然资源法中责令恢复、限期治理、补种复绿、增殖养流等丰富制度营养,推陈出新,塑

---

〔1〕 参见冉克平:《民法上恢复原状的规范意义》,载《烟台大学学报(哲学社会科学版)》2016 年第 2 期。

〔2〕 参见陈红梅:《生态修复的法律界定及目标》,载《暨南学报(哲学社会科学版)》2019 年第 8 期。

〔3〕 参见吴鹏:《生态修复法律责任之偏见与新识》,载《中国政法大学学报》2017 年第 1 期。

造了一种新型的环境责任方式。其已超越了孕育其发展的恢复原状责任形态，是污染治理责任的升级、恢复原状责任的生态化和对损害赔偿责任的变形。[1] 其超越了恢复原状主要对被损害之静态的、单一的、三维的物施加修理或更换的定位，转向对动态的、复合的、多维的环境要素、生物要素或生态系统进行复原的目的性追求，清除污染物、恢复环境外观也仅是生态环境修复的初级阶段，还应将已恶化或破坏的生态系统的经济功能、生态服务功能等功能逐步恢复，并应充分顾及周边环境的改善、回应相关利益者的关切。

（二）赋予全新内涵：独立后的生态环境修复责任内涵已超越“恢复原状”

《民法典》实施前，民事规范中“恢复原状”过于原则化，环境司法中通常将其具体化。“恢复原状”与“生态环境修复责任”存在内在关联：一是民法中的恢复原状在环境侵权中应具体化为“（生态）环境修复责任”“（生态）环境修复义务”。表明司法力图克服法律工具主义和法律实用主义倾向，对自然价值给予道德尊重和伦理关怀的努力。[2] 二是表明了民法上抽象的恢复原状在环境侵权中难以直接适用，必须根据环境损害的具体情形设计修复方案、选择修复措施、设定修复目标等。三是表明恢复环境“原状”的目标往往难以实现，应采取更务实、有效的措施对环境进行修复，包括原地修复、异地修复、替代修复等多种修复措施，最大限度接近环境受损前的状态。概言之，“生态环境修复责任”是环境侵权中“恢复原状”的具体表达，沿袭了恢复原状所具有的全面补偿、利益维持、功能恢复、弥补金钱赔偿方式的缺陷等功能，并对其内涵进行了生态化拓展。《生态环境损害赔偿规定》第 11 条不再重复之前司法解释从“恢复原状”到“生态环境修复责任”的解释路径，直接规定了独立化

---

[1] 参见康京涛：《生态修复责任：一种新型的环境责任形式》，载《青海社会科学》2017 年第 4 期。

[2] 参见刘洪岩：《立法需要体现环境伦理的基本价值》，载《北京日报》2012 年 10 月 8 日，第 18 版。

的“修复生态环境责任”。这种生态化的改造经验，获得立法的肯认，《民法典》第1234条正式将其明确。

如今，生态环境修复责任的内涵已超越恢复原状，具有其独立的内涵与外延。

第一，生态环境修复是整体观念上的生态恢复。环境修复应当是整体性、系统性和连续性的，不仅要恢复受损害环境的表面状态，更应注重环境功能的恢复，这决定了环境恢复方式应整体修复与局部修复并举、原地修复与异地修复并用、现实修复与将来修复兼顾、实际修复与经济赔偿互补。修复责任形式的多元化正是由生态环境的整体性特征所决定的。[1] 理论上和实践中对环境修复的认识仍比较模糊、原则，环境修复目标单一化，多数司法判决只顾及个别环境问题和特定目标，忽视了环境整体性特征。如在盗伐林木、失火等刑事附带民事案件中，法院常判决被告以种树方式修复，在非法捕捞水产品案件中法院会组织被告放生鱼苗，在非法采矿导致植被破坏的案件中法院会判决复种补绿等，这虽具有环境修复的意味，但总体来讲更似简单的“破坏什么，补偿什么”的朴素补偿观，对环境整体的关照不够。因此，对于创造理想的生态环境来说，追求短暂的绿色，或者引入无助于生态发展的绿色，都是不正确的。[2] 生态环境修复不仅指就地恢复原有的环境状况，更主要的是恢复环境的生态容量，达到生态平衡总量的法理精神。[3]

第二，生态环境修复是动态观念上的生态恢复。生态环境修复应从流动性、变异性和关联性的视角进行审视。绿化通常被看作“为了维持和保全生命环境而建立绿色”，也可以说成是修复和改善适宜生物栖息

---

〔1〕 参见最高人民法院环境资源审判庭编著：《〈中华人民共和国环境保护法〉条文理解与适用》，人民法院出版社2014年版，第313页。

〔2〕 参见［日］山寺喜成：《自然生态环境修复的理念与实践技术》，魏天兴等译，中国建筑工业出版社2014年版，第55页。

〔3〕 参见江苏省无锡市滨湖区人民法院民事判决书，(2012)锡滨环民初字第0002号。

的生态环境。[1] 以至于很多人认为,由于破坏致使景色欠佳要种树,由于开山造成山体裸露或滑坡要种树等。但这样的理念还只是满足于对环境“外在”状态的恢复,忽略了自然再生理念的嵌入。自然再生的概念与自然恢复很接近,但如果考虑到自然从过去到现在发生了巨大变化,就不能局限于将过去的自然复原这种想法,对自然再生而言更重要的是创造基于现在潜能的最好的自然环境。因此,自然再生不是要排除一切人为因素,而是以在适当的人力基础上形成二次自然作为目标,这是非常重要的。[2] 须以动态观念审视环境恢复原状的意义,并从“被引入的绿色在将来能够形成什么样的群落?30 年后能够创造出什么样的环境?”的设想[3],以“来自未来的思想表达”的理念去思考环境修复和再生责任方式适用,着力于修复生态群落、土壤肥力、生物多样性、水的活性等动态目标。

第三,生态环境修复是具有多重价值的恢复原状。生态环境修复还应当顾及环境原本意义上的文化价值、历史价值、景观价值、环境价值、社会和经济功能等。例如,比利时法院借助集体商品的概念,使纯生态或美学损失可以得到补偿。环境危机主要是一种文化危机,解决不能仅靠科学、技术、政治和经济手段,还应包括我们对生命、自然及其内在价值的欣赏中所表达的文化、精神和道德价值的环境。[4] 随着环境污染、生态危机等不断冲击人们的心理防线,以及生态主义、环保主义等的深入影响,那种只关注自然环境和资源的经济价值,忽视其社会价值、生态价值的价值理论受到强烈批判。自然环境可以提供直接使用价值、间接

---

〔1〕 参见[日]山寺喜成:《自然生态环境修复的理念与实践技术》,魏天兴等译,中国建筑工业出版社 2014 年版,第 15 页。

〔2〕 参见[日]龟山章、仓本宣、日置佳之编著:《自然再生:生态工程学研究》,桂萍等译,中国建筑工业出版社 2011 年版,第 3 页。

〔3〕 参见[日]山寺喜成:《自然生态环境修复的理念与实践技术》,魏天兴等译,中国建筑工业出版社 2014 年版,第 55 页。

〔4〕 参见[以色列]Zev Naveh:《景观与恢复生态学——跨学科的挑战》,李秀珍等译,高等教育出版社 2010 年版,第 110 页。

使用价值以及非使用价值的多元价值观得到广泛认同。[1] 人与自然之间的关系已不再是简单的支配与被支配、征服者与被征服者的关系,取而代之的是一种新型的环境伦理关系,一种对自然的热爱、尊重和赞美,对其经济价值之外的更深层次价值的重视。[2] 土地伦理反映了生态良知存在的重要意义,生态良知则反映了人们为了土地健康所应肩负的责任。[3]

第四,生态环境修复责任是具有自然法特质的责任方式。环境修复是民事责任绿色化的重要彰显,是环境损害救济"法"规则的民法表达,彰显民法对自然环境的真切关照和对人类的终极关怀,修复责任因此被倡导为首选侵权责任方式。[4] 这可溯源到亚里士多德和托马斯·阿奎那的自然法则或目的论传统。一个生态系统的全部,尤其是其生物成员,在整个框架中有其明确的位置。他们以其自己的方式贡献于这个自然秩序,未被打扰的自然是美好的。当人类干涉这一自然秩序并以其他物体对人有没有用来区别对待时,生态问题就出现了。这个世界应有的运行方式就是它应当的方式。[5] 当人类污染环境、破坏生态原有的平衡和运行规律时,就得采用合理的措施将其矫正,很大程度上也是人类自我救赎机制的法律表达,希冀于创新对环境的补偿方式寻求更为持久的发展。[6] 自然资源保护是人类与土地之间实现和谐发展的一种状

〔1〕 参见刘灿等:《我国自然资源产权制度构建研究》,西南财经大学出版社 2009 年版,第 58 页。

〔2〕 参见[美]利奥波德:《沙乡年鉴》,舒新译,北京理工大学出版社 2015 年版,第 217 页。

〔3〕 参见[美]利奥波德:《沙乡年鉴》,舒新译,北京理工大学出版社 2015 年版,第 226 页。

〔4〕 参见徐国栋主编:《绿色民法典草案》,社会科学文献出版社 2004 年版,第 226 页。

〔5〕 参见[美]戴斯·贾丁斯:《环境伦理学》(第 3 版),林官明、杨爱民译,北京大学出版社 2002 年版,第 26 ~ 27 页。

〔6〕 参见[美]马蒂. D. 马特洛克、罗伯特. A. 摩根:《生态工程设计:恢复和保护生态系统服务》,吴巍译,电子工业出版社 2013 年版,第 18 页。

态。[1] 这种和谐状态的实现,有赖于我们采用符合自然规律的措施,去恢复自然功能和状态。如在我国重金属污染日益严峻的今天,已有诸多措施可供环境修复选择,但更受青睐和推崇的还是生物修复技术,尽管生物修复技术尚存问题,但其为环境保护和治理工作带来新的希望。[2] 这也为司法实践提出了要求,要创新更多符合自然规律和有利于自然再生的恢复原状方式,服务于环境的可持续发展。

第五,生态环境修复责任具有明显的技术性特质。生态环境修复责任吸纳了大量技术性规范,优化了责任的内在结构,其专业性、技术性和科学性特征明显。对修复责任的规制,仅依靠法律规范并不足以实现,须同时借助技术标准、技术导则等共同构成修复责任的基础性规范。修复责任是一种行为责任,以复原生态环境要素、生态系统功能为主要目标,但技术指标难量化,实践中常被简单理解为数量上的补偿,生态修复与数量修复、数量补偿画上了等号。尽管数量要素是生态恢复的重要环节和内容,但并不代表修复的全貌。以补种林木为例,除考虑数量补偿外,还应将补种树木的种类、健康状况、适应性、光照条件、树木密度等因素考虑在内。[3] 因此,生态环境修复措施已然不是以恢复物理性状为核心的民法意义上的"恢复原状",而是一个采用特定科学标准和方法的自然与社会共同治理过程。[4]

二、价值独立:生态环境修复以维护生态环境整体利益、完整利益为中心

恢复原状具有全面补偿、利益维持、功能恢复、弥补金钱赔偿的缺陷

---

〔1〕 参见[美]利奥波德:《沙乡年鉴》,舒新译,北京理工大学出版社 2015 年版,第 213 页。

〔2〕 参见何连生等编著:《重金属污染调查与治理技术》,中国环境出版社 2013 年版,第 252 页。

〔3〕 参见宋保振、郑曙光:《生态环境司法中的法律责任设置》,载《山东法官培训学院学报》2023 年第 1 期。

〔4〕 参见吕忠梅:《环境法典视角下的生态环境法律责任》,载《环球法律评论》2022 年第 6 期。

等功能，生态环境修复责任作为恢复原状责任方式在环境侵权中的具体化、独立化，于环境污染和生态破坏侵权具有重要意义，并将此类价值独立化为保护生态环境的特殊价值，实现了民事责任的生态化价值转型和跃升、创新。因此，生态环境修复责任被视为生态损害的最佳救济方式。[1]

（一）完整利益：从受害人完整财产利益到生态系统整体利益的跃升

恢复原状最符合损害赔偿的目的，其试图“重建赔偿权利人受侵害权利法益之原貌，如同损害事故未曾发生者然”[2]。其对受害人完整利益的保护给受害人带来的好处通常高于对价值利益（财产的减少额）的保护，因为完整利益不仅包括物质利益，还可能包括精神利益甚至一些主观利益。恢复原状在保障完整利益的同时，一般也兼顾了价值利益。[3] 这是侵权法目的或功能的重要体现——通过给加害人课以损害赔偿义务并使其履行赔偿义务而填补损害，让受害人恢复到没有损害的状态（原状），从而让受害人得到救济。[4] 恢复原状代表了微观、具体的观察角度，关注侵害行为对受害人财产具体构成的影响和遭受侵害的具体权益，所以能够保障受害人的完整利益。价值赔偿则代表了宏观、抽象的观察角度，看到的损害只是受害人财产总额的减少，所以只能保障受害人的金钱价值利益。[5] 两者形成了功能上的反差。生态环境修复责任承继了恢复原状的完整利益保护价值，更能有效地适用于环境损害的救济。

其一，生态环境修复责任救济财产权兼及生态系统的整体保护。

环境污染或生态破坏损害，既可能侵害具体受害人的生命健康权或

---

〔1〕 参见吕忠梅：《环境司法理性不能止于“天价”赔偿：泰州环境公益诉讼案评析》，载《中国法学》2016 年第 3 期。

〔2〕 曾世雄：《损害赔偿法原理》，中国政法大学出版社 2001 年版，第 148 页。

〔3〕 参见程啸、王丹：《损害赔偿的方法》，载《法学研究》2013 年第 3 期。

〔4〕 参见［日］吉村良一：《日本侵权行为法》（第 4 版），张挺译，中国人民大学出版社 2013 年版，第 11 页。

〔5〕 参见李承亮：《侵权责任法视野中的生态损害》，载《现代法学》2010 年第 1 期。

财产权益，也必然损害不特定主体的生态利益。将生态环境修复运用于环境侵权财产类案件，充分彰显其完全补偿功能，意味着要恢复到受害人未受到污染损害或生态破坏发生前的完整利益状态。这种完整利益状态是一种假设状态，即假设没有损害发生本应存在的状态。[1] 在环境损害致人身损害的场合，虽然我国并不像德国法理论上也支持恢复原状（如聘请医生治疗），但在金钱赔偿救济上总体上还是循此理念的。以重金属环境污染损害为例，如铅、镉、铬、汞等污染了设定有农村承包经营权的土地，虽然治理成本较高，但通过修复请求权的行使，恢复土地原有功能也并非不可能，通过生态环境修复责任的承担改变土壤物理、化学性质遭受重金属污染破坏的状态，尽可能恢复应有的自然功能状态，这是对具体受害人和生态损害的最好救济方法。《民法典》第1229条明晰了环境侵权“污染与破坏”二元归因情形，结合第179条之规定，可在私益诉讼中适用“修复生态环境”责任，既解决了私人权益完整性救济的需求，也兼及生态系统的安全、健康、完整。

其二，生态环境修复责任以救济完整生态利益为主旨兼及私益救济。

作为独立的生态环境修复责任，其规范目的直接指向生态环境利益，系环境民事公益诉讼及生态环境损害诉讼中的核心责任方式[2]。《民法典》实施后的司法实践明确，私益主体不得援引《民法典》第1234条作为请求权依据。[3] 当污染或生态破坏行为发生时，必然损害作为生态整体大系统中的相应土壤、水体、森林等环境要素，抑或动物、植物、微生物等生物要素，呈现的危害结果不仅是生态环境功能、状态的退化、减损和缺失，还直接影响整体生态系统的平衡和完整。这种环境损害行为反噬于人体健康、生态安全和财产利益，危及人与自然之间长期建立的

---

〔1〕 参见［德］迪特尔·施瓦布：《民法导论》，郑冲译，法律出版社2006年版，第254页。

〔2〕 参见最高人民法院环境资源审判庭编著：《最高人民法院环境民事公益诉讼案件司法解释理解与适用》（修订版），人民法院出版社2023年版，第262页。

〔3〕 参见辽宁省高级人民法院民事裁定书，（2021）辽民申8640号；沈阳铁路运输中级法院民事判决书，（2021）辽71民终9号。

动态平衡。在修正的人类中心主义生态观、绿色可持续发展理念和恢复性司法理念下,生态环境修复责任的核心、优先地位不断凸显。[1] 运用生态环境修复责任进行救济有诸多益处:第一,修复责任发挥了预防损害的重大功能。修复制度不局限于补救功能,还能降低已受损生态环境未来发生持续性、扩张性和累积性损害的风险,起到预防功能,将修复理念融入预防之中。第二,修复责任确保了环境要素和生物要素整体状态、功能及价值的完整性。在欧美等地的立法中,修复主要针对生物栖息地、土壤、地下水等重要生物或环境要素,而这些要素实际上是一个大系统套一个小系统,一个系统与另一个系统之间又彼此关联,无论这种关联有多间接。因此,修复责任对生态系统的稳定和可持续发展具有赔偿等责任方式不可替代的价值。第三,修复责任在确保生态系统整体利益完整的同时,间接支持、巩固、发展和优化了基于环境要素或自然资源享有权利的群体或个体。尽管修复责任并非以此为目的,但法律乐于让"私益"搭乘"公益"的制度快车。

(二)继续功能:从私人权利继续到生态环境功能继续与维系

恢复性责任方式通过对完整利益的维护,实现被侵害权利的继续功能[2]。这意味着原物在物理上得以保持,物的功能、状态及使用价值得以维系,所以德国法上亦将完整利益称为保持利益。由此,通过修复使被损害财产上所承载的使用价值得以延续。被损害财产本身的使用价值、所承载的主观利益是无法通过价值利益保护的金钱赔偿实现的,这正是恢复原状相对金钱赔偿的优越性所在,也是德国、奥地利、阿根廷等民法典中确立恢复原状优先的重要原因。

在生态环境损害场合,生态环境修复责任发挥了其他责任承担方式所不具有的权利继续功能。停止侵害、排除妨害、消除危险等责任承担

---

〔1〕 参见邹海林、朱广新主编:《民法典评注·侵权责任编》,中国法制出版社2020年版,第632页。

〔2〕 参见王泽鉴:《回复原状与金钱赔偿——损害赔偿方法的基本架构》,载《月旦法学杂志》2005年第127期。

方式在民法中被定位为预防性责任承担方式〔1〕,具有一定恢复原状的效果,这虽然“并非损害赔偿法意义上的恢复原状”〔2〕,但却是完整利益保护的重要责任方式,意在“防患于未然”。如污染环境或破坏生态导致的损害已发生或存在潜在的危险,将来可能持续发生对人类健康和生态安全的危害,无法通过金钱赔偿得以彻底消除。以重金属污染损害农村土地承包经营权为例,一次性给予土地受污染的农民以经济赔偿只可以弥补现时的经济损失,对该农民及其子孙后代今后赖以生存的土地而言,金钱赔偿并不会使土地承包经营权作为生产基本要素的功能得以继续,土地污染受害者可能因此致贫、致病。唯有通过对土壤功能的修复和综合治理,追究污染者恢复性责任,逐步使土壤的功能、结构和形态得以恢复,实现土地承包经营权持续创造价值的功能,并因此渐次恢复生态环境,才有利于生物多样性的维护和人体健康。

(三)公益价值:从私人权利救济到环境公共利益维护之发展

受害人诉讼请求所涉救济方式依据《民法典》第179条之规定,可类型化为预防性责任方式、恢复性责任方式、赔偿性责任方式和人格恢复性责任方式。〔3〕 恢复性责任方式是指在环境损害后果已经发生的情况下,原告请求被告采取一定措施对受到损害的生态环境进行修复,以使其恢复到污染或破坏行为发生前的状态,如“恢复土地生产能力”“恢复生物物种种群数量”等。被告承担恢复性责任将会一劳永逸地解决生态环境受到损害的问题,也符合恢复性司法理念的目标。〔4〕 在目前我国环境损害评估机制并不健全的情况下,通过司法裁判适用修复责任,更有利于维护环境公共利益。

---

〔1〕 参见王利明:《侵权责任法研究》(上卷),中国人民大学出版社2010年版,第620页。

〔2〕 [德]鲍尔、施蒂尔纳:《德国物权法》(上册),张双根译,法律出版社2004年版,第238页。

〔3〕 参见最高人民法院环境资源审判庭编著:《最高人民法院环境民事公益诉讼案件司法解释理解与适用》(修订版),人民法院出版社2023年版,第236页。

〔4〕 参见最高人民法院环境资源审判庭编著:《〈中华人民共和国环境保护法〉条文理解与适用》,人民法院出版社2014年版,第311~315页。

第一，在私益诉讼中亦应注重对公共利益维护的引导。

以重金属污染损害为例，重金属污染损害的危险性已渐为人所知，被称为“定时炸弹”。重金属类污染物有四个共同特性：一定毒性、生物累积性、持久性和远距离迁移性。大量证据表明，部分重金属类污染物具有“致癌、致畸、致突变”的三致效应和遗传毒性，可干扰、抑制或破坏动物和人体的神经系统、免疫系统及内分泌系统，导致遗传缺陷，对人体健康和生态系统的危害极大。[1] 相关研究也表明，重金属污染的严重性与其在环境中存在的化学形态有重大关联，不同形态的重金属，其生理活性和毒性均有差异[2]。在多种重金属共存的情况下形成复合污染，会产生比单一重金属污染更为严重的协同效应。[3] 重金属污染损害救济的重点不应停留在当前人身或财产损害，更要着眼于对将来可能发生的对不特定人群、财产和生态的危害，其预防的最好方式就是通过环境修复，清除大气、土壤、水体等环境要素中的重金属污染物，或者采取合理的风险控制措施防止重金属污染物扩散危及人类健康和造成生态安全隐患，避免潜在损害继续发生。

第二，在民事公益诉讼和生态环境损害赔偿诉讼中以公共利益救济为中心。

生态环境损害对人的影响具有滞后性，等人或动物等受到损害时，生态环境的损害往往已达到十分严重的程度。《民法典》侵权责任编第七章包容了私益与公益保护的双重功能，体现了生态环境危机的人文关怀和积极应对[4]，也是以最严格的法律保护生态环境的私法呈现。《土壤污染防治法》第 97 条、《固体废物污染环境防治法》第 121 条及第 122

〔1〕 参见李丽娜、吕炳全编著：《上海市水环境中重金属类污染物的健康风险评价》，同济大学出版社 2012 年版，第 5 页。

〔2〕 参见王济、白玲玉、张浩：《贵阳城市土壤重金属污染研究》，气象出版社 2011 年版，第 4 页。

〔3〕 参见郑国璋：《农业土壤重金属污染研究的理论与实践》，中国环境科学出版社 2007 年版，第 38 页。

〔4〕 参见王利明：《民法的人文关怀》，载《中国社会科学》2011 年第 4 期。

条、《长江保护法》第93条、《黄河保护法》第119条、《湿地保护法》第61条、《青藏高原生态保护法》第59条、《海洋环境保护法》第114条等多个法律条文将“生态环境损害”纳入司法诉讼救济范畴。但《民法典》发挥生态救济的功能仍较为有限，改变这一局面应从民事责任方式中寻求突破，必须对生态损害、与生态损害相关的财产损害给予完整的利益保护，使可持续发展在民事法律制度上得以真正体现。这一功能就需由生态环境修复责任来承担。如果不从源头上保持良好的清洁环境，对污染场所和被破坏的生态进行修复和恢复，生态功能不能得以维持，将会给人类健康、生态环境造成不逆转的损害。因此，生态环境修复责任方式对环境损害救济至关重要。当然，这并非《民法典》所能担负的职责，需要公法与私法的协同。[1]

三、形式独立：从规范形式到实现方式的系统化、独立化发展

（一）规范独立：挣脱民法“恢复原状”的庇护，构筑以法典为中心的多元修复责任规范体系

生态环境修复责任脱离民法“恢复原状”的庇护，走上“自主”发展路径是其不断成熟和独立的典型特点，《民法典》第1234条专条予以规制，是其独立化标志。开始，这一责任形式“借道”民法之“恢复原状”以救济生态环境，借此取得“合法化”“有法可依”的法治通行证，提供实体法上的请求权基础规范。经过十余年环境司法的不断塑造以及配套规范的不断健全，生态环境修复责任已不需要“恢复原状”的呵护，甚或再“借用”恢复原状反而会掣肘环境司法和行政执法的科学化推进。《民法典》给了“生态环境修复责任”法律上的“身份证”，其名正言顺成为有别于恢复原状的独立化责任形式，并形成丰富的规范体系。

一是法律层面形成了以《民法典》第1234条为代表，其他法律相互

---

〔1〕 参见龚雄艳、王树义：《民法典规范下生态环境损害公私法合力救济模式论——兼论生态环境损害赔偿制度的完善》，载《环境保护》2021年第10期；冯洁语：《公私法协动视野下生态环境损害赔偿的理论构成》，载《法学研究》2020年第2期。

支撑的生态环境修复责任规范体系。既有来自自然资源法、环境保护法领域的责令恢复原状、责令限期治理等直接或间接涉及生态环境修复责任的规范，如《土壤污染防治法》第 97 条，《固体废物污染环境防治法》第 121、122 条，《长江保护法》第 93 条，《黄河保护法》第 119 条，《湿地保护法》第 61 条，《青藏高原生态保护法》第 59 条等规定；也包括行政强制法、行政处罚法中带有恢复行政强制、行政处罚及行政处理等内容的一般性的规范。

二是行政法规中涉及众多修复性责任规范。如《土地复垦条例》第 3、16、18 条等，《土地管理法实施条例》第 20、21、56 条，《探矿权采矿权转让管理办法》第 12 条等涉及的修复性责任规范。

三是地方性法规体系中丰富的生态环境修复责任规范体系，是行政执法和司法支持的重要依据。如《内蒙古自治区地质环境保护条例》第 13、16、18、19、20、21、27 条等规定了矿山地质环境保护与治理，其中修复义务与责任的履行是其关键。《河北省生态环境保护条例》第 79 条区分私益损害和公益损害，私益损害用"恢复原状"，公益损害用"修复生态环境"予以救济。《上海市环境保护条例》第 57、87 条，《浙江省生态环境保护条例》第 24 条，《福建省生态环境保护条例》第 35 条等都十分清晰地明确了损害者的生态环境修复责任及政府代修复的积极措施。地方性立法中涉及土壤〔1〕、水体〔2〕、海洋〔3〕等专门条例，其生态环境修复责任的规范是修复责任规范体系的重要组成部分。

四是生态环境部、自然资源部等负有环境行政管理职责的部门制定的规章。如《建设用地土壤污染责任人认定暂行办法》第 3、5 条，《农用地土壤污染责任人认定暂行办法》第 6 条，以及《土地复垦条例实施办法》第二章对"复垦义务人"的责任规定，对确定修复责任主体及义务的履行具有重要作用。

---

〔1〕《四川省土壤污染防治条例》第 27、53 条。

〔2〕《湖北省水污染防治条例》第 69 条；《广东省水污染防治条例》第 66 条。

〔3〕《天津市海洋环境保护条例》第 41 条。

五是生态环境损害评估、鉴定、监测、修复等技术规范体系，是实现修复责任的重要支撑。这其中也包括地方性技术性规范体系。如《造林技术规程》，有法院在相关生态环境修复责任判决中以其作为修复标准。[1]

生态环境修复责任在规范体系上已自成一体，非"恢复原状"所能包容，并持续发展。鉴于修复责任的整体性及对生态环境的重要性，制定生态环境损害综合预防与救济法[2]、环境公益损害救济法[3]、统一的环境责任与赔偿法、生态环境损害赔偿综合性法律[4]、综合的环境责任法[5]、自然损害救济法[6]等法律对其予以规范的呼声不断，公私协同进行规范救济是主导性方向。生态环境修复责任作为专门性特别责任[7]，是生态环境法典规制的重要内容。

（二）方式独立：从赋予恢复原状新内涵到生态环境修复责任自成一体

在生态环境修复责任获得独立地位之前，通过目的性扩张解释，赋予恢复原状新内涵以涵射生态环境的修复性救济。这种扩张解释实有强人所难的成分。生态环境修复责任独立化后，经历前期的不断改造、调适、发展与沉淀，从内容到形式都自成一体。生态环境修复责任则在实现方式上进一步体系化、规范化，形成一套行之有效的、契合生态环境本质的责任方式体系，从宏观、中观和微观三个维度构建了立体化责任

---

〔1〕 参见福建省南平市中级人民法院民事判决书，(2019)闽07民初179号。

〔2〕 参见竺效：《论生态损害综合预防与救济的立法路径——以法国民法典侵权责任条款修改法案为借鉴》，载《比较法研究》2016年第3期。

〔3〕 参见巩固：《环境民事公益诉讼性质定位省思》，载《法学研究》2019年第3期。

〔4〕 参见郭林青等：《我国生态环境损害赔偿制度研究——基于各省区市实施方案及配套制度分析》，载《环境与可持续发展》2021年第5期。

〔5〕 参见沈百鑫：《环境损害的修复责任制度初探——以水体损害修复责任的中德比较为视角》，载高鸿钧、王明远主编：《清华法治论衡》第22辑，清华大学出版社2014年版，第296页。

〔6〕 参见李义松、刘丽鸿：《我国生态环境损害修复责任方式司法适用的实证分析》，载《常州大学学报(社会科学版)》2020年第1期。

〔7〕 参见吕忠梅：《环境法典视角下的生态环境法律责任》，载《环球法律评论》2022年第6期。

体系(详见第六章)。

(三)标准独立:生态环境修复责任融合了技术、法律与伦理等多元因素

基于生态环境修复的动态性、多维性、自然性等特性,生态环境修复责任建构了一套自身独特、复杂而科学的标准体系。

第一,生态环境修复责任具有高度的科学性、技术性和专业性。仅依靠抽象规则难以周延、深入、系统实现生态修复,技术性的重要性由此凸显。损害认定、因果关系确定首先就需要科学识别;确定损害后要规范化评估是否具备修复条件、采用何种修复标准;确定修复后要科学制定修复方案、步骤、具体措施;修复过程要开展严密的检测、监测、评估、验证;修复完毕后要借助科学流程、专业标准和技术规范进行全面验收与检视,并连续、有效地依据专业规范开展后续的跟踪、监测等,履行好后续评估义务,适时采取必要补充措施。整套流程和需求决定了生态环境修复责任的确定和实现,是一个科学和专业技术问题。作为回应,《环境保护法》第15、16条,《大气污染防治法》第9~14条,《水污染防治法》第12~15条,《土壤污染防治法》第12、13条,《标准化法》第10条,《国家标准化发展纲要》第12条等法律及政策文件,都将环境标准体系置于十分重要的位置。可以看出,首先,国家制定了生态环境修复相关的损害认定、调查、监测、修复等综合或专项标准、技术性规范。其次,司法实践需科学的运行体系配套,辅助修复责任的实现。如专家咨询制度、专家证人、技术调查官等制度。再次,生态环境修复具有强烈的专业依赖性和技术主导性特点,其中生态环境损害评估鉴定较为重要。

第二,生态环境修复责任具有强烈的法律性色彩。其一,修复责任作为法律责任方式,须在法律轨道上运行。生态环境修复的复杂性、灵活性、创新性等特点,是司法发挥主观能动性的重要场域,也是环境司法相较于其他传统领域的司法创新频繁且丰富的重要动因。但创新必须在法治化轨道上运行,且应符合实际。近年来诸多创新修复方式、裁决

机制等,存在偏离生态环境修复责任补偿性、补救性及完整性利益保护的价值追求的风险,需要适时修正纠偏。其二,技术化规则的法律转化。虽然法律对生态环境修复责任有了原则性规定,而修复的专业性决定了“徒法不足以自行”:一方面,诸多法律事实的认定和判断需借助技术性规则;另一方面,诸多法律问题需要技术性规则作为支撑,因为法律规则存在原则性、抽象性,需借助技术性规范、规则实现对法律的具体化、精细化解释,便于法律的适用。由此形成了法律规则与技术规则直接的互动。部分技术规则经过一段时间的实践,可上升为更具强制力的法律规则;法律规则的反复实践,为技术性规则输送大量的素材、样本和经验。

第三,生态环境修复责任应当接受伦理检视和审查。这点目前比较缺失。生态环境修复责任的实现机制不仅包括司法机制,还包括执法机制。不论何种机制,实施生态环境修复责任,都需要进行必要的伦理审查,以确保符合生态价值、环境伦理和法律目标。这种审查至少有几个层面:一是要进行人与自然关系的伦理审查。作为对当前司法实践中大量创新修复性责任、裁判机制的反思,部分司法修复实际上并未达到预期,甚至造成二次破坏,以及重复、资源浪费等问题,并未真正塑造人与自然和谐共处的责任实现方式。二是对人与人之间伦理关系的检视。对生态环境损害造成的结果,既有生态利益受损之面,也有人与人之间法律关系和秩序动摇一面,仅顾及生态不兼人伦,将会造成利益上的冲突,长远来讲不利于制度发展和共同利益的维持。如甲地发生污染事件或生态破坏事件,却将修复资金用于乙地的生态修复上,上游发生的污染净化后下游实际上是受损的,但修复资金却难以惠及下游等。这就要在司法实践中重视利益关联主体的平衡和相关伦理上的检视。三是自然与自然之间的伦理协同问题。例如,增殖养流放养鱼苗时,是否真正检视过当地水体是否具备此承受能力,所放养鱼苗与当地生物之间的链条关系是否和谐,是否会引发外来物种的侵入。再如补种树木,所种植树木是否符合当地的生态要求,是否具有与原损害生态相匹配的价值,是否会造成当地生态的破坏或不和谐等问题。这些都值得在环境伦理上进行仔细审查,然后再做决定。

(四)机制独立:生态环境修复责任实现机制的多元化与复合性

与民法中"恢复原状"以民事诉讼为主要实现机制不同,生态环境修复责任的实现机制是复合的、多元的和交错的。

第一,复合性:自愿协商(磋商)与强制落实相结合。虽然恢复原状也可以通过协商机制实现,但属平等主体之间基于合同或侵权关系进行善后处理的方式。多数情况下还是依靠解除合同之诉请求恢复原状,依靠侵权之诉请求恢复原状、赔偿损失等。但生态环境修复责任在实现过程中,主要是基于侵权(包括私人权利、公共利益与国家利益)产生的补救请求权。就不同利益而言,是否采用自愿协商机制及机制设计均有所不同:私益侵权时当事人可以选择或被引导选择将修复生态环境作为责任承担方式;在公益机制中,亦可协商,但这种协商达成的协议因涉及公共利益,需要借助司法审查确认机制来评判其合理性、合法性与合规性,当然还要借助公告程序确保公开、透明和信息对称;在生态环境损害赔偿诉讼中,磋商程序系诉讼的前置[1],并可进行司法确认[2]。这种公益协商和磋商与私益磋商大不相同,程式要求规范、强制性高。生态环境部已发布两批典型磋商案例[3],最高人民检察院发布了多批多起通过诉前督促程序、诉讼磋商等修复生态环境损害的案例,修复更多通过诉讼机制实现。

第二,多元性:公法执行机制与私法诉讼机制并行。各国、各地区因为文化、制度、传统等差异,生态环境修复责任的实现方式没有统一范

---

〔1〕 参见《生态环境损害赔偿规定》第5条;《改革方案》第2条。

〔2〕 参见《生态环境损害赔偿规定》第20条。另参见2020年9月25日最高人民法院发布的长江流域水生态司法保护典型案例之十:"王家坝河"生态环境损害赔偿协议司法确认案;2019年6月5日最高人民法院发布的"人民法院保障生态环境损害赔偿制度改革典型案例"之四:绍兴市环境保护局、浙江上峰建材有限公司、诸暨市次坞镇人民政府生态环境损害赔偿协议司法确认案。

〔3〕 2020年4月30日,生态环境部发布"生态环境损害赔偿磋商十大典型案例";2021年12月22日,生态环境部发布"第二批生态环境损害赔偿磋商十大典型案例"。

式。在美国,传统的侵权法、普通法机制中公共妨害等制度可以发挥部分功能;当然,更为熟知的是基于《美国超级基金法》等法律,通过公法性执行机制来实现。虽然事后的追索费用及责任人之间的份额分担诉讼机制是其重要组成部分,但行政部门追究修复责任或追索修复费用则更多体现了公法执行机制的特点。受此影响,欧盟从 1993 年《关于补救环境损害的绿皮书》到 2000 年《环境责任白皮书》都强调民事责任主导,但到 2004 年则急转为公法执行模式。但这未改变其许多公法责任制度大量吸纳民事构成要件、责任方式等内容,呈现公法责任私法化的特点。在我国,近年来,因环境民事司法的急速推进和持续创新,学界不少观点重视甚至偏重于以民事诉讼为主的执行机制。但从功能和数量上讲,民事诉讼的私法机制只占很少一部分,法院角色和地位决定了修复生态环境的主要职责还得回归公法主导。因此,理性来讲,作为民事责任的修复生态责任通过私法机制实现无可厚非,但这并不影响通过行政法、环境法规定的责令修复(责令恢复原状)来实现,行政机关不仅在专业、人才、技术、机构等方面齐备,效率和执行力也比法院要高。因此,最终应当走向公法与私法协同的实现机制。

第三,交错性:生态环境修复责任的实现往往是多种机制交错、叠加或结合。总体来讲,生态环境修复责任呈现公法与私法相结合的实现机制,在谁主谁辅的问题上争论不断。实践中早已超越这种简单公与私的界限,呈现出公私交错的现象,宜采公私法融合的"混合实施机制"〔1〕。其一,在私法机制下:私益诉讼与公益诉讼可以混合〔2〕(因《民事诉讼法》第 58 条限定了公益诉讼主体资格,现自然人已无权提起民事公益诉讼)、民事公益诉讼与生态环境损害诉讼可以合并〔3〕。其二,在公法诉

〔1〕 程玉:《生态损害法律责任实施机制的选择》,中国社会科学出版社 2021 年版,第 229 页。

〔2〕 参见江苏省无锡市中级人民法院民事调解书,(2009)锡民初字第 0021 号。

〔3〕 参见重庆市人民政府、重庆两江志愿服务发展中心诉重庆藏金阁物业管理有限公司、重庆首旭环保科技有限公司生态环境损害赔偿、环境民事公益诉讼案,最高人民法院指导性案例 130 号(2019 年)。

讼机制下:刑事诉讼附带民事公益诉讼或刑事附带民事诉讼、行政附带民事公益诉讼等交错型的诉讼机制,为实现生态环境修复责任提供了广阔空间。此外,纯粹刑事案件中,不少案件也将被告履行生态环境修复责任的情况作为量刑的考量因素。其三,在行政公法机制下:行政执法、行政磋商与行政合同等多元机制之间亦可能存在交错。

第四节　性质之辨:生态环境修复责任的法律属性辨析

生态环境修复责任作为一种新型法律责任形态,其在发展、演变过程中存在诸多争论。若仅将其明确为民事责任,尚不足以彻底平息性质之争。〔1〕 廓清生态环境修复责任的性质极为重要,是规则构造与适用的基础。实践中,跳过了行政管制而直接以侵权责任方式通过司法进行追究,未完全厘清法律性质这个"元问题"。〔2〕 对法律责任性质的判断不能仅凭经验或主观认识,而应遵循法律解释基本原理、规则与方法,并应符合法律论证的逻辑要求。应当先辨析生态环境修复责任与相近制度的关系,以明确其范畴;观诸各学说、观点的认知逻辑,检视历史与现实、经验与逻辑之间的匹配性,然后再置于整体的视角审视之。

一、边界区分:生态环境修复责任性质相关的几对前提性关系

(一)"源"与"流":"恢复原状"与"生态环境修复责任"的渊源

梳理生态环境修复责任的制度源头,回溯至《民法通则》《侵权责任法》等的"恢复原状"之目的性扩张。这是"源"与"流"的关系。"恢复原状"是"生态环境修复责任"之源,孕育完成后生态环境修复责任就独立

---

〔1〕 参见王灿发、王雨彤:《生态环境损害赔偿诉讼责任承担方式的反思与完善》,载《环境保护》2022 年第 9 期。

〔2〕 参见康京涛:《生态修复责任的法律性质及实现机制》,载《北京理工大学学报(社会科学版)》2019 年第 5 期。

发展并形成了自有体系，但生态环境修复责任之“流”，深深烙下恢复原状之“源”的印记，这也就决定了其民事责任的基本性质。尽管后续变异与发展脱离原来轨道，但并非完全异质。

其一，立法缘起的追问，使生态环境修复责任植入了民事基因。查阅历次立法背景资料，生态环境修复责任的根源追及民法中的“恢复原状”，〔1〕作为恢复原状在环境侵权领域的具体化法律表达。尽管其内涵远丰富于恢复原状，但两者之间的渊源关系始终未曾中断。规范目的和立法历程均深深地将民事责任的属性打烙在生态环境修复责任之上。

其二，理论的广泛共识，认同了恢复原状与生态环境修复责任之间的深厚渊源。不同部门法学者在论及生态环境修复责任时，都绕不开将其源头追及恢复原状的事实。从制度演绎看，生态环境修复责任确实由恢复原状孕育、孵化、演变而来；从法律表达看，生态环境修复责任是恢复原状在环境侵权领域的生态化、具体化；从司法适用看，在《民法典》实施之前，通常将恢复原状进行扩张解释，以适用于具体环境要素或生态系统的修复性救济，形式上的“借道”是这一时期的典型特点；从解释视角看，基于目的解释、体系解释、论理解释、逻辑解释等多种解释方法，均可将《民法典》第 179 条与第 1234 条之间视为“一般规则”与“特殊规则”的关系，修复责任作为恢复原状的一种具体形式存在。〔2〕

其三，实践运行表明司法肯认了生态环境修复责任的民事责任性质。《民法典》实施之前，司法解释对“恢复原状”进行扩张解释得出“生态环境修复责任”；司法判决通常借用“恢复原状”规则，再援引司法解释，进而裁判创新适用各种修复责任，肯认其民事属性。《民法典》实施之后，司法实践亦未否定两者之间的高度牵连，并强化其民事责任属性：私益侵权不能直接援引《民法典》第 1234 条，还得回归第 179 条；环境

〔1〕 参见黄薇主编：《中华人民共和国民法典侵权责任编释义》，法律出版社 2020 年版，第 202～203 页。

〔2〕 参见邹海林、朱广新主编：《民法典评注·侵权责任编》，中国法制出版社 2020 年版，第 630～631 页。

民事公益诉讼、刑事附带民事公益诉讼判决同时援引了《民法典》第179、1234条作为适用修复责任的依据〔1〕。因此,若将生态修复责任界定为公法责任,则其在公益诉讼、生态环境损害赔偿诉讼中无适用的余地。

(二)"名"与"实":生态环境修复责任"名"上的纷繁复杂与"实"上的统一

不能将私法规范中的责任简单认为是公法责任,也不能简单将公法规范中的责任直接简单化认定为公法责任。这需要对其"名"与"实"进行综合判断后方才确定,体现"性质"与"名称"的契合性。

第一,私法规范上的生态环境修复责任主要是民事责任,体现了私法责任与公法责任融合的特点。《民法典》《环境民事公益诉讼解释》《生态环境损害赔偿规定》有时将"生态环境修复责任"表述为"修复生态环境"或"修复责任",但本质无异。私法规范中规定的责任形态,从逻辑上讲当然是民事责任,从立法意旨上讲是规范"民事生态环境修复制度"〔2〕,从伦理上讲也是民事侵权责任(只不过是公益)〔3〕。鉴于生态环境损害责任制度解决的是生态环境公共利益的救济问题,虽运用了私法制度构造,但究其本质是一个公法的问题。〔4〕 环境法学者在解释该条款时,又强调其保护公共利益的"公"的成分,认为属于"公法责任,私法

〔1〕 参见宁波海事法院民事判决书,(2023)浙72民初19号;宁波海事法院民事判决书,(2022)浙72民初2434号;湖南省衡阳市中级人民法院刑事附带民事判决书,(2021)湘04刑终565号;吉林省白城市中级人民法院民事判决书,(2021)吉08民初20号;湖南省安化县人民法院刑事附带民事判决书,(2022)湘0923刑初449号;内蒙古自治区五原县人民法院刑事附带民事判决书,(2021)内0821刑初144号;四川省德昌县人民法院刑事附带民事判决书,(2021)川3424刑初173号。

〔2〕 黄薇主编:《中华人民共和国民法典侵权责任编释义》,法律出版社2020年版,第202~203页。

〔3〕 参见邹海林、朱广新主编:《民法典评注·侵权责任编》,中国法制出版社2020年版,第631页。

〔4〕 参见徐以祥、马识途:《生态环境损害预防与救济中的行政代履行:功能定位与规范调适》,载《中南大学学报(社会科学版)》2022年第2期。

操作"[1]。实际上,保护公共利益的未必都是公法规范,私法也有此功能。

第二,公法规范上的生态环境修复责任主要是公法责任,但也包含私法责任,同样体现公法与私法融合的特点。相较于《民法典》将生态环境修复责任定位为私法责任的简易性,公法规范上的具有修复生态功能的规范比较复杂、宽泛。至少有以下几种呈现方式:一是作为民事责任存在。[2] 对环境侵权造成损害的,有依法承担赔偿、治理、修复责任之类的"指示性条款"[3],转至《民法典》后更彰显其民事责任属性。二是作为行政修复职责或义务呈现。[4] 这是国家机关对生态环境保护的基本职责和义务体现,非侵权责任。三是作为法人、非法人组织、自然人等应当负担的常态化修复义务,实为行政相对人义务。如临时土地使用权人依据土地管理法负有的复垦、复耕义务[5],采矿权人对矿山生态环境的修复治理或修复义务[6]。四是行政相对人违反行政法律法规应当承担的行政修复责任,为公法性责任。有两种情况:一种是行政命令型恢复原状,属于行政处理,并非严格意义上的行政法律责任;另一种是行政处罚,这类规范在自然资源法及环境法上并不多,部分兼及恢复、预

---

〔1〕 张宝:《生态环境损害政府索赔制度的性质与定位》,载《现代法学》2020 年第 2 期;刘超:《〈民法典〉侵权责任编的绿色制度创新》,载《法学杂志》2020 年第 10 期;蔡唱:《民法典时代环境侵权的法律适用研究》,载《法商研究》2020 年第 4 期;杜健勋:《"修复生态环境"的法律适用研究——基于对〈民法典〉第 1234 条的理解》,载《学术界》2021 年第 11 期;王琪:《公私法互融背景下的域外生态环境损害责任制度对我国的启示》,载《环境保护》2019 年 Z1 期。

〔2〕 参见《渔业法》第 39 条;《草原法》第 66~71 条;《水污染防治法》第 96、98 条;《土壤污染防治法》第 96 条;《矿产资源法》第 32 条;《水法》第 31 条;《湿地保护法》第 44 条第 1 款。

〔3〕 焦艳鹏:《领域型法典编纂中法律责任的设定——以生态环境法典为例》,载《法制与社会发展》2023 年第 1 期。

〔4〕 参见《土壤污染防治法》第 44、45 条;《长江保护法》第 5、6、52、54、55、56、58、59、60、61、62、63 条;《黄河保护法》第 7、29、31、33、36、39、42、44 条;《湿地保护法》第 5、6、31、32、33、34、37、38、40、41 条及第 44 条第 2 款。

〔5〕 参见《土地管理法实施条例》第 20、56 条等。

〔6〕 参见《矿产资源法》第 32 条;《探矿权采矿权转让管理办法》第 12 条;《最高人民法院关于审理矿业权纠纷案件适用法律若干问题的解释》第 12 条。

防、治理等功能。[1] 五是作为行政强制执行方式的恢复原状、代履行等。[2]

(三)“义务”与“责任”:生态环境修复责任是违反义务的第二性责任

“义务”与“责任”在法律上高度相关,但不相同。义务是第一性的,若义务人未履行义务,可能招致法律的否定性评价,可能承担民事、行政或刑事法上的责任。从这个意义上讲,责任是第二性的义务,是违反义务后的否定性后果。生态环境修复责任就是指第二性责任。

其一,生态环境修复义务应当排除在生态环境修复责任评价之外。这是义务与责任关系的基本逻辑。这并不否定两者之间的转化可能性,即由“义务”向“责任”的转变。

其二,生态保护义务与生态环境修复责任之间不具有必然的对应关系。第一,修复责任可来自对生态环境修复义务的违反。包括不履行、不积极履行、迟延履行和不正确履行等。如未履行复垦义务,未履行矿山恢复治理义务,未履行临时占用土地期满后的复垦、复耕义务等,违反者可导致生态环境修复责任。第二,修复责任可来源于对一般注意义务的违反。如企业、个人等实施了违法丢弃、堆放、处置等危险固体废物的行为导致环境污染损害,此时的义务并不具有特定性,侵权人应当承担修复生态环境、赔偿等责任。第三,修复责任可来源于衍生责任。可基于特定法律关系、法律事实或法律行为而引发。如受托治理的第三方不正确履行职责,在环境治理过程中产生二次污染,则第三方承担次生污染或破坏的生态环境修复责任。

其三,行政机关生态修复义务排除在生态环境修复责任之外。基于环境保护的国家义务理论[3],国家作为主权者和行政管理者,以公共利益保护为其使命和职责。生态环境作为“公共产品”,政府负有维持、保

---

〔1〕 参见《行政强制法》第12条;《最高人民法院关于行政案件案由的暂行规定》中二级、三级案由下的“行政强制执行”类案由也涉及行政处罚。

〔2〕 参见《行政强制法》第12条第4项、第41条。

〔3〕 参见陈海嵩:《国家环境保护义务在我国环境法典中的定位与表达》,载《现代法学》2022年第4期。

护和提供良好环境产品的责任，当由于自然因素、生态退化以及历史原因无法查明责任者及其他情况需要履行政府修复义务时，应按法定程序和要求完成，否则为失职、不作为。近年来，国家制定并实施的十大修复计划、重大修复工程等，即为此种义务的体现。[1] 此种义务既有常规义务，也有应急性义务。作出应急性处置后，若有责任者，可依法处罚、追索与诉讼。这些修复义务来源包括：一是法律规定，包括应急法、常规状态下的环境与资源类法律；二是政策设定；三是应急性、临时性义务。违反这种义务，并非由国家机关承担修复生态环境的法律责任，而是需要追究具体人员的渎职、失职、违法、违纪等责任。专门制定的系列自然资源离任审计、考核、监督、巡视等制度，即为重要保障机制。政府违反国家义务时的责任与企业违反自身义务的责任是不同的，无法将国家机关作为环境民事公益诉讼的被告或第三人。

（四）“实体”与“程序”：生态环境修复责任性质与执行机制匹配性

在讨论究竟该将生态环境修复责任定位为私法责任还是公法责任时，无意中混淆了实体规则与程序规则的对应、匹配和协调问题。生态环境关涉公共利益、国家利益及私人利益，关涉如何为大自然代言、发声。仅靠司法机制——民事或刑事诉讼程序，难以周延、系统、深层次地解决问题，必须更多借助公法机制——行政执法程序，以全面、高效、专业、系统性解决生态环境问题。

一方面，《民法典》第 1234 条对应的是民事请求权，要通过司法机制予以实现。《生态环境侵权责任解释》、《环境民事公益诉讼解释》及《生态环境损害赔偿规定》三个配套司法解释，直接指向司法机制。其一，从构成要件看：该责任类型是典型的侵权责任构成。包括违法性要件、损害结果要件及修复性法律责任后果要件。其二，从请求权行使主体设计看：“国家规定的机关”与“法律规定的组织”之间是平行的，排除行政执

---

〔1〕 参见 2020 年 5 月发布的《全国重要生态系统保护和修复重大工程总体规划（2021—2035 年）》。

法权行使的痕迹。且其仅以民事请求权主体身份行权，并非"执法权主体"，不具备公法责任表征。其三，从立法技术上看：该条规范使用"有权请求"作为模态词，表达的是一种典型的请求权，并非公法"命令性""强制性"规范。其四，从最终兜底性救济看：并非赋予国家机关强制执行权，仅赋予其修复请求权和民事代履行的费用追索权。[1] 立法构造表明，权利主体面对的对象是"侵权人"，向其行使的系请求权，属典型的民事责任规范。

另一方面，体系庞大、运作机制健全的公法规范才是生态环境保护的主力，应由执法机制实现而非司法错位执行。若依靠法院的体系试图达到生态环境系统性修复的目的，是司法不可承受之重。细观公法规范，以类型审视之，大量的修复责任规范是确保生态损害得以复原的重要保障。其中既有属生态环境民事责任的规范，亦有大量的行政命令、行政处理乃至行政处罚型规范。若行政执法事项交由司法裁判处理，虽非不能，实为司法权对行政权的觊觎和逾越，权力运行和执行机制之间的默契将被打破，可能带来的是行政未能有效执法、司法机关难堪重任，需要进行的生态修复被束之高阁，实非良途。因此，在公法规范中，也需要厘清何者为私、应依私法机制处理；何者为公，应依法公法执行程序运行。二者形成彼此互助之势，发挥环境共治功能。

二、论争逻辑：生态环境修复责任各种观点之逻辑辨析

生态环境修复责任的性质论争，贯穿《民法典》制定前后，纷繁复杂。总括之，无外乎公法责任说、私法责任说与混合责任说等学说。

（一）公法责任说：公法责任说的类型与评析

持公法责任说的学者，多为环境法或行政法学者。

---

〔1〕 参见肖强、赵腾宇：《民法典绿色条款实施对土壤污染修复责任法律制度的影响》，载《天津法学》2021 年第 1 期。

1. 独立环境责任说:将生态环境修复责任归入环境责任范畴

该说认为生态环境修复责任是与恢复原状相区别的独立环境责任。“修复生态环境”与“恢复原状”虽都要求恢复受损客体,形式上也有一定相同性,但存在本质性区别。[1] 不能简单将生态环境修复责任放置于恢复原状内涵中,亦不能直接作为环境领域的特殊责任适用。[2] 亦有学者认为,生态环境修复责任是游离于传统民事、刑事及行政责任之外的环境法律责任,具有独立性与融合性特点,由环境民事、行政和环境刑事责任构成。[3] 持该说学者的主要理由:第一,生态环境修复责任的目的是保护生态利益,生态利益关系公共利益,将其归为民事责任不妥。认为修复责任所保护的法益为生态利益,彰显生态本位观。[4] 第二,生态环境损害是对生态系统内外部关系、结构、功能等造成的损害[5],不能依靠私益性质的民事责任予以救济。修复责任是以维护生态利益为中心、以救济受损生态环境为本位的法律责任设计,致力于保护生态环境本身、维护公民公益性环境权利。[6]

此类观点重点关注保护对象“生态利益”的特殊性及生态本位观。但修复责任以生态利益、公益性环境权利为救济核心,并不能否认民事责任的私法救济功能。且生态本位观依然不排斥民事责任之救济。即便是欧美等地区,其立法及司法判例亦支持私法规范对环境公共利益的救济。如《法国民法典》修订时增加了“生态损害”条款,英美国家普通法之妨害、干扰等规则依然具有重要规制功能,德国还专门制定了《环境

[1] 参见吕忠梅、窦海阳:《修复生态环境责任的实证解析》,载《法学研究》2017 年第 3 期。

[2] 参见徐军、何敏:《生态环境修复责任的法律困境与制度突破——以生态环境损害赔偿制度改革为视角》,载《青海社会科学》2019 年第 6 期。

[3] 参见张梓太:《环境法律责任研究》,商务印书馆 2004 年版,第 42 页。

[4] 参见徐军、何敏:《生态环境修复责任的法律困境与制度突破——以生态环境损害赔偿制度改革为视角》,载《青海社会科学》2019 年第 6 期。

[5] 参见邱玉梅、李卓:《论生态环境修复责任制度的完善》,载《时代法学》2020 年第 2 期。

[6] 参见李挚萍:《生态环境修复责任法律性质辨析》,载《中国地质大学学报(社会科学版)》2018 年第 2 期。

责任法》。不应简单否定私法责任的公益救济价值。

2. 行政责任说:将生态环境修复责任归结为行政责任

该说认为,我国生态环境修复责任具有明显的行政责任色彩[1]。持该说学者的主要理由:第一,从规范依据上看,修复责任被越来越多的环境法律法规纳入行政执法规制之中。[2] 涉及土壤、湿地、水体、森林、草原、矿山等生态修复的规定,多以"谁破坏、谁修复"原则确定生态修复责任的承担,将其作为一种行政责任加以规定[3],系生态环境损害的公法救济体系的重要组成部分。[4] 第二,修复责任属于行政相对人应承担的责任。损害者违反的实体法多是环境资源方面的行政性公法规范(行政违法性判断),而判断损害者承担责任的依据却是私法规范(科以民事责任),这很矛盾。这种责任是针对不特定多数人的公共责任,并非特定的、平等的民事主体之间的民事责任。[5] 第三,生态环境修复旨在维护公共利益,应从其公共性特征、在公共行政的框架下展开将其解释为行政法律责任。该说认为侵权者承担修复责任本质上是行政相对人因违法行为应承担的行政法律责任,系特殊类型的行政处罚。[6]

问题在于:其一,该说关注到违反公法规范的修复责任,但却对违反私法的修复责任的规范视而不见。其二,不少学者认为责令限期改正、限期治理、补救措施等行政命令属于修复责任,模糊生态环境修复责任

---

〔1〕 参见冯洁语:《公私法协动视野下生态环境损害赔偿的理论构成》,载《法学研究》2020 年第 2 期。

〔2〕 参见杨芃、宁清同:《民法典编纂中的生态修复责任探讨》,载《治理现代化研究》2018 年第 5 期。

〔3〕 参见杨芃、宁清同:《民法典编纂中的生态修复责任探讨》,载《治理现代化研究》2018 年第 5 期。

〔4〕 参见龚雄艳、王树义:《民法典规范下生态环境损害公私法合力救济模式论——兼论生态环境损害赔偿制度的完善》,载《环境保护》2021 年第 10 期。

〔5〕 参见龚学德:《论公法制裁后环境民事公益诉讼中的重复责任》,载《行政法学研究》2019 年第 5 期。

〔6〕 参见刘长兴:《生态环境修复责任的体系化构造》,载《中国法学》2022 年第 6 期。

与行政处理措施的界限[1]。其三,只有行政权力与相对人发生特定的法律关系方才产生行政法律责任,并非只要是非行政机关一方都属行政相对人,对其违法行为承担的责任并非都是行政责任。其四,侵权责任中的违法性判断并非都只限于"私法规范",众多"公法规范"都是侵权责任判断的前提性要件。如机动车交通事故责任、医疗损害责任、饲养动物损害责任等,都以违反法律法规等为重要判断依据,不能简单割裂公法与私法之间的协同认定。其五,向不特定的人承担的公共责任也并非仅有环境公共利益责任,还包括侵害消费者权益责任、侵害英烈的名誉责任等,既然其他领域可以有民事责任为何环境领域不能?

3. 公法责任说:概括性以公法责任指代之

该说认为,《民法典》第1234条的独特设计掩盖了生态环境修复责任的公法属性。[2] 生态修复责任虽有"私法责任"之名,但难以通过私法责任的理论框架圆满解释和适用。公法责任观意味着生态环境修复的实现不再集中于以法院为中心的司法裁判机制,转化为以"督促监管责任"为核心理念,以行政权力运行为前提,责令责任人对受损生态环境进行修复,并伴有修复过程以及效果的监督职责。[3] 持该说者,多以土壤修复责任为样本,从土壤修复责任的目的面向和工具面向来论证其属公法责任,主张运用行政命令追究土壤修复责任[4];基于土壤修复的公共责任、法定责任和执法责任特性,认为其理应属于公法责任,而非私法责任[5];从行政管制角度看,行政机关可运用公法规范监管污染者履行

[1] 参见龚雄艳、王树义:《民法典规范下生态环境损害公私法合力救济模式论——兼论生态环境损害赔偿制度的完善》,载《环境保护》2021年第10期。

[2] 参见徐本鑫、储源:《生态修复行政追责的路径回归与功能补强》,载《江西理工大学学报》2020年第2期。

[3] 参见康京涛:《生态修复责任的法律性质及实现机制》,载《北京理工大学学报(社会科学版)》2019年第5期。

[4] 参见胡静:《我国环境行政命令体系探究》,载《华中科技大学学报(社会科学版)》2017年第6期。

[5] 参见巩固:《公法责任视角下的土壤修复——基于〈土壤污染防治法〉的分析》,载《法学》2018年第10期。

生态修复责任,以体现司法权对行政权的尊重,并提高修复效率。

该说的逻辑在于:第一,土壤修复目的的公共性决定其公法属性。该说认为修复责任关注土壤的生态功能而非经济功能,目的系为不特定多数人利益,责任着眼点和判断依据是生态环境与公共健康。修复责任的权益基础并非土地上的排他性私权,乃公众享有的在良好或健康环境中生活的公共权益。[1] 因而,修复责任的目的无法为私法责任所涵盖。[2] 第二,土壤修复具有法定性、公共性[3]和强制性,这决定其具有公法属性。基于土壤修复的专业性、修复程序的复杂性和冗长性,其应由行政机关主导,不应由司法机关进行,[4]私法责任的填补性与修复责任的技术性之间是矛盾的。[5] 第三,公法责任说体现了司法权对行政权的尊重,体现行政优益权。而生态修复责任之“私法责任说”意味着损害者的修复责任直接越过行政权,被司法机制借助民事和经济手段取代,背离了行政权与司法权运行的制度逻辑。[6]

且不论这种以“以小见大”的逻辑是否周延,其至少存在以下问题:第一,既然是基于土壤修复责任的类型化分析,那么并非所有土壤修复责任皆属行政规制范畴。如因违法排污导致土壤污染的修复,显属侵权责任,非公法责任。第二,生态环境修复的专业性并非修复责任成为公法责任的充分理由。知识产权、互联网、金融等纠纷都具有强烈的专业化特点,并不妨害相应责任为民事责任,亦不妨害司法与行政协同规制。

---

〔1〕 参见巩固:《公法责任视角下的土壤修复——基于〈土壤污染防治法〉的分析》,载《法学》2018 年第 10 期。

〔2〕 参见胡静:《土壤修复责任的公法属性——目的和工具面向的论证》,载《湖南师范大学社会科学学报》2020 年第 5 期。

〔3〕 参见杨茂林:《污染地块修复状态责任研究》,载吕忠梅主编:《环境资源法论丛》第 12 卷,法律出版社 2020 年版,第 195 ~229 页。

〔4〕 参见胡静:《土壤修复责任的公法属性——目的和工具面向的论证》,载《湖南师范大学社会科学学报》2020 年第 5 期。

〔5〕 参见康京涛:《生态修复责任的法律性质及实现机制》,载《北京理工大学学报(社会科学版)》2019 年第 5 期。

〔6〕 参见康京涛:《生态修复责任的法律性质及实现机制》,载《北京理工大学学报(社会科学版)》2019 年第 5 期。

第三,土壤修复的法定性和强制性并不必然使其成为行政责任的特质,民事责任也是法定的和强制的。第四,私法责任的填补性与修复责任的技术性之间并不矛盾。填补性责任很多时候也需要技术性支撑,仅依靠金钱的填补是不够的。第五,行政权应优于司法权的逻辑有其特定语境限制。采用私法路径追究修复责任,并非司法机关不尊重行政权,而是行政机关怠于履职或履职不到位未能及时救济所致,制度设计上穷尽行政救济手段至关重要。第六,行政责任高效、及时等只是理想的政府形态。行政机关不履职导致生态环境损害未得以救济的现象时有发生,公益诉讼具有"倒逼"政府履职的功能。

4. 政府责任说

有学者将生态环境修复责任界定为一种政府责任或法定义务。[1]抑或政府既是包括土地在内自然资源的所有者代表,也是环境治理公共服务的提供者,因而环境治理责任属公法责任。[2]

该观点存在以下问题:其一,生态环境修复责任产生的根源,是行为人违法造成生态环境损害,本着"谁破坏、谁修复"原则,若不由污染者、破坏者履行修复责任,转由政府负担,必然造成责任逃逸、加重政府责任,实则由全民为侵权者埋单。其二,混淆了政府履行的环境管理责任与侵权者应承担的侵权责任。其三,将政府义务泛化、政府责任扩大化,不利于环境治理的合理追责与科学推进。

(二)私法责任说:私法责任说的类型及逻辑

1. 民事责任说

多数观点将生态环境修复责任视为"新型民事责任"[3]。一是其与传统民事责任并无太大差异,《民法典》及相关司法解释都认可其民事责

---

〔1〕 参见吴鹏:《生态修复法律责任之偏见与新识》,载《中国政法大学学报》2017年第1期。

〔2〕 参见鄢斌、王玥:《论状态责任人的土壤污染修复责任》,载《中国土地科学》2017年第11期。

〔3〕 王慧:《〈民法典〉生态环境修复请求权的二元构造及其实现路径》,载《安徽大学学报(哲学社会科学版)》2021年第4期。

任性质。二是从民事公益诉讼及生态环境损害诉讼构造来讲,被告不可能在民事诉讼中承担行政责任,否则有违基本法律逻辑。其理由是:(1)依据《民法典》第1234条,生态环境修复责任的产生依据并非公法规范,而是私法规范;(2)不宜因其救济公共利益就视其为公法责任,将其视为民事责任与公共利益救济的本质并不相悖。三是将其界定为民事责任与其"具备补偿功能"的特质相符[1]。四是其优先性决定了在责任聚合时有利于生态救济。五是可以弥补传统民事责任对生态救济的不足。

该说认为,"修复生态环境"的救济对象是具有公益性特征的环境权益,与"恢复原状"救济财产权等私益不同;且修复责任还指向受损的环境功能与生态服务价值等,与民法上的"物"之损害修复标准显著不同。修复责任不因具有公益性并受公权主体的支持或介入而具备行政属性。正如公益诉讼有民事与行政之别,责任性质不应以利益归属来判定。事实上,"修复生态环境"仍只是在生态环境损害发生时可选择的众多救济途径中的一种;当损害无法修复时,可转为损害赔偿。因此,"修复生态环境"不具备行政责任构成的强制性要件,而是一种特殊的环境民事责任承担方式。[2] 尽管修复责任的实现手段具有公、私法混合的表征,但本质上仍属于民事责任范畴。[3]

2. 综合性民事责任说

该说认为,从责任内涵与外延看,生态环境修复责任都不是与恢复原状对应的单一责任,而是以保护环境利益为目的的特殊环境民事责任体系,包括停止侵害、排除妨碍、消除污染、管控风险、修复生态功能等内

---

〔1〕 参见杨雅妮:《生态环境修复责任:性质界定与司法适用——以环境刑事附带民事公益诉讼为分析对象》,载《南京工业大学学报(社会科学版)》2022年第1期。

〔2〕 参见何燕、李爱年:《生态环境损害担责之民事责任认定》,载《河北法学》2019年第1期。

〔3〕 参见刘倩:《生态环境损害赔偿:概念界定、理论基础与制度框架》,载《中国环境管理》2017年第1期。

容。[1] 据此观点，生态环境修复是多种责任形式的集合，非单一责任，旨在统筹运用多种责任形式，高效地、多方位开展修复工作。[2] 故应将其解释为一个救济体系或责任体系。[3] 在这种思路下，赔偿损失等民事责任都属生态环境修复责任的范畴，是由生态环境损害者承担的，旨在全部或部分修复受损生态环境的一种新型民事责任体系。该观点实际上将“环境民事责任”替换成“生态环境修复责任”，作为一种综合责任体系，并非某一具体责任形式。[4]

该说肯定了生态环境修复责任的民事属性，但与责任形式细化的逻辑不合。停止侵害属预防性责任，赔偿损失属补偿性责任，将预防性与恢复性、补偿性责任糅合成一个模糊的生态环境修复责任，既破坏了多元化责任“工具箱”的特质，也使修复责任本身模糊化，造成了修复责任内涵的扩大化，有演变成“环境民事责任”代名词的风险。按此逻辑，生态环境损害有生态修复责任这一种责任形式即可，而不需要再单独设置其他法律责任，这会使人对环境民事责任体系存在的必要性产生怀疑。

（三）公法与私法混合责任说：多元法律责任论

生态环境损害救济具有公益性和高度技术性，强调行政命令能够在生态环境损害救济中发挥重要作用，但也承认需要建构多路径并存的救济体系，可谓公法责任和私法责任并存说[5]，抑或称多元法律责任论。生态环境修复责任是环境法律责任的下位概念。环境法的综合性特质决定了环境法律责任不可能像民法、行政法、刑法一样，是一种特定法律责任，而是依附于传统法律而建构、改良的一种综合性法律责任，由环境

---

〔1〕 参见李挚萍：《生态环境修复司法的实践创新及其反思》，载《华南师范大学学报（社会科学版）》2018年第2期。

〔2〕 参见徐军、何敏：《生态环境修复责任的法律困境与制度突破——以生态环境损害赔偿制度改革为视角》，载《青海社会科学》2019年第6期。

〔3〕 参见李挚萍：《生态环境修复责任法律性质辨析》，载《中国地质大学学报（社会科学版）》2018年第2期。

〔4〕 参见徐军、何敏：《生态环境修复责任的法律困境与制度突破——以生态环境损害赔偿制度改革为视角》，载《青海社会科学》2019年第6期。

〔5〕 参见徐以祥：《论生态环境损害的行政命令救济》，载《政治与法律》2019年第9期。

民事、行政、环境刑事责任复合化构成。[1] 从环境分属公益救济体系与环境私益救济体系的立场看,生态环境修复责任在不同案件中分别具有民事责任、行政责任、刑事责任等多元法律性质。[2]

该说合理性在于:一方面,生态环境所涉利益的复合性,决定了单一的民事责任、行政责任或刑事责任手段,难以周延救济,应当建构一套完整的体系。另一方面,私法性质的民事责任,与公法性质的行政责任、刑事责任各自具有优势,亦各有短板,建构一套相互协调、互为补充的责任体系,是筑密生态环境保护机制的重要抓手。但亦存在不足:一是并非不同案件中修复责任的性质都不同,不利于对法律责任统一性特质的认识。二是在特定情形下将生态环境修复责任作为刑事责任对待,与罪刑法定主义精神不符。

(四)其他学说

1. 双重关系修复说

该说认为,生态环境修复责任具有修复自然与修复社会关系的双重属性。修复过程体现了主观能动性,既是对生态系统的修复,也是对人类社会可持续发展能力的修复。[3] 只有实现自然与社会的双重修复,方能真正实现生态环境修复。[4] 该说扩大了修复责任的功能,泛化了生态环境修复责任范畴,是难以完成的任务。任何法律责任都具有修复社会关系的功能,不独生态环境修复责任才有。

2. 独立责任说

该说认为,生态环境修复责任旨在对受损生态环境进行全面救济,使受污染或破坏的生态环境能够恢复到损害发生之前的状态,属于新型

---

〔1〕 参见张梓太:《环境法律责任研究》,商务印书馆2004年版,第42页。

〔2〕 参见宁清同、南靖杰:《生态修复责任之多元法律性质探析》,载《广西社会科学》2019年第12期。

〔3〕 参见吴鹏:《浅议生态修复法制化的若干基本理论问题》,中国环境资源法学研究会2014年年会暨2014年全国环境资源法学研讨会会议论文。

〔4〕 参见任洪涛、严永灵:《论我国生态修复性司法模式的实践与完善》,载《西南政法大学学报》2017年第4期。

责任形式,不属于传统民事、刑事或行政责任的一种,是立足于保护环境权而独立存在的责任方式。[1] 该说虽然强调了修复责任的独立性特质,但在现有法律框架下缺乏合理性,难以建构修复责任规则。

三、新型独立环境民事责任:生态环境修复责任的基本性质判断

对生态环境修复责任的性质判断,不仅应从责任内涵、外延来判断[2],还应从规范渊源、规范功能、规范体系、执行机制等维度综合判断。但不应将环境法调整范式综合性特点作为混淆环境法律责任公法属性与私法属性的藉词,环境责任独立价值亦不应以构建多法协同的立法格局为托词阻却其实现。[3] 总体来讲,生态环境修复责任具有多维面向,非单一维度。基于《民法典》第1234条的规范构造,应将其定性为新型独立环境民事责任。

(一)独立民事责任:生态环境修复责任的基本定性

环境法作为特殊领域型法,并未形成独具特色的法律责任体系,以致在解决生态环境问题上常常捉襟见肘。对生态环境修复责任是否可以作为独立法律责任看待,有不同见解。肯定论认为,直接修复或者替代性修复,是一种独立环境责任承担方式。[4] 否定论认为,从违法性要件、请求权主体等方面看,生态环境修复责任都和民法典的立法目的存在龃龉,只能把"修复生态环境"解释为"恢复原状"的特殊适用情形,不能作为一项独立法律责任对待。[5] 比较法上,法国、意大利、荷兰、爱尔兰等,都有独立的环境修复责任。完善环境法律责任是正在制定的生态环境法典中不可或缺的重要内容,宜将"修复生态环境"设置为环境法专

---

〔1〕 参见刘鹏:《论生态修复的环境法属性》,载《政法学刊》2016年第2期。

〔2〕 参见李挚萍:《生态环境修复责任法律性质辨析》,载《中国地质大学学报(社会科学版)》2018年第2期。

〔3〕 参见高思洋:《生态修复制度之现实隐忧与规范精进》,载《中国石油大学学报(社会科学版)》2021年第5期。

〔4〕 参见吕忠梅:《"生态环境损害赔偿"的法律辨析》,载《法学论坛》2017年第3期。

〔5〕 参见杜健勋:《"修复生态环境"的法律适用研究——基于对〈民法典〉第1234条的理解》,载《学术界》2021年第11期。

门性责任，环境民事责任的构建应当以恢复论为中心〔1〕，实现生态环境修复责任独立化。

第一，生态环境修复责任主要在生态环境损害领域适用。私益诉讼中，能通过赔偿解决的当事人可能不愿意选择修复责任，法院也会以不具备修复条件、恢复无必要、成本过高等为由否定。〔2〕而生态环境修复责任的核心对象是生态环境损害本身，主要适用于民事公益诉讼与生态环境损害赔偿诉讼，将生态环境修复责任作为优先责任适用〔3〕。

第二，生态环境修复责任作为环境特别责任，其独立化契合环境法体系要求及学科属性。生态环境问题由民法典来配置法律责任确实勉为其难，逻辑上无法与民法典保护私益的宗旨自洽，体系上也严重受制于"私"的理念限制。民法典无法全力承担生态环境损害这一"公"的利益救济。从规范构造角度看，没有法律责任的规范就好似"没有牙齿的老虎"，难以发挥其威慑功能和行为引导作用，实现环境法体系的逻辑自洽、体系完整和功能强化；从法律适用角度看，如能在完备的环境法框架下有完备的责任依据，就不必大费周章再去寻找私法依据；从法律学科角度看，有独立、独特且完备的法律责任理论，是环境法学科的重要内容。生态文明的立法、政策、司法取向都表明，生态环境修复责任处于优先地位乃不争的事实。这些都为生态环境修复责任的独立化提供了充实条件。民法典已迈出让修复责任独立于恢复原状的重大步伐，在将来环境法典中将其独立化可谓水到渠成。从制定生态环境法典的宏图伟业看，"修复生态环境"这一独立而特殊的环境法律责任会是一个重要的注脚。〔4〕

---

〔1〕 参见吕忠梅、窦海阳：《以"生态恢复论"重构环境侵权救济体系》，载《中国社会科学》2020年第2期。

〔2〕 参见胡卫：《环境侵权中修复责任的适用研究》，法律出版社2017年版，第98～101页。

〔3〕 参见最高人民法院环境资源审判庭编著：《最高人民法院环境民事公益诉讼案件司法解释理解与适用》（修订版），人民法院出版社2023年版，第262页。

〔4〕 参见杜健勋：《"修复生态环境"的法律适用研究——基于对〈民法典〉第1234条的理解》，载《学术界》2021年第11期。

第三,以生态环境修复责任为中心的环境法责任体系构造,是环境法的重要理论创新。破除赔偿中心主义,坚持恢复性司法理念已成为环境司法的共识。包含三个层次:第一层次是作为理念:恢复性司法理念;第二层次是作为原则:环境责任设置的多个原则之一,如平衡性、协同性等原则;第三层次是作为规则:具体修复责任规范。基于生态修复中心主义的环境法律责任既包含预防性、赔偿性、修复性责任,也包括这些责任之间以修复为中心的配置机制,形成完整周延的责任内涵。如修复不仅应考虑已造成现实损害的后果,还应包括存在重大危险的情形;修复不仅是事后的,还应包括过程性的损害;修复不仅针对现存损害,也针对历史损害和将来损害,损害已经消失依据污染者负担原则应由其承担的责任,其仍应承担,如水体自净后的责任。

(二)价值取向:生态环境修复责任展现特殊环境民事法律责任价值

第一,生态环境修复责任展现了环境法的整体主义理念,构造上呈现生态环境的整体性和关联性。与普通民事责任秉持的人本主义思想相较,修复责任背后承载的是生态整体主义思想。[1] "环境"具有整体性与相互关联性的特质,其各组成部分并非以孤立点的形式存在,而是以相互交结、密切联系的网络系统状的形式存在。生态环境损害要置于生态系统中审视,环境要素的修复须放置于生态系统中综合考量。[2] 因此,修复责任的设计必须坚持尊重自然、顺应自然的理念,在关切具体要素损害的同时,更要基于整体论、系统论的立场切实反映环境各要素的相互关联、相互影响、良性互动的特点,为自然恢复留有余地。

第二,生态环境修复责任以公共利益为其保护对象,体现了私法责任的公共性特征。环境法始终以动态发展的视角对"环境"价值进行确认和保护,沿着从一元价值到多元价值,从人的利益到生态利益,从个体

---

〔1〕 参见王灿发、王雨彤:《生态环境损害赔偿诉讼责任承担方式的反思与完善》,载《环境保护》2022 年第 9 期。

〔2〕 参见李挚萍:《生态环境修复责任法律性质辨析》,载《中国地质大学学报(社会科学版)》2018 年第 2 期。

利益到公共利益的趋势发展。[1] 传统民事责任关于人性的理论预设是“经济人”模式,经济人会追求个人利益最大化;生态环境修复责任关于人性的假设是“生态人”模式,生态人会兼及个人利益与生态利益,处理好生存发展与生态环境保护的关系。这决定了生态环境修复责任救济的对象是遭受损害的生态环境本身,是一种公共利益。[2] 目的是维持生态环境基本功能和完整利益,可持续为自然、人类提供系统性支持,这是私法保护公益的时代特质。

第三,生态环境修复责任的实现需借助环境法及技术规范,仅凭《民法典》规范难以承载。“修复生态环境”本是违反环境法律法规造成生态损害的法律责任形式,而其作为责任承担方式的出现,是环境立法不尽完善时为解决司法裁判、便宜处理环境问题的“急就章”。[3] 环境问题具有专业化、复杂化等特点,不仅应由民法因应,更应系统地由环境法、行政法和相应技术规范体系全面规制。民法的因应,是基于公共利益救济的理念性、原则性、倡导性提示,并非由民法典全面规范生态环境损害救济,仅《民法典》第1234条一条规范也难以担当生态环境修复的重任。新制定、修改和规划的立法对此已有初步回应,生态环境法典将是环境责任的集大成者,须系统、规范、科学、合理配置生态修复责任以及相关责任。

第四,生态环境修复责任并未脱离私法责任性质,一定程度上体现了私法公法化特征。面对日益严重的环境危机,民法典不应将这一责任限定为保护私权,否则与现代社会保护环境、维护生态的强烈需求不符,也未回应时代之问。[4] 法律既要对生态系统带给人类的经济利益通过

---

〔1〕 参见李挚萍:《环境法基本法中“环境”定义的考究》,载《政法论丛》2014年第3期。

〔2〕 参见王灿发、王雨彤:《生态环境损害赔偿诉讼责任承担方式的反思与完善》,载《环境保护》2022年第9期。

〔3〕 参见吕忠梅、窦海阳:《修复生态环境责任的实证解析》,载《法学研究》2017年第3期。

〔4〕 参见王利明:《〈民法典〉中环境污染和生态破坏责任的亮点》,载《广东社会科学》2021年第1期。

财产权方式予以保护,也要运用公权力维护、促进具有公共属性的生态利益。[1] 于是,私法因应时代变革需求,逐渐重视公共利益,新型的民事法律体系依循绿色发展理念,构建生态文明时代下人与自然的新型和谐关系,对环境资源的生态价值、美学价值、科学价值及人格利益属性等给予关怀。[2] 而法律责任性质的不确定性,造成了立法的混乱以及司法判决的矛盾。[3] 对《民法典》第1234条是实体性规范、程序性规范的不同解读,对修复责任的性质判别有重要意义。若是程序性规范,实际上就将修复责任的具体规定交给了生态环境法典或特别环境法,将其界定为民事责任就不完全准确;若是实体性规范,那基本前提就应当是将之视为民事责任。从该条所处侵权责任编、环境侵权规则下,使用了"损害""有权请求""侵权人"等表述看,符合实体法对民事责任的基本表达。

(三)复合视角:生态环境修复责任属性的多维度审视

从整体、复合、多维的视角审视生态环境修复责任,能更加全面观察其法律性质之全貌。

1. 应将生态环境修复责任置于多元法律体系中观察

从渊源上讲,恢复性司法理念引入刑事司法方才催生了生态修复责任,之后向民事、行政领域拓展。生态修复责任在刑事领域发展最早,但发展最为缓慢。三者法律性质的差异直接表现为维护生态法益的手段不同、力度不同,于是以多元法律性质提供全方面立体化保护。[4] 从法律体系的整体来看:首先,生态环境修复责任已明文规定于《民法典》为代表的私法体系中,辅之以配套司法解释,经十余载环境司法实践检验,其作为民事责任运行,并无任何障碍。以私法规范救济公共利益,并无

---

〔1〕 参见邓禾、韩卫平:《法学利益谱系中生态利益的识别与定位》,载《法学评论》2013年第5期。

〔2〕 参见宁清同、南靖杰:《生态修复责任之多元法律性质探析》,载《广西社会科学》2019年第12期。

〔3〕 参见陈欢欢、冯汝:《实证分析视角下生态环境修复法律责任性质研究》,载郝磊主编:《天津滨海法学》第7卷,中国检察出版社2019年版。

〔4〕 参见宁清同、南靖杰:《生态修复责任之多元法律性质探析》,载《广西社会科学》2019年第12期。

任何理论上的障碍。其次,以责令恢复原状等为代表的行政处理程序及责任机制存在于行政法体系中。这种行政法体系以自然资源法和环境保护法为代表,分置立法模式并未影响生态环境修复责任的融贯适用。若将此类责任强行界定为私法责任,亦不符合逻辑与事实。最后,立法上并未确立刑事修复生态责任。据此,生态环境修复责任实际上并非简单私法责任或公法责任,其在不同的法律体系中性质有别。

2. 应将生态环境修复责任置于执行机制中加以考察

生态环境修复责任的适用机制有私法机制与公法机制之分。其一,对具有私法性质的生态环境修复责任,其执行机制当然是私法机制,即运用民事诉讼机制加以实现。故而《民法典》第179、1234条及配套司法解释下的"修复生态环境"责任,当属私法责任。其二,具有公法责任性质的生态环境修复责任,其实现机制主要是公法机制,即通过行政命令、行政处罚、行政强制等措施来督促违法者实现生态环境的恢复。特殊情况下,可通过行政诉讼或非诉审查机制实现修复责任。其三,虽然刑事诉讼是公法机制,但其对修复责任的适用形态不一:在定罪量刑阶段主要作为量刑情节之一,亦可作为附带民事责任方式;在执行阶段,有将之视为非刑罚处罚方法的,亦有将之作为刑罚执行方法的;还有观点将之解读为刑罚,但这实际上与罪刑法定原则相违背。而将之作为非刑罚处罚方法,实际上也无法律依据;将之作为刑罚执行方法,同样违背罪刑法定原则。因此,实质上主要体现的要么是量刑情形,属于事实审查范畴;要么作为附带民事责任,实际上是民事责任在刑事案件中的具体适用,其适用法律依据及具体责任形式体现皆为民事责任,并非刑事责任。因此,生态环境修复责任本质上仍是私法机制,只不过是附带在刑事案件中适用而已。

(四)多元功能:预防性+补偿性+恢复性+惩罚性

作为特殊环境民事责任,生态环境修复责任具有侵权法所固有的补偿、预防和赔偿等功能。生态环境修复责任所具有的整体利益、完整利益的维持功能,超出了单一的补偿功能,还兼具防止未来更大损害的预防功能和对违法者的一定惩罚功能。相较而言,补偿性和恢复性功能是其核心,预防性和惩罚性功能则是附带功能。

其一,对生态环境损害的补偿和恢复是生态环境修复责任的基本功能。就已造成损害,修复责任通过恢复使完整利益得以保护,具有恢复性特点;通过修复使污染或生态危险消除,对自然、人类健康的安全威胁消解,具有在损害发生后避免更大损害、持续损害、迁延损害的时间、空间等方面的预防功能。直接修复和替代性修复方式体现了典型的补偿功能。基于此,修复责任不宜超过责任人义务范围与损害范围。

其二,对可能发生的生态环境损害的预防功能和对违法者的惩罚功能,是生态环境修复责任的附带、反射功能。任何法律制裁手段皆具惩罚与预防功能,公法与私法之间的分野以及法律手段之间的功能分化多是一种理论上的鸿沟。填补性赔偿本就具有威慑、吓阻功能,但与损害填补功能相比较,吓阻功能是次要、附带和反射性的。[1] 首先,修复也是更长久的预防。修复后生态环境得以恢复,生物多样性得以保持,大气、水体、土壤等质量得到维持或有所提升,环境要素的自净能力和恢复能力得到维系,生物要素得以合理循环,物质和能量流动处于正常运转状态。既防止了生态环境向坏发展,也提升了生态环境应对将来危机的能力,修复被置于核心责任的地位。其次,修复兼具惩罚功能。就惩罚功能而言,一种立场是,修复责任是减轻或免除行为人惩罚性责任的另一种责任承担形式,责令行为人恢复植被、种植树木、净化水质、放养动物等,以恢复环境的生态功能。[2] 另一种立场是,生态修复责任本身带有惩罚性功能。如在《美国超级基金法》中,如污染者未按照行政部门通知、决定或达成的协议履行修复义务,行政机关修复后向责任人追索时,可适用惩罚性责任。我们认为,修复责任具有的惩罚功能应予重视,原

[1] 参见陈海嵩、丰月:《生态环境损害惩罚性赔偿金额的解释论分析》,载《环境保护》2021 年第 13 期。

[2] 参见任洪涛、敬冰:《我国生态修复法律责任主体研究》,载《理论研究》2016 年第 4 期。

因在于:一方面,修复责任即便成本稍高,只要不违反生态环境修复的成本效益分析原理,也不会被视为过高,责任人仍需负担这一成本。另一方面,实践中不少法院在计算修复费用时,对生态环境无法修复或无须修复但仍应承担责任者,适用虚拟治理成本法计算治理费用时可根据其违法性、主观过错、损害程度等适当提高治理成本系数,以体现对违法者恶意的惩罚。[1]

---

〔1〕 参见胡卫:《过错优先:环境污染侵权中行为人过错的功能分析》,载《政法论丛》2019年第6期。

第二章　适用条件：生态环境修复责任的适用条件之识别

第一节　类型关联：环境损害类型与修复责任之匹配关系

论及生态环境修复责任，常将“主观过错”“违法性”“侵权行为”“因果关系”等作为其构成要件。[1] 实为混淆“生态环境损害”构成要件与修复责任适用条件。“生态环境修复责任”仅系责任“工具箱”里的责任方式之一。因其对象为“生态环境”，民法典起草时曾考虑将其与“恢复原状”并列，尽管最终置于侵权责任编第七章“环境污染和生态破坏责任”项下，但其本质仍是环境侵权责任承担方式。[2] 其适用范围亦局限于环境侵权。“修复生态环境”责任，即便在环境侵权

---

〔1〕 参见黄薇主编：《中华人民共和国民法典侵权责任编释义》，法律出版社 2020 年版，第 201 ~ 202 页；张新宝：《中国民法典释评·侵权责任编》，中国人民大学出版社 2020 年版，第 227 ~ 228 页。

〔2〕 参见邹海林、朱广新主编：《民法典评注·侵权责任编》，中国法制出版社 2020 年版，第 630 页。

内部,亦存在私益、公益与国家利益的分野,并存在特定匹配关系。

一、类型与要件:环境侵权类型与侵权构成要件的差异化

(一)类型区分:环境私益侵权责任与环境公益侵权责任

“环境侵权”比“环境损害”“环境侵害”“环境责任”等更能彰显追究行为人侵犯私人利益、公共利益、国家利益责任的特有属性,与《民法典》专章规定“环境污染与生态破坏责任”的私法规范性质契合。将环境侵权作环境私益侵权责任与环境公益侵权责任二元区分,具有合理性。[1]这体现了环境侵权的“二元性”或“二元耦合结构”[2],也表明损害后果的复合性。

1. 环境私益侵权责任,是指因环境污染或生态破坏侵害他人之人身权、财产权的侵权责任。实体法依据为《民法典》第 1229 条[3]。

2. 环境公益侵权责任,是指因污染或破坏生态环境侵犯环境公共利益的侵权责任。实体法依据为《民法典》第 1234 条及第 1235 条,亦可适用环境私益侵权规范。[4]《民法典》实施之前,实践中将环境公益侵权区分为环境民事公益诉讼与生态环境损害赔偿诉讼,形成两套相对独立又交互适用的程序。鉴于两者皆有“公”的属性,虽存在“公益”与“国益”之分[5],共同性是二者最大公约数,遂将两类诉讼的实体法依据统一规定,2020 年修订的《民事案件案由规定》也将两者整合[6]。

---

〔1〕 参见最高人民法院民法典贯彻实施工作领导小组主编:《中华人民共和国民法典侵权责任编理解与适用》,人民法院出版社 2020 年版,第 500、548 页。

〔2〕 崔金星、熊佳、吕美佳:《〈民法典〉视野下环境民事责任的体系化构建》,载《浙江海洋大学学报(人文科学版)》2021 年第 4 期。

〔3〕 参见最高人民法院民法典贯彻实施工作领导小组主编:《中华人民共和国民法典侵权责任编理解与适用》,人民法院出版社 2020 年版,第 500 页。

〔4〕 参见最高人民法院民法典贯彻实施工作领导小组主编:《中华人民共和国民法典侵权责任编理解与适用》,人民法院出版社 2020 年版,第 548 页。

〔5〕 参见黄薇主编:《中华人民共和国民法典侵权责任编释义》,法律出版社 2020 年版,第 200 页。

〔6〕 参见 2020 年修订的《民事案件案由规定》第 52 类案由,将环境民事公益诉讼与生态环境损害赔偿诉讼纳入“公益诉讼”中。

(二)差异构造:不同类型环境侵权责任差异化构造的法政策分析

环境案件存在公益与私益相互交织的特征,既不应当错将“主观为私益”附带救济公益的私益侵权当作公益侵权对待,从而将私益案件拒之门外;亦不应将“主观为公益”间接救济私益的公益侵权视作私益侵权,降低公益案件门槛而影响行为自由。[1] 两类环境侵权责任,法律构造差异较大:

第一,权利主体:私益侵权由权利受损者提起,公益侵权由“国家规定的机关”或“法律规定的组织”提起。前者是民事私权受损,由私法规范救济;后者是公共利益受损,由受托代表公共利益的国家机关、社会组织提起。包括省级及设区市级人民政府及其授权的部门提起的生态环境损害赔偿诉讼,具有法定职权的机关(如海洋环境监督机关)和检察机关提起的环境民事公益诉讼。对于行政机关提起民事公益诉讼,司法政策已由支持转向限制。[2] 全国性、区域性、地方性的社会组织,符合目的、年限、合规性等要求的,可依法提起诉讼,对其审查呈宽松化态势。[3]

第二,归责依据:私益侵权适用无过错归责,公益侵权适用过错归责。[4] 从规范及实践立场看,已形成二元区分格局。环境私益侵权的受害对象为自然人等私益主体,居于弱势地位,加之环境侵权具有潜伏性、隐藏性、复杂性及科学上的不确定性,为平衡侵权人与受害人之间的利益,适用无过错责任可减轻受害者的救济难度。无过错责任可促使行为人采取更有效的预防措施,提高行为的安全性,降低损害发生概率,尽量

---

〔1〕 参见最高人民法院环境资源审判庭编著:《最高人民法院关于环境民事公益诉讼司法解释理解与适用》,人民法院出版社2015年版,第23~24页。

〔2〕 参见甘肃省2018年环境资源审判十大典型案例之六:兰州市西固区环境保护局诉刘某雷、兰州金浩金属材料加工有限公司民事公益诉讼案。

〔3〕 参见中国生物多样性保护与绿色发展基金会诉宁夏瑞泰科技股份有限公司环境污染公益诉讼案,最高人民法院指导性案例75号(2016年)。

〔4〕 参见吕忠梅等:《环境损害赔偿法的理论与实践》,中国政法大学出版社2013年版,第77~78页;竺效:《生态损害综合预防和救济法律机制研究》,法律出版社2016年版,第157页;徐以祥:《〈民法典〉中生态环境损害责任的规范解释》,载《法学评论》2021年第2期。

避免损害的发生。[1] 环境公益侵权的侵害人和利益受损方并没有强弱明显的利益对比关系,所涉及的利益衡量是行为人的经济利益及其他公共利益和生态公共利益的衡量。[2] 生态环境保护的是公共利益,经济社会发展也是公共利益,为平衡两种公共利益,就需要对行为要件进行限制,并限制侵权人承担生态环境损害修复和赔偿的责任范围。[3] 过错责任就是这种限制工具,将承担修复、赔偿责任的根据建立在伦理、道义的正当性基础上[4],体现了对违法行为的道德与法律双重评价。

第三,违法性要件:私益侵权无违法性要求,公益侵权则须具备违法性。《民法典》第1165条第1款增加了"造成损害的"的表达,重塑了《侵权责任法》过错侵权的一般条款,条文中的"侵害"既表达"侵害行为"构成要件,也对行为"不法性"作出价值判断。相较而言,法律没有对第1166条规定的"行为"作出价值判断。[5] 由是观之,过错归责下的环境公益侵权隐含着对行为违法性的评判,但无过错归责下的环境私益侵权则没有。立法者在制定许可、排放标准、技术规范时已考虑了生态环境的容量和承载能力。如行为人遵守规定却仍造成生态环境损害,只能说明排放标准设置不够合理或环境容量计算不够准确或国家允许其对生态环境产生一定程度的损害[6],不能归咎于正常生产经营行为人,呈现出立法者限缩环境公益侵权责任适用范围的目的。[7] 因此,符合国家规

---

〔1〕 参见邹海林、朱广新主编:《民法典评注·侵权责任编》,中国法制出版社2020年版,第595页。

〔2〕 参见陈伟:《环境污染和生态破坏责任的二元耦合结构——基于〈民法典·侵权责任编〉(草案)的考察》,载《吉首大学学报(社会科学版)》2020年第3期。

〔3〕 参见最高人民法院民法典贯彻实施工作领导小组主编:《中华人民共和国民法典侵权责任编理解与适用》,人民法院出版社2020年版,第552页。

〔4〕 参见张新宝:《中国民法典释评·侵权责任编》,中国人民大学出版社2020年版,第8~9页。

〔5〕 参见张新宝:《中国民法典释评·侵权责任编》,中国人民大学出版社2020年版,第8~9页。

〔6〕 参见最高人民法院民法典贯彻实施工作领导小组主编:《中华人民共和国民法典侵权责任编理解与适用》,人民法院出版社2020年版,第552页。

〔7〕 参见最高人民法院民法典贯彻实施工作领导小组主编:《中华人民共和国民法典侵权责任编理解与适用》,人民法院出版社2020年版,第552页。

定的行为是一种“合法允许”,可通过征税,收取排污费、资源价款等进行必要的配套生态治理。故合法性要件只对公益侵权提出要求,对私益侵权无此限制。

第四,损害结果:两者在对损害结果的要求上存在差异。环境私益侵权的损害包含已发生的实害结果和可能发生的危害结果,可相应通过赔偿性、恢复性与预防性责任予以救济;在环境公益侵权中,民事公益诉讼的后果要件包括对生态环境的实际损害——“已经损害公共利益”或危害结果“具有损害社会公共利益的重大风险”,前者对应普通民事公益诉讼,后者对应预防性民事公益诉讼。[1] 就生态环境损害赔偿诉讼而言,则需要重大的损害后果。[2] 最大的后果差别则是:环境私益侵权对象是人体健康、财产权益等民事权益,只有财产权益与环境要素存在交叠时,方才涉及生态环境的附带救济;而环境公益侵权直接指向的对象是生态环境本身,包括生物多样性、水体、土壤、湿地等损害。

第五,因果关系:因果关系规则也体现了重要的价值判断。《民法典》未将环境私益与公益侵权的因果关系认定作适当区分。显然,受害对象、侵害利益不同,因果关系的识别规则存在较大差异。受害人为弱势的个人时,需要通过举证责任倒置减轻受害人的举证责任以化解其举证能力弱、专业性不足、被动受害等因果关系证明困境。作为环境公益侵害受害对象为不特定人的公共利益和国家利益而言,行为往往是在国家许可之下实施,政府提前知晓行为人从事的活动内容、预设了处理方案及补救措施。至于违法排污、非法采矿、滥伐林木等,造成的生态环境损害因果关系早已在预设之中,且作为起诉主体的行政机关、检察机关和社会组织对因果关系的证明能力远高于弱势的环境私益侵权受害人,其强力性、专业性和人才、技术等储备充足,使因果关系易于证明。因

〔1〕 参见北京市朝阳区自然之友环境研究所诉中国水电顾问集团新平开发有限公司、中国电建集团昆明勘测设计研究院有限公司生态环境保护民事公益诉讼案,最高人民法院指导性案例173号(2021年)。

〔2〕 参见《生态环境损害赔偿规定》第1条;《改革方案》第3条第1项。

此,将《民法典》规定的举证倒置规则进行差异化调整是必要的。

二、责任与方式:环境侵权构造与修复责任方式的分离

(一)责任范式:侵权责任构成与责任方式分离路径

民事责任属于"债法"项下概念,其与债、责任混合,之后分离,不再属于"义务"范畴,而是与"不法"相连接,典型体现是损害赔偿责任,为德国、法国、日本民法典等大陆法系民事责任的基本形态。从实质内涵上看,民事责任以"民事权利内部因子"的形式隐身于民事义务,义务与责任亦发生分离;从保障范式看,责任脱离义务"影子"转换为权利保障的独立范畴,法律关系构建内容由"权利—义务"经典范式转换为"权利—义务—责任"新范式;从实现路径看,民事责任所含的强制之力,需借助国家公权保障,权利与责任通过实体法,加之诉讼程序法的诉权得以实现。《民法通则》就揭示了"民事权利—民事责任""民事义务—民事责任"的双重逻辑,第一次突破传统民法体例,未将侵权责任法作为债编,而是单列成章,凸显侵权责任作为法律后果的属性。2017 年制定《民法总则》时,有观点认为民事责任的规定实属侵权责任法内容,放在总则不恰当。[1]《民法典》制定过程中,多数意见支持延续专章规定民事责任的做法。《民法典》创立了民事权利、民事义务、民事责任"三位一体"的有中国特色立法模式,有利于民法典的系统化、科学化、规范化。[2]

"债务"与"责任"的分离,不仅实现了民事责任的独立化规定,而且进一步在民事责任内部将"责任构成"与"责任承担方式"二次分离,将民事责任的构成要件规定在前,责任承担方式集中规定,不对应具体的侵权责任形态。《民法通则》注重将法律保护方法作为法律责任的本质,将它们作为民事责任的各种不同责任形式予以集中规定,无疑是一种创

〔1〕 参见《民法总则立法背景与观点全集》编写组编:《民法总则立法背景与观点全集》,法律出版社 2017 年版,第 346 页。

〔2〕 参见黄薇主编:《中华人民共和国民法典总则编释义》,法律出版社 2020 年版,第 461 页。

举,在实践上和理论上都具有重要意义。[1] 其规定的十种责任方式如同民事责任“工具箱”,广泛运用于物权、人格权、债权、知识产权等领域救济,或单独适用,或组合适用。2009 年《侵权责任法》第 15 条、2017 年《民法总则》第 179 条、2020 年《民法典》第 179 条沿袭此种路径,并在民事责任承担方式的工具箱里再添“继续履行”,将其由违约责任形式上升为一般民事责任方式。这种提取“公因式”的立法模式体现了大陆法系立法的高度抽象思维,以及法律适用的“总分结合”模式,便于“找法”。

(二)责任方式与归责原则的分离性

侵权责任承担方式在适用上是否有主观过错的要求,理论上存有分歧。以恢复原状为例,可归结为两类:一种观点是恢复原状与归责原则的分离论。认为归责原则解决的是责任成立问题,而责任形式解决的是责任具体落实的问题。所以责任形式可以适用于多种归责原则下的侵权责任。归责原则确定了责任成立的问题,并影响责任承担方式,但是归责原则与责任方式是两个不同的范畴,简单地将侵权责任形式与归责原则挂钩,并由此得出何种责任形式对应何种归责原则是不妥的。因此,恢复原状与归责原则之间并未建立对应关系。另一种观点认为,恢复原状与归责原则建立了对应关系。但恢复原状对应何种归责原则存在差异:有观点认为恢复原状是赔偿损失的特殊方法,其适用的归责原则与赔偿损失适用的归责原则没有区别,一般适用过错责任,法律有特别规定的,适用过错推定责任或者无过错责任。[2] 亦有观点认为,恢复原状在侵权法上为特殊形态的损害赔偿,应适用过错责任规定,对此亦不应持怀疑的态度。[3]

不同观点的逻辑出发点不同,皆有道理。但责任承担方式与归责原则无必然联系,应持分离论。理由如下:其一,归责原则的价值与意义在于决定侵权责任的构成,而非责任承担方式。归责原则解决的是侵权责

[1] 参见王家福主编:《民法债权》,中国社会科学出版社 2015 年版,第 221 页。
[2] 参见王利明:《侵权责任法研究》(上卷),中国人民大学出版社 2010 年版,第 608 页。
[3] 参见崔建远:《论归责原则与侵权责任方式的关系》,载《中国法学》2010 年第 2 期。

任承担的依据和责任基础,而责任承担方式是在确认构成侵权、应承担侵权责任的情况下,如何选择责任适用方式、如何落实侵权责任的问题。其二,恢复原状等责任方式已按提取“公因式”思路,与侵权责任构成要件分离,表明其中立性和可选择性。在德国民法等传统民法中,无恢复原状与金钱赔偿对应何种归责原则的规则。《民法典》第179条规定的多元化责任承担方式亦为侵权责任方式的“公因式”,是在传统民法将“民事责任与债分离”的基础上〔1〕,实现了“责任构成与责任承担方式的二次分离”,从而使责任承担方式完全中立化,其本身是中性概念,原则上适用于不同类型、不同归责原则下的侵权责任。其三,将恢复原状等责任方式与归责原则挂钩会束缚当事人的选择,并可能造成选择性矛盾。如果某种责任方式一定要对应某种归责原则,则无异于束缚当事人的手脚,既要考察责任构成也要考察责任方式构成,实为对当事人不利,有违多元化责任方式本为救济当事人的立法初衷。甚至会出现当事人选择不同责任方式对应不同的归责原则的情形,与作为侵权责任构成要件的归责原则单一性相冲突。例如,环境污染责任为无过错责任,若受害人同时主张停止侵害和恢复原状,则会呈现停止侵害要求无过错责任,恢复原状要求过错责任的不和谐局面。

从《民法典》集中规定责任方式的背景看,其并未考虑责任方式是否有过错的要求。

(三)中立特质:生态环境修复责任作为中立化环境责任工具性质

《民法典》作为社会经济生活的基本保障法,生态环境基本问题乃其回答的“时代之问”,保障生态环境是最大的人文关怀。在生态环境专门立法推进尚且缓慢,而环境民事公益诉讼、生态环境损害赔偿诉讼这类以生态环境修复为中心的责任追究机制缺乏实体性法律依据支撑的情形下,总是“借道”恢复原状,已变得名不正言不顺,且难以因应复杂的生

〔1〕 参见魏振瀛:《侵权责任方式与归责事由、归责原则的关系》,载《中国法学》2011年第2期。

态环境损害实际。故《民法典》立法时采用了一般与特殊的归责模式:在第179条规定“恢复原状”统领各类修复性责任,在第1234条规定“生态环境修复责任”作为其一种具体形式〔1〕,或者说是“恢复原状”在生态环境领域的具体化、生态化表达。通过这种立法模式为环境公益侵权提供了实体法依据和请求权规范基础,具有里程碑意义。〔2〕《民法典》通过之后,最高人民法院立即启动了《环境民事公益诉讼解释》《生态环境损害赔偿规定》等司法解释的修改工作,明晰“修复生态环境”的责任适用。可见《民法典》第1234、1235条实际上是专为环境侵权而设,是此类侵权形态的“共同性”专门责任方式,具备中立性。

这种专门性法律责任方式的设置已有不少先例。如合同责任中的“定金”责任,之前在《担保法》第89~91条中加以规定,后在《合同法》第115、116条加以规定,是担保特殊方式及违约责任的特殊形式。《民法典》第586~587条完善了定金责任方式,这不影响定金作为所有合同的责任方式而存在,且并不对应何种违约责任,只不过未上升为一般性的责任方式而已。再如,“继续履行”原本作为违约责任方式规定于《合同法》中,2017年《民法总则》将其上升为一般性的民事责任方式,但本质上仍主要适用于违约责任,这说明曾经作为特定责任形态的责任形式,具备条件时可上升为一般性的责任方式,进入民事责任“工具箱”。“修复生态环境”责任就是这样一种责任方式,其实际上有上升为一般性的民事责任方式的“机会”,只囿于民法典与环境法之间的功能区分、逻辑自洽、制度衔接缘故,暂时作罢。但《民法典》将其置于“污染环境和破坏生态责任”一章,实际上体现的是“环境侵权”的一般性责任形式,将来生态环境法典或独立的环境法律责任法制定时,《民法典》第1234、1235条将成为“衔接性条款”,发挥重要的平滑引致作用。

---

〔1〕 参见邹海林、朱广新主编:《民法典评注·侵权责任编》,中国法制出版社2020年版,第631页。

〔2〕 参见最高人民法院民法典贯彻实施工作领导小组主编:《中华人民共和国民法典侵权责任编理解与适用》,人民法院出版社2020年版,第548页。

三、类型与责任：环境侵权类型与修复责任方式的匹配性

侵权责任方式具有相对独立性，仅是一种责任工具，不带有价值判断。“修复生态环境”如同其他责任方式一样，都是侵权责任“工具箱”里的可选性救济手段，只不过将其置于《民法典》中加以规定并限制选择而已。这种限制性选择不是生态环境修复责任所带来的，而是构成环境侵权责任的前提。故不宜对“修复生态环境”责任附加更多的条件限制，应复原其本身的责任方式的中立性作用。至于如何匹配、如何适用修复生态环境责任，应当是校正各类环境侵权责任的构成，并将之与修复生态环境责任合理匹配的问题。据此，“过错”或“违法性”等要件，并非指向“修复生态环境”责任方式，而是指向环境私益侵权、环境公益侵权的构成要件。这能有效解释缘何“修复生态环境”责任方式适用于不同归责条件的环境侵权问题。

（一）环境私益侵权：适用“恢复原状”扩张解释的生态环境修复责任

人身权益的损害自无“恢复原状”或“修复”之说，修复对象主要是受损财产权利。将传统之物恢复原状无须赘言，重点是基于自然资源产生的财产性权利之恢复。私益侵权中，权利人自当享有选择何种责任方式获得救济的权利，也有权选择是否放弃救济，以及救济过程中变更救济方式的权利。受经济理性的支配，在“经济人”模式下，人们并非均按照“生态人”的理想假设，以生态环境利益为重，反而更多考量的是当下利益和如何使经济利益最大化。因此，修复责任在环境私益侵权中的适用具有高度的自治性，不具有在公益诉讼中具有的优先性的特殊地位。[1] 据此：

第一，环境私益侵权诉讼对应的修复责任实体规范基础，只能回归《民法典》总则编之“恢复原状”。私益侵权原则上借助于私法规范，其实体请求权基础源于《民法典》物权编、人格权编等，其责任形式规范只能向“一般规范”探求。寻诸民法典规范及其他民事规范，仅《民法典》

---

〔1〕 参见胡卫：《民法中恢复原状的生态化表达与调适》，载《政法论丛》2017 年第 3 期。

第179条与之对应。而《民法典》第1234、1235条的前提已界定为公共利益之保护,实践中亦不支持私人主体援引公益性规范。

第二,环境私益侵权中修复生态环境责任的适用条件,只能依托于自然资源上的财产权利与生态利益交叠。这也是立法上否定借助生态环境损害与传统损害存在重叠,通过民法方式对生态环境损害进行间接调整之立法路径的原因。[1] 一方面,这种权利必须是依托于土壤、水体、森林、草地、矿产等自然资源或环境要素,否则也无修复环境的必要;另一方面,这种权利赖以存续、保持完整、功能得以延续的前提是自然资源或环境要素的良好存续并继续优化。因此,经济利益与生态价值在此产生了融合,欲实现经济价值,就得维系生态环境,行为人就得对受损害生态进行修复;反过来,修复了生态环境,财产权利亦得以维护,且具有长期持续的能力。这样就实现了双赢。反之,只能寻求经济赔偿或其他责任方式。

第三,环境私益侵权适用修复生态环境责任,尚须以"恢复原状"的生态化扩张解释因应。如在制定《民法总则》时是否将"恢复原状、修复生态环境"并列进行讨论时遗留的共识,可以通过"恢复原状"的扩张解释来适用修复生态环境责任。作为《民法典》配套规范的《环境侵权责任解释》于2020年修改时,与环境民事公益诉讼、生态环境损害赔偿诉讼司法解释保持步调一致,放弃了从"恢复原状"到"修复生态环境"责任的演进解释路径,直奔主题"被侵权人请求修复生态环境的",规定法院应当根据原告诉讼请求及具体案情合理判定侵权人承担"……修复生态环境……"[2] 此仍系基于"恢复原状"的扩张解释涵盖"修复生态环境"责任,以适用于私益侵权。但2023年8月发布的《生态环境侵权责任解释》删除了相应规定,事实上将私益侵权适用修复责任又重新回归对"恢复原状"作扩张解释的路径上。

---

〔1〕 参见李承亮:《侵权责任法视野中的生态损害》,载《现代法学》2010年第1期;张新宝、庄超:《扩张与强化:环境侵权责任的综合适用》,载《中国社会科学》2014年第3期。

〔2〕 参见广东省高级人民法院环境资源司法保护十大典型案例之六:陈某诉何某等环境侵权责任纠纷案。

第四，环境私益侵权适用修复生态环境责任，需通过诉讼程序加以引导和规制。鉴于私人权利的可处分性，若被侵权人放弃对受损生态环境的修复性救济，采用赔偿这一救济方式，则只能表明其获得经济方面的救济，生态价值这种独立的利益未获保护，对此尚可通过公益侵权机制予以补充矫正。但若被侵权人既顾及经济利益，也顾及生态环境利益，从长远计算，选择了修复生态环境责任时，如侵权人采行为修复方式倒也无妨；如侵权人与被侵权人达成了交易，选择以支付修复费用代替行为修复，则此修复费用一旦到达被侵权人，基于个人利益最佳计算，不排除其不将该费用用于修复环境，使得“修复费用”变成名副其实的“赔偿费用”，将使被侵权人获益超过经济损失、生态环境却未得到修复，且将来被侵权人还可因生态未修复而重复负担修复责任。故若侵权人未履行裁判的修复义务，仍应由法院委托第三方修复，费用由侵权人承担。因此，一方面需引导私益诉讼尽可能适用修复责任，以兼顾生态利益；另一方面裁判及执行中需防止修复责任演变成另一种形式的超额赔偿责任。这是典型的“主观为私、附带为公”的裁判路径。

（二）环境公益侵权：直接适用“修复生态环境”责任并可援引“恢复原状”规则

从规范目的上讲，《民法典》第1234条是顺应时代之需、回答时代之问、因应司法之困，从实体法上为环境民事公益诉讼和生态环境损害赔偿诉讼提供实体法依据；从逻辑解释的角度讲，《民法典》第1234条之“修复生态环境”与第179条之“恢复原状”，呈现特殊规则与一般规则的关系〔1〕，在法律适用上是一种演绎递进；从历史解释和法律渊源的角度讲，《民法典》第1234条之修复责任渊源于民法之恢复原状的扩张解释，尽管这种扩张方式在当时历史背景下有些许勉强、无奈与不完全契合，但两者精神实质有共通之处，这也是其获司法广泛认同的原因。细查

〔1〕 参见王世进、杨静佳：《论绿色原则视域下环境侵权私益与公益救济的协调》，载《南京工业大学学报（社会科学版）》2021年第3期；蔡唱：《民法典时代环境侵权的法律适用研究》，载《法商研究》2020年第4期。

之,修复生态环境责任已然与恢复原状在目的、标准、方式等方面大为不同,且呈现整体主义、风险预防等特征。[1] 据此:

第一,环境公益侵权对应修复责任时,系直接适用"修复生态环境"责任,援引恢复原状规则是可选项。[2] 环境公益侵权的诉讼形态包括环境民事公益诉讼,以及其变形之附带民事诉讼(如刑事附带民事诉讼、刑事附带民事公益诉讼和行政附带民事公益诉讼)、检察民事公益诉讼之督促程序,以及生态环境损害赔偿诉讼。尽管"公共利益"与"国家利益"有所不同,但生态环境损害赔偿诉讼的路径,实际上是借助"国家利益"之名来维护"公共利益",理论上出现了将两者合并的呼声,《民事案件案由规定》将两者归入同类案由。立法上将两者合并归于《民法典》第1234、1235 条相同条文中,除权利依据、起诉主体、诉讼程序等有一定差别外,"为公共利益计算"的本意协同彰显。因此,这一责任既专为公益而设,则直接援引修复责任规则实属应当。至于"恢复原状"规则是否援引,要根据案件情况判断。

第二,环境公益侵权中修复责任的适用具有优先性和强制性,并不应由权利主体任意处置。修复生态环境成为环境公益侵权的核心责任方式,并优先于赔偿损失。一方面,这一规则从立法表达顺位上也可以窥见一斑:《民法典》第 1234 条的修复责任先于《民法典》第 1235 条的赔偿规则,《生态环境损害赔偿规定》明确了"修复生态环境"优先于其他规则[3];另一方面,实践中体现了"应修尽修、能修尽修"的司法逻辑。这与环境私益侵权修复责任适用的自治性具有明显的差别。在诉讼程

---

[1] 参见吕忠梅、窦海阳:《修复生态环境责任的实证解析》,载《法学研究》2017 年第 3 期;张梓太、李晨光:《生态环境损害赔偿中的恢复责任分析——从技术到法律》,载《南京大学学报(哲学·人文科学·社会科学)》2018 年第 4 期;梁勇:《环境民事公益诉讼中生态环境修复责任探析》,载《山东法官培训学院学报》2019 年第 5 期;朱晓勤:《生态环境修复责任制度探析》,载《吉林大学社会科学学报》2017 年第 5 期。

[2] 参见北京市人民检察院第四分院诉朱某良、朱某涛环境污染民事公益诉讼案,最高人民法院指导性案例 206 号(2022 年)。

[3] 参见王旭光、魏文超、刘小飞、刘慧慧:《〈关于审理生态环境损害赔偿案件的若干规定(试行)〉的理解与适用》,载《人民司法》2019 年第 34 期。

序设计上,若原告的诉讼请求未涵盖修复责任及其他更有利于生态环境保护的内容,法院可基于能动主义向原告释明,引导其增加、变更诉请等,这虽非真正强制,但亦具有强烈的倾向性引导功能。此外,在环境民事公益诉讼中,原告与被告就修复生态环境责任等诉讼请求达成调解,需提交法院审查是否满足保护公共利益的要求和符合法律强制性规范;在生态环境损害赔偿诉讼中,赔偿权利人与赔偿义务人之间就修复责任的承担及履行等达成磋商协议,亦可通过司法确认方式赋予强制性,法院审查时应考察是否违反公共利益及强制性规范。

第三,环境公益侵权的细分类型分别不同情形对应"修复生态环境责任"。

一是环境民事公益诉讼:侵害公共利益有"实害结果"与"危险结果"两种情形。

(1)对"实害结果"型的侵权:直接适用修复生态环境责任。

(2)对"危险结果"型的侵权:是否适用修复生态环境责任应具体分析。如行为人尚未实施相应危害行为,仅是直接威胁公共利益,将会造成重大损害,若能通过停止侵害、消除影响、排除妨害等预防性责任制止相关行为,所修复的对象实际上并不存在。因此,在"五小叶槭案""绿孔雀案"中法院只支持了预防性责任,并未支持修复责任。如行为人实施了危险行为,已造成生态环境损害,且威胁到公共利益,对人类健康安全及生物安全等构成威胁,可以启动"修复生态环境"责任予以救济。此乃预防型公益诉讼中适用修复责任的特殊情况。

二是刑事附带民事公益诉讼:刑事附带民事诉讼原本属于刑事责任与民事责任未完全分离、诉讼机制未完全净化的结果,但刑事附带民事公益诉讼实际上成为当前民事公益诉讼主要形态。据统计,2021年度各类环境公益诉讼中,刑事附带民事公益诉讼案件占比达89%,"一家独大"。[1] 其适

〔1〕 参见陈海嵩、胡攀、姜闻远:《环境公益诉讼的现状检视与趋势分析》,载吕忠梅等:《中国环境司法发展报告(2021年)》,法律出版社2022年版,第234页。

用修复生态环境责任,与通常的民事公益诉讼无异,只不过是在刑事诉讼程序中将刑事责任与民事责任一并考量,修复生态环境责任可以作为量刑的处理依据而已。故可直接对应《民法典》第 1234 条之修复责任。

三是行政附带民事公益诉讼。可直接适用,原理亦同。

四是生态环境损害赔偿诉讼。《民法典》第 1234 条所称的“国家规定的机关”中,很重要的类型之一便是依据《改革方案》和《生态环境损害赔偿规定》提起生态环境损害诉讼的权利主体,这类主体可直接请求法院对侵权人适用修复责任。且这类诉讼往往以造成严重损害后果为前提,修复的对象自当是严重遭受损害的生态环境。

第二节　过错优先:过错对环境侵权构成及修复责任适用的影响

将环境侵权确定为无过错责任的平面化立法已为司法所突破,引发对追责时适用不同归责原则混乱局面的担忧。[1] 无过错责任经历了从“没有过错”担责论到“不论行为人有无过错”担责论的变迁。无过错责任的意涵并非仅指无过错的情况下应担责,更蕴含了有过错的情况下当然担责。大量裁判表明,实践中并未完全遵循无过错责任原则。[2] 刑事司法上,追究环境犯罪时将行为人主观过错作为审查重点;行政执法中,受罚环境违法行为主观上有过错乃常态。环境侵权中优先适用的也是过错责任,以发挥责任的教育、预防和制裁功能。[3] 其法律构造可简化为,环境侵权呈现无过错与过错的交错状态,无过错者应承担责任,有过

〔1〕 参见李挚萍:《生态环境修复司法的实践创新及其反思》,载《华南师范大学学报(社会科学版)》2018 年第 2 期。

〔2〕 参见戴茂华:《民法典规范下生态破坏责任制度的适用与完善》,载《环境保护》2021 年第 13 期。

〔3〕 参见刘士国:《民法典“环境污染和生态破坏责任”评析》,载《东方法学》2020 年第 4 期。

错者更应承担责任。行为人主观过错一方面对环境侵权责任的构成起着修正作用,另一方面与行为人承担的责任方式存在特定的匹配关系。

一、过错优先:环境侵权中“过错”与“无过错”交错时的适用规则

(一)行为类型:基于环境污染侵权类型化与过错的关联考察

过错和风险构成了现代侵权法归责的基础,过错是传统侵权的根本归责事由,风险或危险则是现代风险社会条件下无过错归责的主要依据。无论是环境污染还是危险事故损害,大多是过失造成,甚或特定生产经营活动中所固有。[1] 多数场合,进行危险活动的企业懈怠了对其要求的安全保障措施[2],导致了危险责任的发生。大陆法系和英美法系皆对环境侵权采取比传统侵权更为宽松的责任构成。尽管有国家仍坚守过错责任,但过错标准的客观化提升了行为人的注意义务,导致过错责任滑向了无过错责任领域,其价值取向是分配正义而非矫正正义,其所考虑的是“谁会有风险”,而非意外由“谁的错误”造成。[3] 这给人们造成了错觉,认为无过错责任就是“没有过错”情形下的责任,以至于忽视了过错实质上是环境侵权常态这一客观事实。现以环境污染侵权为例考察环境侵权类型与过错之间的关联。

污染行为类型化分析,有助于矫正一体适用无过错责任的弊端。[4] 环境污染侵权的类型化至少有十种以上的区分,不胜枚举。《民事案件案由规定》采环境要素和污染因子双重标准,将环境污染侵权划分为水污染、土壤污染、大气污染、噪声污染、固体废物污染、电子废物污染、放射性污染以及船舶、海上及通海水域污染侵权。某种程度上这种区分没

---

〔1〕 参见王利明、周友军、高圣平:《中国侵权责任法教程》,人民法院出版社 2010 年版,第 165 页。

〔2〕 参见[日]吉村良一:《日本侵权行为法》,张挺译,中国人民大学出版社 2013 年版,第 10 页。

〔3〕 参见[英]马克·韦尔德:《环境损害的民事责任——欧洲和美国法律与政策比较》,张一心、吴婧译,商务印书馆 2017 年版,第 185 页。

〔4〕 参见刘超:《论“绿色原则”在民法典侵权责任编的制度展开》,载《法律科学(西北政法大学学报)》2018 年第 6 期。

有特定区分逻辑,既可能存在交叉,又可能存在遗漏。但有两种类型的划分在合理识别污染行为人过错方面有参考意义。一种是拟制型污染侵权与实质型污染侵权,前者如噪声污染、光污染、放射性污染、电磁辐射污染等拟制型污染,这类污染以违反国家规定超标排放为条件,适用过错归责;后者如土壤污染、水体污染、大气污染等实质型污染,不以违反国家规定超标排放为要件,适用无过错归责。[1] 另一种是违法型环境污染侵权、排放型环境污染侵权和事故型环境污染侵权,据此认为行为人主观状态分别是故意或过失、客观过失和无过失,故分别对应过错归责、客观过错归责和无过错归责。[2] 此种区分为观察过错对环境污染侵权责任的影响打开了窗口。

合法排放型环境污染侵权中,侵权者不存在过错。企业生产经营必然产生可能危及环境及健康、财产安全的副产品,污染物排放是企业进行长期持续生产经营的必要保障。[3] 生产经营活动对社会正面价值大于负面作用,在环境容量限度设定的许可排污范围内从事的活动不被视为违法,但也可能给他人的人身、财产和环境造成损害,不因符合行政法上的管制而免除其对受害人的侵权责任,契合危险责任的风险归责原理,目的是实现社会公平。[4] 大量的司法实例均确认了合规排放不具有免责抗辩的意义。无论是单独排放行为,还是共同排放行为,抑或与非法型污染、事故型污染并存,行为人排放污染物是获得依法许可且在许可限度内,无关过错,也非过错客观化的结果。其之所以担责,是基于“责任原理的社会化”,是被允许的“合法侵权行为”,环境污染的加害企业本系危险事业经营者,自当负有防止危险的义务。[5]

---

〔1〕 参见张宝:《环境侵权归责原则之反思与重构——基于学说和实践的视角》,载《现代法学》2011 年第 4 期。

〔2〕 参见刘长兴:《环境污染侵权的类型化及责任规则探析》,载《宁夏大学学报(人文社会科学版)》2010 年第 3 期。

〔3〕 参见吕忠梅等:《环境损害赔偿法的理论与实践》,中国政法大学出版社 2013 年版,第 25 页。

〔4〕 参见王泽鉴:《侵权行为》,北京大学出版社 2009 年版,第 543 页。

〔5〕 参见陈慈阳:《环境法总论》,元照出版有限公司 2011 年版,第 221 ~ 223 页。

非法型的环境污染侵权，过错为常态。有法官直言：环境侵权者无一不是故意采用赌博式的方式对抗国家法律的违法行为。[1] 他的话揭露了环境污染侵权的真实状态。非法型污染侵权的特点是行为人违反法律排放污染物或引起事故导致污染，存在明显过错，包括故意和过失。常有四种形态：一是非法企业非法排污型：非法企业或个人在未取得营业执照、未取得排污许可证、未建设污染物防治配套设施的情况下，开展电镀、制革、洗选、造纸等违法生产经营活动，将废水、废渣、废气等直排入水体、土壤、大气，存在明显过错。[2] 二是合法企业非法排污型：企业虽合法设立，但在环境影响评价、排污许可证、建设或完善污染物防治设施的某个或全部环节存在缺失、缺陷，非法排放污染物。如在未通过环境影响评估的情况下生产硝基苯乙酮，将生产过程中产生的废液通过暗管排放到应急池暂存，并多次将池内废液直排入长江，显然存在过错。[3] 三是合法企业超标排放型：企业排污的各项手续完备，为减少污染物处理成本，超过排污许可排放污染物，从过失客观化角度即存在过错。四是非法处置型：即通过非法倾倒、堆放、抛弃、掩埋、焚烧、处置等不符合固体废物、液体废物（尤其是危险废物）处置方式的方法，非法处置污染物导致环境污染的侵权责任。包含有资质的处置企业非法处置型和无资质的企业或个人非法处置型，非法处置本身即表明行为人具有主观上的过错。

事故型的环境污染侵权，应分情形判断是否存在过错。事故型污染侵权是基于环境突发事件或意外事故引发的侵权责任。有三种情形：一是环境突发事件引发的环境污染。如地震、洪水等破坏污染物防治设施引发污染。根据《民法典》第180条、《水污染防治法》第96条，不可抗力属免责事由。突发事件的发生不具可预测性，企业不存在主观过错，不

---

〔1〕 参见赵卫民：《建立环境恢复责任制度的若干思考》，载《人民司法》2010年第3期。

〔2〕 参见湖北省荆州市沙市区人民法院民事判决书，（2016）鄂1002民初1947号；广东省广州市中级人民法院民事判决书，（2016）粤01民初51号。

〔3〕 参见重庆市第一中级人民法院民事判决书，（2018）渝01民初669号。

具有在道德和法律上对其非难的基础。二是人为因素导致环境突发事件发生,或者突发事件发生后未采取合理措施导致损失扩大,行为人未尽谨慎和合理注意义务,主观上有过错。如废弃油井所有者应采取措施对污染源进行有效控制,因自然风险或人为因素,油井发生原油泄漏造成他人损害的,所有者应担责。[1] 三是意外事故引发环境污染侵权。包括陆上交通事故、水上交通事故和海上船舶碰撞等导致石油、危险废物等污染物泄漏,进而污染土壤、水体等环境。[2] 此时行为人通常没有过错,也不能将作为污染诱因的交通事故等过错与污染责任的过错相混淆。但意外事故后续处置中,如行为人未能妥善采取措施导致损失扩大或造成新的损害,则可能对扩大部分存在过错,应为此承担责任。

生态破坏侵权也大抵涵盖在上述类型中,过错的判断方面基本相似。

(二)规则构造:过错与无过错交错时过错优先规则体现对行为的责难

过错责任建立在个人主义的自由竞争、矫正正义原理上,但不意味着过错在无过错责任主导的环境侵权中失去价值。日本对大气污染、水污染对人的健康损害的处理采取了无过失责任,但就财产损害作出认定时,企业过失仍然是重要因素。[3] 在德国,严格责任法并不具有排他性,受害人可自由选择他们希望的请求依据;[4] 在意大利,环境损害往往和过失或故意违法联系在一起,但不排除个人根据一般过错规则提起诉请。[5] 无过错责任并非简单将“过错”置换成“危险”,单纯存在危险事实这点不足以构成无过错责任,无过错责任的根本原因在于未适当地处

---

〔1〕 参见最高人民法院民事判决书,(2018)最高法民再415号。

〔2〕 参见重庆市第一中级人民法院民事判决书,(2014)渝一中法民终字第03125号;河南省西峡县人民法院民事判决书,(2014)西丁民初字第29号。

〔3〕 参见[日]原田尚彦:《环境法》,于敏译,法律出版社1999年版,第23~26页。

〔4〕 参见[奥]伯恩哈德·A.科赫、赫尔默特·考茨欧主编:《侵权法的统一:严格责任》,管洪彦译,法律出版社2012年版,第236页。

〔5〕 参见[奥]伯恩哈德·A.科赫、赫尔默特·考茨欧主编:《侵权法的统一:严格责任》,管洪彦译,法律出版社2012年版,第302页。

理危险要素这种“欠缺”,故无过失责任论并非单纯放弃过失责任论。[1] 环境侵权已融入了过失因素,所应追究的还是过失责任,只不过是现代条件下对引起危险、能控制危险、从危险行为中获利并能分散风险的危险行为人科以更高注意义务,导入无过失责任规则予以限制。考虑到环境侵权缺乏主体互换性的“结构性缺陷”[2],为减轻受害人证明责任,立法将利益再分配以体现法律保护弱者的价值取向。故无过错责任实际上包含了“即便没有过失也要承担责任意义上的无过失责任”和“免除受害人举证责任意义上的无过失责任”双重意义。“为了不给他人造成损害,应该谨慎行事”[3]这一类似自然法的规则在无过错责任中仍具有重要意义。

这意味着,过错在无过错归责中仍发挥重要作用,过错责任与无过错责任的划分并非绝对。由此形成两种观点:一是规则竞合论。认为过错责任与无过错责任在体系上存在关联,针对某一事实两种规范同时发挥作用,即“过失责任与无过失责任的竞合”[4],允许受害人根据自身利益最大化原则自由选择无过错责任还是过错责任适用。[5] 二是过错与无过错交错论。认为在适用无过错责任的领域,现代侵权法是一个过错、无过错责任的交错适用领域。可证明和认定过错时,过错是最确切的归责原因,应优先适用过错责任;在难以认定过错时,才适用无过错责任。[6] 竞合论实际上是一种“非此即彼”的选择性思维,而过错与无过错交错论实际上是一个兼容性逻辑问题,相较而言,交错论更切合环境侵权的本质:(1)无过错责任题中之义即包含了可能存在“过错”和纯粹“无过错”的情形,在有过错时强化对过错归责的适用,是行为人承担责

〔1〕 参见于敏:《日本侵权行为法》(第2版),法律出版社2006年版,第16页。

〔2〕 王泽鉴:《侵权行为》,北京大学出版社2009年版,第544页。

〔3〕 [日]吉村良一:《日本侵权行为法》,张挺译,中国人民大学出版社2013年版,第11页。

〔4〕 [日]田山辉明:《日本侵权行为法》,顾祝轩、丁相顺译,北京大学出版社2011年版,第8页。

〔5〕 参见王泽鉴:《侵权行为》,北京大学出版社2009年版,第545页。

〔6〕 参见刘士国:《制定侵权责任法的方法论思考》,载《法学论坛》2009年第1期。

任的根本原因,与无过错责任并不抵牾。(2)无过错责任对应的是风险责任。对合法行为和意外事件因不存在过错或难以证明过错进而适用无过错归责,对受害人予以补偿体现了公平原则;对能确切证明行为人过错的违法行为适用过错归责,既体现了对违法行为的责难同时也实现对受害人的完全救济。(3)在无过错责任中突出过错,过错对特定情况下环境侵权的构成、责任形式等都会产生重大影响,这是法官在处理案件时应主动掌握的因素,不由当事人选择。(4)在易于证明过错或能证明过错的环境侵权案件中,若放弃对过错行为的非难,不符合侵权法对不法行为的抑制功能。

交错论和规则竞合论的区分本质上是一个逻辑顺序问题:如能查明过错,应体现侵权法对故意或过失主导下的侵权行为的法律否定评价和道德谴责,应以过错责任予以归责,适用比纯粹无过错归责时更严厉的赔偿和修复责任,包括惩罚性赔偿;只有在确实不存在过错或过错难以证明时,才以“纯粹”无过错责任作为“兜底规则”,以确保受害人利益的完整和及时弥补。其法律构造为:凡能查明行为人过错的,优先适用过错责任;凡不能查明过错或难以证明过错存在的,适用无过错责任;并且适用过错责任的责任程度不应低于适用无过错责任的责任程度,以彰显对过错的责罚。此即过错优先规则。其意义在于:其一,契合“最严格”生态环境损害赔偿制度内在要求,将赔偿义务人主观过错及“具体案情”作为民事、刑事责任裁量时的重要参考,以体现对违法行为的“严厉制裁”。其二,体现对环境污染或生态破坏者的惩罚性。过错蕴含了污染者行为的可责难性、可归咎性,不适用过错则难以体现对其过失的惩戒。其三,能最大限度维护受害者的利益。在优先适用过错归责的情况下可以使受害者同时获得补偿性赔偿和惩罚性赔偿,使环境侵权责任赔偿额的“量”有别于纯粹的无过错情形。其四,对潜在的污染者或破坏者有激励和指引作用。对危险制造者是否存在过错进行区分,使责任有所差别,以激励经营者采取措施减少污染或破坏环境,发挥法律和道德的双重制约功能。

二、构成修正:过错对环境侵权责任构成的修正功能

过错因素从责任成立、责任主体、因果关系等方面对环境侵权责任构成进行修正。

(一)二元嵌套:过错的介入使环境侵权呈现“双重二元”归责体系

在侵权责任构成上,历来有三要件说与四要件说之分,三要件说将行为违法性与过错合并,采过错吸收违法性的立场,其主要理由是当代侵权法对过错的判断标准逐步客观化,不再完全依赖当事人的主观认识;[1]四要件说则将违法行为与过错分离,认为过错判断标准的客观化并不等于过错客观化,过错体现的是行为人对行为及后果的认知的主观心理状态,违法性则体现为对法律法规的违反和对所保护权利的侵害。[2] 三要件说与四要件说的区别在于违法性是否独立。立法过程中,主导地位的观点采纳了过错吸收违法性的立场,过错与违法性被一体化考虑。

循着过错吸收违法性的主流立场,环境私益侵权无须过错,也不强调违法性,加害人的过错对侵权责任的成立没有意义,[3]但在采纳过错吸收违法性理论的框架下,噪声污染、放射性污染、电磁污染、光污染等造成的拟制型污染侵权,以超过国家规定的标准为基本要件,将“违法性”置换成“过错”后,“拟制型污染”责任就需以过错为构成要件。《民法典》第1234、1235条对环境公益侵权构成要求以“违反国家规定”为条件,亦可置换成“过错”要件。如此环境侵权一元化归责原则便撕裂为“双重二元”归责体系,无过错归责立法被“架空”。第一重是私益侵权为无过错归责,公益侵权为过错归责[4]。第二重是私益侵权在规范上的无过错一元归责与实质上过错与无过错二元归责:一方面,超标排放

---

〔1〕 参见王利明:《侵权责任法研究》(上卷),中国人民大学出版社2010年版,第301页。

〔2〕 参见窦海阳:《侵权法学的新发展》,中国社会科学出版社2013年版,第99页。

〔3〕 参见杨立新:《侵权法论》,人民法院出版社2011年版,第150页。

〔4〕 参见晋海:《生态环境损害赔偿归责宜采过错责任原则》,载《湖南科技大学学报(社会科学版)》2017年第5期。

作为光污染、噪声污染、放射性污染、电磁辐射污染侵权责任的构成,以违法性为条件,转换过来就是过错要求。另一方面,水体污染、土壤污染、大气污染、海洋环境污染侵权及固体废物污染侵权,均不以违反国家规定或超标为条件,故应适用无过错归责原则。

(二)过错程度:环境侵权中确立“共同但有区别”的过错规则

环境侵权在表面上的无过错责任原则“一统”之下,“过错”因素失去了光芒,不加区分的纯粹无过错归责造成了不合理现象。这里以三种情形为例:一是不同案件、不同过错程度会得到同一处理结果,加剧了恶性污染现象。如故意非法排污、超标排污、合规排污三种不同情形,如不加甄别一律按无过错责任进行司法裁判,则责任方式、赔偿额大抵一致,结果是鼓励合法排污者逆向朝超标排污、违法型侵权者看齐,这与侵权法预防目的的设定恰好相反。二是同一案件、不同过错程度的责任主体承担相同的责任,其结果是造成了污染者之间的明显不公平。若对无过失、过失和故意的行为人,不区分过错层次一律按无过错判决同等担责,自然会出现不公正的结果。实践中,多对合法排污者适当减轻或限制其责任,以表示对无过错者的肯定,通过过错的不同层次划分,丰富、修正和发展《民法典》第1231条以污染、破坏“参与度”确定多主体侵权时责任大小的比例规则,体现出“肯定达标排放企业,制裁不达标企业”的思想,以保护达标排放企业的积极性,维护法律的公平和促进经济的发展。[1] 三是在不同程度过错的案件中,受害人得到均衡化统一赔偿,会造成受害人事实上的不公平。

深受自然法思想影响,侵权法上的过错程度与责任承担具有协调一致性,依过错程度归责是过错责任成熟化的标志。即便在无过失责任的情况下,并非不考虑过错的程度。[2] 无过错责任常被视为一个事后机制,将更多的损害成本分配给污染者来承担,尚无证据表明无过错责任

---

〔1〕 参见最高人民法院侵权责任法研究小组编著:《〈中华人民共和国侵权责任法〉条文理解与适用》,人民法院出版社2010年版,第468页。

〔2〕 参见王利明:《侵权责任法研究》(上卷),中国人民大学出版社2010年版,第221页。

产生了优先于过错责任的威慑效果。[1] 应在无过错责任中观察、析出相应的过错,并使之对司法产生影响,对污染者产生威慑、激励和引导功能,否则会使无过错责任空洞化,其可能走向绝对责任并产生结果责任的不合理导向。过错根据其严重性程度从高到低依次为故意、重大过失、过失(含具体过失和抽象过失)三个层次。[2] 各单行环境防治污染法对严格责任的严格度浓淡相异,通常通过免责规定的内容和范围对严格度进行调和,因而不应认为无过失责任与过失责任相比就是压倒性的严格责任。[3] 有必要确立一个"共同但有区别"的无过错归责机制:第一层次是故意,为可责难性程度最高的过错层次,在故意这种主观过错下实施的污染行为,可适用惩罚性赔偿,责任更严厉。第二层次是重大过失,是行为人主观上的重大疏忽或严重轻率行为所致,具有较强的可责难性,除惩罚性赔偿不能适用外,与故意适用相同规则。第三层次是一般过失,行为人因为违反谨慎和注意义务,须负担与其过错相当的责任,但须不低于其无任何过失状态下的责任。第四层次才是无过失,即行为人在没有任何过错时也承担了基于分配正义而设定的责任,是环境侵权最低档次的责任,可视为兜底性规则。故应依次按故意、重大过失、一般过失、无过失的顺序进行检索,据此确定污染行为人责任。

(三)主体确定:过错成为确定环境共同侵权主体的重要因素

检索表明,法律规范层面环境侵权责任主体包括污染者、破坏者和有过错的第三人,贯彻了三个原则:一是损害担责原则,依据是其实施了污染行为、排污行为、加害行为或其他可能造成环境污染危害的行为,分别使用"污染者""排污方""加害人""责任者""责任人""侵权人""违法行为人"等不同的法律词语,但皆以污染者负担原则为准,可统称为"污染者",奉行无过错责任原则。二是第三人过错责任原则。即污染者之

---

〔1〕 参见[英]马克·韦尔德:《环境损害的民事责任——欧洲和美国法律与政策比较》,张一心、吴婧译,商务印书馆2017年版,第262页。

〔2〕 参见杨立新:《侵权法论》,人民法院出版社2010年版,第209~211页。

〔3〕 参见[日]圆谷峻:《判例形成的日本新侵权行为法》,赵莉译,法律出版社2008年版,第33页。

外的第三人对环境污染造成的损害承担责任的基础是过错,从另一层面体现了损害担责原理,过错在责任主体的确定上发挥积极作用。三是权利人负担原则。在土壤污染中,出现土壤污染责任人难以认定的情形时,土地使用权人负有污染土壤的风险管控和修复义务,如其未尽此义务造成他人损害应承担侵权责任。对非直接污染者而言,其是否构成共同侵权的重要依据就是其主观上否存在过错。[1] 以危险废物为例,在危险废物非法处置导致的土壤、水体等污染案件中,往往形成比较长的责任链条,源头是危险废物生产者,依次可能是收集者、存储者、利用者、运输者、处置者等,各阶段、各环节上的行为人是否承担责任的依据即为过错。

(四)因果关系:过错成为判断因果关系成立与否的重要考量因素

在因果关系确定上,过错扮演着重要角色。过错与因果关系是两个不同命题,除通过客观证据、专业知识等证明污染与损害后果之间的因果关系外,还通过政策性倾斜将因果关系不成立的举证责任倒置分配给被告,以解决受害人存在的信息不对称、缺乏专业知识等结构性缺陷。实践中,判断因果关系与判断责任成立之间存在相似性。违反注意义务,存在主观过错,往往成为判断因果关系存在与否的重要支撑。在一则司法判决中,法院认为桐乡四政府单位存在违反法律规定与永浩公司签订垃圾转运协议的行为,与本案环境污染所造成的损害结果存在因果关系,不能以其并非直接的环境污染侵权人为由免除法律责任,固体废物的产生者应与实际处理者承担连带责任。[2] 在泰州"天价"赔偿案[3]中,法院不遗余力地论证被告明知其委托之人无危险废物处理资质,并长期放任非法倾倒危险废物的行为存在,造成水体大面积污染,损害社会公共利益,进而直接认定了被告行为与损害后果之间存在因果关系。

---

[1] 参见广东省广州市中级人民法院民事判决书,(2017)粤01民初201号;湖南省郴州市中级人民法院民事判决书,(2018)湘10民初3号。

[2] 参见安徽省淮南市中级人民法院民事判决书,(2016)皖04民初73号。

[3] 参见最高人民法院民事裁定书,(2015)民申字第1366号。

因果关系本身即构成了责任的依据,无论是故意还是过失所为,已知或未知,是“突然的且意外的”或渐进的,污染者对其所造成的污染损害必须承担严格责任。[1] 环境侵权中不强调过错,故将因果关系不存在的证明责任倒置分配给被告,过错既影响共同侵权的成立及责任比例判断,亦是认定被告与损害之间是否存在因果关系的根据,并带有强烈的法律价值判断乃至道德认知成分,虽要尊重科学理性(环境科学)和社会理性(价值判断和利益衡量),但行为人存在主观过错与否,如采用主观标准判断则体现了行为人瑕疵行为具有可责难性,其行为与损害后果之间具有可被判断为过错的主观心态而建立了因果关系的联系通道。质言之,过错及违法性与因果关系密不可分,没有主观过错就谈及因果关系既苍白无力,也无意义。一方面,污染行为人之外的主体主观上存在过错或推定过错,相当于识别出行为与损害之间的因果关系。诸多司法裁判文书运用一系列证据来论证污染行为的违法性及行为人的主观故意或过失,彰显对违法行为否定的价值判断,建构了行为与损害之间的因果关系识别路径。另一方面,在因果关系难以确定的案件中,过错因素也可以作为确定因果关系的辅助因素。[2] 例如,涉及危险废物非法倾倒、处置等案件,法官通常以污染者之外的其他主体存在过错为由,对其科以责任。[3] 过错或违法性所暗含的对行为人主观上的价值评判,变成认定因果关系的考量因素。[4]

三、恢复性责任方式:过错是恢复性责任承担的重要考量因素

环境侵权行为人的主观过错是裁决民事责任方式类型和程度的重

---

〔1〕 参见[英]马克·韦尔德:《环境损害的民事责任——欧洲和美国法律与政策比较》,张一心、吴婧译,商务印书馆 2017 年版,第 265 页。

〔2〕 参见李集合、李军波主编:《环境法适用的理论、实践与欧盟经验》,人民法院出版社 2015 年版,第 85 页。

〔3〕 参见胡卫:《环境侵权中修复责任的适用研究》,法律出版社 2017 年版,第 266 页。

〔4〕 参见李集合、李军波:《环境法适用的理论、实践与欧盟经验》,人民法院出版社 2015 年版,第 89 ~ 90 页。

要考量因素。[1]

(一)非构成要件:过错并非生态修复责任的构成要件

过错既不是环境侵权责任构成要件,也不是生态修复责任的构成要件。[2] 实践中,承担生态环境修复责任的案件多适用过错责任原则,在构成要件上则要求被告明知违法行为和环境损害的存在[3]。如在“泰州案”中,常隆公司、锦汇公司承担责任的依据是其“以买卖方式处分涉案副产酸的行为违反注意义务,应承担生态环境修复责任”。对违法性要件的强调转化为对行为人注意义务的违反认定,演变成修复责任的归责原则认定问题。[4] 这种似是而非的裁判观点给人一种错觉:认为生态环境修复责任有构成要件,且这个构成要件要么以“违法性”要么以“过错”来进行评价。事实上,责任方式的“中立特质”与生态环境修复责任是否以过错为要件无关。但这不影响过错因素对修复性责任适用的重要影响,并通过其调剂作用防止过于着眼于责任承担方式一隅导致的利益失衡。[5]

(二)生态环境修复责任:过错是承担生态环境修复责任的重要因素

理论上过于注重修复责任适用方式的创新和发展,但就适用条件上是否存在过错等因素影响着墨不多。观察司法裁判可见,过错直接或间接地影响着环境修复责任的承担和实现。

其一,过错是决定由污染者承担修复责任的重要考察因素。根据《环境民事公益诉讼解释》第23条规定,“过错程度”是确定生态环境修

---

〔1〕 参见最高人民法院研究院、最高人民法院环境资源审判庭编著:《最高人民法院环境侵权责任纠纷司法解释理解与适用》,人民法院出版社2016年版,第167页。

〔2〕 参见南靖杰、宁清同:《生态修复责任之适用条件探析》,载《南海法学》2019年第5期。

〔3〕 参见李挚萍:《生态环境修复司法的实践创新及其反思》,载《华南师范大学学报(社会科学版)》2018年第2期;蔡唱:《〈中华人民共和国民法典〉背景下环境侵权违法性研究》,载《吉林大学社会科学学报》2021年第1期。

〔4〕 参见王耀伟、刘蔡宽:《〈民法典〉中生态环境修复责任条款之法律辨析》,载《湖南社会科学》2021年第2期。

〔5〕 参见姚贝:《环境侵权责任承担方式之审视与完善》,载《环境保护》2020年第15期。

复费用的重要参考因素，还有《最高人民法院关于全面加强环境资源审判工作为推进生态文明建设提供有力司法保障的意见》（已被修改）提出由专业人员担任特邀调解员"运用专业技术知识促使当事人自觉认识错误，修复环境、赔偿损失"。生态环境修复责任与惩罚性赔偿具有功能的相似性，故而在放弃惩罚性赔偿时将"过错因素"作为认定生态环境修复费用的参酌因素。诸多公益诉讼判决更是体现了法院在适用环境修复责任时对过错和违法性的关注。在一则判决中，法院明确认定磺厂坪矿业公司系违法生产行为，判决其承担修复责任；在另一案件中，法院认为"被告违反《水污染防治法》'禁止私设暗管或者采取其他规避监管的方式排放水污染物'之规定，应当承担民事侵权责任，消除对草尾河及洞庭湖产生的危害，承担生态环境损害修复的费用"。[1] 在吉林省高级人民法院一典型案例[2]中，法院认为唐某存在明显的过错侵权行为，应承担恢复原状的侵权责任。据此，对合法达标排污者而言，其既无过错也无违法性，故不应承担修复责任。

其二，过错是确定生态环境修复费用时的参酌因素。生态环境修复费用是修复责任的替代方式。一方面，在生态环境修复费用参数、具体数额的确定上，污染行为人的主观过错是重要的考察因素。最高人民法院指出，行为人有过错尤其故意时生态环境修复费用可以取最大值。[3] 苏州市中级人民法院在一案件中即明确采此立场，认为"鉴于君汉公司未经许可非法从事电镀业务，长期超标准排放电镀废水，严重污染环境，原审判决将生态环境修复费计算系数确定为 4.5 并无不当"[4]。另一方面，行为人过错是判决其承担修复责任时综合考虑的重要因素。[5] 如

---

〔1〕 参见湖南省岳阳市君山区人民法院民事判决书，(2017) 湘 0611 民初 750 号。

〔2〕 吉林省 2018 年环境资源司法典型案例之四：吉林省吉林市人民检察院与唐某环境污染责任纠纷案。

〔3〕 参见最高人民法院环境资源审判庭编著：《最高人民法院关于环境民事公益诉讼司法解释理解与适用》，人民法院出版社 2015 年版，第 331 页。

〔4〕 江苏省苏州市中级人民法院民事判决书，(2015) 苏中环公民初字第 00002 号。

〔5〕 参见杨宇静：《生态环境损害责任的理论辨析与司法实践》，载《华北电力大学学报（社会科学版）》2019 年第 4 期。

一判决中指出，海德公司多次故意跨省非法处置危险废物，过错程度严重……所确定的生态环境损害已经少于实际损害，原审法院酌定按照生态环境损害数额的50%确定服务功能损失合情合理。[1] 山东省高级人民法院认为：根据……被告因侵害行为所获得的利益以及过错程度等因素……都应为其在本案中的非法行为造成的环境污染承担赔偿责任[2]。上海市高级人民法院明确“被告……连带赔偿因非法填埋工业废桶造成环境污染的所产生的生态环境修复费用”。[3] 法院会综合考虑已查明的具体污染情节、被告的主观过错程度、污染环境的范围和程度等因素，判断是否应支持公益诉讼起诉人生态环境修复费用的诉讼请求。[4] 此类判决充分关注行为的违法性和主观过错对生态环境修复费用确定的影响，体现对过错的严厉谴责性。

第三节　违法性：修复责任适用中“违法性”条件与识别

过失解决的是行为人对损害结果的主观状态，违法性解决的是法律保护的利益所受侵害是否违反强制、禁止性规定或公序良俗。[5] 在“过错”与“违法性”的关系上，区分说认为两者是彼此分离的独立责任要件，《德国民法典》第823条第1款是此种两分的代表；客观说在过错与违法性的关系上采取了违法性吸收说，《法国民法典》第1382条是典型代表。[6] 我国《民法典》中，因私益侵权与公益侵权存在差别，呈现出对

〔1〕 参见江苏省高级人民法院民事判决书，(2018)苏民终1316号。

〔2〕 参见山东省高级人民法院民事判决书，(2017)鲁民终1577号。

〔3〕 参见2019年上海市法院服务保障长江经济带发展典型案例之五：上海市人民检察院第三分院诉上海华锐化工有限公司等环境污染民事公益诉讼案。

〔4〕 2018年最高人民法院“人民法院环境资源审判保障长江经济带高质量发展典型案例”之七：浙江省开化县人民检察院诉衢州瑞力杰化工有限责任公司环境民事公益诉讼案。

〔5〕 参见邹海林、朱广新主编：《民法典评注·侵权责任编》，中国法制出版社2020年版，第12~13页。

〔6〕 参见王家福主编：《民法债权》，中国社会科学出版社2015年版，第399~401页。

“违法性”不同立场:私益侵权不以加害原因行为的“违法性”为要件;[1]公益侵权则以“违反国家规定”为前提,亦可置换为“过错”,凸显“违法性”的重要价值。但私法无力单独扛起责任构成要件识别的重任。须通过违法性的转致工具,指引到公法、环境法上。[2] 这种“违法性”要件不应当针对修复责任,而应当针对生态环境修复责任的前提——环境公益侵权行为,包括破坏生态环境、造成生态损害等一系列行为[3],符合侵权构成要件后,才有适用修复责任的余地。

一、平衡机制:环境侵权中重提“违法性”的价值导向

(一)私益侵权:潜藏着的“违法性”之发掘

《民法通则》第 124 条曾引发了学界对环境污染责任是否需要“违法性”或“过错”的要件争论。在当时,该条规定意味着“污染环境而未违反国家有关规定者,不负民事责任”[4]。随后,1989 年《环境保护法》第 41 条第 1 款规定,以及当时国家环境保护总局发布文件[5]及后续学理解释,基本上否定了过错或违法性要件,主要考虑到环境私益侵权复杂性、潜伏性、隐藏性、严重性和受害人的弱势地位等。《侵权责任法》制定时,将其明确规定为特殊侵权责任,适用无过错归责。尽管作为环境污染侵权的法律表达如此清晰,实践中对光污染、噪声污染、放射性污染等还是以违反国家规定标准为前提,判定是否构成环境污染侵权。《民法典》实施后,仍可发现拟制型环境污染侵权中“违法性”要件的身影。“违法性”要件的特殊存在,实际上是在合理平衡污染者行为自由与受害人容忍义务之间的关系。技术标准规范一定程度上成为评判是否构成

---

〔1〕 参见王明远:《环境侵权救济法律制度》,中国法制出版社 2001 年版,第 13 页。

〔2〕 参见龚雄艳、王树义:《民法典规范下生态环境损害公私法合力救济模式论——兼论生态环境损害赔偿制度的完善》,载《环境保护》2021 年第 10 期。

〔3〕 参见南靖杰、宁清同:《生态修复责任之适用条件探析》,载《南海法学》2019 年第 5 期。

〔4〕 王家福主编:《民法债权》,中国社会科学出版社 2015 年版,第 443 页。

〔5〕 参见《国家环境保护局关于确定环境污染损害赔偿责任问题的复函》(〔91〕环法函字第 104 号,已废止)。

侵权的效果标准〔1〕,代表了不同利益者之间利益分配的法律立场。

(二)公益侵权:明确呈现“违法性”之价值判断

如果说私益侵权中采用无过错原则是为保护弱势受害者利益,基于风险控制原理,即便排污符合国家标准,造成他人人身或财产利益损害的依然需要承担民事责任。那么,环境公益侵权中这种弱势对象似乎不明晰,取而代之的是对社会公共利益与国家利益的侵害。若按纯粹理想的设计,对生态环境的些许损害,也是对公共利益的侵害。若如此,则社会经济无法发展,只能退回到落后的自然经济时代。这显然非现代化条件下的制度之需、时代之求和目标选择。故必须在生态环境保护与经济发展之间取得合理的平衡。在经历过以牺牲生态环境为代价换取经济社会发展的沉痛教训后,反思的结果是必须以保护好生态环境为前提的可持续、内涵式、高质量发展需求。绿色、协调等发展理念不仅成为经济社会的主基调,亦是推动法律设置合理界限的重要动因。经过仔细斟酌,设置“违法性”作为评判是否构成侵权的重要标准,成为是否承担责任的“分水岭”。

其一,违法性体现经济发展与生态保护之间的利益博弈。经济社会发展也是一种公共利益〔2〕,而良好的生态环境也是最大的民生福祉,两者之间是一对紧张关系。经济发展必然破坏生态环境,而保护生态环境又会限制经济社会的发展步伐。如此,就需要一个“平衡器”,经过多番利益博弈与价值衡量,作出法政策选择。于是,被允许的为促进经济社会发展的行为,即便存在对生态的破坏和公共利益的影响,也被视为合法的,无须对不特定主体的公共利益和作为特定主体的国家承担责任,但不免除造成私益损害的民事责任。这在一定程度上是“私益优先”。如此,对符合事先设定的“法规则”之行为,豁免生态环境修复和生态环

〔1〕 参见陈伟:《作为规范的技术标准及其与法律的关系》,载《法学研究》2022年第5期;宋亚辉:《环境管制标准在侵权法上的效力解释》,载《法学研究》2013年第3期。

〔2〕 参见最高人民法院民法典贯彻实施工作领导小组主编:《中华人民共和国民法典侵权责任编理解与适用》,人民法院出版社2020年版,第552页。

境损害赔偿等公共性责任,但这种豁免并非无代价,需要找到一种替补机制,即通过征收资源价款、排污费、税收等政策或经济工具予以调节,并用于治理因经济社会发展造成的生态损害之补偿、补救和治理。

其二,违法性体现了行为自由与绿色发展之间的辩证关系。在经历粗放式发展,付出重大环境代价的深刻教训后,集约化、内涵式、绿色发展成为必然,需要为所有社会成员设定绿色发展的基本规矩,合则自由,不合则违法。其深层次的内涵是绿色低碳发展时代的行为自由边界的划定。这个边界需要具备足够的科学性、合理性、稳定性,给予社会全体成员以合理的指导和预期:一是需要通过权威性的法律规则予以框定,且应为事先设定,这是法治原则。二是行为绿色自由边界必须具有科学性,随意扩大行为自由必然更多伤害生态环境,而过度的强化绿色程度会极大压缩行为自由空间,两者是此消彼长的关系,需要经过长期、科学、审慎、系统论证,而非一时一事、因人而变的临时政策。这广泛涉及自然科学、生态科学、环境科学、法学、社会学等多学科的论证。三是需要运用动态和发展的视角审视行为绿色自由规则,适时调整、修改、更新、塑造更有利于两者平衡的规则。如此,超越行为自由边界,损害绿色发展的行为,自然具有可责难性,担负修复与赔偿责任理所应当。

其三,违法性体现了环境公益侵权中负外部成本的内化需求。在法律法规及标准等允许范围内,民事主体所从事的行为皆应符合事先的理论预设和行为逻辑。从理想的角度看,行为可能产生的负外部性成本通过经济社会整体发展得以消化,也通过财政、金融、税收、权益让渡等机制实现利益对冲,从政策角度审视是收益远远大于成本的,有关负外部性成本已通过法律或政策提前内化或转移。但现实中政策设计、立法规范的滞后性、局限性和不合理性不时呈现。尤其是制度设计在对生态环境容量、污染消纳和自净能力的计算、预判、测量等是否科学、精准等方面存在问题,不能归责于行为人的正常生产经营行为。反之,在既定规则下,违反了“国家规定”等规范造成生态环境损害的,则表明经济社会发展的负外部性过大,需要通过环境公益侵权予以救济,本质上是使行为人将其违法造成的负外部成本内化,符合损害担责原则。

其四,违法性体现了环境私益侵权与公益侵权的不同价值取向。在《民法典》起草过程中,就环境公益侵权是否应体现违法性要件存在不同观点:一种观点认为,凡是有损害,皆应赔偿,不问行为是否违反国家规定;另一种观点认为,对公益损害应当遵循《改革方案》所提出的违反法律规定的要件。立法者认为,生态环境损害赔偿与一般环境侵权不能等量齐观,两种制度的价值取向有所不同。环境私益侵权注重对私人权益的保护,国家规定的排污标准可能滞后于社会经济发展,不能放任私人利益遭受损害。但公益侵权则不同,国家实行排污许可和资源开发许可制度,只要经营者依法申请排污许可或资源开发利用的许可并实行合规经营,便不应当承担行政法上的责任。以生态环境损害赔偿为典型,其权利主体为国家机关,不能一方面发放排污许可或资源开发利用许可,另一方面又向合规经营者主张损害赔偿。[1] 国家可基于生态环境总体容量、排放强度、排放标准等进行控制,不宜以环境公益侵权救济来规制,因此,主流观点认为环境公益侵权属于过错责任。这与私益侵权实行无过错责任形成鲜明对比。

二、国家规定:作为违法性的"违反国家规定"之解释

(一)"违法性":系作为环境公益侵权构成要件非修复责任构成要件

《民法典》第1234、1235条增加了"违反国家规定",强化了生态环境损害与环境私益侵权分属过错责任与无过错责任"二元归责原则格局",其立法态度似与《改革方案》有遥相呼应之感。[2] 若将生态环境修复责任置于公法责任的立场审视,在环境公益诉讼、生态环境损害赔偿诉讼中,加害人承担的是公法上的责任,违法性应该作为考量要件。[3] 无论

〔1〕 参见黄薇主编:《中华人民共和国民法典侵权责任编释义》,法律出版社2020年版,第201页。

〔2〕 参见王秀卫:《论生态环境损害侵权责任的立法进路——〈民法典侵权责任编(草案)〉(二次审议稿)第七章存在的问题及解决》,载《中国海商法研究》2019年第2期。

〔3〕 参见张新宝、汪榆森:《污染环境与破坏生态侵权责任的再法典化思考》,载《比较法研究》2016年第5期。

持公法责任说还是私法责任说,对环境公益侵权的违法性要件立场并无太大差别。事实上,环境私益侵权也潜藏着权益侵害的“违法性”,但已客观化。作为公益侵权责任的构成要件,其违法性标准与环境私益侵权有所不同。私益侵权采客观意义上的违法性标准,即只要损害他人合法权益即构成违法;而公益侵权则采主观意义上的违法性标准,只有“违反国家规定”方才构成违法。可见,《民法典》等法律规范对同一环境侵权行为所致的私益损害和公益损害,作了区分性救济规定。[1] “违法性”须遵循侵权责任构成要件与责任承担方式分离的立场,属于构成要件的违法性或过错判断,非修复生态环境责任构成要件。

(二)违法性表达:从“违反法律规定”到“违反国家规定”的价值差异

法律用语表达的变化,深层次地体现立法者的价值判断的变迁。从《环境保护法》到《环境民事公益诉讼解释》等,均无直接规定体现其对环境公益侵权构成要件判断的违法性要求。实践中,有判决中指出生态破坏侵权需要违法性[2]。《试点方案》和《改革方案》在确定赔偿义务人生态环境损害赔偿责任时,使用的是“违反法律法规”,各地细则也大抵如此。在《民法典》制定过程中,基本的共识是吸纳生态环境损害赔偿政策的精神,将公益诉讼与生态环境损害诉讼的侵权构成要件合并,进而将措辞修改为“违反国家规定”,与其他法律中的表达一致,即《民法典》第1234条的表达。

“违反国家规定”的立法术语,在公法与私法体系中大量存在。除《刑法》对其明确进行定义外,其他法律中均未明确定义,且不同法律中国家规定的范围不同,体现了不同法律对“违法性”要求的差异性。

第一,刑法中的“违反国家规定”范畴是清晰的,其层级仅限于全国人大常委会制定的法律、国务院的行政法规及正式规定。这体现了刑法

---

〔1〕 参见最高人民法院民法典贯彻实施工作领导小组主编:《中华人民共和国民法典侵权责任编理解与适用》,人民法院出版社2020年版,第551页。

〔2〕 参见北京市第四中级人民法院民事判决书,(2015)四中民初字第233号;最高人民法院民事裁定书,(2016)最高法民申1919号;最高人民检察院“检察公益诉讼全面实施两周年典型案例”之二:云南省安宁市温泉地下水资源保护公益诉讼系列案。

的谦抑性、严肃性和稳定性,因刑法关涉人身自由及生命财产安全,须以更高层级的规范作为国家规定,避免随意化、泛化。《刑法》第96条规定:"本法所称违反国家规定,是指违反全国人民代表大会及其常务委员会制定的法律和决定,国务院制定的行政法规、规定的行政措施、发布的决定和命令。"为解决实践中的困惑,司法解释明确规定:"'国务院规定的行政措施'应当由国务院决定,通常以行政法规或者国务院制发文件的形式加以规定。以国务院办公厅名义制发的文件,符合以下条件的,亦应视为刑法中的'国家规定':(1)有明确的法律依据或者同相关行政法规不相抵触;(2)经国务院常务会议讨论通过或者经国务院批准;(3)在国务院公报上公开发布。"〔1〕该司法解释还指出,对违反地方性法规、部门规章的行为,不得认定为"违反国家规定"。

第二,其他法律中之"国家规定"是一个模糊概念,泛指国家发布的一系列规范。细分如下:一是指国家规定的专门标准。如《农产品质量安全法》所指的"国家规定",其后均有核心名词"农产品质量标准"。二是作为定语限制后面的关键词。如《职业教育法》《种子法》《湿地保护法》《人口与计划生育法》《兵役法》《安全生产法》《食品安全法》《固体废物污染环境防治法》《药品管理法》《建筑法》中"国家规定"的机关、机构、标准、比例、项目、检测方法、休假、待遇、伙食或补贴、行业、资质条件、用途、范围、安全规程、技术规范等。三是作为规范名词"国家规定"的代称。如《噪声污染防治法》《动物防疫法》《生物安全法》《森林法》《城乡规划法》等。四是作为行政处罚的构成条件。如《军事设施保护法》第61条等。五是作为行政附属刑法规范,以违反国家规定作为承担刑事责任的依据,当然这类国家规定限定在相关联的领域。六是指国家规定禁止性或限制性事项。如《长江保护法》第90条对"国家规定禁止通过内河运输的其他危险化学品"作出规定。

---

〔1〕 如《最高人民法院关于准确理解和适用刑法中"国家规定"的有关问题的通知》(法发〔2011〕155号)。

“国家规定”在《民法典》中出现 10 次,分别表达“国家规定的……”和“违反国家规定”两层意思:前者实际上是作为定语,表明是国家规定的“机关”“供电质量标准”“程序”等,表明规定的主体是国家;后者实际上是名词短语,即违反“国家的规定”,表明规定的权威性和官方性。但既未对国家规定作出定义,也未列明其范畴。其在不同条文中 3 次使用“违反法律规定”〔1〕、3 次使用“违反国家规定”〔2〕来表达不同程度、范围和意义的“违法性”。而这几次使用均与环境侵权有关。但两者适用语境存在差别:其中第 1232 条对构成环境侵权惩罚性赔偿的“违反法律规定”的表达,如果仅从文义来看,是由“国家规定”修正、缩减而成,避免过于宽泛的惩罚,应指狭义的“法律”,〔3〕否则不承担惩罚性赔偿责任。〔4〕但第 294、1234、1235 条三个条文中使用的“违反国家规定”分别指向相邻污染损害、修复生态责任与生态环境损害赔偿适用,其意义是一致的。尤其是第 1232 条与第 1234、1235 条同属一章,对违法性的认定却分别使用“违反法律规定”与“违反国家规定”,表明:“国家规定”的外延、范畴远大于“法律规定”,〔5〕也揭示第 1232 条以狭义法律限缩惩罚性赔偿的适用,而第 1234、1235 条则是更宽泛意义上的“国家规定”。这是扩大版的“违法性”。

(三)解释路径:体系化思维下的“国家规定”之考察

1. 语法解释:作为名词的“国家规定”之意

《民法典》对“国家规定”之表述未作明确界定。第 1234 条生态环境修复责任条款中,前后三次使用“国家规定”,但第一次和第二次、第三次在具体的语法、形态和功能等方面,都存在重大差异。且“国家规定”在

〔1〕《民法典》第 244、384、1232 条。

〔2〕《民法典》第 294、1234、1235 条。

〔3〕参见邹海林、朱广新主编:《民法典评注·侵权责任编》,中国法制出版社 2020 年版,第 621 页。

〔4〕参见最高人民法院民法典贯彻实施工作领导小组主编:《中华人民共和国民法典侵权责任编理解与适用》,人民法院出版社 2020 年版,第 536 页。

〔5〕参见张新宝:《中国民法典释评·侵权责任编》,中国人民大学出版社 2020 年版,第 220 页。

同一法律条款中前后意思表示和适用范围上,存在冲突与对立。从语法上分析,生态环境修复责任条款中的3个“国家规定”所体现的词语功能属性并不一致。为确保“国家规定”的法律表述能被准确适用,需分门别类地对“国家规定”的使用情况进行分析。[1] 第一次出现的“国家规定”,在“违反国家规定”的表述中作名词使用,表示泛指。此处的“国家规定”泛指所有的全国人民代表大会及其常务委员会制定的法律和决定,国务院制定的行政法规、行政措施、发布的决定和命令等。但其范围如何有不同看法。第二次和第三次出现的“国家规定”,在“国家规定的机关”的表述中作为限定词使用,表示特指。此处的“国家规定”特指某些法律规定,但具体特指哪些法律规定却并无明确的解释说明。

2. 扩张解释:此处“国家规定”宜作扩张而非限缩解释

法律解释方法之限缩解释与扩张解释,共同点在于立法目的指向不明晰时,前者因立法指向的内容表现过于宽泛而需要进行适度限制,后者因立法目的所指向的内容过于狭隘而需要扩张,以达到调整社会关系的目的。“国家规定”在不同法律领域,因法的功能和价值差异,就同一概念出现两种不同解释方法:

第一,在刑法领域,基于刑法谦抑性特质而需要进行限缩解释。“国家规定”的制定、发布主体是国家,从层级上讲,仅包含全国人民代表大会及其常务委员会、国务院,不包含地方立法、行政机关。《刑法》第96条的“国家规定”,刑法司法解释明确排除了地方规定。但刑法的规定可否类比适用于民法?没有明确答案。故,如将“国家规定”的文义进行限缩,则地方性法规、规章及技术标准都不在此列,将会极大限制该条规范功能的发挥。这与从严保护生态环境的法政策立场相左。

第二,在环境侵权领域,“国家规定”应作扩张解释。这是由生态环境保护规范体系的复合性、技术性和整合性所决定的。单凭目前不完善

---

[1] 参见王耀伟、刘蔡宽:《〈民法典〉中生态环境修复责任条款之法律辨析》,载《湖南社会科学》2021年第2期。

的环境保护法及行政法规,尚不足以周密地保护生态环境,难以有效平衡经济发展与生态保护的关系。与刑法因避免范围过大而导致罪责追究过于宽泛不同,《民法典》第1234、1235条并无惩戒性过泛的忧虑。相反,本条的法律责任基于损害赔偿原理,体现的导向是要对全部损害进行恢复性救济。只要生态环境损害存在,原则上就应当进行修复。故而本条对"国家规定"的解释需要尽可能周延、宽泛,尽量将发生生态环境损害的情况都合理解释为"违反国家规定"。[1] 因此,"违反国家规定",是指违反国家有关生态环境、自然资源保护的法律、行政法规、国家政策、部门规章和地方性立法及规定,以及基于此等规定制定的具体环境质量标准、排放标准、控制指标等。[2] 即"国家规定"的范围宽于"法律规定"。

3. 对比解释:同一章之"违反法律规定"与"违反国家规定"对比解释

在侵权责任编同一章,甚至第1234条同一条款中,分别有"国家规定"和"法律规定"的相似表述。对两者进行对比解释,有利于厘清"国家规定"的内涵。

一方面,参照《民法典》第10条"处理民事纠纷,应当依照法律;法律没有规定的,可以适用习惯,但是不得违背公序良俗"的表述,"依照法律"的表述置换过来即为"法律规定"。此处的"法律"既包括法律、行政法规,也不排除地方性法规、自治条例、单行条例等。我国民法上的"法律规定",实际上采相对广义的"法"的概念。

另一方面,参照《民法典》第1232条环境侵权惩罚性赔偿之"违反法律规定"的司法解释,更应说明"国家规定"需要扩大化。《生态环境侵权惩罚性赔偿解释》在认定是否违反"法律规定"的标准上,指明以法律、法规为依据,以规章为参照,[3] 显然将地方性法规、部门规章、地方政府规

---

〔1〕 参见邹海林、朱广新主编:《民法典评注·侵权责任编》,中国法制出版社2020年版,第632页。

〔2〕 参见张新宝:《中国民法典释评·侵权责任编》,中国人民大学出版社2020年版,第227页。

〔3〕 参见《生态环境侵权惩罚性赔偿解释》第5条。

章都纳入"违法性"判断依据范畴。惩罚性赔偿严于生态环境修复责任，且相关条款有高度关联，其"国家规定"的范围必然比生态环境修复责任条款对应的更加宽泛，故修复责任中"国家规定"稍作扩大解释亦为合理。

4. 体系解释：对文义解释不足以"定分止争"的补充

《民法典》选择"违反国家规定"而非"违反法律规定"，是考虑到"放权"扩大范围的需要。据此，违反的"国家规定"，不仅包括常规意义上的违反法律、行政法规之规定，也可扩展至包括违反部门规章、地方法规的规定，以及违反司法解释的规定等。[1] 这种扩张解释路径赋予生态环境主管部门、地方政府或其他机关以较大的环境监管权限，以利于更周延、严密地对生态环境进行保护和修复，契合生态文明建设的基本思想、绿色发展理念及民法典绿色原则的价值精神。[2]

从体系解释视角看，《民法典》第1234条中的"国家规定"，并未将部门规章、地方性法规、地方规章、国家标准、地方标准等排除在外。根据《立法法》第81、93条之规定，生态文明建设的立法权中央和地方皆有，地方立法机关和政府（限于设区的市）有权制定生态文明方面的地方性法规、地方政府规章，以此与中央层级的生态环境保护方面的立法相互呼应、相互配合，构成层次多元、形式多样、内容丰富、展现特色且严密的生态环境保护法律体系。相反，若将地方立法及规章排除在"国家规定"的范畴之外，现有的生态环境保护法律体系以及不断呈现的新型环境问题，难以有效因应所造成生态环境损害修复的现实需求。此外，国家标准、地方标准也是"国家规定"的重要内容，且地方标准往往高于国家标准；尤其在环境领域，若侵权人违反环境质量标准、排污标准等国家或地方标准造成生态环境损害，却不构成法律意义上的"违反国家规定"，就很容易架空生态环境修复责任的适用范围。[3]

---

[1] 参见张新宝：《侵权责任编：在承继中完善和创新》，载《中国法学》2020年第4期。

[2] 参见王耀伟、刘蔡宽：《〈民法典〉中生态环境修复责任条款之法律辨析》，载《湖南社会科学》2021年第2期。

[3] 参见王耀伟、刘蔡宽：《〈民法典〉中生态环境修复责任条款之法律辨析》，载《湖南社会科学》2021年第2期。

三、具体范围："国家规定"量化呈现的几个层面

（一）形式层面：违反"国家规定"适用修复责任的规范体系

"国家规定"具有广义、复合、多元的特点，亦有限制性。

1. 广义层面的"法律"：第一，法律层面，指全国人民代表大会及其常务委员会制定的法律规范。如《土壤污染防治法》《固体废物污染环境防治法》《水污染防治法》《大气污染防治法》《湿地保护法》《海洋环境保护法》等法律规定。这类规定包含了不少的行政责任、民事责任乃至刑事责任规范，鉴于责任方式之间的互鉴性，违反此类法律规范可能直接或间接对应相应的土壤、水体、大气、湿地等修复责任。第二，行政法规及行政措施、行政命令等。国务院可依据《宪法》《立法法》等规定，制定行政法规，发布行政命令及措施等，这类规定当属国家规定。如《土地管理法实施条例》《土地复垦条例》《地质灾害防治条例》等。违反之，可触发生态环境修复责任。国务院发布的不少文件，包括以办公厅名义转发的文件等，亦属国家规定。第三，设区的市级以上人大制定的地方性法规以及自治条例、单行条例等。第四，部门规章与设区的市级以上政府制定的地方政府规章。第五，最高人民法院、最高人民检察院单独或联合其他部门共同制定的司法解释及司法文件等。

2. 政策性规定层面的"国家规定"：一是中共中央、国务院单独或联合发布的，这类规定属最高层面的党和国家政策。目前，中共中央、国务院已发布了诸多生态文明、生态环境损害赔偿、产权改革、土地改革等政策文件，违反者当属违反国家规定。二是中共中央办公厅、国务院办公厅发布的中央层面的政策等，如《改革方案》等。三是中央各部委单独或联合发布的文件，包括与最高人民法院、最高人民检察院联合发布的文件。如《生态环境损害赔偿规定》等。因政策具有易变性，稳定性不如法律文件，因此，为避免地方保护主义等弊端，应当严格限制将地方政策文件纳入国家规定的范畴。

3. 技术标准与技术规范层面：一是作为生态环境保护规程性的技术

规范。如建设用地、污染场地管控的系列技术标准。[1] 二是作为环境标准、环境基准等的规范性文件。如农用地、建设用地土壤质量标准等。[2] 但标准与规范有国家和地方之分,标准也有国家强制性标准与推荐性标准之分。应当将强制性标准作为依据,对推荐性标准应当视为"软法"参考适用。[3]

(二)实质层面:应基于关联性原则判断是否属于违反"国家规定"

在司法实践中,常以是否违反相关规定、标准等来认定是否构成侵权。若将"国家规定"限制为环境资源保护方面的规定,则从内涵上压缩了规范空间。一方面,立法用语上并未明确要求限定为"生态环境保护的国家规定",而是以笼统的"国家规定"代之,意味着非生态环境保护的规定实际上也存在带来生态环境损害的可能;另一方面,从现实的角度看,不少生态环境损害实际上不完全是违反生态环境保护的规定所致,诸多违法、违规及违章操作都会带来生态环境损害。因此,有必要建立一个"关联性标准",包括直接关联和间接关联,其都属于考察行为是否违法的重要因素。

1. 直接关联:直接以保护生态环境为中心的"国家规定"。这类规定是生态环境修复责任对应的违反国家规定的主要部分。包括公法性规范和私法性规范。公法性规范如《森林法》《草原法》《水法》《长江保护法》《黑土地保护法》等;私法性规范包括《民法典》、商事法及配套司法解释等。上述规范直接涉及修复义务、修复责任条款,违反者应当担责。还涉及《民法典》与相关规范配合适用的问题。

2. 间接关联:特殊情况下可与非环境资源规范建立特定联系,以成为评判是否构成环境侵权的重要依据。如《安全生产法》及危险化学物品管理的相关规范,原则上与环境保护分属不同类别,在规制重点上都

---

〔1〕 如《建设用地土壤污染风险管控和修复监测技术导则》《污染地块地下水修复和风险管控技术导则》《污染地块风险管控与土壤修复效果评估技术导则(试行)》。

〔2〕 如《土壤环境质量　农用地土壤污染风险管控标准(试行)》《土壤环境质量　建设用地土壤污染风险管控标准(试行)》。

〔3〕 参见宋才发:《生态环境损害侵权责任立法研究》,载《社会科学家》2023 年第 6 期。

是以安全为目标。但若运输企业不遵守安全生产法及危险物品运输规范,可能诱发交通事故或意外爆炸等事故,可能会造成土壤、水体、空气等环境要素的损害,进而构成环境公益侵权。因此,违反此等规范实际上也是承担生态环境修复责任的基础性规范。

(三)规范性质:禁止性规范、管理性规范与指引性规范

"违反国家规定"承担修复责任的重要前提,是对规范性质进行判断。

第一,禁止性规范的违反:当然应依法追责。如《长江保护法》禁止向长江排放含重金属的污染物;《环境保护法》禁止利用渗坑、渗井、暗管等非法排放、禁止未建"三同时"设施即上马项目运行、禁止未经许可砍伐森林、开采矿石,禁止在自然保护区范围内建房等。禁止性规范不仅具有侵权行为构成的评价功能,亦具有评价相关联合同效力的功能。

第二,管理性规范的违反:自然资源法或环境保护法两个体系中,大量的规范都属于行政管理性规范,违反者多被责令停止违法行为、限期治理、责令恢复原状、补种林木或处以罚款等,有触发构成生态环境侵权而适用生态环境修复责任的余地。

第三,授权性规范的违反:这不应当构成责任。既然是授予权利,就是许可其在合理范围内行事。这和民法典中的授权性规范相似。

第四,倡导性规范:违反这类规范原则上也不构成侵权,难以适用修复责任。

第四节　可修复性:基于技术、经济与法律的多维评价

制度有两种功能:满足人的需要与限制人的需要[1]。生态修复责

---

〔1〕 参见程福财:《论制度的功能演变与制度变迁》,载《上海大学学报(社会科学版)》2001 年第 1 期。

任制度系以环境本位为中心设计的法律约束机制，通过责任科罚，给侵权人配置不利后果以预防人们实施生态环境损害行为，避免、减轻或修复生态环境损害。修复责任的适用条件包括积极要件与消极要件。[1]修复责任相较其他责任方式具有优越性，通过环境修复使生态环境恢复到健康状态，环境完整价值得以保存。[2] 但这一"法律良方"受制于经济、技术和其他可行性因素的制约。[3] 司法解释着墨于修复费用确定上，缺少对"无法适用环境修复"情形的具体认定。[4] "可修复性"的判断并非单纯技术问题，更广泛地涉及法律、经济及伦理等多重维度因素。既不能以过于宽松的标准使修复责任被滥用，也不宜以严苛的尺度让修复责任无法适用。

一、技术之维：从完全可修复性到多元化可修复性的变化

（一）理想与现实：从完全修复理想追求到部分修复的可接受性

生态环境修复责任的适用应满足两个阶段性条件：第一阶段，判断符合环境公益侵权责任构成；第二阶段，需满足"修复生态环境"责任的特殊适用条件要求，即生态环境具有"可修复性"。根据生态环境损害程度，可修复性状态区分为自然恢复、能够修复、无法完全修复、不能修复四种情形。[5] 在能够修复的情况下，责任人应对受损生态环境进行修复；在受损生态环境无法完全修复时，应区分可修复部分及不可修复部分，对可修复部分予以修复、对不可修复部分转化为损害赔偿；在不能修

〔1〕 参见南靖杰、宁清同：《生态修复责任之适用条件探析》，载《南海法学》2019 年第 5 期。

〔2〕 参见陈美治：《环境污染侵权救济的制度完善》，载《人民司法》2014 年第 17 期。

〔3〕 参见杨胜江：《论环境侵权责任的承担方式》，载《吉首大学学报（社会科学版）》2011 年第 5 期。

〔4〕 参见徐本鑫、牛智辉：《环境修复在民事公益诉讼中的适用及其限度》，载《浙江理工大学学报（社会科学版）》2020 年第 5 期。

〔5〕 参见任洪涛、唐珊瑚：《论生态环境修复责任与生态损害赔偿责任的衔接与适用——以〈民法典〉第 1234 条、1235 条为研究视角》，载《中国政法大学学报》2022 年第 2 期。

复的情况下，则应当承担损害赔偿费用。[1]

按照理想的状态，"能够修复"应当是通过修复等治理手段救济被污染的环境和被破坏的生态，使其恢复原状或大致恢复原状。[2] 几乎沿袭了"恢复原状"救济生态环境的理想预设，实乃不可能完成的任务。生态环境一经破坏，欲恢复原状几无可能，只能最大限度接近原状。撇开生态环境可自然恢复之状态，依赖人工干预的可修复性实际上具体化为完全可修复、部分可修复及完全无法修复三种情形。[3] 完全修复的目标通常难以实现，只是尽可能修复到生态环境原有的状态或将原有生态系统服务功能和生态价值重现；[4] 对部分可修复而言，从维护生态环境完整利益出发，对可修复部分依然应认定为具有"可修复性"，即便可修复范围较不可修复部分小亦然。从现实立场出发，可将修复性解释为"包括全部修复可能性和部分修复可能性两种情况"[5]。这使得从技术与科学角度判断可修复性时，须从理想主义向现实主义推进。

（二）标准与目标：修复目标设定从理想化走向务实化

"可修复性"的另一个判断指标是修复目标。当修复目标过于理想化时，可修复性就大为降低；若修复目标现实化，受损生态环境从技术性角度被判别为"可修复性"概率大为上升。前者容易发生"过修复""过保护"的问题，使修复成本过高；后者容易发生"修复不足""欠保护"的问题，使修复责任的承担门槛降低，责任人承担的责任减少，可能造成"责任逃逸"。因此，判断受损生态环境"可修复性"的重要依据是基于

---

〔1〕 参见刘辉、李茉：《野生动物保护案件中的生态修复——基于"小天鹅案"的分析》，载《中国检察官》2021 年第 16 期。

〔2〕 参见张新宝：《中国民法典释评 · 侵权责任编》，中国人民大学出版社 2020 年版，第 228 页。

〔3〕 参见最高人民法院民法典贯彻实施工作领导小组主编：《中华人民共和国民法典侵权责任编理解与适用》，人民法院出版社 2020 年版，第 557 ~ 558 页。

〔4〕 参见最高人民法院民法典贯彻实施工作领导小组主编：《中华人民共和国民法典侵权责任编理解与适用》，人民法院出版社 2020 年版，第 558 页。

〔5〕 徐以祥：《〈民法典〉中生态环境损害责任的规范解释》，载《法学评论》2021 年第 2 期。

技术、法律、社会、经济等多方考量制定的合理目标。这种目标应根据受损环境的具体情况、环境或土地开发利用规划、风险控制等差异化确定，而不是统一化齐的单一化标准[1]。为此：

第一，技术标准或规范上对修复目标的务实定位。一是基线法。即以生态环境受损前的环境基线为标准，来判断受损生态环境现实状况与基线之间的差异，以生态环境在经修复后可否达到基线水平作为判断可修复性的标准。可修复性的参照对象至少包括：(1)优先以受损生态环境的历史数据反映的功能和状态作为基线参照；(2)无历史数据时以相近、相似、相邻可对照区域的生态环境功能与状态所反映的情况作为对照数据；(3)缺乏历史数据、对照数据难以确定时，以标准基准作为环境基准；[2](4)开展专项研究或通过"专家判定法"确定基线。[3] 二是风险综合评估确定。《推荐方法(第Ⅱ版)》在确定基线的同时考量环境基准与风险要素两个面向。"环境修复"达到的目的是"防止污染物扩散迁移、降低环境中污染物浓度，将环境污染导致的人体健康风险或生态风险降至可接受风险水平"[4]。采用人体健康或生态系统可容忍风险水平来确定修复目标，更加务实。"生态环境恢复"可分为"环境修复 + 生态恢复"两部分：先完成第一步"环境修复"，以达到初步控制污染、降低环境风险的目标；然后再实施第二步"生态恢复"，以达到理想状态下的"生态环境的物理、化学或生物特性及其提供的生态系统服务恢复至基线状态"，并补偿期间损害。

第二，应避免抽象化判断，基于不同类型的环境要素科学确定可修复性。每一种环境要素都有其特殊性。环境基线是生态环境损害判断的基础，在涉及"修复生态环境"责任适用的诉讼中，环境损害是基本法

---

〔1〕 参见胡卫：《环境污染侵权与恢复原状的调适》，载《理论界》2014 年第 12 期。

〔2〕《总纲》第 5.2 条。

〔3〕《总纲》第 5.2 条"d) 专项研究"；另参见《生态环境损害鉴定评估技术指南 森林(试行)》第 6.5.1 条。

〔4〕《推荐方法(第Ⅱ版)》第 4.10 条。

律事实，损害确认多仰赖于科学的鉴定、评估。[1] 不同环境要素遭受损害时，可修复性存在明显差异，修复规则也有所不同。对森林、土壤、地下水、地表水、沉积物、湿地、红树林、草原、污染场地等不同环境要素，其修复标准应当差异化。这种差异化不仅体现在规范层面，技术规范已分别建构相应修复规则体系；还应考虑具体个案中的差异化，即便是土壤，不同功能的土壤修复目标的设定亦是不同的，需结合具体地块的历史用途、未来规划、损害程度等因地制宜确定。

（三）修复构造梯队化：从"可修复性"到"可恢复性"的有序安排

对生态环境修复的具体要求并非机械的"原状"，亦非一律"基线"或照搬国家标准，而应搭建梯队化的修复路径。根据《推荐方法（第Ⅱ版）》，"修复"与"恢复"是两个相关但不同的措施，可同步化亦可分阶段[2]；《总纲》也明确，生态环境恢复包含"环境修复与生态恢复"两个步骤。[3] 完整、理想的生态修复责任应当是"修复＋恢复"。但现实状况并非如理想预设，经过修复后的生态环境，有的能恢复到基线状态，有的只能部分恢复功能、状态，有的无法恢复到基线水平。由此，根据恢复目的和阶段的不同，可将恢复划分为基本恢复、补偿性恢复和补充性恢复。

据此，"环境修复"不同于"生态恢复"，受损生态环境"可修复性"不等于"可恢复性"。"修复"和"恢复"是两个意义相近的词，即便最高司法机关，有时也会混用。[4] 应在严格区分"可修复性"与"可恢复性"的基础上评判特定的生态环境是否具有修复的可能，是否符合《民法典》"能够修复"的条件要求。

其一，从语义学角度看：《现代汉语词典》将"修复"解释为"修理使

---

〔1〕 参见杜健勋：《"修复生态环境"的法律适用研究——基于对〈民法典〉第1234条的理解》，载《学术界》2021年第11期。

〔2〕 参见《总纲》第8.2条。

〔3〕 参见《总纲》第3.8、3.9条。

〔4〕 参见陈幸欢：《环境司法的政策导向及自主性研究——基于"两高"与中央政府工作报告的对比分析》，载《湖南社会科学》2020年第1期。

恢复完整”，将“恢复”解释为“变成原来的样子”或“使变成原来的样子”。[1] “修复”更强调人工的作用。“环境修复”或“修复环境”是行为意义上的表述，是动态的行为过程；而“生态恢复”是结果意义上的表述，既包括恢复的过程，也含有恢复结果之意；两者体现了不同的阶段，也体现了动态与静态结合的特殊关联。修复责任与恢复原状虽有差异，但本质特征相同：皆为“恢复”，一个要求恢复原状，一个要求恢复生态功能。进一步观察，则一个是“修复”，另一个不一定是“修复”，但也包括“修复”。就此而论，生态环境修复责任是恢复原状的特例。[2]

其二，从逻辑构成看：“环境修复”只是“生态环境恢复”的一个阶段、步骤或措施。法律上未对“修复”与“恢复”进行区分。在生态环境损害法律制度中，修复是主流用法。如《改革方案》《生态环境损害赔偿规定》等均使用“修复”一词。法学学术中也常用“修复”的表达。《推荐方法（第Ⅱ版）》对修复的界定是生态恢复的前一阶段，类似于“治理污染”，已经明显有别于司法解释和《改革方案》中所规定的修复，不能作为修复的通用含义。[3] 与法律规范不同，《推荐方案（第Ⅱ版）》《总纲》等技术性文件则较为清晰地界定了“环境修复”与“生态环境恢复”之逻辑关系。但因认知有异，实践中会出现不同类型的裁判，使原本可认定为具体“可修复性”的生态环境，却被误解为不具有“可恢复性”而被否定。

其三，从科学角度看：“环境修复”与“生态环境恢复”并不相同。生态恢复包含人工恢复与自然恢复，环境修复强调人工干预。“恢复”强调生态系统的一种状态，其实现方式包括自然恢复和人为恢复，原意是指使一个受损生态系统的结构和功能恢复到接近或达到其受干扰前的状

〔1〕 参见中国社会科学院语言研究所词典编辑室编：《现代汉语词典》（第6版），商务印书馆2012年版，第576、1465页。

〔2〕 参见刘士国：《民法典“环境污染和生态破坏责任”评析》，载《东方法学》2020年第4期。

〔3〕 参见张梓太、李晨光：《生态环境损害赔偿中的恢复责任分析——从技术到法律》，载《南京大学学报（哲学·人文科学·社会科学）》2018年第4期。

态；而"修复"更强调人类对受损生态系统的重建、改良或提升，强调人的行为干预与主观因素的介入。[1] "修复"需要通过生态或环境工程措施，以恢复被污染或破坏的生态系统功能，并发挥生态系统本身的自我修复功能，方能最终达成人与自然和谐相处。这属于恢复生态环境，而非真正意义上的生态环境修复。[2] "恢复"应坚持以自然恢复为主、人工恢复为辅。是否适用人工恢复，受制于技术上、经济上的可行性考量。[3] 因而，科学意义上的修复和恢复之别在于"是否承认自然恢复"。

其四，从制度内涵看："生态环境恢复"包含了环境修复后的期间损害及其他损失的弥补，"环境修复"仅限于修复生态环境要素、外观、构成等物质性的措施、行动，不包含期间损害等。生态环境恢复不仅仅是通过人工修复使受损生态环境要素、系统恢复到基线或原有状态，还应包括修复完成到恢复至基线期间功能损失以及所造成的生态环境损害赔偿。而环境修复则未将期间功能损失补偿等纳入考量范畴。但两者不应割裂开来。如果通过自然恢复更适宜，则恢复期间相应会更长，责任人需要赔偿的损失数额也会有所增加。

（四）技术可行性："可修复性"技术约束条件的综合评价

在新技术和已有技术应用成熟度综合影响下，用"生态修复可行概率"作为度量指标，当修复概率大于50%时即具有生态修复可行性。[4] 约束性条件并不只限于技术一项，应是以技术为中心的综合性评价。

第一，环境基础性条件允许。"可修复性"要求受损待修复区域具备一定的基础环境条件。"限制性环境因子"作为限制生物生长、发育和分

---

〔1〕 参见陈彬、俞炜炜等编著：《海洋生态恢复理论与实践》，海洋出版社2012年版，第2页。

〔2〕 参见周启星、魏树和、张倩茹等编著：《生态修复》，中国环境科学出版社2006年版，第8～9页。

〔3〕 参见张梓太、李晨光：《生态环境损害赔偿中的恢复责任分析——从技术到法律》，载《南京大学学报（哲学·人文科学·社会科学）》2018年第4期。

〔4〕 参见南靖杰、宁清同：《生态修复责任之适用条件探析》，载《南海法学》2019年第5期。

布的环境因素,决定了生态修复的基础环境条件和修复后生态环境的稳定性,直接影响了生态修复可行性。[1] 在不同环境、不同时期、不同条件下,限制性环境因子均有差别,尤其是在考虑多元限制环境因子时,应选择合理的技术、方法与措施,以综合性视角判断基础条件的适当性。

第二,修复技术条件可行性。技术条件的可行性既是科学问题,亦关涉成本效益,还关涉社会和伦理判断。受损生态环境能否修复,与科学技术密切相关。对简单的损害,如滥伐林木、破坏植被、非法捕捞水产品等,由于判断此类损害的技术含量并不高,较为容易作出修复责任判断。对较为复杂的环境污染或生态破坏,其修复依赖于科学技术的进步、专业修复队伍的支撑及合理的方案设计,否则难以实现修复目标。一定程度上,能否修复关系到科学水平,有时并非环境不能修复,而是当下科学认知和技术水平难以达到修复目标。随着时间推移、技术进步、认知深化,修复的可能性就会大大增加。生态环境可否修复,是一个相对、发展和变动的概念。其一,修复技术应当考虑技术成熟度、进步性,将传统技术与新技术融合运用;其二,应考虑技术成本,判断某一技术是否属于最佳可得技术[2];其三,应考虑技术的长期效应与技术风险规制,合理预见修复方案实施阶段技术的进步与升级。

第三,明确区分可修复性与可恢复性,为裁判提供支持。生态环境可以修复,并不意味着其生态功能一定可恢复,或只能有限恢复。这并不否定修复的技术可行性。至于是否启动修复,则要综合评价修复后的恢复时间长短、成本、效益等综合因素。一旦作出可以完全修复、部分修复的技术评价,即应当拟定修复方案,并拟定恢复性方案;或待修复完成后另行编制恢复方案。这样有以下好处:一是区分了可修复性和可恢复性,避免实践中因难以恢复到原来的功能、状态即简单否定修复的必要性。二是明确了修复措施与恢复措施的差异,从而为司法裁判确定修复

[1] 参见南靖杰、宁清同:《生态修复责任之适用条件探析》,载《南海法学》2019 年第 5 期。

[2] 参见胡卫:《环境污染侵权与恢复原状的调适》,载《理论界》2014 年第 12 期。

费用、期间损害等提供支持。避免将环境修复等同于环境恢复，致使补充性恢复、补偿性恢复适用机会减少。三是修复责任与赔偿损失之间的衔接。修复责任与期间损害的逻辑关系，可类型化为三种样态：全部修复 + 期间损害；部分修复 + 象征损害 + 期间损害；（全部不能修复）象征损害 + 期间损害。〔1〕

二、经济合理：从经济价值衡量到经济、社会、生态价值的多重考量

（一）考量基准：修复成本与生态环境多元价值进行比较

生态环境修复的经济合理性判断标准不同于恢复原状。恢复原状的经济合理性标准是恢复原状成本与受损的经济利益的比较值，如果恢复原状难以实施或者恢复原状的成本远大于受损的民事利益，则一般不支持恢复原状。〔2〕 而从生态环境修复责任的经济合理性角度出发，应将生态修复成本与恢复后的生态环境及其服务功能的预期价值进行比较，在两者价值相当的情况下，才适用。〔3〕 经济合理性评价应关注：

第一，考量对象：修复成本与生态环境所蕴含的多元价值。包含生态环境所具备的经济、生态、社会、美学、科学、文化等多重价值。经济价值的简单衡量，只是对生态环境过于注重经济成分的过去式评价。如今，生态环境新价值不断被发掘，新的利益不断呈现并被确认。对环境的保护范围已然超越了经济价值，文化、历史、美学、生态、科学等的价值不断融入，绝非简单的经济成本可以替代。在进行成本效益衡量时应关切多元价值。例如，贵州等地就出台了传统村落保护的司法意见，强化对古村落文化、环境的司法保护。〔4〕

---

〔1〕 参见任洪涛、唐珊瑚：《论生态环境修复责任与生态损害赔偿责任的衔接与适用——以〈民法典〉第1234条、1235条为研究视角》，载《中国政法大学学报》2022年第2期。

〔2〕 参见全国人大常委会法制工作委员会民法室编：《中华人民共和国侵权责任法条文说明、立法理由及相关规定》，北京大学出版社2010年版，第55页。

〔3〕 参见蔡唱：《我国〈民法典〉环境侵权责任承担问题化解研究》，载《湖南师范大学社会科学学报》2021年第1期。

〔4〕 参见贵州省高级人民法院发布的《关于为传统村落提供司法保护的意见》。

第二,利益平衡:在修复成本与生态环境修复后价值衡量上,应注重多元利益的平衡。一是长期利益和短期利益的平衡。不少案件中,从短期利益看,给予经济赔偿或其他替代处理可能短期效果更好,但放到大时空视角看,对生态环境、生态系统及各利益攸关方未必是最佳选择。修复可能不会产生短期利益,但从长远来看维持了生态的整体平衡、向好及完整性,对当代人及后代具有不可估量的价值,须注重长远利益。二是整体利益与局部利益的平衡。生态环境是全人类的共同的宝贵生态财富,受惠时不觉,失去则难补,如只满足部分群体的利益而忽略更全面和整体的社会公共利益,则得不偿失,作出是否修复决定时需着眼于整体视角。三是个人利益与社会利益的平衡。生态环境损害的发生,一定程度上是由于企业利益、个人利益与公共利益、国家利益产生了冲突,需要合理平衡考量。四是公共利益之间的平衡。经济发展也是公共利益,但相对生态环境这种恒久的利益,不能牺牲环境换取经济的一时发展,需从可持续、内涵式发展角度考量何者更值得保护,进而决定是否修复。五是利益位阶的考量。充分重视生态环境所蕴含或影响的利益之间的位阶,如公众健康、生态安全等优先于经济利益;人身利益优先于财产利益等。

第三,误区矫正:在作经济合理性判断时应注意避免几个误区。

其一,修复成本与侵权者获益之间的衡量。侵权者获益固然是侵权法中需要承担侵权责任的考量因素,但若将之作为成本效益衡量,则属对象错位。在私益侵权案件中,加害人的获利因素对其承担赔偿或修复责任有影响,而环境公益侵权案件中是否承担修复责任原则上不受其是否获利的影响。《环境民事公益诉讼解释》第 23 条在确定生态环境修复费用时将“被告因侵害行为所获得的利益”“过错程度”等作为酌情因素;《生态环境损害赔偿规定》第 10 条强调应根据“赔偿义务人主观过错、经营状况等因素分类处置”,探索多样化责任承担方式。

其二,修复成本与损害成本之间的衡量。在私益案件中,因加害人花费了巨资进行工程建设,若将治理成本与其投入进行对比,有时会出现感官上的不对称,因此有些私益诉讼案件中,法院就以修复代价过大为由不予支持。例如,有法院错误地认为拆除违法占用他人土地建造的房屋成本过大,不支持恢复原状,这是对绿色原则的滥用,也是对合法权利保护的严重偏离。[1] 在多起环境民事公益诉讼案件中,亦有法院认为拆除违章建筑成本过高,需要被告异地补种复绿作为替代修复[2],或者保留相关建筑,转化为与生态环境保护相契合的环境教育、宣传基地设施等。[3] 这很大程度上是绿色原则、经济成本分析等的体现。但不应将加害人投入多少作为评判依据,而应当将恢复原状成本与生态效率、价值等方面进行衡量。如拆除会产生附带的、新的损害,而留存不会影响或更为有益,综合评估后予以保留不失为一种理性选择,这也是一种经济成本的衡量。

其三,修复成本与经济效益之间的衡量。经济效益是考量中的重要因素,但若只衡量修复成本与经济效益,就压缩了生态环境的多元价值,容易得出修复成本远高于收益的结论。这就可能以偏概全、以经济效益代替生态价值。

其四,修复成本与生态价值之间的衡量。生态价值是最为重要的考量因素之一,通常难以衡量,即便量化衡量,也未必精准,且不同评估方法下价值可能相去甚远。即便委托专业机构进行损害鉴定或评估,亦须接受交叉质询、质证,确保鉴定评估方法科学、修复方案合理,计量、计价和综合价值衡量准确。但若仅将其与生态价值进行对比衡量,而忽略经济价值、文化、历史等价值则又失之偏颇。

(二)量化可能:生态修复责任适用的经济合理性标准是否可量化

经济合理性应在损害修复后的效率与修复成本之间进行衡量。不能简单以成本过高为由否定修复责任的适用,否则将为损害者“逃逸”修

---

〔1〕 参见郑少华、王慧:《绿色原则在物权限制中的司法适用》,载《清华法学》2020 年第 4 期。

〔2〕 参见最高人民法院 2014 年公布的“保障民生第二批典型案例”之十:中华环保联合会诉无锡市蠡湖惠山景区管理委员会生态环境侵权案。

〔3〕 参见重庆市第四中级人民法院民事判决书,(2018)渝 04 民初 523 号。

复责任创造条件。判断时应关注：

第一，经济合理性标准的确定。对恢复原状成本过高的限制并不必然适用于修复责任。《德国环境责任法》就限制了恢复费用过高规则的适用。在确定修复费用时，资源等值分析法相较于虚拟治理成本法，资源等值分析法优先。从比较对象上看，恢复原状的合理费用是将恢复费用与被恢复对象的经济价值做对比，而修复责任则是将修复费用和预期生态环境收益进行比较。故须避免将修复费用与受损生态环境的经济价值进行简单比较，即得出是否符合经济合理性的论断，而应尊重生态科学、环境科学等规律来判定经济合理性。

第二，修复成本高于修复后效益的量化考量可能。

其一，修复成本等于修复后效益。基于生态环境对人类永续发展、对生态安全、对经济支撑价值的重要性，即便修复成本与修复后的效益持平，也不意味着“可修复性”下降。相反，应适用可修复性规则。这里重要的变量是生态环境要素的社会、经济价值增长，修复启动后随着时间的推移生态环境的生态价值、经济功能及其他价值将得到极大提升。

其二，修复成本小于修复后效益。即对受损生态环境进行修复后所获得的利益大于修复成本，无论从经济学、社会学还是法学等角度，均是“划算”、“合理”和有“效率”的。且生态修复后会产生持续性的社会、科学、文化、美学等层面的间接效果，具有合理性。

其三，修复成本大于修复后效益。这意味着可能花费超过将来收益的代价，才能将生态环境修复。生态环境这种特殊标的，绝不能使用传统民法中物的修复的理念来审视，不应做简单的成本与效益分析，应在作出更为复杂的综合性评价后，再决定是否进行修复：

一是不能简单得出不应修复的结论。修复后效益的计算，因计算方法、评估方式等不同，结论可能存在明显差异。是否将长远利益、无形价值等纳入考察，量化因素是否合理等，都应认真对待。

二是量化的标准：比如，规定成本超过收益的150%、200%抑或300%时，视为明显超过合理限度？还是要采用“理性人”标准？或采用特殊专业人员的判断标准?或根据量化标准结合弹性标准进行判断?尚无此标准。目前对是否应进行修复的判断总体是基于一种综合的路径进行审视,如主观过错、损害程度、获利因素等。这是一种弹性标准,以在成本明显高于效益的情形下作出灵活认定。

三是分级评判的考量方法:"合理性"、"不合理性"和"明显不合理性"。(1)合理性:在修复成本超过效益的适度范围内,修复就具有"合理性",应该支持修复责任的适用。与普通民法中合理性经济标准的判断不同,其起点应当是成本的100%,参酌民法中的违约金过高标准之超过损失30%,再提高一个档次到200%较为合理。毕竟对生态环境无形价值、长远价值、整体价值的认定,当前认知存有局限。(2)不合理性:修复成本超过一定的限度时修复具有"不合理性",但并不意味着不应修复。此时,成本效益分析仅是评判合理性的因素之一,更多要素考量成为关键性因素,如历史、文化、美学、科学等价值。宜将超过修复费用的300%作为认定修复不具有合理性的标准,使得3倍修复成本兼具补偿性与惩罚性双重功能,使行为人付出一定代价,这种修复是合理的、有价值和社会意义的。这也与环境侵权惩罚性赔偿将赔偿额限定在损失额两倍的实际基本相当。[1] (3)明显不合理性:达到普通人认知的高限,应当否定修复的合理性,作"明显不合理"处理。此时,经济合理性占据主导性的评价因素。即便从美学、历史、文化、科学的角度看修复后的生态环境仍具有较大价值,但已不适宜进行修复。一方面在于修复成本远超常人的行为预期,对人们的行为自由构成极大限制。另一方面,法律上对惩罚性赔偿责任亦有限度限定。虽然生态环境损害修复费用往往数额巨大,亦是其该承担的责任,且根据惩罚性赔偿的原理,若未超过10倍,只是处于"不合理范围";若超过10倍,即可认定为"明显不合理",不应再适用"修复责任"。

四是人类健康风险的考量:应考虑生态环境不修复对人体健康、环

〔1〕 参见《生态环境侵权惩罚性赔偿解释》第10、12条。

境健康的重大影响。如生态环境遭受严重污染,潜在影响民众范围较广,可能产生较为严重的健康损害,乃至危及生命,此时,经济价值的考量就位居其次。无论从人格价值高于经济价值的权利位阶判断,还是哲学价值判断,都应优先将生态环境损害诱发的风险进行合理控制。即便环境无法复原,也应当治理至不危及人类健康的"可接受"范畴。

五是应将修复责任的价值置于整个法律责任体系中考量:包括预防将来损害的成本、赔偿责任的大小、已获取的利益等。综合计算后与修复成本进行综合权衡,最终评判进行修复是否适宜、适度和合理。

三、法律考量:法律上创设"可修复性评价"的合理性机制

(一)可修复性法律评价:一个新型的可修复性概念的提出

生态环境修复并非简单的环境、技术或经济问题,而是一个深层次的通过法律对社会的治理机制。法律作为社会的治理工具,对社会关系的调节既要尊重社会规律、科学规律和伦理机制,亦要遵循法律本身的特殊规则。法律既有强制、刚性的一面,亦有根据调整对象的特殊性进行变通、柔性和调适性的一面。如基于传统理论审视,不少受损害的生态环境在"原生态环境存在"这一要素上就被过滤、筛选和排除,多数进入不了修复的法律轨道;又如,采用纯技术的方案审视,不少案例中直接修复很难进行,无法通过"可修复性"考察;当然,经济合理性的判断事实上也不是纯粹的经济分析,法律上对之也进行了一定程度的价值调和。因此,对"可修复性"进行法律转化、调适和评价是必要、有益的,能避免技术上的僵化,防止从纯经济方面进行观察,限制了可修复性的法律视野。

因此,有必要提出一个新概念即"可修复性法律评价",指对受损生态环境的修复应优先从环境要素存在、技术可行、经济合理等维度进行考察,若能从技术范畴确定有必要修复,且修复在常规情况下是合理的,则自动进入法律上的"可修复性"认定。如经过审查,其中一个或几个条件存在适用难题,则需启动法律上的"可修复性评价"机制来进一步分析

是否具备“可修复性”。由此实现从“技术路径”到“法律路径”的转化、变频与调整。这里的可能性包括:其一,技术、经济等要素可行,法律自当认可其可修复性,不应对其进行否定;其二,技术、经济等部分要素可行,但部分评价因素存在障碍,不完全满足修复条件,此时法律可进行适度调整,变通机制以实现恢复性司法的目标;其三,在技术、经济等均不具有可行性时,法律可创新替代修复机制以作为“技术上不可行”的反向调和机制,推进生态环境修复责任的实现。这个概念的创造,并非以阻碍修复为要旨,相反,其遵循恢复性司法理念的精神,推动环境司法能动发展,实现“应修尽修”,以创新机制最大限度满足修复生态、维持完整利益和保存利益的目标。

(二)调和工具:解决科学上可修复性障碍的法律机制

解决科学上的修复难题,需要自然科学、生态科学和工程学等助力,法律作为一门社会科学,可在科学的技术性与现实的社会性之间进行合理过渡,建构科学与法律之间连接的“桥梁”或“通道”,进而不断塑造新型机制来解决法律适用上的“可修复性”障碍。可修复性评价工具包括:

1. 环境要素:原环境要素修复障碍的法律调适机制

民法的恢复原状难以适用于生态环境修复,因为受损生态环境的原物、原貌、原状、原要素等难以存续。简单、机械的认知结论就是不能修复。若如此,则修复制度会在很大程度上沦为一种装饰。须从法律上解决这种障碍,可修复性法律评价由此诞生并发展。

其一,生态总量平衡理论的法律转化,解决了原物、原地、原要素不可修复的科学障碍。生态总量平衡理论,是司法实践基于环境科学、生态科学、修复生态学等创设的概念,其意在表明生态总体容量和消纳、自我修复、自净能力是有一定限度的。在总量允许范围内,对某地、某物、某因子的污染或破坏,可通过异地、异物、异因子修复等进行替换或替代,从整体上维持生态容量的平衡,保证整体生态环境质量水平不降低。

其二,分散式的修复走向集中化、连片化和示范化,解决司法修复碎片化、偶发性、临时性问题。综观环境司法,不少生态环境修复的情景,并非原地、原物的修复，而是采用建构示范林、公益林、修复基地等方式，将零星、散落的修复责任，基于生态整体性、系统性和平衡理论来实现。这种方式存在效果是否惠及受损区域民众的疑问。

其三，将现实损害修复与虚拟治理成本等结合，解决环境自净后修复责任的承担问题。如涉及水污染的案件[1]，不因水体自净而免除污染者的修复责任。这一方面体现了损害责任原则，不放纵侵权者，防止其脱逃修复责任；另一方面对水体、大气等具有高度流动性的生态环境要素而言，其本身自净功能使特定污染或破坏得以消纳、消除和净化，但这以牺牲整体生态的质量为前提。部分区域、部分要素得以恢复，环境质量达标，并不意味着损害不存在，其已经占用并消耗了生态环境的部分自净能力，将会从整体上削弱其自我修复能力。因而，虚拟治理成本法的技术概念被法律及司法裁判规则所用，成为特殊的修复替代机制。

其四，从行为修复转向行为修复与经济责任并行机制。一是解决了责任人技术、专业、能力等方面不足的问题，原本应由行为人履行的修复原生态环境责任，可转由第三方代履行或治理，行为人承担修复费用。二是裁判机制上实现了无缝对接，既判决其承担行为修复责任，同时明确若不履行则承担生态环境修复费用。三是修复费用承担在法律性质上为修复行为责任的变形，有别于赔偿损失。

2. 技术要素：从技术可行性到最佳可得技术的找寻及替代机制

其一，从最先进技术到最佳可得技术的发展。从理论上讲，最优技术当然是最佳，但不少最优技术尚处于实验室阶段，大规模、生产性的适用尚待时日，且往往受制于配套设施、人才、条件等，难以有效适用。实践中更倾向于寻找和发展最佳可得技术。一方面，这可以解决技术本身的经济性问题，因为最佳可得技术具有成本优势和成熟效应。另一方面，最佳可得技术更具现实性，其对环境的潜在风险具有可预见性，后续

---

〔1〕 参见最高人民法院民事裁定书，(2015)民申字第1366号；湖南省岳阳市中级人民法院民事判决书，(2018)湘06民初58号；江苏省高级人民法院民事判决书，(2018)苏民终75号。

评价亦可预期。但采用最佳可得技术并非对先进技术的放弃,从修复决定作出后到修复完成之前,可以适度调整修复方案,优化修复路径,实现技术、经济与环境的友好协调。

其二,行为人不掌握修复技术、无经济修复能力时的替代性修复方式的发展。如可采用劳务代偿、巡山巡河、打鸟还巢、设置公益广告、义务宣传教育等方式替代修复。

其三,技术方案的转化与特定技术的机制适用。如不少污染案件中采用了以技术改造折抵修复费用、开放知识产权、安装充电桩等作为特定修复方式。这在一定程度上解决了修复技术难题,成了基于技术规则计算修复费用的特定替代。

其四,技术含量低的环境修复中,对技术性强调的弱化。如可通过常规修复方式来达致修复目标,如补种林木、增殖养流、补种复绿等,则采用常规修复方式。

3. 经济要素:从纯经济成本效益衡量到带有强烈价值判断的经济分析

其一,经济效益衡量中对生态环境要素价值的不断拓展与认识深化。对生态环境损害修复的成本效益衡量已超越经济效益,将生态价值、文化价值、美学价值、科学价值等全面融入,但有一个深化过程。以森林破坏为例,不仅关注其涵养水源、防沙固土等传统生态价值与功能,随着"双碳"目标推进,其"碳库"价值得以彰显,理论上〔1〕及实践中都予以关注,"碳汇"功能得到广泛认同,为司法所认可。〔2〕

其二,即便修复成本高于生态环境价值,也不应简单否定修复必要性。基于法政策考量与价值判断,公益侵权中对经济合理性的限制已适度松绑。在更注重绿色低碳发展与高质量发展、注重恢复性司法等理念推进过程中,法院会强化污染者、破坏者责任,行为人要承担的责任不限

〔1〕 参见尤明青、罗念:《论生态系统碳汇功能损失的司法救济机制——基于〈民法典〉第1235条适用的路径》,载《理论月刊》2021年第12期。

〔2〕 参见《森林资源民事解释》第20条。

于补偿性责任，恢复性责任凸显其中心地位，并发挥对恶意者实施惩罚的作用。在衡量成本与效益时，修复责任的制度价值须冲破经济成本效益衡量的束缚，例外规则逐步发展成一条行之有效的经济合理性规则。

（三）评价决定：由谁来掌握法律上可修复性的评价权及决定权

其一，由过分的技术依赖向法律综合评价的转变。在司法程序中，法官对事实与法律的认定具有决定性作用。技术问题属于科学性、专业性事项，超越多数法官的职业认知能力。绝大多数案件呈现技术主导判决的倾向，不少案件直接照单全收生态环境损害评估或鉴定报告，法官的技术依赖可能引发技术霸权现象。这种情形在当前也有不少转变：一是以技术制约技术。由当事人双方聘请的专家对技术鉴定、评估报告进行质询。不少法院通过专家咨询制度，建立特别规则对技术鉴定、评估报告予以合理质询分析，专家意见易被法院采纳。二是技术调查官制度。独立的专业技术调查人员成为环境司法的重要助力。在福建、浙江等省的环境司法中，已确立了技术调查官辅助审案制度，以解决事实认定问题。〔1〕对疑难、复杂、专业性较强的案件，确保修复的科学性、精准性和时效性。三是在对技术要求不高或鉴定评估成本过高的案件中，法官可采用简易的评估机制来决定是否评估鉴定，并可根据常识性的技术方案来实现修复责任的落实。但这类案件往往适用于损害轻、影响小、技术难度低的案件。四是建立具有专门知识的人民陪审员制度，对专门性事实等专业性事项发表意见，并参与监督生态环境修复、验收和效果评估。〔2〕

其二，重视法院法官的主导权。是否修复、如何修复等最终决定权在于人民法院。如有案件中，鉴定意见为不具有“可修复性”，原因在于非法采砂对区域地貌和生态环境造成的损害，经过十余年历史演变，基本与周边区域形成新的水系地貌环境状态，不建议采用砂材料回填方式

---

〔1〕 参见2023年2月福建省高级人民法院制定的《关于推广生态环境审判技术调查官制度助力打造美丽中国示范省的意见》。

〔2〕 参见《具有专门知识陪审员规定》。

修复,以免造成区域环境再次破坏。法院采纳该意见,并判决行为人承担修复费用和期间损失。[1] 在最高人民法院指导性案例211号中,法院认为:"特殊功能区生态环境被破坏,原则上应当原地修复。修复义务人或者代履行人主张异地修复,但不能证明原地修复已不可能或者没有必要的,人民法院不予支持。"[2]

其三,生态环境损害赔偿磋商机制中,应注重双方协商权。要避免当前一律由行政机关主导的局面,真正体现"磋商"的契约精神和"民主"协同治理理念。

其四,注重利益相关者的参与权。包含四个方面:一是通常的公众参与,包括社会组织监督。二是侵权者也有参与权。不少侵权者掌握有专业技术、专门知识和人才等,其对污染或破坏的具体路径、场景等十分熟悉,由其参与判断是否具有可修复性、参与拟定修复方案乃至协助实施,可事半功倍。但应注意当事人趋利避害心理可能导致参与利己化,偏离中立轨道。需要通过交叉审查、第三方审查等来确保其中立性。三是伙伴关系者的参与,尤其是社区居民、团体的参与等。四是国家机关、社会组织有权参与修复方案制定,对是否修复、如何修复提出意见并监督。

---

〔1〕 参见山东省青岛市中级人民法院民事判决书,(2021)鲁02民初2284号。

〔2〕 铜仁市万山区人民检察院诉铜仁市万山区林业局不履行林业行政管理职责行政公益诉讼案,最高人民法院指导性案例211号(2022年)。

第三章　主体扩张:生态环境修复责任主体扩张的司法逻辑

第一节　生态环境修复责任主体扩张的内在动力

依赖侵权法"责任自负"原则遴选"损害者",对生态环境损害的救济有所不足。各地法院通过能动司法、创新生态审判机制,探索扩大责任主体,突破现有法律及规范性文件,积累了相当的司法经验,并促成公共政策"扩大生态损害赔偿义务人范围"的制度供给需求。[1] 司法实践逐步促进环境司法政策的调整,但案例类型多元化、处理模式不尽相同、适用逻辑及法理诠释不统一,亟待总结经验和科学的法理阐释,并从制度上探索合理的责任主体认定机制。

---

〔1〕《改革方案》提出,各地可以根据实际情况,扩展生态环境损害的责任主体,并提出相应的立法建议。

一、规范分析:基于现有法律规范中环境侵权责任主体的检索

(一)二元构造:环境污染者与生态破坏侵权者

环境侵权生成原因彰显二元性,其法定化表达为环境污染与生态破坏,损害后果则可凝练为对“人”的损害与对“环境”的损害。[1] 基于我国资源管理使用和环境保护的分置立法路径[2],环境污染管理及事件处置归口生态环境保护部门,而土地、湿地、海洋、矿产资源、水资源、林业、草原、野生动植物等自然资源管理与保护则分别归口自然资源、海事、水利、林业、农业等部门。2014 年修订的《环境保护法》第 64 条促进了环境法与侵权法二元立法格局向侵权法一元化并轨,《生态环境损害赔偿规定》第 22 条也作了类似规定。《民法典》第 1229 条确认了生态破坏侵权与环境污染责任适用同一规则。据此,环境侵权修复责任主体应为环境“污染者”与生态“破坏者”。[3] 但尚不能准确地囊括现有规范下环境修复责任主体,仍应循着立法分置格局探寻整个法律框架下的责任主体。

(二)污染者:环境污染侵权中修复责任核心主体

从环境污染侵权视角看,形成了以污染者为中心的责任主体规范。环境污染侵权主体的规定包括《民法典》第 1229 条、《环境保护法》第 64 条、《水污染防治法》第 96 条、《大气污染防治法》第 125 条、《噪声污染防治法》第 86 条、《固体废物污染环境防治法》第 118 条及第 121～122 条、《放射性污染防治法》第 59 条、《海洋环境保护法》第 114 条、《土壤污染防治法》第 96 条等。检索表明,法律规范层面的环境污染修复责任主体

---

〔1〕 参见吕忠梅:《论环境侵权的二元性》,载《人民法院报》2014 年 10 月 29 日,第 12 版。

〔2〕 参见沈百鑫:《德国和欧盟水法概念考察及对中国水法之意义(下)》,载《水利发展研究》2012 年第 2 期;胡卫:《民法中恢复原状的生态化表达与调适》,载《政法论丛》2017 年第 3 期。

〔3〕 参见最高人民法院民法典贯彻实施工作领导小组主编:《中华人民共和国民法典侵权责任编理解与适用》,人民法院出版社 2020 年版,第 500 页。

包括污染者和有过错的第三人。[1]

确定环境污染中修复责任主体应贯彻几个原则：一是损害担责原则。依据是实施了污染行为、排污行为、加害行为等污染行为，不同法律中分别使用“污染者”“排污方”“加害人”“责任者”“责任人”“侵权人”等表达，但皆以污染者负担原则为准，可统称为“污染者”，奉行无过错责任原则[2]；污染者可以是单一的或复数的。司法裁判中，已将污染者扩大解释包括“污染物生产者”“污染源的控制与排放者”。[3] 以固体废物污染为例，通常将生产、销售、进口、使用等主体或收集、贮存、运输、利用、处置等环节中造成污染的单位或个人认定为污染者。二是第三人过错责任原则。即污染者之外的第三人对环境污染造成的损害承担责任的基础是过错责任原则，过错在责任主体的确定上也发挥积极作用。[4]《民法典》第 1233 条赋予了被侵权人选择权，被侵权人可选择单独起诉侵权人、单独起诉第三人、同时起诉侵权人和第三人、单独起诉侵权人或第三人后追加另一方为共同被告等诉讼形态。[5] 三是污染地块的受让人。《土壤污染防治法》第 47 条、《固体废物污染环境防治法》第 41 条规定，土壤污染责任人变更时，由承继人履行土壤污染风险防控和修复义务；若政府依法收回，由政府负担原土壤污染责任人对土地的风险管控和修复责任。四是土地使用权人、采矿权人等权利人。《民法典》第 326 条肯定了用益物权人的一般性环保义务；《土壤污染防治法》第 96 条特别明确了土地使用权人管控和修复受污染土壤的义务；《矿产资源法》第 32 条规定了矿业权人的修复义务；《黄河保护法》第 44、62 条，《青藏高原生态保护法》第 33 条均明确了采矿权人的生态修复责任。

---

〔1〕 参见胡卫：《过错优先：环境污染侵权中行为人过错的功能分析》，载《政法论丛》2019 年第 6 期。

〔2〕 参见胡卫：《环境侵权中修复责任的适用研究》，法律出版社 2017 年版，第 236 页。

〔3〕 参见最高人民法院民事裁定书，(2018) 最高法民申 6158 号。

〔4〕 参见刘士国：《制定侵权责任法的方法论思考》，载《法学论坛》2009 年第 1 期。

〔5〕 参见最高人民法院民法典贯彻实施工作领导小组主编：《中华人民共和国民法典侵权责任编理解与适用》，人民法院出版社 2020 年版，第 544 ~ 546 页。

(三)破坏者:生态破坏侵权中修复责任的核心主体

生态破坏侵权责任的规定比较零散,责任主体呈现多元化趋势,归责依据呈现从破坏者担责到受益者共同负担的趋势。《民法典》第1229条、《环境保护法》第64条(及第58、65条)、《草原法》第65~71条、《森林法》第39条及第73~74条、《水法》第31条、《渔业法》第47条、《矿产资源法》第32条、《水土保持法》第49~52条(及第55条)、《煤炭法》第32条、《城市绿化条例》第28条、《土地复垦条例》第3条、《自然保护区条例》第32条及第38条、《风景名胜区条例》第50条、《湿地保护管理规定》第29条等规范中,责任主体整体呈现抽象的生态"破坏者"形象。

经梳理,生态破坏侵权责任人有以下几种:一是对水、土地、森林、草原、矿产资源、自然保护区、风景名胜区、湿地等进行非法破坏者。其可同时构成犯罪、行政违法和民事侵权,此时应由生态破坏侵权人承担修复责任。二是开发自然资源的草地承包权人、林地承包人、矿业权人、滩涂或海域等合法权利人,这些人滥用权利造成自然资源损害或其他人损害,或者合法行使权利不可避免造成损害(如采矿行为),应由权利人承担责任。其法律依据主要是《民法典》第326条,并可据此对权利人科以对土地的修复责任。[1] 三是土地复垦义务人。这基于破坏者恢复和受益者负担的原则。四是权利受让人。当权利主体发生转移时,应由新的权利人承继此类修复责任。如根据《探矿权采矿权转让管理办法》第12条,矿业权发生转移的,其所附权利义务一并转移。若当事人通过租赁、承包等方式变相将权利授予他人行使,在租赁、承包、委托等合同中放弃生态环境修复责任义务或责任的,依法应认定为无效。[2] 五是有过错的第三人。这与环境污染侵权无异。

(四)侵权者:综合性立法中将污染者与破坏者合并为侵权人

近年来,生态环境保护立法提质加速,综合性立法中将环境污染与

---

〔1〕 参见江苏省无锡市滨江区民事调解书,(2012)锡滨环民初字第0002号。

〔2〕《最高人民法院关于审理矿业权纠纷案件适用法律若干问题的解释》第12条。

生态破坏行为合并,原本主体为污染者或破坏者的法律规范,整合为“侵权人”“违法行为人”,表达日趋统一化。如《长江保护法》第 93 条之“侵权人”、《黄河保护法》第 119 条之“侵权人”、《湿地保护法》第 61 条之“违法行为人”、《青藏高原生态保护法》第 59 条之“侵权人”。受《民法典》侵权责任编第 1234、1235 条均使用“侵权人”表述的直接影响,此类生态环境立法中将损害责任人统称为“侵权人”。

总体来看,环境侵权中修复责任主体集中于四类人:侵权者(分别为污染者或破坏者)、有过错第三人及部分受让人、权利人(土地使用权人、矿业权人)。此类规则仍难以满足实践的需要,尤其是当直接损害者无力承担责任时,不可能将所有的责任推给社会或国家,毕竟由受让人及过错第三人导致污染的情形比较少。实践中诸多复杂的因素会致使环境侵权的发生,如企业内部管理存在严重过失,或者链条过长导致中间监管环节的遗漏,直接损害者也可能通过各种方式规避责任。如何使受损的私益及公益得到补偿,探索相应的主体扩张规则甚为必要。

二、制度张力:环境侵权责任主体规则局限与侵权主体复合化

面对日益严峻的环境污染和生态破坏形势,遵从既有环境侵权责任主体规则,难以实现环境司法所追求的全面赔偿、有效赔偿的目标。现有规则存在诸多局限性,与要求损害者负担最严格的生态环境损害修复或赔偿责任需求之间存在明显张力。

(一)环境侵权链条延伸与单一责任主体规则之间的张力

环境侵权情势已脱离早期的单一排污污染模式,链条不断加长、环节不断增加、损害形式复合化、损害结果复杂化、损害影响长远化,简单依据污染者或破坏者规则追责,可能导致很多本应承担责任的主体逃脱法律制裁,抑或通过其他方式规避本应承担的责任。如场地权利人可能经历多次更迭,现时的场地使用者并非真正的污染者但其却要承担污染责任,由此造成原污染者责任脱逃;又如,危险废物处置链条涉及危险废物的生产、管理、运输、处置等多个环节,在任何一个环节都可能出现危

险废物处置不当甚或故意所致的环境污染,此时仅处理处置环节的责任人会使疏于对生产、管理、运输、存储等多个环节进行管理的责任人未承担相应的责任,对此疏于追责的直接后果是使危险废物等管理失控,法律责任追究环节落空。故2020年修订的《固体废物污染环境防治法》第37条强化了固体废物产生者对运输、利用、处置者资质和能力的审查义务,也明晰了运输、利用、处置者的报告义务,其违反此义务将与受托方承担连带责任。

(二)环境侵权机理的复杂化与法定责任主体简单化之间的张力

环境侵权具有长期性、缓释性、潜伏性、迁移性、间接性等特质,非如一般侵权行为直接作用于人身、财产或自然环境。以环境污染为例,污染物可以通过生物链放大作用,借助多个环境媒介传递到人体;在污染物传递过程中,可能由于污染物叠加、复合等原因形成新的污染,或加强污染的危害性,污染主体可能呈现多元化。在生态破坏侵权中,如非法采矿、非法占用农用地、盗伐林木、非法猎狩野生动物、非法捕捞水产品等诸多生态破坏行为,其破坏者可能是单一的,亦可能是复合的。如依法取得土地承包经营权的权利人,通过租赁、承包、合作等方式许可他人违法占用土地、污染土地、破坏林地等,此时土地使用权人帮助了生态破坏行为的实现,负有不可推卸的责任,侵权者应承担责任,但土地承包经营权人亦因其帮助行为构成共同侵权,应负连带责任。[1] 由此,立法上对责任主体的简单规定就难以满足环境侵权复合化的现实需求,须予以适度扩张。

(三)环境要素差异化与侵权主体认定的现实张力

不同环境要素存在差异性,采用同一标准进行责任认定,未必符合客观规律和现实情况,对造成损害并承担修复责任的主体的认定应当有所差异。如大气、水、海洋具有很强的流动性,污染物会随着这种流动性发生长距离迁移,造成污染源外其他地区人员、财产损失和生态损害,此

---

〔1〕 参见广东省广州市中级人民法院民事判决书,(2015)穗中法民一终字第3804号。

时需要追寻污染源头，探究真实的责任者就变得异常复杂和困难。流动性特点使大气、水、海洋具有较强的自净能力，在其自净能力范围内其会稀释和逐渐消解污染，但并不应因此否定污染者应承担的修复或赔偿责任。与之相较，噪声、光、放射物等污染物造成的环境污染，具有较强的即时性特点，一旦污染源被关闭、取消、移除或停止等，环境污染就会消除，确定这类责任主体就会相对简单。土壤又与水体等有所不同，具有较强的隐蔽性，如重金属铬、镉、砷、铅等污染物进入土壤后，短期内很难观察到影响或变化，需要较长的潜伏期才能发现其危害，随着时间推移追踪责任者成为难题。此外，不同环境要素的损害机理存在较大差异，如大气、水体、土壤造成污染往往要通过环境要素的媒介作用间接造成损害，但也不排除现代突发急性环境污染事件导致人身财产损害，如尾矿溃坝等。即时性的污染或生态破坏事件的责任者一般容易查明，但若过程中存在管理欠缺的管理方，应当追究管理方的责任。

（四）现代社会组织的复杂性与法律责任主体确定的冲突

现代法人组织有较为复杂的治理构造，包括决策机构、执行机构、监督机构、代表人及各职能部门。若法人组织非法排污导致生态环境损害，在既有法律框架下当然应由法人独立承担责任，但实际上获利的股东或实际控制人，以及待遇不菲的高级管理人员却不用承担任何责任，受损害的是个人利益或公共利益，这会使企业的环境违法行为得不到根本遏制，使责任主体囿于法定框架而无法展开。法人内部的决策机构、执行机构、雇员等实际上是操控企业从事环境违法行为的罪魁祸首，实践中普遍存在其承担刑事责任而不承担民事责任的状况，与以最严格的生态环境损害赔偿制度保障环境的需求存在差异。在复杂的组织体系中，从上而言可能有集团公司或控股股东，就平级而言可能存在多个关联性公司，就内部而言有决策者和具体操作者，环境污染或生态破坏事件的发生往往并非单一原因所致，涉及企业组织结构体系。故应合理运用公司法人格否认、雇员责任等规则适度扩张责任主体。

（五）污染物种类不同对环境侵权责任主体复合化提出了新要求

以噪声污染为例，噪声污染实际上奉行的是过错责任原则，谁制造噪声谁承担责任，少部分案件中存在发包人与承包人对施工方噪声共担责任问题。而危险废物则不同，危险废物（固体、液体或气体）的生产者、管理者、储存者、运输者、处置者、监管者等负有高度的注意义务，基于危险控制理论和高度注意义务原理，其对任何一个环节的疏忽都会酿成大错，因此，此链条上的责任主体相对较多。

（六）生态环境损害的巨额修复费用与责任主体承担能力的张力

近年来法院裁判的环境修复案件中，不乏修复费用过亿元的重大案件，如在山东生态环境厅诉山东金诚重油化工有限公司等生态环境损害赔偿纠纷案〔1〕中，法院判决金诚公司承担超过2.3亿元的应急处置费、生态环境损害赔偿费、生态环境修复期间功能损失等；又如在江苏省南京市鼓楼区人民检察院诉南京胜科水务有限公司等污染环境刑事附带民事公益诉讼案〔2〕中，经调解胜科公司及其控股股东赔偿生态环境修复费用2.37亿元，并完成替代性修复项目资金投入不少于2.33亿元。〔3〕在2022年广东省环境司法典型案例之“林某某等人组织、领导黑社会性质组织附带环境民事公益诉讼案”〔4〕中，法院判令被告承担29.6亿余元的生态环境修复费用及生态服务功能损失。如此巨额的修复费用，如不将具有负担能力的责任人全部纳入司法规制，将会出现判决难以实施、目的落空的情况。国外的经验表明，环境修复责任比一般赔偿责任更重，需要更有负担能力的主体参与。《改革方案》明确提出探索扩大赔偿义务人范围，司法实践中亦在适度扩大责任主体范围，就是在损害担责原则的基础上，真正实现侵权者完全自负其责、以严厉的责任追究机制实现环境保护目标。

---

〔1〕山东省济南市中级人民法院民事判决书，(2017)鲁01民初1467号。

〔2〕江苏省南京市中级人民法院刑事裁定书，(2019)苏01刑终525号。

〔3〕2021年最高人民法院发布的“人民法院服务和保障长三角一体化发展典型案例”之一：南京胜科水务有限公司、郑某庚等12人污染环境刑事附带民事公益诉讼案。

〔4〕2022年广东法院环境资源司法保护十大典型案例之一：林某某等人组织、领导黑社会性质组织附带环境民事公益诉讼案。

三、扩张逻辑：生态环境修复责任主体扩张的法理

司法实践已走在立法前面，通过法律解释方法向侵权责任主体内、外扩张，其主要法理在于：

（一）因果关系原理

因果关系在某种程度上反映着法律人的抽象思考方法。值得关注的是，法律政策通过诉讼中因果关系的表达程式，以及对这样事项的证明责任的负担等渠道，流进了因果关系的河流。〔1〕因果关系认定的意义在于使司法裁判公平合理，乃基于法政策上考量的产物。〔2〕英国、美国、德国常在司法中对法政策作出说明，其考虑的因素主要包括加害人的故意或过失，以及受侵害的法益的性质。总体而言，因果关系的认定倾向于保护被害人〔3〕。我国当前正面临严峻的环境污染形势，用司法为环境保护护航，加重行为人违法成本、强化责任分担等成为环境司法中必须考量的重要因素。为使与环境污染有关的人皆负担环境损害责任，司法案例中通过因果关系的阐释和说明，来认定诸如股东，实际控制人，固体废物产生者、利用者、处置者、帮助者，委托人、承包人等，判断其与环境侵权损害结果是否具有因果关系及因果关系远近、原因力大小等，将法律未规定的责任主体纳入司法规制视域，本质上是责任成立与责任范围因果关系的判断问题。

（二）过错归责原理

立法通例将环境侵权作为无过失责任处理。意味着没有直接指示或参与实施污染行为的人要承担责任。仅有因果关系还不够，由于其尚非“污染者”或“破坏者”身份，可依据《民法典》第 1165 条、《生态环境侵权责任解释》第 4 条第 2 款过错归责原则评判其是否应承担责任。由

---

〔1〕 参见［美］H. L. A. 哈特、托尼·奥诺尔：《法律中的因果关系》（第 2 版），张绍谦、孙战国译，中国政法大学出版社 2005 年版，第 10～20 页。

〔2〕 参见王泽鉴：《侵权行为》，北京大学出版社 2009 年版，第 181 页。

〔3〕 参见王泽鉴：《侵权行为》，北京大学出版社 2009 年版，第 181 页。

此,行为人对环境损害后果主观上是否存在故意或过失至关重要。亦即将“污染者”“破坏者”之外的人纳入环境污染责任承担者范畴,还须坚持过错归责原则。大量司法案例表明,危险废物生产者、经营者等“明知”他人不具备废物处置资格,而将危险废物交付其运输、利用、销售、处置等,或为其利用、处置提供资金、设备、场地等便利,则行为人主观上的重大过错便成为其承担法律责任的重要根据。这既合乎法理,也通达人情,社会接受度亦更高。这样的司法处理有其妥当性:一方面,环境污染责任虽系无过错责任,但污染行为人明显具有故意或重大过错时应当予以严厉制裁,过错优先。在其有过错的情况下,其他人亦可基于故意或过失的过错因素,与污染行为人的行为共同作用致使环境污染发生,这是其担责的决定性要素。另一方面,判断行为人过错进而由其承担与过错相应的责任,是独立于因果关系的归责依据。[1] 但实践中往往有所交叉,从行为人过错可判断其与损害有因果关联,因果关联亦作为推断行为人是否存在过错的参考指标。《美国超级基金法》规定,确定潜在责任人的根据是“身份”,而非过错及因果关系,未增加受害者举证责任。但我国不少案件中是以行为人过错为前提,增加了受害者举证负担,这也涉及与污染者负担原则、无过错责任原则相协调的问题。[2]

(三)法定义务的违反

危险废物生产者、经营者、运输者、处置者、辅助者等负有依法、安全、妥当处置危险废物的义务。这种义务是对环境、公共安全的保证义务。如与环境污染行为有关的污染源的控制者、管理者等没有履行这种安全保证义务,进而使危险废物的管理和控制失去监督,造成危险发生,此时由与污染行为有因果关系的主体承担环境修复责任很大程度上是对这种义务违反的法律后果的确定。在已有的责任主体扩张的司法案例中,法院多基于对《固体废物污染环境防治法》中危险废物生产者、经

---

〔1〕 参见王泽鉴:《侵权行为》,北京大学出版社2009年版,第185页。

〔2〕 参见李挚萍:《生态环境修复司法的实践创新及其反思》,载《华南师范大学学报(社会科学版)》2018年第2期。

营者、运输者、处置者等对危险废物负有的管理义务和对环境的保护义务等阐释,结合因果关系和过错责任原理,将环境侵权修复责任扩张至污染者之外的相关责任主体。例如,在大量危险固体废物非法堆放、倾倒、填埋、处置、运输的案件中,关联主体未尽到合理注意义务,或者违反法定义务成为其承担责任的根据之一。[1] 通常而言,对法定义务的违反主要是特定作为义务,如固体废物产生者对利用、处置、运输者资质和能力的审查义务[2];特殊情况下也包括消极义务的违反。

(四)危险控制理论

中国裁判文书网检索显示,在固体废物处置,尤其是危险废物利用处置过程中发生的各类民事案例,都在不同程度上体现了危险控制与管理责任理论。如关于"污染者"的认定,在固体废物污染环境侵权的司法实践中,已达成普遍共识,即根据修订前《固体废物污染环境防治法》第5条、第17条第1款,2020年修订后该法第5、19、20条,固体废物污染环境案件中的"污染者"包括生产、销售、进口、使用、收集、贮存、运输、利用、处置各环节中的行为人。在任一环节发生固体废物违法堆放、倾倒、填埋、丢弃、遗撒、流失、渗漏等,造成污染者即为污染侵权行为人,其承担责任的主要依据除行为人存在违法或主观过错外,还包括环境司法中渐行确立的责任者认定的"危险产生与危险控制理论",即污染源的控制与排放者常被认定为环境侵权者。[3]

(五)利益链条理论

在理论上,目前该理论尚未成为一个独立理论,但司法实践中已基于违法利益链条关系广泛追究环境损害、文物犯罪、食品安全等领域关联主体的法律责任。[4] 在环境侵权中,环境污染或生态破坏行为人与基于违法行为获得利益者之间,形成了一条环环相扣、紧密联系、相互支撑

---

〔1〕 参见最高人民法院民事裁定书,(2015)民申字第1366号。

〔2〕 参见《固体废物污染环境防治法》第37条。

〔3〕 参见湖南省郴州市中级人民法院民事判决书,(2018)湘10民初3号;河南省高级人民法院民事判决书,(2017)豫民终232号。

〔4〕 参见《关于办理妨害文物管理等刑事案件若干问题的意见》(公通字〔2022〕18号)。

的违法利益链条,每个行为人都是利益链条中重要的一环,都对生态环境损害负有不可推卸的责任。尽管法律上并未直接规定该等利益联系构成违法,但其彼此相互连接、配合促成了侵权关系的发生、持续或损害的扩大,若实行完整的“全链条式”责任追究,将使该等违法行为无法得到根本遏制,司法实践中通过能动创新,将环境侵权项下的所有非法获取利益链上的人视为侵权人,其都应承担侵权责任。如在非法猎捕、出售、运输、走私、购买〔1〕或收购、加工〔2〕、采挖〔3〕等方式损害野生动物,湿地保护〔4〕以及非法采矿中的盗采、运输、销赃等各环节,坚持“全要素、全环节、全链条”标准〔5〕,实行全链条的刑事责任追究,斩断违法“利益链”〔6〕;在不少非法猎捕野生动物、非法捕捞水产品等环境民事公益诉讼案件中,由非法捕猎者、捕捞者、收购(贩卖)者〔7〕、出售者、宰杀者〔8〕承担生态环境损害赔偿责任或采取替代性修复方式;在固体废物尤其是危险废物非法处置案件中,对固体废物产生者、运输者、利用者、处置者、协助人等实行全链条式的责任追究已是环境司法的常态,法院还尝试运用“从业禁止”〔9〕制度协助斩断违法利益链。《最高人民法院

〔1〕 2022 年最高人民法院生物多样性司法保护典型案例之一至五。

〔2〕 参见四川省高级人民法院 2023 年度生态环境司法保护十大典型案例之一:杨某福等 7 人污染环境案。

〔3〕 参见 2022 年最高人民法院生物多样性司法保护典型案例之六:田某阳、沈某贤危害国家重点保护植物案。

〔4〕 参见 2023 年最高人法院湿地生态保护典型案例之一:韩某辉等二十二人非法狩猎案。

〔5〕 参见《最高人民法院关于充分发挥环境资源审判职能作用依法惩处盗采矿产资源犯罪的意见》(法发〔2022〕19 号)。

〔6〕 参见《依法打击涉海砂违法犯罪座谈会纪要》(法发〔2023〕9 号)第 23 条。

〔7〕 参见江苏省泰州市人民检察院诉王某朋等 59 人生态破坏民事公益诉讼案,最高人民法院指导性案例 175 号(2021 年)。

〔8〕 参见 2022 年最高人民法院生物多样性司法保护典型案例之十一:湖南省株洲市人民检察院诉陈某云、罗某鄗生态破坏民事公益诉讼案。

〔9〕 如晋江市法院推行“从业禁止”制度,对污染环境的 11 名罪犯判处刑罚,并禁止其再次从事相关行业,斩断污染环境产业链条。

关于审理破坏森林资源刑事案件适用法律若干问题的解释》及典型案例[1]也表明了对于链条化非法收购滥伐的林木行为,应从严惩治。

第二节 内部扩张:修复责任主体的内部扩张路径

现行法律规则下,生态环境修复责任主体主要是环境“污染者”与生态“破坏者”,不足以将对环境损害负有责任者全部纳入责任体系,部分应承担责任的主体“合法”地逃脱,不利于生态环境的修复。司法实践已不再囿于立法上的文义限制,综合运用公司法人格否认、雇主责任、因果关系、过错原理等多重民商事法律理论及规则,将责任主体扩张至股东、实际控制人、公司董事及高级管理人员、普通雇员等主体。从比较法的视角看,在欧盟、美国、日本的立法及司法实践中,侵权责任主体亦有扩大化趋势。

一、控制人责任:由公司到股东、实际控制人的环境责任

(一)公司法人人格否认制度适用于环境侵权的合理性

《公司法》第23条规定了公司法人人格否认制度。实践中,法人人格否认的主要适用领域是债权领域。环境司法中,较少提及法人人格否认制度。但不乏当事人以侵权人存在人格混同为由,要求控股股东或母公司承担修复、赔偿责任。[2] 在公司组织结构日益复杂的今天,为保障环境侵权受害者的利益,公司法赋予的在符合条件的情况下否认公司法人人格、揭开公司法人面纱的趋势势不可当。将公司法人人格否认制度适用于环境侵权领域,国外亦在探索。

---

[1] 2023年最高人民法院依法惩治破坏森林资源犯罪典型案例之六:彭某祥非法收购滥伐的林木案。

[2] 参见《广东紫金矿业案首次以诉讼解决生产事故赔偿》,载中华环保联合会网站,http://www.acef.com.cn/a/flzx/wqdxal/2013/1213/121.html。

公司法人人格否认是对公司股东有限责任的一种个案排除，[1]其规范依据为《公司法》第23条。《民法典》第83条将其上升为一般法人人格否认规则，当法人出资人违背法人制度的核心意涵，利用出资人有限责任制度和法人独立责任制度规避法律责任时，则可“揭开法人面纱”，将出资人与法人视为一体，由其共同承担责任。[2] 法人人格否认论并非只限于交易行为中对方为善意时适用，而是在法人人格被滥用时，从衡平法的观念上为寻求具体妥当的结论而为之，因此追究侵权行为责任时也可适用法人人格否认论。[3] 侵权行为中被害人无法预测与公司之间的交易，因此会认为法人人格否认中最重要的两个要件——控制（形态）要件和资本不充分（公正）要件——在适用上存在问题，但是两个要件同样可以适用，而且对于公司债务向被害人转嫁的情形，从社会政策上也不能予以认定，所以追究侵权责任时，比起合同的情形，法人人格更容易被否认。[4]

在缺乏社会化的损害填补制度且受害人受损害严重时，公司承担有限责任对于受害人的保护极为不利。随着印度博帕尔农药泄漏事故等重大环境灾害的发生，母公司应当为子公司的环境损害行为负责的观点得到支持。[5] 在合同和侵权案件中，由于合同债权人通常在事前就已经获得对事后的不履行风险的补偿，而侵权行为的债权人未被补偿，这决定了法院更愿意在侵权案件中否认公司人格、揭开公司面纱。具体到环境侵权的损害赔偿责任，法律工作正逐步朝如何确定母公司对其下属子公司所造成的环境损害负责的方向发展，这在国际投资领域表现尤为突出。在环境侵权领域，公司法人人格否认理论正在发展。在印度帕尔默农药案中，作为母公司的美国联合碳化氢公司承担了责任，在法国海岸

[1] 参见朱慈蕴：《公司法原论》，清华大学出版社2011年版，第43～44页。

[2] 参见最高人民法院民法典贯彻实施工作领导小组主编：《中华人民共和国民法典总则编理解与适用》（上），人民法院出版社2020年版，第424页。

[3] 参见[韩]郑灿亨：《法人格否认在韩国的适用案例》，吴日焕译，载王保树主编：《实践中的公司法》，社会科学文献出版社2008年版，第154页。

[4] 参见[韩]郑灿亨：《法人格否认在韩国的适用案例》，吴日焕译，载王保树主编：《实践中的公司法》，社会科学文献出版社2008年版，第154页。

[5] 参见王明远：《环境侵权救济法律制度》，中国法制出版社2001年版，第127页。

Amoco Cadiz 漏油诉讼案中,美国法院明确指出了母公司对其子公司所生环境损害负责的原则。[1]

在美国法制度中,污染行为人若为法人,其母公司、管理人员、员工、董事或股东可能依直接责任理论被认定为《综合环境反应、赔偿和责任法》下的"潜在责任人"(PRPs),也可能因公司法的传统原则"揭开公司面纱原则"而对污染结果负间接责任。[2] 美国最高法院在 U. S. v. Bestfoods[3]案中梳理了直接责任的判断标准,即母公司作为子公司所有者或经营子公司设施的经营者时,因母公司是与子公司共同运营设施并造成污染结果,可以认定母公司为运营人,并追究其责任。美国最高法院同时指出,判断的标准不是母公司是否经营子公司,而是母公司是否直接经营子公司的设施。以下行为可以证明母公司直接经营子公司的设施:(1)子公司由母公司进行管理、指导;(2)母公司作出具体的排放或倾倒有害物质的经营行为;(3)母公司对设施作出与环保法规不一致的决定。

(二)股东责任:生态环境修复责任承担中公司法人人格否认适用路径

公司法人人格否认规则向来在个案中适用,我国公司法采用制定法形式存在缺陷。为克服这一缺陷,宜采用判例指导制度,[4]将法人人格否认的适用"从法条跃入实践"。司法实践一直以来对法人人格否认制度保持谨慎、克制适用的原则,只有在个案中穷尽现有制度及合理解释仍无法解决纠纷时,法人人格否认法理才作为最后的救济手段来适用。[5]《九民纪要》特别强调公司法人人格否认是例外情形,旨在矫正特定法律关系中股东滥用有限责任制度导致的利益失衡。[6]《公司法》

---

〔1〕 参见王明远:《环境侵权救济法律制度》,中国法制出版社 2001 年版,第 128 页。

〔2〕 参见李晨:《中外比较:污染场地土壤修复制度研究》,法律出版社 2013 年版,第 205 页。

〔3〕 参见李晨:《中外比较:污染场地土壤修复制度研究》,法律出版社 2013 年版,第 206 页。

〔4〕 参见朱慈蕴:《公司法人格否认:从法条跃入实践》,载《清华法学》2007 年第 2 期。

〔5〕 参见金洪玉:《公司法人格否认的制度困境与类型化分析》,载《暨南学报(哲学社会科学版)》2012 年第 11 期。

〔6〕 参见《九民纪要》第 10 条。

第23条第1款、《生态环境侵权责任解释》第15条对公司法人人格否认明确了适用条件:须满足行为要件(使公司法人人格被滥用和公司法人人格徒具形式)、主观要件(主观恶意)以及结果要件(损害债权人利益)〔1〕。《民法典》第83条重申了上述三要素。〔2〕 从各国公司法理论和实践看,公司法人人格否认适用的情形主要有公司资本显著不足、利用公司人格回避合同和侵权债务、利用公司人格规避法律义务以及公司法人格形骸化〔3〕等,核心在于股东与公司之间存在责任财产混同,股东对造成这一财产混同具有主观故意。〔4〕

在目前公司社会责任淡薄、以追求利益为最大化目标而忽视环境责任的背景下,适时在个案中适用公司法人人格否认有利于强化股东的社会责任,确保生态环境修复责任落实到位。但应限于控股股东或实际参与环境侵权的股东。公司法人人格否认有四种实现路径:

1. 直接适用:以公司法人人格否认法理判决股东承担环境侵权连带责任

环境侵权之债与合同之债存在重大区别,应通过利益衡量,在环境案件中适用公司法人人格否认制度,以敦促公司履行社会责任,积极救济受害人。环境侵权损害后果严重,损害过程具有潜伏性、长期性、复杂性、隐蔽性,当事人地位不具有互换性且信息不对称,以及母公司常常借助子公司获取高额利润却不承担环境责任的现实,决定必须重视保护环境受害人的利益,对人格否认要宽松适用。尤其在母公司操纵子公司,对子公司进行不正当支配或不恰当控制,或母公司直接对子公司环境政策施加影响时,应适用比普通债权更为宽松的法人人格否认制度。〔5〕 当

---

〔1〕 参见王保树主编:《中国商法》,人民法院出版社2010年版,第117页。

〔2〕 参见黄薇主编:《中华人民共和国民法典总则编释义》,法律出版社2020年版,第210页。

〔3〕 参见赵旭东主编:《新公司法制度设计》,法律出版社2005年版,第365~367页。

〔4〕 参见韩强:《法教义学在商法上的应用——以最高人民法院指导案例15号为研究对象》,载《北大法律评论》第15卷·第1辑,北京大学出版社2014年版。

〔5〕 参见冯汝:《母子公司人格否认在环境侵权案件中的运用——由信宜紫金矿业溃坝事件引发的思考》,载曾晓东、周珂主编:《中国环境法治》2013年卷(下),法律出版社2014年版。

前,环境侵权案件中直接适用法人人格否认的案例,公司多为自然人出资的一人有限责任公司,认定股东应与公司对所造成的生态环境损害承担连带责任,其依据都是原《公司法》第 63 条(现《公司法》第 23 条第 3 款),即不能证明公司财产独立于股东财产。其他未支持股东对公司生态环境损害承担修复、赔偿责任的判决,多以公司具有独立法人资格为由予以驳回。[1] 此外,在部分环境损害引发的追索权纠纷中,法院适用公司法人人格否认进行裁判,由股东承担连带责任。[2]

2. 关联公司:适用关联公司法人人格否认判令承担环境侵权连带责任

当侵权人借助关联公司逃避责任时,之前的案例会参照公司法人人格否认制度要求关联公司承担连带责任[3],而 2023 年修订的《公司法》于第 23 条第 2 款规定了关联公司人格否认适用,即任一关联公司都有义务对债权人承担责任。根据《九民纪要》第 11 条,当控股股东或实际控制人控制多个子公司、关联公司从事环境违法行为,而这种滥用控制权导致多个关联公司财务、人格、业务等高度混同,丧失独立人格时,可否定关联公司的独立人格,判令其承担连带责任。实践中,有案件是以两个独立法人的实际经营者为同一自然人,其所控制的一个公司明知另一个公司违法偷排污水,仍为其提供加工场地,据此认定两者之间存在共同侵权故意并承担连带责任。这种情形虽非人格混同,但效果却相似。[4]

3. 过错责任:由有过错的母公司对子公司的环境侵权行为承担责任

这是一种间接路径,由有过错的母公司对子公司的侵权行为承担责

---

〔1〕 参见吉林省高级人民法院民事裁定书,(2018)吉民终 183 号;山东省潍坊市寒亭区人民法院民事判决书,(2013)寒滨民初字第 446 号;江苏省苏州市中级人民法院民事判决书,(2015)苏中环公民初字第 00002 号;江苏省高级人民法院民事判决书,(2017)苏民终 1772 号;浙江省温州市中级人民法院民事判决书,(2017)浙 03 民终 3386 号。

〔2〕 参见江苏省常州市天宁区人民法院民事判决书,(2020)苏 0402 民初 2767 号。

〔3〕 参见徐工集团工程机械股份有限公司诉成都川交工贸有限责任公司等买卖合同纠纷案,最高人民法院指导性案例 15 号(2013 年)。

〔4〕 参见广东省潮州市中级人民法院民事判决书,(2019)粤 51 民初 25 号。

任。其理论根据是过失责任理论，归责于母公司的过失。在一典型案例[1]中，法院认为，义马矿务局应当清楚案涉提水线路走向，并应对该管线在开采区预留保护煤柱。在义马煤业集团曹窑煤矿有限公司成为独立法人时，义马矿务局有义务将预留保护煤柱的事项告知从其单位分离出来的义马煤业集团曹窑煤矿有限公司，但其却没有告知，致使义马煤业集团曹窑煤矿有限公司对本应预留的煤柱进行了开采，对隧洞下部煤炭的开采行为直接导致了山体裂缝、隧洞变形、沉降等损害结果，义煤集团本身存在过错。法院据此判令义煤集团应当对黄李隧洞受到的损害承担民事责任。

4. 调解确认：通过调解间接由控股股东为公司环境侵权行为承担责任

股东有限责任和公司法人人格独立制度是股东主张免责的法律屏障。然而在重大环境案件中，若无股东支持，公司难以承担巨额的生态环境修复费用或赔偿责任。法院通过创新机制，充分运用调解这一"东方经验"，辅之以股东社会责任的强化，在不少案件中事实上将环境侵权责任转移由控股股东承担。如信宜市人民政府诉信宜紫金矿业有限公司等环境污染案以调解结案，原告起诉时有否认母公司人格的意图，调解结果事实上使股东承担了责任。在 2011 年山东蓬莱 19－3 号渤海溢油事件中，经原国家海洋局和相关部门与事故方谈判，康菲石油中国有限公司和中国海洋石油总公司同意分别支付 4.8 亿元和 1.13 亿元补偿金，承担保护渤海环境的社会责任，用于渤海生态建设与环境保护、渤海入海口石油类污染物减排、受损海洋生态修复、溢油对生态影响的监测和研究等。[2] 在南京胜科水务有限公司环境污染刑事附带民事公益诉讼案[3]中，胜科公司采用修建暗管、篡改监测数据、违法处置等方式，

---

[1] 河南省三门峡市中级人民法院民事判决书，(2012)三民初字第 30 号。

[2] 参见杜群：《海洋资源用益损失和生态损害的赔偿和救济——以渤海溢油污染事故为案例》，载《中国环境法治》2013 年卷(下)，法律出版社 2014 年版。

[3] 最高人民法院 2019 年度环境资源典型案例之三十五：江苏省南京市鼓楼区人民检察院诉南京胜科水务有限公司、郑某庚等 12 人污染环境刑事附带民事公益诉讼案。

向长江违法排放大量高浓度废水、污泥、危险废物，造成生态环境损害数额合计达4.7亿元。法院在刑事部分判决被告承担环境污染罪的刑事责任[1]，民事部分在鼓楼区法院主持下，胜科公司股东胜科（中国）投资有限公司系基于股东社会责任等考虑，主动加入附带民事公益诉讼案件的调解，并自愿连带承担环境修复费用，有力保障了公益诉讼目的实现。通过调解创新责任承担机制，积极引导股东承担生态环境保护的社会责任，扩张了责任主体，示范效果明显。

（三）实际控制人：公司环境侵权中的特殊责任主体

《公司法》第265条第3项对实际控制人进行了界定，证券法广泛涉及实际控制人，尤其是上市公司。但实际控制人并不以上市公司为限，一般股份公司或有限公司同样存在实际控制人。实际控制人是营利性法人的重要规制对象，《民法典》第84条明确了实际控制人不得滥用管理关系损害法人利益，但未明确实际控制人滥用控制关系造成他人合法权益、社会公共利益损害时如何承担责任。根据风险控制和报偿理论，实际控制人控制公司并实际取得公司经营所获主要利益，在其直接操控下公司环境违法行为导致的损害由其承担责任在道义上无可厚非，但法律上却无明文规定，这是追究实际控制人责任的重要障碍。

实际控制人对生态环境损害承担责任，是从刑事责任领域开始的。法理上，控股股东与实际控制人有区分，但又有重叠。在污染环境案件中，股东、实际控制人、主要负责人被追究刑事责任乃常态。如在倪某松污染环境案[2]中，股东倪某松等人在明知张某等人无生活垃圾处置资质的情况下，为牟取非法利益以明显低于处置成本的价格将垃圾交由张某等人处置，导致长江南通、太仓段严重污染，犯污染环境罪判处徒刑和罚金。又如在罗某等污染环境案[3]中，大股东沈某伟及其他股东积极

---

[1] 参见江苏省南京市中级人民法院刑事裁定书，（2019）苏01刑终525号。

[2] 江苏法院2018年度十大环境资源审判典型案例之三：倪某松等人跨省向长江倾倒生活垃圾污染环境案。

[3] 四川省高级人民法院环境资源审判2019年度典型案例之一。

参与共谋并实施私设暗管等行为，向长江直接排放含汞废水造成污染，犯污染环境罪被追究刑事责任。在田某某等非法处置过期药品污染环境案[1]中，作为实际控制人的田某某具体实施了危险废物非法处置行为，应承担刑事责任。

实际控制人在环境侵权案件中承担民事责任是近年来司法的重要发展。现有司法案例突破了公司法规则的限制，有条件地判决实际控制人承担生态环境损害的修复或赔偿责任，具有重要的现实意义。如在最高人民法院指导性案例210号[2]中，李某作为正鹏公司实际控制人，以正鹏公司的名义参与非法倾倒污泥，应共同承担生态环境修复责任。夏某萍作为志合公司实际负责人，以志合公司的名义与正鹏公司合作参与处理污泥，分获利润，应共同承担生态修复责任。这使利益与风险、责任相匹配，对强化公司实际控制人与实际负责人的社会责任、环保责任具有重要示范作用。近年来，法院判决实际控制人与公司构成共同侵权，承担连带责任的案例逐步增加[3]，但亦有部分案例只根据实际控制人（经营者）过错程度判决其承担一定比例责任。[4]

（四）例外情况：特殊情况下的股东或出资人责任

1. 股东参与经营：股东承担公司环境侵权责任的重要根据

股东实际参与了公司经营管理，参与作出违法排污、破坏生态等决定，有的甚至直接实施了固体废物、废水等的排放、填埋、倾倒、处置等，负有不可推卸的责任。实践中，此类股东除承担刑事责任外，还需承担生态环境修复或赔偿责任。如在刘某忠等人污染环境案[5]中，法院认为，刘某忠等人成立某废旧物资回收有限公司，在未取得危险废物经营

---

〔1〕 2022年最高人民法院“人民法院依法审理固体废物污染环境典型案例”之三。

〔2〕 江西省九江市中级人民法院民事判决书，(2019)赣04民初201号。

〔3〕 参见广西壮族自治区高级人民法院民事判决书，(2019)桂民终596号；广西壮族自治区来宾市中级人民法院民事判决书，(2018)桂13民初37号；海口海事法院民事判决书，(2019)琼72民初227号。

〔4〕 参见江苏省盐城市中级人民法院民事判决书，(2020)苏09民终454号。

〔5〕 湖南省湘潭市中级人民法院刑事附带民事公益诉讼裁定书，(2019)湘03刑终322号。

资质的情况下，违法处置收购的危险废物，其后当成“重油”销售给他人作为燃料，处置过程中造成了生产场地的土壤和地表水污染。由于三名股东实际参与公司经营，各股东均构成环境污染罪，并判决由各股东共同对造成损害的环境承担连带责任。

2. 发起人责任：公司设立过程中造成的环境侵权责任发起人是否担责

发起人设立公司过程中产生的债务分情况对待：一是发起人以自己名义签订的合同，相对人主张发起人承担责任的，应予支持；二是公司成立后，公司对相关债务予以确认的，相对人可请求公司承担该债务；三是公司设立过程中，发起人为自己利益产生的债务，相对人知道的，由发起人自行承担；四是公司不成立时，该债务由发起人共同承担连带责任。《公司法司法解释三》第5条规定：公司设立过程中发起人履行职责造成他人损害的，公司成立后受害人可要求公司承担责任；公司未设立成功的，受害人可要求发起人承担连带责任。据此，公司设立过程中产生的环境责任，受害人可要求公司或发起人承担责任，部分法院判决发起人为公司设立过程中的环境侵权行为承担责任。如在陈某等土壤污染责任纠纷案[1]中，陈某在投资建设加油站过程中，使用从第三方购买的强酸性砂石作为内部路基材料，造成土壤污染，事故发生于陈某投资设立加油站过程中，现加油站已实际设立，故加油站与陈某应共同承担责任。

二、雇员责任：环境侵权中存在重大过错的雇员与雇主共同承担责任

（一）雇主与雇员共同承担环境损害责任的实证分析

环境污染或生态破坏侵权都通过人的积极行为或消极行为发生，由具体人员操作。探究雇员是否应当承担环境侵权责任具有现实意义。

---

〔1〕 安徽省宣城市中级人民法院民事判决书，(2018)皖18民终990号。

1. 雇主与雇员共同承担刑事责任或行政责任的范例

"双罚制"多指向单位犯罪，单位本身与其直接负责的主管人员和其他直接责任人员，均应承担刑事责任。[1]《环境保护法》第61条、《水污染防治法》第94条、《固体废物污染环境防治法》第123条等规定了污染环境的刑事责任，结合《刑法》第346条规定，凡构成"破坏环境资源保护罪"项下各罪，均应对单位判处罚金并对直接责任人依照各罪处罚，司法实践亦如此。[2]

行政责任领域也逐渐呈现"双罚制"特点，如《水污染防治法》第94条对单位和直接负责人或其他直接责任人员实行双罚制；《大气污染防治法》第122条明确规定，对造成污染事故的直接负责主管人员或其他直接责任人，可处以上一年度从本企事业单位取得收入50%以下的罚款；《固体废物污染环境防治法》第108、114条等规定，违反固体废物管理规定的，可对法定代表人、主要负责人、直接负责的主管人员及其他责任人员处以罚款。部分地方性法规也规定了双罚制，如《广东省环境保护条例》第72条、《河北省生态环境保护条例》第71条等规定的"未环评未报批先建"皆应双罚。即在环境污染或生态破坏案件中，构成犯罪时对单位（雇主）和负有责任的人员（雇员）实行双罚制；在构成行政违法时，存在雇主与雇员共同承担行政责任的趋势。

2. 雇主与雇员应否共同承担环境侵权民事责任的实例

（1）支持雇主与雇员共同承担环境侵权责任

雇主与雇员共同承担环境侵权责任的司法案例并不少见，但集中于个人雇用或者违法企业雇用的人员，他们参与了雇主实施的环境污染或生态破坏行为，法院据此认定雇主与雇员共同承担环境损害赔偿责任或

---

〔1〕 参见张明楷：《刑法学》（第2版），法律出版社2003年版，第206页。

〔2〕 参见云南省澄江县人民法院刑事判决书，（2009）澄环刑初字第1号；云南省玉溪市中级人民法院刑事裁定书，（2009）玉中环刑终字第1号；福建省龙岩市新罗区人民法院刑事判决书，（2011）龙新刑初字第31号；福建省龙岩市中级人民法院刑事判决书，（2011）岩刑终字第42号。

修复责任。[1] 例如，员工明知厂内的工业废水未经净化，仍接受该厂投资人的违法指示，将未经处理的含有氰、铜、铬、镍等成分的工业废水，用水泵抽出并通过暗管直接排入水域。其对于损害后果的发生存在故意，应与工厂承担连带责任。[2] 在另一起典型案件[3]中，法院认为，驾驶员对废酸倾倒至雨水井可能导致的严重后果有明显预见能力，但未能及时提醒或制止，盲目接受雇主指示，故意将废酸倾倒入雨水井致使河流严重污染，其对损害结果主观上具有重大过错，应与雇主承担连带责任。

(2)不支持雇主与雇员共同承担环境侵权责任

也有不少案件并未追究雇员责任，反映了司法实践对雇员是否承担责任的重大分歧。

一种方式是诉讼中并未将雇员列为共同侵权被告，放弃对其责任的追究。[4]

另一种方式是法院遵从传统雇主责任理论，由雇主承担因其指令雇员实施的环境侵权责任，雇员不承担责任。如在李某华等水污染责任纠纷案[5]中，曲某等7人履行邢店社区村委会清理社区垃圾的职务，在履行该职务行为中致人损害，应由村委会承担民事责任。在另一案件[6]中，涉案公司主张是其员工将公司生产中产生的废酸交由被告处理，应由两名员工承担责任，法院最终认定员工的行为系执行工作任务行为，应由涉案公司与被告等共同承担责任。再如，在王某松与某村民委员会等土壤污染责任纠纷案[7]中，崔某、田某作为运输车辆驾驶员，虽直接参与垃圾倾倒，但二人系受王某某雇用，相应侵权责任应由雇主王某某

---

[1] 参见江苏省江阴市人民法院民事判决书，(2013)澄环民初字第0003号。

[2] 参见浙江省丽水市中级人民法院民事判决书，(2019)浙11民初84号。

[3] 上海市松江区叶榭镇人民政府诉蒋某祥等水污染责任纠纷案，载《最高人民法院公报》2014年第4期。

[4] 参见山东省东营市中级人民法院民事判决书，(2012)东环保民初字第1号。

[5] 山东省德州市中级人民法院民事判决书，(2017)鲁14民终2541号。

[6] 山东省聊城市中级人民法院民事判决书，(2016)鲁15民初351号。

[7] 浙江省湖州市中级人民法院民事判决书，(2018)浙05民终992号。

承担。在提供劳务关系产生污染的案件中，也应由接受劳务一方承担责任。[1]

3. 不能认定雇佣关系时：按共同侵权处理

在部分案件中，无证据证明存在雇佣关系时，按共同侵权处理。如在最高人民法院指导性案例 210 号中，陈某水称其系李某的雇员且非法所得较少、作用较小，应由雇主承担责任。由于环境共同侵权不以非法所得或作用大小来确定修复责任大小，亦无证据证明陈某水系李某雇员，陈某水与其他被告系以分工合作的方式非法倾倒污泥，应承担共同侵权连带环境修复责任。[2] 在部分提供个人劳务的环境污染案件中，法院以违法劳务关系否定适用转承规则，认定提供劳务者与接受劳务者应共同承担侵权连带责任。[3]

（二）雇员与雇主共同承担环境修复责任的依据

在美国制度中，污染行为人若为法人，其管理人员、员工、董事等可依直接责任理论被认定为污染场地治理的责任主体——潜在责任人。[4] 在我国台湾地区，2010 年修订的"土壤及地下水污染整治规定"对污染行为及规定的其他违法行为采用重罚政策，法人及法定代表人应与污染行为人承担连带责任。[5] 在欧盟许多国家，公司董事、经理在很多情况下可能被追究法律责任，尤其是刑法上的责任。[6]

按雇主责任理论，雇员执行职务时未遵守环境法律法规导致环境侵权损害，自当由其所属的法人承担责任；如雇主不具备法人资格，仅是个

---

〔1〕 参见云南省玉溪市中级人民法院民事判决书，（2015）玉中环民终字第 1 号；江苏省徐州市中级人民法院民事判决书，（2015）徐环公民初字第 4 号。

〔2〕 参见九江市人民政府诉江西正鹏环保科技有限公司、杭州连新建材有限公司、李某等生态环境损害赔偿诉讼案，最高人民法院指导性案例 210 号（2022 年）。

〔3〕 参见广东省高级人民法院民事判决书，（2021）粤民终 1711 号。

〔4〕 参见李晨：《中外比较：污染场地土壤修复制度研究》，法律出版社 2013 年版，第 205 页。

〔5〕 参见龚宇阳编著：《污染场地管理与修复》，中国环境科学出版社 2012 年版，第 41 页。

〔6〕 参见 2000 年《欧盟环境责任白皮书》附件一：《研究补救环境损害的民事赔偿责任制度》。

体企业、合伙企业甚至个人,原则上亦由雇主承担责任。但如固守雇主责任可能会诱发道德危机,真正实施侵权行为、应为行为负责环境违法决策的高级管理人员或执行侵权行为的员工却逃脱责任。这不符合责任自负的原理。尽管重大环境损害事件的主要企业责任人可被处以刑罚,但并不因此免除其承担环境侵权的责任。故对有故意或重大过失的雇员,判令其承担环境修复的责任并无不妥。理由包括:

一是重大过失雇员与雇主的连带责任理论。[1] 人身伤害中,雇员与雇主共同承担连带责任必须要求雇员主观上存在故意或重大过失,实现企业责任与员工责任的"双罚制"。[2]《民法典》立法时并未延续之前司法解释的经验,对此未作规定。若借助目的性扩张解释方式,将雇员故意或重大过失连带责任理论延伸至环境侵权所致的人身损害、财产损害和环境损害,也有其适用基础。已有司法案例指出,因雇员具有重大过失,应与雇主共同承担连带责任。[3] 实践证明,很多重金属污染事件或其他重大环境污染事件,往往都是企业员工和企业故意或重大过失造成的。如采用企业与员工"双罚制",将推进员工更谨慎执行环境保护法规、维护环境利益,形成公司对员工、员工对公司的双向制约。这不仅加大企业违法成本,雇员也会从自己实施的违法行为中受损,对遏制环境违法具有积极意义。

二是公司董事及高级管理人员对第三人的民事责任理论。近代公司权力结构由"股东会中心主义"向"董事会中心主义"的转向,导致股东会权力削弱和董事地位提升、权力扩张,进而出现董事滥用职权,损害股东或债权人等利害关系人利益的现象。[4] 随着现代公司治理结构的创新,经理的地位不断上升并有权力膨胀的趋势;传统的董事会决策体

---

〔1〕 参见2003年《最高人民法院关于审理人身损害赔偿案件适用法律若干问题的解释》第9条第1款,该解释2020年、2022年修订时删除此条。

〔2〕 参见张新宝、庄超:《扩张与强化:环境侵权责任的综合适用》,载《中国社会科学》2014年第3期。

〔3〕 参见陕西省高级人民法院民事判决书,(2021)陕民终193号。

〔4〕 参见赵旭东:《公司法学》,高等教育出版社2010年版,第414页。

制框架内的经理在20世纪60年代进行的公司治理结构改革创新中被尊贵且更有权威的CEO取代,实际导致公司管制的重心下移,CEO体制倾向于经理中心主义的结构。[1] 但无论如何变化,董事、经理及其他高级管理人员不仅对公司负有勤勉、忠实义务,遵守法律亦是其不可或缺的义务和社会责任。为防止董事、经理及其他高级管理人员违反法律、滥用权力导致第三人损害,很多国家规定了董事、监事、高级管理人员对第三人的责任。董事对第三人责任的规定有两种模式:一种是以英国为代表的成文法规定,从责任的角度,在法律上明确了董事应为过失而承担的对债权人的责任;另一种是美国普通法的义务模式,即通过确立董事对债权人的信义义务而使董事承担相应的责任。[2]

2023年《公司法》修订时于第191条增加了董事对第三人的责任条款,即董事、高级管理人员执行职务存在故意或重大过失,给他人造成损害的,也应当承担赔偿责任。《证券法》第84、85条等亦有类似规定。2006年《日本公司法》第429条规定了故意或重大过失的董事对第三人的责任。[3] 确立公司董事及高级管理人员对第三人的责任,并运用于环境侵权中,不仅强化了对环境受害者的保护,阻止了公司高级管理人员滥用职权侵害他人利益,减少环境侵权等行为发生的概率;也敦促董事及高级管理人员谨慎行事、勤勉尽职,防止公司责任过于绝对化给公司带来不利后果。同时还有类似于公司法人人格否认制度适用的功能:即公司法人人格否认适用于股东滥用公司人格的情形,而董事、高级管理人员对第三人责任制度则是针对董事、高级管理人员利用权力滥用公司人格而作的制度设计,两者有异曲同工之妙。[4]

(三)雇员与雇主共同环境修复责任的限制

不论是普通的雇员责任,还是现代公司体制下的董事及高级管理人

---

〔1〕 参见甘培忠:《企业与公司法学》,北京大学出版社2006年版,第354页。

〔2〕 参见朱慈蕴:《公司法原论》,清华大学出版社2011年版,第341页。

〔3〕 参见陈景善:《论董事对第三人责任的认定与适用中的问题点——以日本法规定为中心》,载《比较法研究》2013年第5期。

〔4〕 参见湖南省郴州市中级人民法院民事判决书,(2018)湘10民初3号。

员对第三人的责任,都必须限定在合理范围内。否则将使公司机制僵化,使公司决策者、管理者缺乏创新和动力去决策、管理,使公司失去活力与效率。这种限制包括:一是在主观层面,将责任严格限定于故意或重大过失的情形。二是应该设置合理的抗辩和免责机制。如构建了科学合理的公司内部风险控制体系等可作为抗辩理由适用于环境侵权。对近年重金属等重大环境污染事件发生原因的分析显示,76 起事件中有 69 起系因"环境违法"行为所致,占 90.79%。〔1〕 这足以表明环境侵权是公司决策层、管理层的重大过失所致。〔2〕 若能通过公司内部责任扩张,强化雇员及高级管理人员的勤勉、注意义务与责任,将对当下严峻的环境问题发挥积极的规制作用。

第三节 外部扩张:从直接侵权者向关联主体的发展

除《土壤污染防治法》对责任者的规定有从土壤污染责任人向土地使用权人、受让人发展的趋势外,尚无修复责任主体扩张的直接规定。环境司法早已突破法律规范,在很多案件中实现了修复责任主体的扩张,只是不同情形下扩张的范围有所不同。为真正体现损害担责原理,将对生态环境损害负有责任的关联主体皆纳入规制轨道,方能有效筹集生态环境损害赔偿和修复费用,为生态环境的良性发展护航。类型化理论是科学的自然方法论,它是任何漏洞补偿方法的理论依据。〔3〕 应借助类型化思维,将司法实务中环境修复责任主体扩张类型化,助力规则形成。

---

〔1〕 参见胡卫:《重金属环境污染损害赔偿法律机制研究Ⅱ:重金属环境污染财产损害赔偿研究》,中国法制出版社 2020 年版,第 22 页。

〔2〕 参见赵卫民:《建立环境恢复责任制度的若干思考》,载《人民司法》2010 年第 3 期。

〔3〕 参见刘士国:《科学的自然法观与民法解释》,复旦大学出版社 2011 年版,第 111 页。

一、现时权利人：所有权人或使用权人的状态责任

"状态责任"与"行为责任"相对应，源于德国行政法，指物之所有人或使用人等拥有事实上管领力之人，基于对物的支配力而对物的状态所生损害或危险承担制止或排除损害的责任[1]。包括物的直接或间接占有人，占有辅助人、使用人、承租人、管理人，甚至无权占有人。[2] 相较于行为责任，状态责任在环境法中适用具有提高生态修复效率、合理分配环境损害成本、避免不可抗力或意外事件时责任主体阙无等优势。[3] 其逻辑结构为：物的管领事实 + 物的危险状态。《美国超级基金法》第 107 条、《德国土壤保护法》第 4 条、《日本土壤污染对策法》第 8 条规定了状态责任。其确定责任人的根据是"身份"，而非过错及因果关系。[4] 状态责任具有严格性，需对其适用进行合理限制，一般情况下不应将国家作为状态责任人[5]。我国《土壤污染防治法》中已有状态责任的影子，如第 45、96 条规定，在无法确认土壤污染责任人时，应由土地使用人实施土壤风险管控与修复。实践中虽未通过裁判宣示，但客观上运用了状态责任理论来解决现实难题。所有权人及使用权人是状态责任人的典型，也包括其他形态的状态责任人，彰显"财产权社会义务性"。[6] 但状态责任并非终局性责任，应由行为人承担终局性责任。

（一）设施设备的现时所有人或经营者

由现时的所有者对环境污染或生态破坏承担责任有较为充分和正

---

〔1〕 参见李介民：《危险防止法上责任继受与成本分担》，载《法令月刊》2014 年第 12 期。

〔2〕 参见李建良：《"状态责任"的辩证与运用》，载《台湾法学杂志》2014 年第 4 期。

〔3〕 参见杨昌彪：《矿区生态修复的行为责任与状态责任之辩——以〈矿产资源法〉第三次修订为契机》，载《西南石油大学学报（社会科学版）》2020 年第 4 期。

〔4〕 参见李挚萍：《生态环境修复司法的实践创新及其反思》，载《华南师范大学学报（社会科学版）》2018 年第 2 期。

〔5〕 参见杨昌彪：《矿区生态修复的行为责任与状态责任之辩——以〈矿产资源法〉第三次修订为契机》，载《西南石油大学学报（社会科学版）》2020 年第 4 期。

〔6〕 参见谢鸿飞《财产权的公共性》，载《上海政法学院学报（法治论丛）》2022 年第 5 期；张翔：《财产权的社会义务》，载《中国社会科学》2012 年第 9 期。

当的理由。若现时的所有者或经营者是继受而来,对之前已发生的污染或生态破坏行为承担修复责任亦不为过,因为如不对受让污染工厂的第三人科以责任,则污染源所有者很可能以让与工厂给第三人的方式,来规避其应承担的环境修复责任和其他环保义务。这种继受若是采用股权受让、公司合并与分离、合资合作、兼并重组等方式进行,原侵权者的主体资格并未发生变化,公司内部治理结构改变不影响主体同一性,由现时主体承担环境修复责任自为妥当。若这种继受是从前任权利人手中以权利变动方式获得的,则因环境侵权受害人是一种非自愿债权人[1],仅为被动、消极接受侵权,受让人受让权利时有义务和责任审慎考察所受让标的是否存在实际的或潜在的环境责任负担。2002 年《美国小企业责任减轻和棕地振兴法案》对"善意"准购买人减轻责任设置了限制条件,其若寻求豁免则必须在获得所有权之前进行"一切适当的调查",并且在获得所有权之后采取"合理步骤"防止环境污染的潜在有害暴露。如果达到这些要求,这些场地当事人可以从超级基金法案的清理行动和责任中得到豁免,但仍然需要承担一定的污染管理责任。[2]

在最高人民法院指导性案例 130 号[3]中,藏金阁公司系排污设备产权人,有义务确保废水处理设施设备完好,但藏金阁公司改造废酸池时,未按正常方式对暗管进行封闭,为受托人首旭公司通过暗管实施违法行为提供了客观条件,法院由此认定其具有违法故意,应为受托人违法排污行为承担责任。又如,某公司作为厂房及设备所有人,明知行为人从事废塑清洗会造成污染,仍为其提供厂房及设备,应与行为人对污染环境损害承担连带责任。[4] 这对未履行审慎审查义务的所有人起到

---

〔1〕 参见张新宝、庄超:《扩张与强化:环境侵权责任的综合适用》,载《中国社会科学》2014 年第 3 期。

〔2〕 参见王兴润、颜湘华主编:《美国超级基金制度与国内污染场地评估案例》,中国环境出版社 2014 年版,第 9 页。

〔3〕 参见重庆市第一中级人民法院民事判决书,(2017)渝 01 民初 773 号。

〔4〕 参见福建省泉州市中级人民法院民事判决书,(2017)闽 05 民初 1 号。

了警示作用。在另一起案件〔1〕中，因甲醛卸装至原告企业储蓄罐内之前标的物的所有权仍归属豪博公司，法院判决豪博公司对立鑫公司的60%损失承担连带赔偿责任。在全国首例放射性污染环境民事公益诉讼案件中，涉案放射源的登记使用人、实际使用人均未履行处置责任，法院依法判决其对消除涉案放射源危险产生的处置费用承担连带责任。〔2〕

由设施设备的现时所有人或管理人承担污染侵权责任，具有合理性。〔3〕在通化永利公司等环境污染责任纠纷案〔4〕中，永利公司生产经营因通钢公司、通钢集团涉案高炉的建成使用而受到影响并停产，所受损害与通钢公司、通钢集团建设使用涉案高炉具有关联性。通钢公司作为涉案高炉的产权人，应对永利公司承担赔偿责任。通钢集团与通钢公司共同建设2#、3#高炉，对高炉建成对他人造成的损害均有过错，通钢集团应承担连带责任。

（二）现时的用益物权人

1. 现时的矿业权人

采矿权转让后，受让人是否对受让前的矿害责任负责法律上并无规定，有损害发生时矿业权人与受让人共同担责〔5〕和由损害发生时的矿业权人担责两种立法例。〔6〕根据《探矿权采矿权转让管理办法》第12条，矿害责任受让人承担矿害责任乃属自然，但对于转让之前的损害原矿业权人是否承担责任尚无明确依据。〔7〕最高人民法院的两个案例，确

〔1〕 浙江省台州市中级人民法院民事判决书，(2015)浙台民终字第840号。

〔2〕 参见山东省2024年“法院环境资源审判典型案例”之一：山东省济南市人民检察院诉甲医院、乙医院、丙医院环境污染民事公益诉讼案。

〔3〕 参见重庆市第一中级人民法院民事判决书，(2016)渝01民终8972号。

〔4〕 吉林省高级人民法院民事判决书，(2019)吉民终423号。

〔5〕 如《日本矿业法》第109条，参见国土资源部地质勘查司编：《各国矿业法选编》，中国大地出版社2005年版，第128页。

〔6〕 参见《荷兰民法典》第6:177条；《荷兰民法典》，王卫国主译，中国政法大学出版社2006年版。

〔7〕 参见胡卫：《论矿害责任承担规则与责任方式》，载《政法论丛》2015年第2期。

认了现时矿业权人负有合理开采的注意义务。[1] 违反此合理注意义务导致地下水位下降、地质沉陷、滑坡等生态破坏的,应由现有权利人对生态破坏侵权承担责任。如矿业权人通过承包、租赁等方式,在获得利益的同时,放弃对生态环境修复等法定义务的,相关承包、租赁合同无效。[2] 《矿产资源法(修订草案)》针对矿区生态环境修复的规定呈现矿业权人的状态责任特征。[3] 《长江保护法》第62条、《黄河保护法》第44条、《青藏高原生态保护法》第33条及第34条,都确认了探矿权采矿权人的生态修复责任。

部分法院创设了"债务随资产转移原则"[4],如在某案件中,两个以上煤矿整合后形成新公司采矿权,未对原煤矿开采行为应负的对外赔偿责任作出处理,故应对村民房屋和村组的庙宇受损承担赔偿责任,以避免矿业权人逃避责任。在代表矿业权的采矿许可证已逾期、未办理林地使用手续的情况下,行为人通过约定变更采矿权主体,扩大矿山开采范围,掩埋覆盖弃石、弃土,在共同开采破坏矿产资源的同时非法占用林地、严重毁坏林地原有植被,损害了环境公共利益的,也应承担连带责任。[5] 在英德市新群村委会新村村民小组与英德市硫铁矿公司等环境污染责任纠纷案[6]中,硫铁矿公司主张农田污染是由原广东省硫铁矿的开采行为所造成,与其排污行为之间不存在因果关系,但对此并未提供证据予以证实,法院据此认定硫铁矿公司是本案责任主体,需对农田污染承担相应的赔偿责任。

---

[1] 参见最高人民法院民事判决书,(2019)最高法民终289号;最高人民法院民事裁定书,(2015)民申字第3423号。

[2] 参见《最高人民法院关于审理矿业权纠纷案件适用法律若干问题的解释》第12条第2款。

[3] 参见2023年12月29日全国人大常委会发布的《〈中华人民共和国矿产资源法(修订草案)〉征求意见稿》第41条。

[4] 河南省平顶山市中级人民法院民事判决书,(2012)平民终字第46号。

[5] 参见福建省高级人民法院民事判决书,(2015)闽民终字第2060号;最高人民法院民事裁定书,(2016)最高法民申1919号。

[6] 广东省清远市中级人民法院民事判决书,(2016)粤18民终825号。

2. 现时的土地使用权人

根据《民法典》第 326 条,现时土地使用权人既是土地占有、使用、收益、处分的权利人,也肩负合理开发利用土地、保护生态环境的义务。当其滥用权利造成环境污染或生态破坏时,须承担民事修复及赔偿责任。《土壤污染防治法》第 96 条规定土壤污染治理责任主体是污染责任人,责任人不明确的,应先由土地使用人承担修复责任。实践中,现时土地使用权人承担修复责任有三种情形:一是土地使用权人违反法律规定污染土壤、破坏生态,造成他人利益或公共利益损害。二是土地使用权人未尽合理审慎义务,将土地、厂房、设备等出租人给他人非法从事污染活动,导致生态环境损害。如在张某山、邝某尧水污染责任纠纷案[1]中,张某山、邝某尧作为水塘的承包人,准许他人向水塘倾倒垃圾并从中获取利益,造成水塘被污染,应共同承担环境污染损害民事责任。三是历史经营过程形成污染,企业经过多次改制的,现时的土地使用权人应承担修复责任。《土壤污染防治法》第 47 条规定,土地污染责任人变更的,由变更后的责任人承担修复责任。企业改制后存续的法人主体,应当对外承担原被改制企业的环境侵权责任。[2] 在常州外国语学校污染责任纠纷案[3]中,法院明确了政府收储不是简单的土地转让,原土地使用权人仍应继续承担责任。

二、固体废物:固体废物处置利益链条中行为人与辅助者

(一)固体废物生产、经营、运输、处置等行为人

1. 固体废物产生者

鉴于固体废物对环境污染的严重性,须对其进行严格源头管控,尤其以危险废物为甚。实践中,固体废物产生者没有按照法定条件和程序管理与处置危险废物,未尽妥善管理义务,对环境污染事件的发生具有

---

〔1〕 参见广东省高级人民法院民事判决书,(2018)粤民终 2466 号。

〔2〕 参见浙江省高级人民法院民事判决书,(2018)浙民终 1015 号。

〔3〕 参见江苏省高级人民法院民事判决书,(2017)苏民终 232 号。

过错的,多被判令承担环境修复责任。具体情形包括:

(1)产生者直接实施污染行为

固体废物产生者直接污染环境的情况主要存在于设施不完善的中小企业中。如企业未经环境影响评价、未依法按照环保"三同时"要求建设固体废物储存、处置场所,擅自将固体废物钛石膏转移至相邻省境内贮存,亦未依法采取围挡、围堰、遮盖等防扬散、防流失措施,法院判决企业建立合规的固体废物贮存、处置场所,并采用植被种植的方式修复受损生态环境。[1]

(2)产生者在固体废物利用处置环节的过错行为

固体废物产生后,在综合利用、处置过程中有一个比较长的链条,包含收集、贮存、运输、利用、处置等多个环节,任何一个环节都可能违法而造成环境污染。《固体废物污染环境防治法》第37、79条建立了固体废物收集、利用、运输、贮存、处置的法定资格制度,与危险固体废物的经营许可证管理制度形成互补。产生者之所以承担责任,根本原因在于其具有过错,未尽到合理审查、审慎注意和跟踪监管义务,引发重大水体、大气、土壤等污染事件发生。该类事件数量居高不下,广泛存在于各类环境诉讼之中。

第一,产生者在收集环节的违法责任。产生者违法将固体废物交由不具备资质的利用者、处置者处置,利用者、处置者实施违法堆放、填埋、抛弃等行为时,即构成违法,产生者应与利用者、处置者承担连带责任。检例第164号指出,危险废物产生者未按法定程序和方法将固体废物交由有资质者处理,构成违法,应承担生态环境修复责任[2]。有判决明确指出[3],固体废物产生者负有"污染源头控制义务",产生者未依法依规选取具有相关资质的处置主体,导致生活垃圾进入非正规处理渠道,处

[1] 参见安徽省高级人民法院民事判决书,(2018)皖民终826号。

[2] 参见江西省浮梁县人民检察院诉A化工集团有限公司污染环境民事公益诉讼案,最高人民检察院第四十批指导性案例第164号(2022年)。

[3] 参见2023年上海市"1+4"两级人民法院环境资源典型案例第十七:某中心诉陈某某等环境污染责任纠纷案。

于源头环节的产生者未起到源头控制作用的，应承担主要责任。如在泰州市环保联合会与泰兴锦汇化工有限公司等环境污染责任纠纷案〔1〕中，锦汇公司仅以1元/吨的价款向中江公司销售副产酸，并额外支付20元/吨的运输费用或其他补贴，该种补贴出售行为不符合买卖合同基本特征，且中江公司等单位并不具备废酸处置资质。其为处置方违法倾倒废物提供便利，即“名为出售，实为违法委托处置”，故法院判令锦汇公司承担连带责任。

第二，产生者在利用、处置环节的违法责任。固体废物“贮存”“利用”“处置”有法定的制度，须严格遵守国家关于固体废物贮存规范、利用规则和处置标准。〔2〕实践中，产生者与利用者签订相应的固体废物综合利用协议后，疏于对利用者的利用情况进行跟踪监督，导致利用者、处置者、贮存者违法堆放、填埋、倾倒、利用等情形频繁发生，各地法院多以产生者委托不具备资质的主体利用、处置、贮存固体废物，存在过错，判决其承担连带责任。〔3〕在一判决〔4〕中，法院认为，某建材公司将涂料交由无处置危险废物经营许可证的个人处理，应认定为侵权行为由某建材公司和处理者共同实施，二者构成共同侵权，应承担连带责任。在另一判决〔5〕中，产生者虽与处置者签署了废弃物处置协议，但产生者明知处置者未对堆放场所依法采取“防扬散、防流失、防渗漏”措施，依然允许其长时间持续倾倒，二者存在共同侵权故意，应承担赔偿责任。

第三，产生者在运输环节的违法责任。运输是连接固体废物收集、贮存、利用、处置的重要环节，在运输过程中发生的环境污染事件较为复杂。有的是产生者委托运输，有的是贮存、利用、处置者委托运输，有的

〔1〕最高人民法院民事裁定书，(2015)民申字第1366号。

〔2〕如《低、中水平放射性固体废物近地表处置安全规定》《生活垃圾填埋场污染控制标准》《医疗废物集中处置技术规范（试行）》《危险废物贮存污染控制标准》《一般工业固体废物贮存、处置场污染控制标准》等。

〔3〕广东省佛山市南海区人民法院民事判决书，(2009)南民一初字第2543号；广东省佛山市中级人民法院民事判决书，(2010)佛中法民一终字第587号。

〔4〕广东省广州市中级人民法院民事判决书，(2018)粤01民初990号。

〔5〕浙江省宁波市中级人民法院民事判决书，(2015)浙甬民一二终字第560号。

是运输者自行决定违法倾倒、处置、填埋,有的是受委托人指示违法堆放、倾倒、填埋、处置。如产生者直接委托运输,其未对运输者资质进行审查或未对运输过程进行监管导致污染环境的,应与运输者承担连带责任;若系利用者、处置者委托运输,但产生者明知运输者不具有危险固体废物运输资质和条件仍允许其运输的,法院仍会以产生者存在过错为由判令其承担责任。例如,承运人违法将产生者产生的固体废物擅自倾倒,并未运输至合法处置场所,托运人知晓承运人擅自倾倒行为并表示同意,应认定为其与承运人共同实施倾倒行为而承担连带责任。[1] 在判断产生者是否承担责任时,其委托运输行为与环境污染损害结果之间是否存在因果关系,是判断产生者是否应与实际处理者共同承担责任的重要依据。[2] 在另一典型案例中,危险废物产生者明知运输者用以运输危险废物的车辆无资质,仍交由其运输,亦有过错当承担责任。[3]

2. 固体废物经营者

固体废物,尤其是危险废物经营是国家特许经营行业,对其进行严格管控的目的是防止危险废物危害生态环境和人体健康安全。实践中,对危险废物经营的严格管理制度有时被束之高阁,经营者未尽到法定义务和监管责任,有时虽未直接参与环境污染行为,但当其与环境污染损害之间存在因果关系或存在重大过错时,应与污染者共同承担修复责任。尤其是非法经营者违反危险废物特许经营许可管理规定,无证非法经营危险废物给环境留下隐患的,极易导致环境污染事件的发生。故对非法经营者判令其与污染者共同承担连带责任,具有正当性。[4]

3. 固体废物的非法收集、处置者

基于危险废物的危险性,对其进行处置需要处置人有较高的专业技

---

[1] 参见吉林省吉林市中级人民法院民事判决书,(2017)吉02民初32号。

[2] 参见安徽省淮南市中级人民法院民事判决书,(2016)皖04民初73号;安徽省高级人民法院民事裁定书,(2018)皖民终183号。

[3] 参见河南省高级人民法院民事判决书,(2017)豫民终232号。

[4] 参见江苏省江阴市人民法院民事判决书,(2013)澄环民初字第0003号;湖南省郴州市中级人民法院民事判决书,(2018)湘10民初3号。

术水平和良好设备,并经依法验收合格、领取危险废物特许经营许可证方可经营。但现实却是:大量的案件中,危险废物被交给没有处置资格的人后,以倾倒、丢弃、非法填埋、再次转移等方式污染水体、土壤、大气、海洋、湿地等环境,此时危险废物的非法处置者即为"污染者",应当对所污染的环境承担修复责任。

4. 固体废物运输者

转移、运输固体废物,须填写转移联单,遵守法定的申请、批准、通知、报告等程序,[1]违反程序造成污染的应承担环境污染责任。

其一,实际上的运输者。分几种情况:一是运输者并未参与实施污染行为的原则上不应承担责任。但运输行为本身构成污染行为一个环节的,则应作为污染者共同承担责任。如污染物的产生者虽没有倾倒行为,但参与了固体废物倾倒地点的选择与确认,应与污染物的运输者共同承担赔偿责任。[2] 二是运输者同时是非法处置者或倾倒者,或未尽注意义务造成污染,其身份应定性为"污染者"。[3] 如运输者虽具备危险化学品道路运输资质,所配备的驾驶、押运人员具备相应从业资格,但驾驶员在将甲醛运至目的地后,明知对方无从事危险化学品卸装从业资格,在无装卸管理人员指挥或监控下,擅自卸装后离开现场,致使甲醛泄漏造成污染,其作为污染者应承担侵权责任。[4] 但另一案件中,因运输司机不知晓所运货物为危险废物,司机是从公共平台"货车帮"上接到运输订单,无证据证明与污染者存在意思联络,法院判决司机不承担责任。[5]

其二,名义上的运输者(被挂靠单位)。主要指不具备危险废物等运输、处置资格的单位或个人,将其购买专用于运输危险废物、危险品的汽车挂靠在有资质的单位名下从事运输行为。被挂靠单位是否承担责任

[1] 《固体废物污染环境防治法》第37、39、82、85条。

[2] 参见湖南省高级人民法院民事判决书,(2014)湘高法民三终字第135号。

[3] 参见福建省厦门市海沧区人民法院行政判决书,(2008)海行初字第21号;福建省厦门市中级人民法院行政判决书,(2009)厦行终字第39号。

[4] 参见浙江省台州市中级人民法院民事判决书,(2015)浙台民终字第840号。

[5] 参见广西壮族自治区来宾市中级人民法院民事判决书,(2018)桂13民初39号。

有不同处理:一是未起诉被挂靠者或者起诉后撤回对被挂靠单位的起诉。[1] 此种情形默认被挂靠单位不承担责任。二是起诉了被挂靠单位,且法院判令被挂靠单位承担"补充赔偿责任"。[2] 三是将被挂靠单位作为共同被告,且法院判令被挂靠单位承担连带责任。[3] 即造成污染事故的实际运输人负主要责任,被挂靠单位对挂靠其名下车辆管理、审查不严,存在管理上的过失,与污染者承担连带责任。[4] 我们更倾向于第三种处理方式,相关司法解释亦持此观点。[5] 同时,交通事故会诱发环境污染,被挂靠人承担连带责任可敦促其履行对挂靠车辆的监督、管理职责,管控环境污染风险。但前提是挂靠人须构成侵权,否则被挂靠人无须担责。[6]

(二)固体废物生产、经营、运输等行为辅助者

辅助者即为固体废物的生产、收集、贮存、利用、处置、运输等行为提供帮助的人,当发生非法堆放、倾倒、填埋等污染环境行为时,具有过错的辅助者应承担侵权责任。

1. 场地提供者

明知他人的行为可能造成污染而为其提供场地的,视为共同侵权。[7] 场地提供者承担责任的形态有所不同:一是承担连带责任。如出租人明知他人承租土地的目的是倾倒、填埋垃圾,仍将土地出租并在承租人倾倒、填埋垃圾时提供了帮助,法院判决其与承租人承担连带责

---

[1] 参见山东省东营市中级人民法院民事判决书,(2012)东环保民初字第1号;江苏省江阴市人民法院民事判决书,(2013)澄环民初字第0003号。

[2] 参见重庆市长寿区人民法院民事判决书,(2011)长法民初字第00690号。

[3] 参见广东省惠州市中级人民法院民事判决书,(2015)惠中法民一终字第101号;陕西省咸阳市中级人民法院民事判决书,(2013)咸中民终字第01394号。

[4] 参见河南省高级人民法院民事判决书,(2016)豫民终1194号。

[5] 参见《最高人民法院关于审理道路交通事故损害赔偿案件适用法律若干问题的解释》第3条。

[6] 参见广西壮族自治区来宾市中级人民法院民事判决书,(2018)桂13民初39号。

[7] 参见江苏省常州市中级人民法院民事判决书,(2014)常环公民初字第2号。

任。[1] 二是承担比例责任。如在谭某洪等环境污染责任纠纷案[2]中,方某运将其承包的两个池塘租赁给谭某洪,为其倾倒污泥提供场所和便利,其虽对污染损害结果起次要作用,但构成共同侵权应承担连带责任。法院综合考虑该案具体情况,酌情判处谭某洪承担80%责任、方某双承担20%责任。但出租人毕竟并非实际污染者,其对污染事件的发生无过失时,让其承担环境污染责任有失公允,故并不必然对出租人科以责任,有相当部分案例仅由承租人独立承担责任。[3]

2. 危险废物设备所有者、管理者

危险废物等污染物的运输、处置等需要借助特殊的危险物品运输车辆、容器等,如这些危险物的运输、处置设备所有者或管理者未尽到管理义务,违法出借致使污染发生的,应承担连带责任。[4]

3. 固体废物经营资质出租、出借者

如明知他人不具有危险废物处置资格,具备资质的主体将其资格违法出租、出借给无资质者,为其污染环境提供了帮助和便利,则其与污染行为的发生具有因果关系,存在主观过错,属共同侵权。[5] 虽然出借资质者未参与危险废物处置,也未直接造成环境污染,但其出借资质的行为本身就违反环境保护法的要求,且客观上帮助了侵权行为人获取危险废物,为其实施环境污染侵权行为提供了帮助,故应承担共同侵权责任。[6] 又如,在九江市人民政府与江西正鹏环保科技有限公司等生态环境损害赔偿案[7]中,连新公司在处理污泥能力有限的情况下,将公司公

---

〔1〕 参见2022年广东法院环境资源司法保护十大典型案例之七:中山市某执法局与张某某等人生态环境损害赔偿诉讼案。

〔2〕 参见广东省广州市中级人民法院民事判决书,(2015)穗中法民一终字第3804号。

〔3〕 参见最高人民法院民事裁定书,(2014)民申字第120号;福建省高级人民法院民事判决书,(2013)闽民终字第718号;广东省佛山市顺德区人民法院民事判决书,(2015)佛顺法民一初字第373号;河南省高级人民法院民事裁定书,(2015)豫法立二民申字第00338号。

〔4〕 参见江苏省江阴市人民法院民事判决书,(2013)澄环民初字第0003号。

〔5〕 参见河南省高级人民法院民事判决书,(2017)豫民终232号。

〔6〕 参见江苏省常州市中级人民法院民事判决书,(2014)常环公民初字第2号。

〔7〕 参见江西省九江市中级人民法院民事判决书,(2019)赣04民初201号。

章、空白合同交给张某良用以处理污泥，亦未按法定流程进行追踪，存在监管过失，应对来源于连新公司的污泥非法倾倒承担生态环境修复责任。此外，被挂靠人实际上是资质的出借者，其应对挂靠人实施的生态环境破坏或污染行为承担责任。如在一起行政复议案[1]中，案涉船舶违法向海洋倾倒废弃物，某船舶公司作为被挂靠方和登记经营人，虽未直接参与管理，但应对挂靠在其名下船舶的违法行为负责。

三、监管缺失：协议安排下环保义务监督过失责任人

（一）委托合同：委托人对受托人监管过失责任

环保设施所有者、经营者、管理者委托专业机构进行管理、运营的情形，包括整体委托、部分委托、专项委托等。在环保设施委托运营过程中，如委托方未对受托方资质和技术能力、专业水平等进行审慎审查，或者运营过程中疏于监督，受托人违法或违规管理、运行、处置环保设施及相关事项，进而造成环境污染或生态破坏的，委托人通常会被认为因过错未履行监管职责，应为受托人造成的生态环境损害承担责任。如在最高人民法院指导性案例 130 号[2]中，藏金阁公司与专业单位首旭公司签订委托运行协议将废水交其处理，但未削减或解除藏金阁公司依法排污的法定义务和责任。藏金阁公司对受托人首旭公司日常排污及污水处理负有监督职责，但其在长达 1 年 8 个月的时间里并未尽到监管义务，直接导致首旭公司长期违法造成生态环境污染的严重后果，法院据此认定藏金阁公司存在监督过失，并有共同侵权的故意，故应承担连带责任。在委托运输中，委托人对运输人亦负有监督义务，违反者应承担责任。《生态环境侵权责任解释》第 12、13、14 条分别情形确定排污单位与第三方治理机构的责任：（1）排污单位对第三方治理机构选任、指示过失承担相应责任；（2）排污单位违法指示、将明显缺陷环保设施交付第三

---

[1] 参见 2022 年广东法院环境资源司法保护十大典型案例之十：某船舶公司诉某海洋执法大队、某区政府行政处罚及行政复议案。

[2] 参见重庆市第一中级人民法院民事判决书，（2017）渝 01 民初 773 号。

方运营、以明显不合理的价格将污染物交由第三方处置等的，应承担连带责任。

（二）承包合同：发包人对承包人监管过失责任

主要包括工程施工导致的，或承包企业经营或环保设施问题引发的，以及定作人指示过失导致的生态环境损害责任。

1. 工程承包：发包人存在监管过失的，对承包人施工导致的环境侵权承担责任

建设工程合同承包人会在施工过程中实施爆破、挖掘地面、地面平整、浇筑水泥、排放污水、堆砌垃圾等行为，这可能造成环境污染或生态破坏。发包人如何承担责任？有不同思路：一是发包人仅在有过错的情况下成立侵权责任。[1] 判断发包人是否存在过错的依据是其发包时选择的施工单位是否具备法定资质，在必要的监管过程中是否履行职责。若发包人和管理单位未尽审慎义务，则对事故的发生具有一定的责任[2]。如发包人依法履行了监督职责，对受害人或社会公共利益所受损害无主观故意或过失[3]，或无证据证明发包人与污染损害后果之间存在关联[4]，应由承包人承担责任。二是不区分过错，直接认定发包人应对承包人导致的环境侵权承担责任。有判决在理由尚不充分的情况下，直接认为发包人作为委托施工方应承担相应责任；[5] 也有判决认为，作为发包方应对承包方为及时清理污水及污泥造成的损害承担连带赔偿责任。[6] 第一种处理思路比较合理，能兼及各方利益。

2. 经营承包：发包人对承包人经营过程中的监管过失承担责任

企业承包经营引发的环境污染或生态破坏有两种：一是内部承包经

[1] 参见胡卫：《过错优先：环境污染侵权中行为人过错的功能分析》，载《政法论丛》2019年第6期。

[2] 参见最高人民法院民事裁定书，(2017)最高法民申3936号。

[3] 参见最高人民法院民事裁定书，(2015)民申字第2305号；吉林省延边朝鲜族自治州中级人民法院民事判决书，(2018)吉24民终688号。

[4] 参见重庆市第四中级人民法院民事判决书，(2019)渝04民终654号。

[5] 参见最高人民法院民事裁定书，(2016)最高法民申162号。

[6] 参见浙江省温州市中级人民法院民事判决书，(2017)浙03民终3386号。

营引发的环境侵权。即由发包人将企业承包给内部股东、管理层、员工或内部单位,这种情况下往往是企业具备固体废物等利用、处置等经营资质,但承包人不具备相应资质,引发环境污染时,发包人因未履行监管义务,存在过错,应承担连带赔偿责任。[1] 二是外部承包经营引发的环境侵权。即发包人将企业承包给外部单位或个人经营管理,因疏于监管导致环境污染,发包人应与承包人承担连带责任。如在广州市人民检察院与陆某辉等环境污染责任纠纷案[2]中,赫尔普公司未经委托方的许可,将中标而得的案涉油罐清理项目转包给没有危险废物处置资格的陆某辉等实施,其违反危险废物经营许可的法律规定,亦未对陆某辉等实际处置清理案涉油罐而产生危险废物的行为进行有效管理和监督,造成水环境严重污染,赫尔普公司存在过错,与陆某辉、陆某兴构成共同污染侵权行为。

四、特定责任人:负有治理与管理责任者

(一)负有治理责任者

基于法定或约定事由,未履行环境治理责任者,对环境污染或生态破坏给他人造成的损害应承担责任。[3] 在万宁市东沃镇人民政府与黄某雄等损害赔偿纠纷案[4]中,镇政府系采矿组织管理者,对违法用地或无证采矿者并未坚决制止,缺乏监督,未设置危险标识;且其收取土地复垦费而不履行复垦义务,对危险隐患未及时采取措施加以消除,致使5名女孩在非法采矿留下的钛堀中溺水身亡,故对危害后果应当承担相应赔偿责任。

(二)负有管理责任者

对特定事项负有管理责任者,若未尽勤勉义务和善良管理义务,导

---

[1] 参见湖南省郴州市中级人民法院民事判决书,(2018)湘10民初3号。
[2] 参见广东省广州市中级人民法院民事判决书,(2019)粤01民初326号。
[3] 参见江苏省无锡市中级人民法院民事判决书,(2013)锡环民终字第1号。
[4] 参见海南省海南中级人民法院民事判决书,(2000)海南民终字第203号。

致环境侵权或损害后果扩大的,应对其未尽管理义务的过失行为承担责任。这在一定程度上加重了管理者的负担,但对防止污染的发生或扩大具有积极意义,契合强化对受害人保护的发展趋势。如物业管理人对其物业管理区域内存在的违反环保法律、法规规定的行为,未履行法定义务,致使受害人日常生活居住的环境长期受到加害人经营餐馆排放的油烟及污水的影响,物业管理公司应承担相应民事责任。[1] 另案中,呼图壁县环卫中心及市政中心未尽到管理责任,致使城市排污管网的污水流入摆某强经营的鱼塘导致水体污染,造成大量鱼苗及成品鱼死亡,理应对摆某强的损失承担赔偿责任。[2] 在交通事故引发的环境污染中,如公路管理者未采取应急措施,控制污染源,防止二次污染发生、损害扩大的,公路管理者应承担相应的过错责任。在另一案件[3]中,法院认为高速公司在事故后未履行法定义务,导致泄漏的变压器油沿高速公路边坡流向外部,经高速公路雨水沟、高速公路下方的涵洞流入周某经营的鱼塘,造成渔业损失,高速公司应对本次事故损失扩大承担相应的民事责任。

五、其他主体:环境司法中将侵权责任扩张至其他主体

(一)违法收购者:违反自然资源保护规定违法收购野生动植物者

“没有买卖,就没有杀戮。”违法猎捕、捕捞、盗伐、制作、出售、收购野生动植物保护等各环节形成了一条黑色利益链,只有斩断违法利益链的前端、中断和后端,方可制止破坏生态环境的猖獗行为。如非法捕捞与收购已经形成了完整的利益链条,每个捕捞者和收购者对自己在非法利益链条中所处位置、作用、获利目的等均有明晰认知,对生态资源损害后果均有清晰判断,彼此之间意思联络明显,非法获利动机突出,违法行为高度组织化、日常化、经常化。捕捞、收购、销售等主体在这条利益链条

〔1〕 参见江苏省南京市中级人民法院民事判决书,(2013)宁环民终字第1号。
〔2〕 参见昌吉回族自治州中级人民法院民事判决书,(2015)昌中民一终字第543号。
〔3〕 参见重庆市第一中级人民法院民事判决书,(2014)渝一中法民终字第03125号。

上捆绑在一起，彼此互相利用、互相支持，各自行为均为整体侵权行为的一部分。[1] 收购者与生态资源损害之间有法律上的因果关系，应在各自所涉的生态资源损失范围内承担连带赔偿责任。对“捕捞—收购—贩卖”野生动植物“全链条”追责，对从源头上切断破坏野生动植物资源的侵权行为具有重要示范价值。[2] 而利益链中非法捕捞、贩卖、中转、收购者等主体，各自在其相应责任范围内承担责任。[3] 有判决认定购买食用者也在相应责任范围内承担连带责任。[4]

（二）受益人：获益者应给予适当的补偿

《民法典》第182、183条确立了受益人补偿规则，但环境侵权中受益人是否应当对受害者给予补偿并不明确。从保护弱者、有效救济生态环境的立场看，部分环境侵权案件判决行为人以外的受益人亦应给予受害者适当“补偿”，甚至承担连带责任。[5] 这符合“谁受益，谁补偿”的法理。获得利益者负担一定责任符合常理，但不应成为普遍规则，仅系例外性、补充性规则。例如，有判决认为铁路运营受益方应为施工单位制造的噪声污染适当补偿受害人[6]，还有判决认为高速公路经营者作为受益人，应对未治理和改善噪声污染承担补偿责任。[7] 如系通过实施违法行为获得利益，则其本身是侵权者，不是受益人，应承担侵权责任。[8]

---

〔1〕 参见江苏省高级人民法院民事判决书，(2019)苏民终1734号；江苏省南京市中级人民法院民事判决书，(2019)苏01民初2005号。

〔2〕 参见最高人民法院2019年度人民法院环境资源典型案例之三十四：江苏省泰州市人民检察院诉王某朋等59人生态破坏民事公益诉讼案。

〔3〕 参见2020年最高人民法院长江流域水生态司法保护典型案例之九：江苏省扬州市人民检察诉高某龙等10人环境民事公益诉讼案。

〔4〕 参见湖南法院2023年度环境资源审判典型案例之二：黄某生、张某武非法猎捕、收购、出售野生陆生动物刑事附带民事公益诉讼案。

〔5〕 参见王艳梅、郭媛媛：《环境侵权受益人法律责任的司法裁判研究》，载《环境保护》2015年第15期。

〔6〕 参见河南省高级人民法院民事判决书，(2014)豫法民提字第00094号。

〔7〕 参见河北省唐山市中级人民法院民事判决书，(2014)唐民二终字第436号。

〔8〕 参见广东省广州市中级人民法院民事判决书，(2016)粤01民初107号。

（三）出资人:直接出资参与环境侵权行为者

行为人以出资方式直接参与环境污染或生态破坏的,无论其是否获利,皆应为侵权行为承担责任。但如行为人通过向环境侵权者提供流通资金,为其从事环境违法行为创造条件,则出资者实际上是“帮助者”,并非出资人。出资方式可表现为:

1. 出资设立公司成为公司股东。此种情形下,只有在符合前述公司法人人格否认条件时方可要求股东承担连带责任。

2. 出资设立合伙组织。根据《合伙企业法》第 2 条与《民法典》第 997 条之规定,合伙可以成立合伙组织,也可以松散性地签订合伙合同从事共同的事业,共担风险、共享利润。后者虽具有一定的组织性但又不是独立的组织体,无民事主体资格。[1] 如通过签订合伙协议、共同出资等方式设立从事侵权活动的合伙组织,可认定其构成共同侵权。[2] 但若既是出资人,又共同实施违法排污行为,则宜作共同侵权人处理。[3]

3. 出资设立个人独资企业。在个人独资企业中,如企业因违法造成环境污染或生态破坏,其实际投资人应承担无限连带责任。但登记出资人与实际出资人有差异的,以实际出资人为准。[4]

4. 通过签署合作协议等方式出资。当有资金者无资质,有资质者需要资金,或者彼此有某种特殊的利益需求时,各方可通过签订合作协议的方式约定出资、管理、利益分配等。当出资合作的企业存在污染环境或破坏生态的情形时,则出资人的合作行为即为认定其共同侵权并由其共同承担修复责任的重要依据。[5]

（四）帮助者:为他人环境侵权行为提供资金、行为等帮助者

根据《民法典》第 1169 条的规定,帮助他人实施环境污染或生态破

---

〔1〕 参见黄薇主编:《中华人民共和国民法典合同编释义》,法律出版社 2020 年版,第 1000 页。

〔2〕 参见江苏省高级人民法院民事判决书,(2019)苏民终 1734 号;江苏省南京市中级人民法院民事判决书,(2019)苏 01 民初 2005 号。

〔3〕 参见江苏省高级人民法院民事判决书,(2018)苏民终 75 号。

〔4〕 参见浙江省丽水市中级人民法院民事判决书,(2019)浙 11 民初 84 号。

〔5〕 参见江西省九江市中级人民法院民事判决书,(2019)赣 04 民初 201 号。

坏者,应承担连带责任。“帮助行为”对侵权行为不起决定性作用,可以是积极行为或消极行为。[1] 帮助行为人主观上须以故意为前提,但被帮助者不知晓他人提供帮助不影响帮助侵权行为的成立。[2] 《生态环境侵权责任解释》第10、11条对为侵权人提供场地或储存、运输条件等帮助行为人,分别不同主观过错科以不同责任:故意或重大过失者,承担连带责任;一般过错者,承担与过错相适应的责任。帮助行为包括提供场地、设备、设施、资金、技术等行为,但这些帮助须为直接帮助,间接帮助行为不构成帮助侵权行为。

1. 资金提供者

为环境污染或生态破坏侵权者提供“资金”支持,与生态环境损害有直接因果联系的,可认定为帮助行为,帮助者应承担侵权责任。但对“提供资金”的帮助行为应当予以严格限定,否则会不当扩大侵权责任主体,导致经济秩序的混乱。如有判决认定,在明知行为人无危险废物经营许可证、未配套污染治理设施等情况下,仍为其提供资金,参与非法经营、管理和购销,并约定了营利分配比例,存在明显的过错的,其与行为人之间构成共同侵权。[3] 尽管有司法案例已将提供资金帮助者作为共同侵权人,但这不应成为一般性的普遍规则,应当就个案进行严格审查。至少有三个方面限制:一是主观上必须是明知。即提供资金者必须明确知晓是为污染者或破坏者实施环境侵权行为提供帮助,如因审查过失提供资金则不构成侵权。二是必须有直接因果关系。提供资金行为必须与环境污染或生态破坏之间具有直接的因果联系,不能将因果关系泛化。三是时间上应根据提供资金时的情形进行判断。

---

〔1〕 参见黄薇主编:《中华人民共和国民法典侵权责任编释义》,法律出版社2020年版,第20页。

〔2〕 参见最高人民法院民法典贯彻实施工作领导小组主编:《中华人民共和国民法典侵权责任编理解与适用》,人民法院出版社2020年版,第61页。

〔3〕 参见江西省高级人民法院民事判决书,(2018)赣民终189号。

2. 其他帮助行为

帮助行为是一个宽泛的概念,难以穷尽。实践中诸如介绍行为[1]、帮助联系、场地转租等都构成帮助侵权行为。如为非法获利,将危险废物货源“介绍”给无处置资质的行为人进行处置,应对污染损害后果承担相应责任。[2] 在最高人民法院指导性案例 210 号中,马某兴为李某帮忙,在案涉地块污泥非法倾倒过程中,其“联系”码头收发污泥、“联系”货车司机和发放相关费用,对该非法倾倒污泥行为存在共同过错,应共同承担修复责任。[3] 在另一案件[4]中,胡某帮助君汉公司“租赁”厂房、“联系”电镀业务等,为君汉公司非法从事电镀业务提供帮助,对环境遭受严重污染的后果负有责任,应承担连带责任。再如在中山市环境科学学会与李某祥、苏某新环境污染责任纠纷案[5]中,慈航公司将涉案地块“转租”给无排污资质的苏某新管理,为苏某新实施侵权行为提供必要条件,并放任环境污染行为及危害后果的发生,存在主观过错,构成环境民事侵权。

(五)第三人:负有过错的第三人

《民法典》第 1233 条完善了第三人环境侵权责任规则,明确其责任根据为“第三人的过错”,从主观上包括故意或过失,从原因力角度包括第三人全部原因力或部分原因力。尤其典型的情况是“侵权人和第三人基于不同行为造成一个损害后果,两个行为都是损害发生的原因,而损害结果又是一个结果”[6]。如在某船舶碰撞污染案件中,两艘船舶互有过失碰撞导致其中一艘船舶漏油污染环境,对于其中有过失的非漏油船舶一方是否应当承担污染损害赔偿责任以及如何承担责任的问题,最高

---

[1] 参见 2023 年广东省高级人民法院发布的十二起服务保障绿美广东生态建设典型案例之九:邓某某诉某皮业公司、陈某某、区某某等环境侵权责任纠纷案。

[2] 参见湖南省郴州市中级人民法院民事判决书,(2018)湘 10 民初 3 号。

[3] 参见江西省九江市中级人民法院民事判决书,(2019)赣 04 民初 201 号。

[4] 参见江苏省高级人民法院民事判决书,(2017)苏民终 1772 号。

[5] 参见广东省广州市中级人民法院民事判决书,(2017)粤 01 民初 201 号。

[6] 最高人民法院民法典贯彻实施工作领导小组主编:《中华人民共和国民法典侵权责任编理解与适用》,人民法院出版社 2020 年版,第 541 ~ 543 页。

人民法院认为,国际公约、《侵权责任法》第63条之规定并未排除油污损害索赔权利人直接请求其他责任人赔偿的权利。根据《生态环境侵权责任解释》第18~20条之规定,权利人可以分别或同时起诉污染者、第三人,而在案涉船舶污染事故中,尽管“舟山”轮没有漏油,但其因部分驾驶过失与“达飞佛罗里达”轮发生碰撞,导致“达飞佛罗里达”轮漏油造成污染,“舟山”轮所有人罗克韦尔公司是上述法律和司法解释中规定的第三人,其应当按照有关生效判决确定的50%过错比例承担污染损害赔偿责任。[1] 相关司法解释[2]并无排除其他有过错者可能承担责任之意,对该条文作通常理解也显然不能得出受损害人仅可以请求漏油船舶所有人承担责任或者受损害人不可以请求其他有过错者承担责任的结论。

(六)销售者:有过错的销售者应当承担环境污染责任

如在某电器公司等生态破坏民事公益诉讼案[3]中,电器公司等三家企业在电商平台公开宣传、售卖“地龙仪”“蚯蚓机”等电击猎捕蚯蚓工具,导致大量买家购买用以捕捉蚯蚓,对作为有益生物的蚯蚓和土壤生态环境造成严重损害,环境公共利益受损,属于生态破坏侵权的新型形态,应承担生态环境损害赔偿责任。而在张某军、张某与青岛海德龙生物科技有限公司环境污染责任纠纷案[4]中,法院指出,环境污染责任与产品责任是有明显差别的,区分的关键在于案涉有机肥施用后是否使自然环境遭受了污染或破坏。案涉有机肥施用后造成张某军等农户种植的农作物出现枯死、生长迟缓等症状,且在不采取修复改良措施的情况下,无法继续种植农作物,破坏了土地的自然生产功能,造成了张某军等农户的财产损失,故本案应为环境污染责任纠纷,污染者应承担修复及赔偿责任。

(七)中介机构:有过错环境服务机构对环境侵权承担连带责任

中介服务机构与侵权者共同承担责任的情形不少,如会计师事务

---

[1] 参见最高人民法院民事判决书,(2018)最高法民再369号。

[2] 参见《最高人民法院关于审理船舶油污损害赔偿纠纷案件若干问题的规定》第4条。

[3] 参见2022年广东法院环境资源司法保护十大典型案例之五。

[4] 参见江苏省南通市中级人民法院民事判决书,(2018)苏06民终3374号。

所、律师事务所、资产评估机构等专业中介服务机构在证券虚假陈述侵权案件中应承担赔偿责任。这种责任都以过错为要件,若能证明无“过错”则可免责。环境影响评价、监测等服务已逐步社会化,为避免这些环境服务机构为追逐利润参与环境污染,或为环境污染提供便利,《环境保护法》第65条规定,环境服务中介机构若存在重大过错对环境侵权负有责任的,应与侵权人共同承担连带责任。中介机构承担连带责任以过错(弄虚作假)[1]为要件,但这种“过错”与其是否和污染者存在共同侵权的“意思联络”不同。无论环境服务中介机构是否与污染者串通,基于其弄虚作假的“过错”皆应与污染者共同承担责任。[2] 如2019年3月21日江苏响水化工厂爆炸事件造成4亿余元损失,而项目建设时参与编制环境整改、影响评价等六家中介机构出具虚假或严重失实的报告,是造成事故发生的重要原因。经江苏省生态环境厅与六家中介机构进行磋商,六家中介机构合并承担生态环境损害赔偿金不低于1000万元(包括履行修复义务、缴纳或补充缴纳赔偿),六家中介机构内部又根据责任比例分担责任。[3] 另一典型案件[4]则是中介机构弄虚作假伪造检测数据,使违规排放行为虚假达标、规避监管,成为污染环境的帮凶。加强对环保检测机构的监管和问责,对于提升环保检测数据的质量和可信度,构建公正、透明、高效的环境治理体系至关重要。

---

〔1〕 关于“弄虚作假”,《生态环境侵权责任解释》第21条分四种情形予以确定。

〔2〕 参见袁杰主编:《中华人民共和国环境保护法解读》,中国法制出版社2014年版,第228~231页。

〔3〕 参见江苏省南京市中级人民法院公告,(2023)苏01民特157号。

〔4〕 参见2024年人民法院依法审理生态环境领域第三方服务机构弄虚作假典型案例之三:广东省广州市人民检察院诉广州某检测技术有限责任公司等环境污染民事公益诉讼案。

第四章　责任分担:生态环境修复责任形态多元化与严格化

第一节　生态环境修复责任分担机制的多元化发展

从体系上看,生态环境修复责任是作为“恢复原状”的特殊形式存在。[1] 在数人侵权的场合,已逐步将构成要件理论或效果模式转向侵权责任分担理论,即基于过错、原因力及其他可责难因素,合理分配当事人之间责任的处理方式。[2] 在具体分担机制上,呈现自己责任与替代责任、单方责任与双方责任、单独责任与共同责任[3]、救济责任与恢复性责任等多种形态。环境侵权中修复责任分担的具体形态呈多元化发展趋势。

---

〔1〕 参见刘士国:《民法典“环境污染和生态破坏责任”评析》,载《东方法学》2020 年第 4 期。

〔2〕 参见王毅纯:《民法典编纂视野下数人侵权行为的体系定位与类型构造》,载《中国应用法学》2018 年第 6 期。

〔3〕 参见杨立新:《中国侵权行为形态与侵权责任形态法律适用指引——中国侵权责任法重述之侵权行为形态与侵权责任形态》,载《河南财经政法大学学报》2013 年第 5 期。

一、责任主体：自己责任与替代责任并存

（一）自己责任：环境侵权主体自负其责为主体形态

根据损害责任由行为人自己承担还是由他人承担为标准，可将责任分担形态区分为自己责任与替代责任。[1] 自己责任即行为人的行为造成他人损害的，由行为人自己承担侵权责任。根据自己责任原理，在无法律特殊规定或当事人特别约定的情况下，自己责任最符合朴素的价值观和民法典的构造逻辑。在环境侵权中，行为人造成生态环境损害，须承担修复生态环境责任的，亦应根据《民法典》侵权责任编、《环境保护法》、《水污染防治法》等规定承担责任。环境侵权中修复责任以自己责任为主，所涉侵权类型包括实行行为与帮助行为、直接行为与间接行为、积极行为与消极行为等。

（二）替代责任：环境侵权由他人负责是例外形态

替代责任，又称为转承责任[2]，是指行为人造成的损害，由他人承担责任的情形。[3] 这是侵权责任分担的例外情形，只有在法律有特别规定的情况下才由他人为自己的侵权行为承担责任。例如，《民法典》侵权责任编第1188条规定的监护人责任，第1191条规定的职务行为责任，第1192条规定的接受劳务侵权责任，第1193条规定的定作人责任，第1218～1221条规定的医疗机构医疗损害责任等情形。环境侵权的替代责任有四种常见情形：一是职务行为造成的环境侵权责任。即行为人在执行法人、非法人组织的职务行为中造成的环境污染或生态破坏侵权，应由其所属的法人或非法人组织承担责任。行为人是否存在主观上的过错并非其对外承担责任与否的依据，而是其雇主是否享有追偿权的基本条件。二是接受劳务造成的环境侵权责任。在个人劳务关系中，提供劳务的一方实施非法排污、抛弃、填埋污染物等污染行为侵权的，应由接受劳

---

〔1〕 参见王轶：《论侵权责任法中的损失分配制度》，载《社会科学战线》2010年第9期。

〔2〕 参见杨立新：《侵权法论》，人民法院出版社2011年版，第667页。

〔3〕 参见王轶：《论侵权责任法中的损失分配制度》，载《社会科学战线》2010年第9期。

务一方对外承担侵权责任。提供劳务一方主观上有重大过错,则是内部追偿的依据。三是代理人行为造成的环境侵权责任,应由被代理人承担。四是定作人指示过失造成环境侵权责任。定作人指示过失责任,源于英美法“独立契约人”责任理论[1],是承揽人接受定作人指示造成的第三人或自身损害,应由有指示过失的定作人承担侵权责任。如在中山市环境科学学会与李某祥、苏某新环境污染责任纠纷案[2]中,慈航公司将租赁土地用于填土经营,选任无规范填土条件的苏某新进行填土,对苏某新的行为缺乏监督,是产生污染的重要原因,慈航公司应承担选任过失的责任。

二、责任人数:单独责任与共同责任

根据责任主体的单复数,可将责任区分为单独责任与共同责任。单一主体承担责任的,为单独责任;两个或两个以上复数主体共同承担责任的,为共同责任。

(一)单独责任:单一主体的环境侵权责任

环境侵权责任应由行为人自行承担,常态化条件下的侵权责任多为单独责任。[3]

(二)共同责任:复数主体的环境共同侵权责任

当环境侵权行为是两个或两个以上主体的行为直接或间接造成时,则可能在复数主体之间形成共同责任关系。共同责任相较单独责任而言,是一种例外责任,只有在法律有特别规定的情况下才可判令行为人及关联人承担共同责任。《民法典》总则编与侵权责任编规定了多类共同责任,包括第1166~1171条规定的连带责任,第1172条规定的按份责任,第1186条规定的公平责任,第1188条及第1198条规定的补充责任,

[1] 参见黄薇主编:《中华人民共和国民法典侵权责任编释义》,法律出版社2020年版,第90页。

[2] 参见广东省广州市中级人民法院民事判决书,(2017)粤01民初201号。

[3] 参见安徽省合肥市中级人民法院民事判决书,(2017)皖01民终1092号;安徽省高级人民法院民事裁定书,(2020)皖民申361号。

第183条、第1190条第1款第2句及第1254条规定的补偿责任等责任形态。环境侵权成因复杂、损害隐蔽、后果严重、具有潜伏性等特点,使环境侵权主体往往呈多元化发展趋势,为有效全面救济受害人和受损生态环境,出现了明显的责任主体扩张趋势。在多元主体中,责任分担机制既有连带责任、按份责任,也有补充责任、公平责任。

1. 连带责任

连带责任是依法或依约,由两个以上责任主体向权利人连带承担全部责任,权利人可向连带责任人中任何一人或数人请求承担全部责任,已承担责任的主体可就超过其应承担份额部分向其他责任人追偿。[1]在数人共同侵权的情况下,呈现责任连带化发展趋势,承担连带责任案件占比较高。

2. 按份责任

按份责任并非单独责任的组合,在责任构成上要求具备整体性特质。[2]《民法典》第177条规定了按份责任,其构成要件包含两人以上分别实施侵权行为及造成同一损害两个方面。按份责任的本质在于,数人之间根据各污染行为的原因力即"污染参与度"承担相应责任,这实质上是自己责任的特殊反映。就环境侵权而言,需同时遵循《民法典》第177、1231条数人侵权内部责任份额规则,由此形成以下两种情形:

(1)数人无意思联络分别实施环境侵权行为造成同一损害的,应根据其过错、原因力等因素确定责任比例或份额。法律依据是《民法典》第177条及第1231条。实践中,按照可明确责任比例和不能确定责任比例两种方式裁判。

一是可以明确污染参与度或原因力的,依法确定各行为人之间的责任份额。如在中华环保联合会与江西龙天勇有色金属有限公司等5公

---

〔1〕 参见最高人民法院民法典贯彻实施工作领导小组主编:《中华人民共和国民法典总则编理解与适用》,人民法院出版社2020年版,第892页。

〔2〕 参见张平华:《〈民法典〉多数人侵权体系及相关法律适用问题》,载《东南学术》2020年第5期。

司环境污染责任纠纷案[1]中,中安公司向袁河偷排重金属污染物直接导致袁河、仙女湖流域生态环境污染,其有重大过错,应承担主要责任;向中安公司提供资金的珊田公司有一定过错,向中安公司非法提供危险废物的龙天勇公司、博凯公司、沿江公司亦存在不同程度的过错。法院综合各行为人过错程度,认定"中安公司承担65%的主要责任,珊田公司承担15%的次要责任,龙天勇公司、博凯公司、沿江公司分别按照提供的危险废物所占比例44.34%、18.82%、36.84%分担20%的次要责任(分别承担8.87%、3.76%、7.37%)"。在另一案件[2]中,长平二井、长平三井造成珍心鲜农业公司土地受到污染,二者主观上无意思联络,亦无法区分各自排污数量及污染范围,且各自侵权行为均不足以造成全部损害后果,应根据污染参与度、原因力确定各方责任。

二是无法确定各行为人责任份额时,各方平均承担责任。在王某瑞与甘肃菁茂生态农业科技股份有限公司等财产损害赔偿纠纷案[3]中,致损原因为杰达公司所属的排水管道出口封堵、污水井渗水,杰达公司作为厂房所有权人,未积极履行地下管道设施维修义务,菁茂公司在杰达公司不作为的情形下,亦未为避免损害后果发生自行维修地下管道,二者均未履行维修义务,对损害的发生均有过错,但无主观意思联络;在管道失修、污水井渗水的情况下,菁茂公司持续将生产污水排入管道,杰达公司将办公楼生活污水排入管道,污水渗漏破坏涉诉房屋地基导致房屋受损。而对排水管道何时、因何原因堵塞,污水井何时开始渗水以及二侵权人各自致损比重等问题,因时过境迁,鉴定机构未能给出明确结论。故菁茂公司与杰达公司分别实施侵权行为造成同一损害,难以确定责任大小,应平均承担责任。

(2)在数人构成共同环境侵权的情形下,各行为人对外应共同承担连带责任,但对内应根据污染物种类、浓度、排放量或破坏生态的方式、

---

[1] 参见江西省高级人民法院民事判决书,(2018)赣民终189号。

[2] 参见重庆市第一中级人民法院民事判决书,(2016)渝01民终8972号。

[3] 参见甘肃省白银市中级人民法院民事判决书,(2018)甘04民终972号。

范围、程度等因素确定各行为人的责任份额。

《民法典》第 1231 条主要规范两个以上侵权人造成他人损害时的内部责任划分,多个侵权人对外如何承担责任,应根据侵权责任编一般规定确定。[1]《侵权责任法》第 67 条是根据各排污行为的原因力即“污染参与度”确定的,即“各污染(侵权)行为的原因力(各行为人参与致害程度的大小)来确定各污染者的责任比例,参与程度大的多分担损害赔偿责任,参与致害程度小的则少分担损害赔偿责任”[2]。这又包含两种情况:一是对外承担连带责任后,侵权人之间按《民法典》第 1231 条确定各自责任份额;二是对外承担按份责任时,直接适用该条规定确定各自的责任份额。[3] 但数人分别排污一律承担按份责任,并不利于受害人利益的保护和环境利益的维护。于是《生态环境侵权责任解释》第 5、6、7、8 条分四种情形予以细化和发展:①每一个侵权人的污染行为都足以造成全部损害的数个侵权行为“叠加”后造成同一损害的,适用《民法典》第 1171 条,由数个侵权者承担连带责任;②每一个侵权人的侵权行为都不足以造成全部损害的数个行为“叠加”后造成同一损害的,适用《民法典》第 1172 条根据责任大小确定责任比例或在无法确定责任大小时平均承担责任;③部分侵权行为足以造成全部损害,部分行为只造成部分损害,“叠加”后造成同一损害的,足以造成全部损害的侵权人就全部损害承担连带责任,其他人承担按份责任;④先后实施侵权行为,部分侵权人能证明其他侵权行为人的行为已先行造成全部或部分损害的,其可请求在相应范围内减轻或免除责任。

3. 补充责任

补充责任,是指在不能确定实际侵权人或侵权人不能承担全部责任

---

[1] 参见黄薇主编:《中华人民共和国民法典总则编释义》,法律出版社 2020 年版,第 184 页。

[2] 最高人民法院侵权责任法研究小组编著:《〈中华人民共和国侵权责任法〉条文理解与适用》,人民法院出版社 2010 年版,第 467 页。

[3] 参见最高人民法院民法典贯彻实施工作领导小组主编:《中华人民共和国民法典总则编理解与适用》,人民法院出版社 2020 年版,第 525 页。

的情况下,由补充责任人在一定范围内对受害人直接承担赔偿责任的责任形态。[1] 补充责任作为一种不作为责任,具有过错性、补充性、顺位性特点。[2] 其立法表述为"相应的补充责任",归责依据为"过错",而"相应"的比例范围不应超过50%,以体现其补充性而非主要责任的属性。[3] 《民法典》第1188条第2款、第1191条第2款、第1198条、第1201条规定的补充责任主要有监护人的补充责任、劳务派遣单位对派遣人员的补充责任、负有安全保障义务管理者或组织者的补充责任、教育机构未尽管理职责的补充责任。环境侵权中原本应无补充责任适用,但司法实际中确有判决相关主体承担补充责任的典型案例,应合理甄别是创新还是误用。

一是法人对分支机构的环境侵权行为是承担补充责任、直接责任还是连带责任。关于法人对分支机构承担的责任究竟是直接责任、补充责任还是连带责任,立法过程中一直存有争议,《民法典》第74条最后的文本表述体现了"直接责任与补充责任的结合"[4]。分支机构不具有法人资格,其民事责任由法人承担。[5] 本质上,法人对分支机构承担的是直接责任,因为分支机构的财产是法人直接拨付,并非其独立财产,且其不具有独立承担责任的能力。实践中有三种判决逻辑:(1)判决法人为分支机构的环境侵权行为承担补充责任。如污染者为分公司时,其可对外承担相应的民事责任,公司在分公司财产不足以履行赔偿义务时,承担补充赔偿责任。[6] (2)判决法人为其分支机构的环境侵权行为承担直

---

[1] 参见王利明、周友军、高圣平:《中国侵权责任法教程》,人民法院出版社2010年版,第36页。

[2] 参见刘洋、邱敏:《论侵权补充责任的诉讼形态》,载《法律适用》2019年第9期。

[3] 参见张新宝:《侵权责任编起草的主要问题探讨》,载《中国法律评论》2019年第1期。

[4] 最高人民法院民法典贯彻实施工作领导小组主编:《中华人民共和国民法典总则编理解与适用》,人民法院出版社2020年版,第379页。

[5] 参见黄薇主编:《中华人民共和国民法典总则编释义》,法律出版社2020年版,第183页。

[6] 参见重庆市高级人民法院民事判决书,(2019)渝民终377号。

接责任。如有判决指出,分支机构不具有法人资格,不能独立承担民事责任,应由其开办单位承担责任。[1] 该判决还指出,开办单位作为上市公司,应依法监管其设立的非法人单位合法按规运营,保护环境不受损害亦是其应尽的社会责任。实践中对被侵权人直接起诉法人和其分支机构持支持立场。[2] (3)判决法人为其分支机构的环境侵权行为承担连带责任。[3]

二是误将行为人的过错责任当作相应补充责任。补充责任可能是过错责任,但系对他人责任能力不足时的补充,仅在法律有规定的情况下才承担补充责任;而过错责任是一般侵权责任,应按责任自负原理由行为人对其过错自行承担责任。因此,不能仅以当事人有过错为由判决其承担补充责任。如有判决认为,危险货物的所有人、托运人,虽与运输单位签订合同,但未审查实际运输人资质,直接发函委派肇事车辆运输危险货物,法院判决其承担补充赔偿责任。[4] 此类案件,法院多判决负有监督过失责任者承担连带责任,此类判决应为对责任认定的误解。

三是实际投资人和经营者的补充责任。不少法院已将实际控制人、实际投资人、经营者作为修复或赔偿责任主体,判决其承担连带责任。亦有法院认为,该责任属于补充清偿责任。如在某垃圾厂等固体废物污染环境民事公益诉讼案[5]中,李某系广州市花都区某垃圾厂的实际投资人和经营者,其组织员工违法堆放未经处理垃圾及焚烧后的炉渣,造成土壤、地下水污染并危及群众健康安全,法院认为垃圾厂这种特殊主体对生态环境保护责任负有高度注意义务,李某作为实际投资人及经营者未尽到职责,应当对生态环境修复费用等1.3亿余元的损失承担"补

---

[1] 参见山东省高级人民法院民事判决书,(2017)鲁民终1577号。

[2] 参见最高人民法院民事裁定书,(2018)最高法民再177号。

[3] 参见山西省高级人民法院民事判决书,(2017)晋民初32号;最高人民法院民事判决书,(2019)最高法民终289号。

[4] 参见河南省高级人民法院民事判决书,(2016)豫民终1194号;最高人民法院民事裁定书,(2018)最高法民申6158号。

[5] 2021年广东省高级人民法院环境资源司法保护十大典型案例之二。

充清偿责任”。

4. 公平分担责任

公平分担责任，又称公平责任，这一责任承担方式历来存在争议，但其并非归责原则，也不同于过错责任与无过错责任，这点并无异议。[1]法理上，公平分担损失规则非独立归责原则，是指在行为人与受害人均无过错的情形下，基于法律规定由双方合理分担损失，故其仅系补充适用规则，特别是在《民法典》第 1165 条规定的过错责任作为兜底条款的情况下，其不具有普遍适用性。[2] 故对其适用条件应予以严格限制，只有满足受害人和行为人均无过错、法律有明确规定、确无真正责任人、受害人无法通过其他途径获得补偿等条件时方可适用。[3] 《民法典》第 1186 条修改了《侵权责任法》第 24 条的适用条件，将原法“可以根据实际情况”改为“依照法律的规定”由双方分担损失，限缩了公平责任适用空间，旨在防止该规则被滥用，但也不意味着不考虑当事人“经济条件”等实际情况。并且在无法律规定的情况下，亦可结合《民法典》第 6 条“公平原则”根据实际情况进行损失分担。[4] 在环境侵权中，亦有公平原则适用的余地。如在翟某清与霸州市天利制管有限公司等环境污染责任纠纷案[5]中，结合案件证据、二被告与原告梨树地位置及事发时霸州地区持续强降雨的相关情况，持续强降雨致使污水流至原告梨树地导致梨树死亡，天利公司、胜宝公司应分别依据公平责任原则各分担翟某清 5 万元损失。

---

〔1〕 参见张新宝：《侵权责任编起草的主要问题探讨》，载《中国法律评论》2019 年第 1 期。

〔2〕 参见最高人民法院民法典贯彻实施工作领导小组主编：《中华人民共和国民法典总则编理解与适用》，人民法院出版社 2020 年版，第 204 页。

〔3〕 参见田土城：《论“损失分担”的性质和适用——以〈侵权责任法〉第 24 条为例》，载《中州学刊》2013 年第 12 期。

〔4〕 参见最高人民法院民法典贯彻实施工作领导小组主编：《中华人民共和国民法典总则编理解与适用》，人民法院出版社 2020 年版，第 208 页。

〔5〕 参见河北省廊坊市中级人民法院民事判决书，(2016)冀 10 民终 705 号；河北省高级人民法院民事裁定书，(2016)冀民申 4146 号。

5. 补偿责任

补偿责任不同于赔偿责任,并非侵权责任的承担方式,而是基于公平原则由受害人之外的民事主体对受害人的损失进行分配的规则。[1]补偿责任类似于一种法定之债。[2] 包括《民法典》第183条规定的见义勇为受益人补偿责任、第182条规定的紧急避险人适当补偿责任、第1190条第1款规定的完全民事行为能力人暂时丧失意识且无过错的补偿责任、第1254条规定的高空抛掷物品或建筑物坠落物品难以确定侵权人时的补偿责任、第1192条规定的接受劳务方的补偿责任等。补偿责任因由非侵权人承担,故只在法律有规定的情况下方可适用。

在环境侵权中,因紧急避险造成损失发生时,由紧急避险人对因此造成他人的损害承担补偿责任。如在赵某意与某社区等紧急避险损害责任纠纷案[3]中,因为强降雨自然灾害,地面积水流入案涉小区一层住户的家里,积水危及部分居民的人身和财产安全。社区工作人员为使小区居民免受正在发生的危险,安排市政公司人员采取挖排水口的方法,将积水引流到案涉鱼塘内,造成赵某意养殖的鱼死亡,属于法律规定的紧急避险行为。某社区既属于法律规定的采取避险措施的紧急避险人,也是紧急避险的直接受益人。因此,依法应对赵某意的损失给予适当的补偿。

在环境侵权案件中,因侵权行为造成他人生产经营或正常生活重大不利影响的,由侵权人承担补偿责任的情形并不罕见。但这种"补偿责任"实际并非民法意义上的补偿责任,实为侵权赔偿责任。如高速公路建设是符合规划的合法建设行为,但在客观上使同样为合法经营主体的权利人之种猪基地难以继续经营,搬迁势在必行,高速公路公司应当补

〔1〕 参见王轶:《论侵权责任法中的损失分配制度》,载《社会科学战线》2010年第9期。
〔2〕 参见彭诚信:《损失补偿之债:一种新型的法定之债——〈侵权责任法〉第87条评析》,载《中国海洋大学学报(社会科学版)》2010年第6期。
〔3〕 参见安徽省淮北市中级人民法院民事判决书,(2020)皖06民终804号。

偿部分搬迁重建费用。[1] 又如在另一起案件[2]中，高速公路通车后，原告所建猪场与高速公路的距离已经严重违反了国家标准和行业标准，所建猪场已不适于进行生猪养殖，已丧失其应有的使用价值，故被告高速公路公司应对原告的重置费用承担补偿责任。

三、归责原因：单方责任与双方责任

（一）单方责任：以单方独自承担的环境侵权责任为主

单方责任，是指仅由一方单独承担的侵权责任，包括由侵权人一方单方承担责任和由受害人一方单独承担责任两种情形。绝大多数的环境侵权责任属单方责任，且多为侵权人一方独自承担责任的情形。案例检索显示，因环境民事公益诉讼原告已法定化为具备条件的社会组织、检察机关和负责海洋生态环境保护的行政部门，生态环境损害赔偿诉讼的原告依据《改革方案》限定于省、市（设区）级人民政府或其授权的部门，故多为一种单向的加害一方责任。故环境民事公益诉讼和生态环境损害赔偿诉讼程序设计中就限定了被告的反诉权。在环境私益诉讼中，侵权人一方承担责任的情形居多。

（二）双方责任：私益诉讼中可归责于双方的环境侵权责任

双方责任，是指侵权人一方和受害人一方都应对损害结果负责的责任形态。除非法律有特别例外规定，侵权人一方承担侵权责任既符合法理，也符合常理；但受害人一方如因其行为或其他可归责于受害人的因素，如主观过错，对损失的发生或扩大负有责任的，可作为减轻或免除侵权人责任的法定或酌定事由。双方责任通常体现为与有过失。《民法典》侵权责任编第1173条规定受害人的过错是减轻侵权人责任的法定理由，而第1174条则明确规定受害人故意造成损害是免除行为人责任的法定依据。环境侵权自当适用《民法典》第1173、1174条所确立的减

---

〔1〕 参见陕西省铜川市中级人民法院民事判决书，(2014)铜中民一初字第00004号。

〔2〕 参见山西省长治市中级人民法院民事判决书，(2018)晋04民终296号。

免侵权行为人责任的规则。自然资源管理与环境污染防治单行法中，对责任减免或加重有特别规定的，应遵循特别法优于一般法的原则。如《水污染防治法》第96条第3款后段规定，只有受害人存在“重大过失”造成水污染损害的，方可减轻排污方责任，水污染案件中受害人一般过失并不减轻排污方责任。双方责任的适用机制主要是私益诉讼，原则上不适用于环境民事公益诉讼和生态环境损害赔偿诉讼。

四、责任功能：救济性与惩罚性的恢复性责任

（一）救济性恢复：作为生态环境修复责任的核心功能

预防性、恢复性及赔偿性责任均具有救济功能，实际中常综合运用多元化责任方式，以对受害人及生态环境进行全面、周延、及时的救济。要将最严格的法律保护生态环境的理念植根于各项制度设计中。作为环境侵权的核心救济方式，生态环境修复责任被认为是最能体现生态价值、完整利益、代际公正和持续发展的责任方式，在恢复性司法理念的导引下，广泛适用于刑事、民事乃至行政案件中。在多数环境民事案件中，恢复性责任彰显对受害人的完全救济，但其对生态环境的修复主要功能仍未超过侵权法“填平”损害的目的，修复功能应当超越于补偿，成为独立的核心责任功能。

（二）惩罚性责任：生态环境修复责任也可体现惩罚性特征

《民法典》第1233条规定，侵权人存在主观故意，违反法律规定造成生态环境严重损害的，被侵权人可主张惩罚性赔偿。该条并未将惩罚性赔偿限定于环境私益侵权范畴，其更关注的恰好是环境公共利益的保护与救济。[1] 从文义上看，惩罚性赔偿似乎只是针对“赔偿损失”，但其作为救济性的修复责任亦能充分体现惩罚性特点：一方面，对土壤、水体、湿地等环境要素的修复往往耗资巨大、修复周期长、技术要求高，且成效

〔1〕 参见最高人民法院民法典贯彻实施工作领导小组主编：《中华人民共和国民法典侵权责任编理解与适用》，人民法院出版社2020年版，第538页。

显现缓慢，故判决被告承担修复责任本身就比仅让其承担赔偿责任更具惩罚功能。另一方面，在诸多生态环境责任适用案例中，行为人的主观过错因素是考量加重其责任的重要因素，如行为人有重大过失乃至故意的，在采用虚拟成本法确定生态环境修复费用时，往往取较高的虚拟倍数值，以体现对行为人主观过错的可责难性和惩罚性。[1] 从司法解释[2]规则到典型案例，都注意区分生态环境修复责任与惩罚性赔偿之间的关系，在民事公益诉讼和生态环境损害赔偿诉讼中，惩罚性赔偿数额的基数与生态功能损失、永久性损害损失额有关，与修复费用无关。[3]

五、责任归属：侵权人责任与第三人责任

根据责任的终局性归属是侵权者还是第三人，可将修复责任区分为侵权人责任与第三人责任。

（一）侵权人责任：环境侵权责任承担的主要形态

侵权人承担责任是环境侵权的常态，侵权人是责任的终局承担者。在无被侵权人和侵权人之外的第三人介入的场合，环境私益诉讼、民事公益诉讼、生态环境损害赔偿诉讼的责任主体都直接指向侵权人。

（二）有过错的第三人：第三人承担环境侵权责任的终局责任是例外形态

第三人过错，是指除原告和被告以外的第三人，对于损害发生具有

〔1〕 参见胡卫：《过错优先：环境污染侵权中行为人过错的功能分析》，载《政法论丛》2019年第6期。

〔2〕 参见《生态环境侵权惩罚性赔偿解释》第12条。

〔3〕 参见江西省浮梁县人民检察院诉A化工集团有限公司污染环境民事公益诉讼案，最高人民检察院第四十批指导性案例第164号（2022年）；最高人民法院2022年15个生物多样性司法保护专题典型案例之十：山东省青岛市人民检察院诉青岛市崂山区某艺术鉴赏中心生态破坏民事公益诉讼案；2022年最高人民检察院、水利部联合发布的十起涉水领域检察公益诉讼典型案例之九：江苏省建湖县人民检察院诉张某某等人长江非法采砂刑事附带民事公益诉讼案；2023年吉林省高级人民法院发布的十起民商事典型案例之六：吉林省吉林市人民检察院诉王某甲、王某乙生态破坏民事公益诉讼案。

过错，第三人过错是被告免于承担民事责任的重要事由。[1] 1996 年《水污染防治法》第 55 条、《海洋环境保护法》第 89 条将第三人过错作为污染者免责的条件，这对受害人构成极大的威胁，若第三人没有赔偿能力，受害人将难以获得救济，受损害环境将不能得到修复。基于环境侵权的特殊性，即使侵权人主观上无过错也应承担相应的责任。[2] 为贯彻无过错责任原则，2017 年修订的《水污染防治法》第 96 条第 4 款作出对受害人有利的修改，规定为"水污染损害是由第三人造成的，排污方承担赔偿责任后，有权向第三人追偿"。2023 年修订的《海洋环境保护法》则删除了类似规定。《民法典》第 1233 条将第三人责任由污染环境扩大至生态破坏，删除了"造成损害"的表达，但不意味着不需要损害构成要件。这就使环境侵权者不因第三人过错而免责，并明确了过错第三人的最终责任。需要注意的是，《民法典》第 1175 条规定第三人应当对其造成的损害承担侵权责任，是终局性责任定性；而环境侵权场合，应适用《民法典》第 1233 条来调整第三人与污染者之间的关系，当环境侵权人承担责任后，其可依法向第三人追偿。这一规则仅在第三人存在过错时适用，如第三人无过错则依然由侵权者承担全部责任。第三人介入环境侵权责任可分为两种情形：

其一，受害人可以选择型：可选择向侵权人或第三人请求承担责任。即过错第三人与侵权人构成不真正连带责任关系[3]，有过错的第三人是最终责任者。这同时体现了"侵权人承担的中间责任的强制性"[4]，侵权人不得以第三人的过错为由主张免责或抗辩受害人。这一规则多适用于水污染、土壤污染。倘若侵权人本身有过错或与第三人之间有意

---

〔1〕 参见吕忠梅：《沟通与协调之途——论公民环境权的民法保护》，中国人民大学出版社 2005 年版，第 272 页。

〔2〕 参见王树义等：《环境法基本理论研究》，科学出版社 2012 年版，第 114 页。

〔3〕 参见王竹：《〈侵权责任法〉侵权责任分担立法体例与规则评析》，载《法学杂志》2010 年第 3 期。

〔4〕 最高人民法院研究室、最高人民法院环境资源审判庭编著：《最高人民法院环境侵权责任纠纷司法解释理解与适用》，人民法院出版社 2016 年版，第 80 页。

思联络,应属共同侵权,应承担连带责任。《生态环境侵权责任解释》第18、19、20条所指第三人为“过错第三人”,如第三人无过错则由污染者承担责任,第三人不承担责任。第三人与侵权人和被侵权人之间不存在法律上的隶属关系[1],侵权人的管理者或雇员行为导致污染发生亦属污染者行为,并非第三人原因。[2] 在陈某秀与彬县环保局等污染责任纠纷案[3]中,法院强调了第三人的过错责任,认为第三人全顺汽车服务公司作为该车登记所有人和被挂靠单位,其经营范围虽包括三类危险品运输业务,但由于陈某秀等在实际运输中使用了非苯专用运输罐体,造成泄漏污染,全顺汽车服务公司对此管理、审查不严,故应承担连带赔偿责任。

其二,受害人不可选择型:根据国际公约规定,海洋污染若完全是由第三人故意或过失造成的,受害人只能向其请求赔偿,第三人是真正责任者。若污染者也有过错,应承担连带责任。根据我国已加入的《国际油污损害民事责任公约》第3条第2款、第3款,《国际燃油污染损害民事责任公约》第3条第3款和第4款等规定,船舶所有人如能证实损害系“完全是由于第三者有意造成损害或怠慢行为所引起的”,则可不承担责任。但证明“第三人过错”的责任在于污染者而非受害人。该条是我国履行国际法义务所作的国内法规定,不能简单以新法(《民法典》或《水污染防治法》)优于旧法确定法律适用。

第二节 生态环境修复责任适用的连带化发展趋势

生态环境修复往往耗资巨大,技术要求高,修复周期长,社会关注度

[1] 参见最高人民法院环境资源审判庭编著:《〈中华人民共和国环境保护法〉条文理解与适用》,人民法院出版社2014年版,第349页。

[2] 参见重庆市长寿区人民法院民事判决书,(2011)长法民初字第00690号。

[3] 参见陕西省咸阳市中级人民法院民事判决书,(2013)咸中民终字第01394号。

高。在数人侵权时,责任分担上呈严格、连带和可溯及化趋势。这对筹集修复资金极为有利,强化了对受损生态环境的救济。鉴于连带责任较为苛严,《民法典》第 178 条明确其适用条件为“法定”或“约定”。〔1〕在数人侵权场合,法院通常难以分清各被告之间的责任份额,判决就全部责任共同承担连带责任对潜在污染者或破坏者具有相当的威慑力,其缺点在于不能有效区分各自责任对侵权的“参与度”或“贡献度”。

一、连带责任:数人环境侵权下的基本责任形态

(一)共同侵权:环境共同侵权行为人承担连带责任乃基本形态

环境共同侵权,即数人共同污染环境或破坏生态造成他人权益或生态环境损害的行为。根据《民法典》第 1168 条,共同侵权下各行为人应承担连带责任。其中最有争议的是对构成要件中“共同”的理解〔2〕。学界的基本立场是,“共同”包括共同故意、共同过失、共同故意与过失相结合三个层次的含义。〔3〕

1. 共同故意:环境侵权行为人承担连带责任

共同故意是环境共同侵权行为的重要形态,共同环境侵权多属此类。如在最高人民法院指导性案例 175 号〔4〕中,董某山等 38 人在长江干流水域使用网目尺寸小于 3 毫米的张网等禁用渔具非法捕捞具有重要经济价值的鳗鱼苗出售牟利,王某朋等人明知是他人非法捕捞的鳗鱼苗仍非法收购、销售获利,法院判决各被告在相应范围内对造成的生态

---

〔1〕 参见黄薇主编:《中华人民共和国民法典总则编释义》,法律出版社 2020 年版,第 468 页。

〔2〕 参见全国人大常委会法制工作委员会民法室编:《〈中华人民共和国侵权责任法〉条文说明、立法理由及相关规定》,北京大学出版社 2010 年版,第 34 ~ 35 页;最高人民法院民法典贯彻实施工作领导小组主编:《中华人民共和国民法典侵权责任编理解与适用》,人民法院出版社 2020 年版,第 51 ~ 54 页。

〔3〕 参见黄薇主编:《中华人民共和国民法典侵权责任编释义》,法律出版社 2020 年版,第 18 页;最高人民法院民法典贯彻实施工作领导小组主编:《中华人民共和国民法典侵权责任编理解与适用》,人民法院出版社 2020 年版,第 54 页。

〔4〕 参见江苏省高级人民法院民事判决书,(2019)苏民终 1734 号。

破坏损害承担连带责任。又如在上海某公司走私"洋垃圾"污染环境民事公益诉讼案[1]中,4 个当事人均明知铜污泥为禁止进口固体废物,仍以共同商议、分工合作的方式,非法进口、购买境外固体废物,形成环境污染风险,依法应连带赔偿非法进口固体废物处置费。在杨和镇人民政府与陈某仔等环境污染责任纠纷案[2]中,翁某生等承接了废弃采石场的填土工程后,在上述地点倾倒垃圾收取场地费获利,陈某仔帮助介绍黄某锐等人提供生活垃圾货源,并实际参与运输生活垃圾到案涉废弃采石场倾倒造成环境污染,陈某仔等 9 人构成共同侵权应承担连带责任。在最高人民法院指导性案例 208 号[3]中,攀爬巨蟒峰过程中三被告虽然分工不同,有的实施打岩钉行为,事前、事中均有使用打岩钉方式攀爬意思,彼此相互协作和支持,每一个行为人实际上都以他人的行为作为自己的行为来完成其共同要达到的目的,最终完成以打岩钉方式登顶巨蟒峰,构成共同侵权,应承担连带责任。

2. 共同过失:环境侵权行为人承担连带责任

共同过失是指环境侵权行为人之间事前无共同的意思联络,但在实施具体行为时均具有主观上的过失,包括疏忽大意或过于自信的过失,应对其共同过失造成的损害承担连带责任。如在刘某龙与辽宁上海城置业有限公司等噪声污染责任纠纷案[4]中,凯达公司与上海城置业公司签订有供热联网合同,虽然换热站房间是上海城置业公司提供,但作为换热站供热设备的所有者和经营者,凯达公司在冬季采暖期间与上海城置业公司共同实施了对原告的噪声侵害,具有共同过失,应共同承担连带责任。如某海事赔偿责任限制基金再审案[5],则是有过错第三人

---

[1] 参见 2022 年最高人民法院"人民法院依法审理固体废物污染环境典型案例"之八:上海市人民检察院第三分院诉郎溪某固体废物处置有限公司、宁波高新区某贸易有限公司、黄某庭、薛某走私"洋垃圾"污染环境民事公益诉讼案。

[2] 参见广东省佛山市中级人民法院民事判决书,(2019)粤 06 民终 9029 号。

[3] 参见江西省高级人民法院民事判决书,(2020)赣民终 317 号。

[4] 参见海城市人民法院民事判决书,(2017)辽 0381 民初 8428 号。

[5] 参见最高人民法院民事判决书,(2018)最高法民再 370 号。

承担责任的案件,该案其他生效判决认定“船舶碰撞系‘佛罗里达’轮和‘舟山’轮双方共同过失导致,确认事故责任双方各50%”似有不妥。[1]最高人民法院判决指出,在两艘船舶互有过失碰撞导致一艘船舶漏油污染环境的情形下,《国际燃油污染损害民事责任公约》仅规定了漏油船舶方面的责任,非漏油船舶一方的责任承担问题应当根据国内法解决。而我国相关司法解释并未排除其他有过错者承担责任。[2]

3. 故意与过失混合:环境侵权行为人亦应承担连带责任

此类型的环境共同侵权,系部分行为人在行为时主观心理状态为故意,另一部分为过失,两者都对污染环境或破坏生态的损害后果具有过错,故应对其过错行为承担连带赔偿责任。故意主要针对直接行为人,而过失往往是间接行为人的过失,当然在特定情况下也包括其他直接行为人的过失。如在广州市人民检察院与陆某辉等环境污染责任纠纷案[3]中,赫尔普公司将中标而得的案涉油罐清理项目转包给没有危险废物处置资格的陆某辉、陆某兴实施,其知道或应当知道陆某辉等不具备处置资质,且未对陆某辉等处置清理案涉油罐而产生的危险废物的行为进行有效管理和监督,故赫尔普公司存在过失,与陆某辉等非法处置危险废物的行为人构成共同环境污染侵权。

(二)帮助侵权:帮助人与环境侵权行为人共同承担连带责任

帮助侵权是数人共同侵权的典型形式,属法定的共同侵权。[4] 帮助行为不会对行为人的侵权行为起决定作用,但为侵权行为人实施加害行为提供物质、精神、工具、资金等方面的帮助,对加害行为起到推动或促进作用。[5] 帮助行为可以是积极行为或消极行为,但帮助人在主观上通

---

[1] 参见浙江省高级人民法院民事判决书,(2017)浙民终579号。

[2] 参见《最高人民法院关于审理船舶油污损害赔偿纠纷案件若干问题的规定》第4条。

[3] 参见广东省广州市中级人民法院民事判决书,(2019)粤01民初326号。

[4] 参见黄薇主编:《中华人民共和国民法典侵权责任编释义》,法律出版社2020年版,第19页。

[5] 参见最高人民法院民法典贯彻实施工作领导小组主编:《中华人民共和国民法典侵权责任编理解与适用》,人民法院出版社2020年版,第54页。

常为故意,即其明知自己是在帮助他人实施侵权行为,其对侵权后果持追求或放任态度。《生态环境侵权责任解释》第 11 条第 2 款亦将重大过失帮助侵权纳入连带责任范畴。帮助侵权已成为环境共同侵权的重要形态,且均遵从连带责任规则对外承担责任。就内部责任而言,由于帮助行为只起到促进或便利作用,应根据其原因力大小于内部进行分担。在环境侵权中,帮助行为可体现为提供工具、设备、厂房、土地、资金、车辆、资质等,鉴于其对生态环境的严重危害性,实践中判决帮助人与行为人共同承担连带责任的并非孤例。

(三)共同危险:环境侵权中无法确定行为人时各共同危险行为人应承担连带责任

共同危险行为的核心在于数人的危险行为对他人合法权益构成了现实的威胁,当无法查明具体行为实施者时,由数个行为人共同承担侵权责任。环境污染和生态破坏侵权是工业化时代的重要危险责任,其虽已与高度危险作业、设施致人损害等侵权相区分,但并不影响对其危险性的认定,故同样适用共同危险行为责任规则。如在高某甲与中国石油大港油田分公司等环境污染责任纠纷案[1]中,因无法确定污染是由施工方渤海钻探公司引起,还是发包方大港油田公司导致,法院遂依共同危险规则,判决由渤海钻探公司与大港油田公司对高某甲等的污染损害承担连带责任。

(四)特别分别侵权行为:每个行为都足以造成同一损害时行为人承担连带责任

特别分别侵权行为,理论上又称为叠加的共同侵权行为,系针对当事人分别实施侵权行为,但每个行为均足以造成全部损害时,由行为人承担连带责任。[2] 当事人之间并无意思联络,每个损害行为相互独立,

---

〔1〕 参见河北省沧州市中级人民法院民事判决书,(2014)沧民终字第 02365 号。

〔2〕 参见最高人民法院民法典贯彻实施工作领导小组主编:《中华人民共和国民法典侵权责任编理解与适用》,人民法院出版社 2020 年版,第 77 页。

在造成同一损害后果上形成了“原因叠加”。[1] 这一规则是基于行为人承担的责任应当与其理性预期相一致原则而设计。实践中,在多数人侵权场合,并不过分强调有无主观意思联络,更侧重于对受害人和生态环境的全面救济,同时考虑连带责任承担方式的均衡扩张。[2] 在无意思联络的共同侵权中,当事人既无主观的故意或过失,这区别于共同侵权;也不同于不能确定是谁的行为造成损害无法查清的情形,这区别于共同危险行为。其核心在于每个侵权人的行为均足以造成“同一损害”,“足以”体现的是每个行为人对损害的发生均具全部原因力,这是对所有人科以连带责任的理论和现实根据,具有合理性。

《民法典》第1171条、《生态环境侵权责任解释》第5条规定由数人承担连带责任符合行为人预期。如在肖某国与青岛港口公司等海上、通海水域养殖损害责任纠纷案[3]中,董家口港区进行施工虽然经过环境影响评价,但施工是否严格按照标准进行无法证明,爆破、疏浚、底泥抛填等施工行为必然导致泥沙悬浮增加,引起水质的变化,导致海水污染,导致肖某国所在养殖区域养殖物死亡。中交二公司及南京航道局作为施工方是直接侵权人,分别实施侵权行为,无意思联络,两公司各自的施工行为均足以造成同一损害,故应由两单位承担连带责任。又如,在左某刚与某合作社等环境污染责任纠纷案[4]中,二被告从事蛋鸡饲养经营活动,未采取与养殖规模相适应的污染防治措施,养殖过程中排放的污染物未经任何处理,外排至无防渗措施的土坑、沟内储存,污水经暴雨冲刷排入玉带河中污染了玉带河的环境,造成左某刚养殖水域的鱼死亡。两被告的每个污染行为均足以造成全部损害,故法院判令由两被告承担连带责任。再如,在刘某奇等与中建铁路建设有限公司环境污染责

[1] 参见张新宝:《中华人民共和国民法典侵权责任编理解与适用》,中国法制出版社2020年版,第35~36页。

[2] 参见最高人民法院侵权责任法研究小组编著:《〈中华人民共和国侵权责任法〉条文理解与适用》,人民法院出版社2010年版,第91页。

[3] 参见山东省高级人民法院民事判决书,(2015)鲁民四终字第2、3、4、6、7号。

[4] 参见河南省信阳市中级人民法院民事判决书,(2020)豫15民终664号。

任纠纷案[1]中,联峰公司运输产生的粉尘和中建公司堆放渣土产生的粉尘都足以造成原告五味子受损,故中建公司与联峰公司应承担连带责任。

二、主观过错:环境侵权行为关联主体承担连带责任的归责根据

(一)股东、实际控制人:基于过错与公司共同承担连带责任

根据《公司法》第 23 条、《民法典》第 83 条、《九民纪要》第 10 ~ 13 条等规定,在环境侵权中,除符合人格混同、过度支配与控制、资本显著不足、法人形骸化、关联法人人格混同等情形,依据法人人格否认原理由股东与公司承担连带责任外,环境侵权中适用修复责任时,在以下几种情况下,股东或实际控制人为公司环境侵权行为承担连带修复责任,需要以过错为前提:一是母公司或控股股东对公司实施的环境侵权行为有过错时,可判决其承担连带责任。[2] 通常表现为母公司或控股股东直接或间接掌握了公司的决策,公司所实施的行为实际上是母公司或控股股东意志或实际利益的体现。二是实际控制人对公司环境侵权行为承担连带责任,须以过错为要件。环境刑事司法中,判决实际控制人承担责任并不罕见。近年来的民事司法中,亦有判决实际控制人为公司行为承担责任的例子,并强调了过错对科以责任的关键作用。[3]

(二)雇员责任:基于故意或重大过失的雇员与雇主的连带责任

《民法典》第 61、62、170 条等规定,法人或非法人组织的雇员从事职务行为,造成环境污染或生态破坏侵权的,根据"使用人责任"外形理论原理[4],应由雇主承担侵权责任。《民法典》第 1192 条特别规定了雇主承担责任后有权向有故意或重大过失的雇员进行追索。尽管雇主为雇员行为承担替代责任是基本原理,但在特殊情况下,法院已探索突破此

〔1〕 参见辽宁省丹东市中级人民法院民事判决书,(2016)辽 06 民终 1898 号。
〔2〕 参见胡卫:《环境侵权中修复责任的适用研究》,法律出版社 2017 年版,第 244 页。
〔3〕 参见江西省九江市中级人民法院民事判决书,(2019)赣 04 民初 201 号。
〔4〕 参见刘士国等:《侵权责任法重大疑难问题研究》,中国法制出版社 2009 年版,第 180 页。

规则,有条件地判决雇员为其实施的故意或重大过失行为承担连带责任。如在一典型案例〔1〕中,法院判决时任创盛公司法定代表人黄某和生产部经理曹某威承担责任,依据是其"明知"擅自倾倒固体废物的危害性,为获取非法利益,而将危险废物交由曹某有处置进而造成污染。又如,在上海市松江区叶榭镇人民政府诉蒋某祥等环境污染责任案〔2〕中,法院判决蒋某祥雇用的驾驶员董某振承担责任的依据是其"应当预见"将未经处理的废酸倾倒至雨水井可能造成的危害后果,未能及时提醒或制止蒋某祥,并"故意"将其倾倒于雨水井中导致红先河严重污染。从已有的判决雇员承担环境侵权责任的案例看,雇员单纯的故意或重大过失尚不足以突破雇主责任原理,通常须直接实施严重的环境污染或生态破坏行为方可。

(三)行为人与辅助人:基于过错的固体废物处置链中关联人连带责任

固体废物处置,尤其是危险废物处置产生的环境私益诉讼、公益诉讼和生态环境损害诉讼日益增加。2017 年全国人大常委会固体废物法专项执法检查指出,我国固体废物污染防治形势严峻,不当堆存、非法倾倒、渗坑或暗管偷排等污染严重,尤其是危险固体废物非法转移、倾倒、处置等案件频发,责任认定难等问题突出。〔3〕 2014 年至 2019 年发布的《全国大中城市固体废物污染环境防治年报》显示,固体废物产生量与日俱增,但处置量却提高不大,势必造成固体废物违法堆放、填埋、倾倒、处置等环境侵权行为,进而导致固体废物污染案件上升的态势。由此形成了固体废物非法处置的"利益链",司法机关充分发挥其司法能动性,通过能动司法扩张了责任主体,将固体废物产生者到收集、储存、运输、利用、处置等各个环节的相关联主体皆纳入司法控制的轨道,用最严格的

---

〔1〕 参见湖南省郴州市中级人民法院民事判决书,(2018)湘 10 民初 3 号。

〔2〕 参见上海市松江区叶榭镇人民政府诉蒋某祥等环境污染责任纠纷案,载《最高人民法院公报》2014 年第 4 期。

〔3〕 参见张德江:《全国人民代表大会常务委员会执法检查组关于检查〈中华人民共和国固体废物污染环境防治法〉实施情况的报告——2017 年 11 月 1 日在第十二届全国人民代表大会常务委员会第三十次会议上》,载《中国人大》2017 年第 21 期。

损害赔偿制度抑制生态环境侵权的高发态势。这其中的关键要素是基于“过错”为中心的责任认定机制。

1. 固体废物产生者：在固体废物储存、销售、运输、利用、处置中的监管过失责任

2015 年对全国危险废物生产单位的抽样调查显示，其合格率仅为 79.0%[1]；2017 年全国人大常委会针对 2016 年《固体废物污染环境防治法》实施情况专题报告指出，每年有半数以上危险废物处置游离于监管之外。产生者作为危险废物的来源，其对危险废物负有重大责任，统计显示，危险废物产生者承担危险废物污染土壤、水体、大气、海洋等责任的案件日益增长，有主动实施污染侵权的，更多是未尽到持续追踪和监管义务所致的责任。《固体废物污染环境防治法》第 37 条规定了固体废物产生者的源头监督责任，即产生者在委托运输、利用、处置时未尽审慎审查和跟踪管理义务的，将与受托方共同承担连带责任。作为对跟踪监督义务的违反，危险废物产生者将承担危险废物侵权责任，此即废弃物质产生者或占有者委托处理的跟踪管理责任。[2] 为防止固体废物产生者“一卖了之”“低价出售”或非法将固体废物交由不具备运输、利用、处置、储存资格者处理或违规转让，须对固体废物产生者科以严格义务，包括：(1) 对受托运输、利用、处置等单位的资质和技术能力的严格审查义务；(2) 对受托人、受让人、利用人、处置人等固体废物处置各环节相关行为人负有合理的跟踪监督义务；(3) 对危险废物运输、储存、使用，严格履行审查运输车辆、设施、设备等义务。如有违反，即存在监督过失，应与行为人承担连带责任。

2. 违法与过错：固体废物收集、运输、经营、利用、处置等环节行为人承担连带责任之根据

关于“污染者”认定，司法实践中已达成共识。根据《固体废物污染

---

〔1〕 参见黄启飞等：《危险废物环境风险防控关键问题与对策》，载《环境科学研究》2018 年第 5 期。

〔2〕 参见陈慈阳：《废弃物质循环清理法制之研究》，台北，元照出版有限公司 2007 年版，第 170 页。

环境防治法》第5、19、20条等，固体废物污染环境案件中的“污染者”包括生产、销售、进口、使用、收集、贮存、运输、利用、处置各环节中的行为人。在任何一环节发生固体废物违法堆放、倾倒、填埋、丢弃、遗撒、流失、渗漏等，造成污染者即为污染侵权行为人，其承担责任的主要依据是行为人违法或存在主观过错。如对那些明显违反固体废物处置强制性规范者，应承担侵权责任。[1] 基于“污染源的控制与排放”[2]的判断思路，环境司法中确立了责任者认定的“生产与危险控制理论”。据此：第一，在固体废物收集、运输、经营、利用、处置等各环节直接实施污染行为者，应承担环境侵权责任；第二，在各相关环节中存在过错者，应与污染行为人共同承担连带责任。如在广州市人民检察院与清远市斑马建材实业有限公司环境民事公益诉讼案[3]中，斑马建材公司虽然没有直接倾倒不合格的涂料，但是将不合格的涂料交由无处置危险废物经营许可证的个人处理，法院认定侵权行为由斑马建材公司和谭某泽共同实施，二者应当承担连带责任。又如，在浙江恒盛木业有限公司与宁波立鑫液体化工运输有限公司等环境污染责任纠纷案[4]中，根据甲醛购销合同，买受人恒盛公司与出卖人豪博公司对货物的交付方式并没有明确约定，在委托运输过程中，对运输人立鑫公司违规将储蓄罐交由不具备资质的驾驶员卸装操作未进行监管，故在甲醛卸装至恒盛公司储蓄罐内之前标的物的所有权仍归属豪博公司。据此，豪博公司应对立鑫公司应承担赔偿责任部分承担连带责任。

3. 辅助人过错：固体废物处置各环节辅助人承担连带责任之根据

在固体废物污染环境案件中，为作为“污染者”的生产、销售、进口、使用、收集、贮存、运输、利用、处置各环节行为人提供帮助，包含提供资金、场地、设备、厂房、车辆等物质性帮助，或提供介绍等服务行为的辅助

---

〔1〕 参见湖南省郴州市中级人民法院民事判决书，(2018)湘10民初3号。
〔2〕 河南省高级人民法院民事判决书，(2017)豫民终232号。
〔3〕 参见广东省广州市中级人民法院民事判决书，(2018)粤01民初990号。
〔4〕 参见浙江省台州市中级人民法院民事判决书，(2015)浙台民终字第840号。

人,对固体废物污染环境提供了便利或起到促进作用。依据《民法典》第1169条,《生态环境侵权责任解释》第10、11条之规定,辅助人基于故意或重大过失、过失等不同主观过错,与污染者共同承担连带责任或相应责任。如在泉州市人民检察院与陈某河等环境污染责任纠纷案[1]中,昌达公司明知违法行为人陈某河无证排放废塑加工生产污水,仍向其提供厂房和设备,被判令与违法行为人共同承担生态损害赔偿责任。又如,在某镇人民政府与陈某仔等环境污染责任纠纷案[2]中,翁某生等承接废弃采石场的填土工程后,在上述地点倾倒垃圾收取场地费获利。陈某仔为翁某生等介绍生活垃圾货源并收取好处费,法院遂判决陈某仔等9人共同承担相应的侵权责任。相应地,如辅助者能证明提供相应帮助时无主观过错,则无须承担侵权责任。在中华环保联合会与浙江新安化工集团股份有限公司等环境污染责任纠纷案[3]中,李某福租赁玖新工贸的储罐,用于存放涉案磷酸盐混合液并进行处置,玖新工贸未收取租金也未从中获得其他利益,主观上无过错,事实上未参与,不构成环境侵权。

(四)其他关联主体:过错是承担连带责任的主要根据

将责任主体扩张至其他关联主体的核心要素是主观过错。举其要者,例如:(1)工程施工承包关系之发包人存在过错,应对承包人的环境侵权行为承担连带责任。发包人将相关工程发包给不具备资质的主体施工,造成环境污染或生态破坏的,则发包人存在过错,应承担连带责任。[4] (2)企业承包经营关系中,发包人对承包人监管过失导致的环境侵权承担连带责任。如承包人以企业名义在生产经营中,从事环境违法行为造成生态环境损害的,发包人应对其监管过失与承包人共同承担侵

---

〔1〕 参见福建省2018年环境资源十大典型案例。

〔2〕 参见广东省佛山市中级人民法院民事判决书,(2019)粤06民终9029号。

〔3〕 参见山东省高级人民法院民事判决书,(2017)鲁民终1577号。

〔4〕 参见贵州省贵阳市中级人民法院民事判决书,(2018)黔01民终70号。

权责任。[1] (3)负有治理责任或管理责任者,因过失未履行治理或管理责任,应与侵权行为人承担连带责任。负有法定职责的行政机关未履行监管义务,虽然与环境侵权发生有因果关联,但行政不履职与民事侵权之间是不同法律关系,故多数判决中均否定了原告对不履职行政机关的民事诉请。[2] (4)违法收购野生动植物资源及其制品者,因主观上存在明知的故意或应知未知的重大过失,须在其违法收购范围内与违法捕捞、采集、盗伐、破坏、销售、贩卖等"利益链"上的责任者共同承担连带责任。[3] (5)通过出资、合伙、合作等方式参与生态破坏或污染环境侵权,分享利润的,应与其他责任人承担连带责任。出资是客观因素,但出资人主观上对与他人共同实施环境侵权及后果是明知或应知的,过错是其重要责任根据。[4] (6)委托人对受托人以管理、运营等方式管理运营环保设施缺乏有效监管,委托人应基于其监管过失与受托人承担连带责任。[5] (7)委托他人运输、储存、处置固体废物,委托人未尽到监管义务的,实为有过错,应与运输人、保管人、处置者承担连带责任。(8)对于因产品质量问题引发的土壤、水体等环境污染,产品生产者、销售者应承担连带责任。但能证明自身无过错的销售者不承担责任。[6] (9)提供环境评价、监测、检测及环保设施维护、运营的中介机构或单位存在明显过错,弄虚作假的,应与其他侵权责任主体承担连带责任。

---

〔1〕 参见湖南省郴州市中级人民法院民事判决书,(2018)湘10民初3号;广东省广州市中级人民法院民事判决书,(2019)粤01民初326号。

〔2〕 参见最高人民法院民事裁定书,(2016)最高法民申1919号;江苏省无锡市中级人民法院民事判决书,(2017)苏02民终1473号;福建省高级人民法院民事判决书,(2015)闽民终字第2060号;河南省郑州市中级人民法院民事判决书,(2016)豫01民初705号;湖北省十堰市中级人民法院民事判决书,(2018)鄂03民初6号。

〔3〕 参见江苏省高级人民法院民事判决书,(2019)苏民终1734号;江苏省南京市中级人民法院民事判决书,(2019)苏01民初2005号。

〔4〕 参见浙江省丽水市中级人民法院民事判决书,(2019)浙11民初84号;江西省九江市中级人民法院民事判决书,(2019)赣04民初201号。

〔5〕 参见重庆市第一中级人民法院民事判决书,(2017)渝01民初773号。

〔6〕 参见江苏省南通市中级人民法院民事判决书,(2018)苏06民终3374号。

三、适用方式：环境修复连带责任承担方式的裁判机制

（一）完全连带：整体判决行为人承担连带责任

连带责任的功能在于增加责任主体数量，强化对受害人的保护，确保受害人获得充分、全面的救济，对外体现出整体性特征，即任何连带责任人均有义务承担全部责任，其内部如何分配在所不问。因其严厉性，仅在法律有特别规定或当事人有特别约定时适用。在环境侵权中，常判决数个责任者承担连带责任。有三点值得重视：一是判决行为人承担连带责任的思路几乎贯彻了私益诉讼、公益诉讼和生态环境损害诉讼领域。[1] 二是数个行为人的侵权行为仅是部分损害发生的部分原因，尚有其他未查明的环境侵权因素时，数个行为人应在过错、原因力等相适应范围内承担连带责任。如在宋某现与徐州光环钢管科技有限公司等水污染责任纠纷案[2]中，房亭河上游铜山区排污等因素才是造成宋某现损失的主因，原告宋某现所受损害不完全系光辉公司、巨腾公司、学永公司三公司造成，终审酌定三公司连带赔偿原告20%的养殖损失。三是侵权责任人内部责任大小、是否获得利益等因素，通常不影响整体性连带责任的裁判。在最高人民法院指导性案例210号[3]中，各被告系以分工合作的方式非法倾倒污泥、污染环境，应承担共同的生态环境修复责任，并非以非法所得或作用大小来计算修复责任。

（二）部分连带：确定行为人在相应范围内承担连带责任

在司法创新探索中，法院在整体性连带责任之外，会将按份责任与连带责任结合进行判决。如有判决认为，"多个侵权行为间接结合造成同一损害，则应分别承担责任"，遂根据各行为人过错程度判决行为人承

---

[1] 参见贵州省清镇市人民法院民事判决书，（2016）黔0181民初945号；山东省高级人民法院民事判决书，（2017）鲁民终1577号；重庆市第一中级人民法院民事判决书，（2017）渝01民初773号。

[2] 参见江苏省徐州市中级人民法院民事判决书，（2017）苏03民终4061号；江苏省高级人民法院民事裁定书，（2018）苏民申1713号。

[3] 参见江西省九江市中级人民法院民事判决书，（2019）赣04民初201号。

担按份责任,未判决承担连带责任。[1] 实践中,有两种部分连带裁判方式:

一是直接实施污染行为人就全部侵权承担连带责任,污染行为的辅助人承担连带按份责任。根据污染行为辅助人在环境污染侵权中的作用大小、原因力比例、污染物数量、过错等因素确定责任比例,其逻辑是"共同侵权人对外承担连带责任,对内则承担按份责任"。充分考虑到各行为人的"污染参与度",责任分配较为公平合理;但其缺点是,可能导致不具备责任承担能力的污染者难以落实其环境修复责任或赔偿责任,使受害人或受损害环境救济有落空之虞。

二是在共同环境侵权中,能合理区分各行为人之间内部责任比例的,在裁判时仅要求行为人就其应承担份额承担连带责任。这种判决的优点是既满足了对外承担连带责任以救济受害人的需求,也满足了责任人内部的合理责任比例划分,可降低诉讼成本。如在泰州市人民检察院与王某朋等 59 人生态破坏民事公益诉讼案[2]中,非法捕捞、贩卖、收购长江鳗鱼苗利益链条上的责任人多达 59 人,虽应共同承担生态资源破坏的侵权责任,但各行为人之间捕捞、贩卖、收购的数量和重量均可查清,法院遂根据各行为人参与非法捕捞、买卖的鳗鱼苗数量判决其承担相应生态环境损害赔偿责任,在相应责任范围内数人承担连带责任。又如,在谭某洪等污染责任纠纷案[3]中,谭某洪直接实施污泥倾倒行为导致环境污染应承担主要责任,方某双仅起到辅助、次要作用,法院遂判令两共同侵权人谭某洪承担 80% 责任、方某双承担 20% 责任,但对外承担修复责任或负担修复费用时二人承担连带责任。

〔1〕 参见江西省高级人民法院民事判决书,(2018)赣民终 189 号。

〔2〕 参见南京市中级人民法院民事判决书,(2019)苏 01 民初 2005 号;江苏省高级人民法院民事判决书,(2019)苏民终 1734 号。

〔3〕 参见广东省广州市中级人民法院民事判决书,(2015)穗中法民一终字第 3804 号。

第三节 生态环境修复责任适用的有限溯及力

生态环境修复责任作为一种新型责任形态,在适用时应当遵循法不溯及既往这一基本的法治原则,仅在法律有明确规定,且有正当理由的情形下,方可溯及至历史责任主体,让其为曾经的污染行为或生态破坏行为承担责任。但这都是有限度的、例外的规则。

一、生态环境修复责任的溯及力趋势

《美国超级基金法》首次确立了环境污染领域追溯责任。此法通过后,在 United States v. Monsanto Co. 案中,被告方 Monsanto Co. 提出该法规定的溯及既往责任违宪,联邦第四巡回法院认为:(1)当厂商在超级基金法制定前"合法地"弃置废弃物,并因这种廉价的弃置方法获取利益时,他们当时应该可以预见,此种弃置方式将对环境造成巨大损害。(2)《美国超级基金法》将环境修复费用分摊到因不适当弃置方式而造成环境污染的行为人身上,并且要求该等行为人承担连带责任,系为确保顺利收取修复费用,该措施并不严苛。(3)民事上的溯及既往责任,除非是特别严厉且苛刻,否则不会被直接认为违宪。且该条款与《美国超级基金法》的正当立法目标具有合理关联性,符合法律正当程序……〔1〕《美国超级基金法》以对污染者和潜在责任人科以严厉的环境保护义务而著称,其反对者认为该法所确立的制度具有"反常的影响",而支持者则认为其立法功绩在于它改变了公司的行为和他们对待环境问题的态度这一事实。〔2〕《美国超级基金法》对潜在责任人科以极为严格的环境

---

〔1〕 参见张训嘉:《论我国土污法整治费用求偿制度》,载社团法人台湾法学会主编:《台湾法学新课题》(五),台北,元照出版有限公司 2007 年版,第 80 ~ 83 页。

〔2〕 参见蔡守秋等:《可持续发展与环境资源法制建设》,中国法制出版社 2003 年版,第 499 页。

保护义务，对造成环境损害的修复责任并不完全以成本效益原则考量，突破了传统民事责任框架；后来美国法律虽对该法案有所修正，但污染者修复责任依然如旧。

受《美国超级基金法》的影响，加拿大、日本、荷兰等国在污染场地修复责任等方面采用了追溯责任。如日本在其《土壤污染对策法》中采用了严格、连带和追溯责任。日本部分地方法规中对责任主体承担的详细调查和净化责任为可追溯责任，主要是考虑改善地下水污染的必要性。[1] 日本法院在两份司法判决中确立了环境修复的追溯责任。如清除蓄积镉金属的费用负担案件，是围绕 1970 年《公害防止事业费事业者负担法》制定以前就蓄积在河底的镉污染所需费用的负担问题产生的争议。[2] 荷兰的《土壤修复暂行办法》及之后的《土壤保护法》均具有追溯性，且过于严苛，所设定的不切实际的修复目标导致相关修复行动要花费高昂费用。在两部法律实施的最初几年里，荷兰政府针对可能造成了污染的公司提起诉讼，希望追回修复费用。然而高昂的修复费用问题却很难解决，因为很多疑似导致了污染的公司一直是在获得环境许可的情形下运营的，并未超出其许可范围运营，针对这一现实情况，相关立法设定了一个时间节点——1975 年，免向企业追回此前引发的污染土壤的修复费用。[3]

---

〔1〕 参见赵小波：《日本土壤污染防治立法研究》，法律出版社 2018 年版，第 35 页。

〔2〕 判决认为，“《公害防止事业费事业者负担法》第 3 条规定的事业者，过去曾经进行过造成公害的事业活动，同法施行后像原告这样没有继续进行事业活动，也可以认为属于应当负担费用的事业者”，承认了费用负担的溯及既往效力。此外，东京高判平 20.8.20 是关于化学工厂旧址的 PCB 土壤污染清除事业，造成土壤污染发生的化学工厂已经清算、不再存在，但是后来和该化学工厂的全资母公司合并成立的新公司，被认为是进行过“该公害防止事业有关的环境污染”的事业者。据此，法院认为令其承担公害防止事业费的行政决定是合法的。参见［日］交告尚史等：《日本环境法概论》，田林、丁倩雯译，中国法制出版社 2014 年版，第 146～147 页。

〔3〕 参见龚宇阳编著：《污染场地管理与修复》，中国环境科学出版社 2012 年版，第 78～79 页。

二、溯及力的立法趋势与司法实践

(一)立法上确立环境修复责任溯及性规则的意义

法不溯及既往是基本原则,意在确立法的预测性价值和行为引导功能,故对昨天的行为不用今天的规则评价。但基于环境污染损害的严重性、社会性、滞后性、潜伏性、隐蔽性等特点,其造成的损害具有较长的持续性。在商业主体不断演变的今天,曾经的污染者可能因倒闭、破产、兼并等不再存在,也可能因污染企业多次转让无法查明是在何者控制下形成污染损害,为防止责任者"脱逃",需采取强制性措施加以控制。道德的谴责对污染者作用甚微,在法治化社会中,对受害者的维护必须借助法律的严厉控制,如此方可抑制重金属等污染者的污染行为。"通过法律的社会控制"[1]也适用于环境污染责任,且比任何时候都更重要,需靠法律落实污染者责任。但传统思维下的面向未来责任的机制会给污染者留下逃避责任的空间,必须有人为过去的污染、现在的污染和将来的污染承担责任,这样才符合污染者负担原则。故而,应在环境污染等环境侵权中,基于污染者负担原则和由此衍生的集体原则对传统的个人责任、不溯及既往责任予以修正,使其成为溯及既往、连带且严格的责任。但应合理设计,严格限定该责任的适用。

面对日益严峻的环境污染形势,历史遗留的环境污染"存量"过多,"增量"不停增加。对于类似广西龙江镉污染、阳宗海砷污染等重金属污染以及其他有毒有害物质的严重污染事件,有必要在环境修复责任中采纳责任的可溯及性,避免责任者因不溯及既往而免于承担原本应负担的责任。这并不违反法治精神,理由在于:第一,污染者负担原则意味着污染者需对其造成的损害或污染承担无限责任,无论是新法还是旧法,都没有理由也不应当免除污染者的责任。事实上,污染者负担原则或我国

---

〔1〕 参见[美]罗斯科·庞德:《通过法律的社会控制》,沈宗灵译,商务印书馆2010年版,第3页。

《环境保护法》确立的损害担责原则，抑或日本环境法上的原因者负担原则，其潜在的意义都在于污染者负有环境修复与损害赔偿的责任，而不论时间问题。第二，基于利益与责任平衡的原则，获利者应承担历史上的环境修复责任，杜绝其将责任转嫁给国家和社会成员。在此意义上，承担环境修复责任是利益报偿的反映，不应机械地理解法不溯及既往这一原则而中断污染者责任。第三，恢复原状不适用诉讼时效的民法原理。该原理为环境污染或生态破坏中环境修复责任的承担提供了民法制度上的支持。根据全国人大常委会法制工作委员会、最高人民法院等对《环境保护法》第66条诉讼时效的解释，其一致认为原告主张恢复环境原状不应受诉讼时效的限制[1]。因此，无论是要求环境侵权者自己承担修复责任还是承担环境修复的费用，均不受诉讼时效限制，政府可依法定职责起诉污染者承担修复责任。因此，从严格意义上来说，通过对恢复原状诉讼时效进行解释，亦可达到与溯及既往相同的效果。第四，就环境政策而言，顶层设计中强调要建立"环境责任终身制"和严格的生态环境损害赔偿制度。这两项政策原则实际上就包括修复责任的可追溯性。但即便是《土壤污染防治法》制定和《固体废物污染环境防治法》修订时，对环境修复和赔偿责任规定的溯及力仍犹豫不决，立场仍不甚清晰。长远考虑，应当彻底贯彻污染者负担原则，强化污染者责任，规定环境污染修复责任的可溯及性。同时亦应设置合理的适用程序、条件限制，防止偏离立法初衷。

环境保护责任已是现代国家的一项基本职能，从宪法到环境基本法，再到具体的污染防治法或自然资源保护法，通常在规定公民享有环境权的同时也规定了环境保护义务。遵此逻辑，无论是现时发生的环境污染还是生态破坏侵权，抑或基于历史原因发生的环境侵权损害，凡对公共利益造成重大损害或存在重大健康风险隐患的，国家有义务和责任

---

〔1〕 参见信春鹰主编：《中华人民共和国环境保护法释义》，法律出版社2014年版，第230页。

先行修复,然后根据污染者负担原则或损害担责原则,向环境侵权者追索环境修复费用,而不必等到确定污染者或破坏者时才主张。这样有几个好处:一是确保受损的生态环境得以及时、有效修复,避免环境损害的持续、扩展和衍生损害的发生。二是保障公众健康和生态安全,实现有损害即有救济。环境损害的潜伏性、累积性、缓释性、复杂性等特点决定了为保持健康的生态环境,为维护公众安全和健康,应尽快进行修复,而不以是否发现污染者或破坏者为前提,国家负有保障生态环境健康与安全的义务,这也是促使其先行修复的主要动因。三是国家的"守土责任"使然。国家是抽象的主体,由领土、国民等基本要素组成,保障国土安全和生态环境健康可持续发展,是政治国家、福利国家的基本要求,也是国家作为法律意义上的主权者的身份所决定的。在此意义上,国家对环境负有托底保护的责任,不论是否最终能从环境侵权者处追索回修复费用,皆应基于国家的责任先行修复环境,而一定条件下的可溯及责任制度设计又为国家追索修复费用提供了保障机制。当然也包括政府综合运用财政、税收、规费等必要的措施,建立可靠的"资金池",以此来应对不可预知的风险。

(二)环境修复责任有限溯及力的立法趋势

法不溯及既往,是现代法治的一项重要原则。但这仅系一项司法原则而非立法原则。[1] 法律可以基于国家利益、公共政策等因素考量,有条件地允许溯及既往的法律存在。我国现行《刑法》不允许作出对被告不利的追溯,但允许对其作有利的追溯。[2] 民事法律和行政法律中尚未有溯及既往的规定。立法就是现实世界利益格局的客观表达,为人们提供行为的预期与行动的指南,对正义的追求使立法过程带有价值选择和利益倾向性。[3] 社会正义原则要求对社会成员之间进行合理的利益分

---

〔1〕 参见杨登峰、韩兵:《法不溯及既往原则的地位和适用的例外》,载南京师范大学法学院、法制现代化研究中心编辑:《金陵法律评论》总第16期,《南京师大学报》编辑部2009年版。

〔2〕 参见《刑法》第12条。

〔3〕 参见杜健勋:《环境利益分配法理研究》,中国环境出版社2013年版,第194页。

配和责任分担。[1] 环境法实际上是环境利益分配、平衡与协调的产物,环境参与者的权利、义务与责任分配是利益诉求、表达与确认的规则化。由于历史遗留的环境污染问题并未得到彻底解决,根据损害担责原则或污染者负担原则,美国、加拿大、日本、荷兰等国的环境法允许一定条件下的溯及既往,并在司法实践中得到运用,这是环境污染修复中利益分配与协调的重要机制。

我国立法及司法实践中并未直接明确采用溯及既往的处理模式,但有关制度已初显法律溯及力的迹象。主要体现为两个制度:一是人身损害方面,采纳发现主义原则计算诉讼时效(本质上不应属于溯及力问题)。由于环境侵权造成的损害具有潜伏性和滞后性等特点,损害停止时并非损害结果发生时,损害结果的出现往往具有滞后性,会出现时间滞差。为此,关于环境侵权尤其是造成人身损害的情况下的诉讼时效有不同的理论,如接触理论(从受害人最后接触有毒物质时起计算)、发现理论(从受害人发现或应当发现受到损害时起计算)、症状暴露理论(从受害人症状完全暴露时起计算)。[2] 我国《环境保护法》规定的诉讼时效为 3 年,从知道或应当知道损害之日起计算。这就采纳了发现主义,有利于保护受害人。二是场地污染责任治理方面初步确立了溯及力规则,明确由原责任者和后续使用者承担场地整治修复责任,并规定了国家的环境修复责任。2016 年《污染地块土壤环境管理办法(试行)》第 10 条、2018 年《工矿用地土壤环境管理办法(试行)》第 6 条明确,须依据"谁污染,谁治理"原则,由污染者承担修复责任;如土地使用权发生转让,由受让人或双方约定责任承担主体;如土地使用权终止,原土地使用权人依然对其使用该土地期间造成的污染承担治理和修复责任。2017 年最高人民法院发布的《关于审理矿业权纠纷案件适用法律若干问题的

---

〔1〕 参见[美]约翰·罗尔斯:《正义论》,何怀宏等译,中国社会科学出版社 1988 年版,第 54 页。

〔2〕 参见侯怀霞:《私法上的环境权及其救济问题研究》,复旦大学出版社 2011 年版,第 179～180 页。

解释》第12条明确指出，矿业权转让人与受让人不得通过租赁、承包合同方式约定放弃生态环境修复等法定义务。2018年《土壤污染防治法》第96条规定了土壤修复由土壤污染责任人和土地使用权人承担修复责任。2020年修订的《固体废物污染环境防治法》第41条明确产生工业固体废物的单位终止前须妥善处置固体废物；单位发生变更的，由变更后单位承继处置义务；变更时有约定或土地使用权被转让的，处置责任可以由当事人约定，但不得免除当事人的污染防治义务。该等规范将原土地使用权人、受让人或变更后的主体纳入污染责任人范畴，实质上体现了土壤污染治理责任主体的溯及力规则，不因其不再是土地使用权人而免责，但目前规则实施中责任追溯并不彻底。从长远发展趋势看，在土壤、水体等污染中确立有限溯及力规则，是可预期的发展趋势。

（三）司法实践已出现修复责任主体溯及既往的裁判

在造成土壤、水体等环境损害的原责任主体已终止的情况下，自无溯及既往的必要和意义。但若造成环境污染或生态破坏的责任主体仍存续，除可判令现土地使用权人、采矿权人等权利义务承继者修复污染场地、修复受破坏的矿山环境外，为避免现权利人无力承担修复或赔偿责任，可依法判令原责任主体承担连带责任或继续承担修复、治理、赔偿责任。此类案件现已初步呈现，目前有三种裁判方式：

一是裁决由现承继人承担修复责任，间接认可原侵权责任主体应承担修复责任。如在某村委会与某硫铁矿公司等环境污染责任纠纷案[1]中，硫铁矿公司虽然主张新村村民小组的农田污染是由广东省硫铁矿的开采行为造成，与其排污行为之间不存在因果关系，但硫铁矿公司对此并没有提供相应的证据予以证实，法院进而认定硫铁矿公司是本案的侵权主体，其需对新村村民小组的农田污染承担相应的赔偿责任。该案虽以被告未举证不存在因果关系为由认定由硫铁矿公司承担责任，事实上也确认了硫铁矿公司与广东省硫铁矿的承继关系。

---

〔1〕 参见广东省清远市中级人民法院民事判决书，(2016)粤18民终825号。

二是企业主体由于改制等原因发生变更的,原主体实施的污染行为或生态破坏行为责任,由改制后存续或新设单位承继。如在中国绿发会等与浙江富邦集团有限公司等环境污染责任纠纷案〔1〕中,1991 年至 1997 年,原上林制革厂填埋制革污泥使填埋场地土壤受重金属严重污染,具有重大环境风险。富邦集团公司是上林制革厂改制后承继其权利义务的法人,应承担原上林制革厂的环境污染责任。由于上林制革厂、富邦集团公司在污泥填埋主体和实施填埋行为上具有关联性和延续性,对使用涉案三处土地填埋制革污泥具有共同的认识,应承担连带责任。

三是裁判明晰原环境侵权主体仍应对其污染环境或破坏生态行为承担责任。在自然之友环境研究所与江苏常隆化工有限公司等环境污染责任纠纷案〔2〕中,常隆公司等三公司应对企业改制前的污染行为承担环境侵权责任。三被告企业虽历经改制,但改制只是使企业经营体制、股权结构、管理方式等发生变化,企业主体一直延续而未终止或灭失。该案具有较明显的溯及性特点。在公司治理中,企业变更、注销等因素使如何追究污染企业及股东的生态环境损害责任成为一个难题。而依据公司法股东责任规则,利用公司独立法人地位和股东有限责任规避环境损害赔偿责任的,追溯股东、实际控制人的修复责任不失为一条合理路径。对潜在性、累积性的污染损害,可对污染项目实际投资人、合作方等进行一定程度的追偿。〔3〕但被告因服刑、逃脱等未履行修复责任,政府先行修复后追索修复费用的,不免除行为人责任,此非溯及力问题。〔4〕

〔1〕参见嘉兴市中级人民法院民事判决书,(2015)浙嘉民初字第 7 号;浙江省高级人民法院民事判决书,(2018)浙民终 1015 号。

〔2〕参见江苏省高级人民法院民事判决书,(2017)苏民终 232 号。

〔3〕参见於方、韩梅、田超:《论环境责任与赔偿法律制度的完善》,载《环境保护》2018 年第 16 期。

〔4〕参见上海市第三中级人民法院民事判决书,(2021)沪 03 民初 31 号。

第五章　类型构造：修复责任的类型梳理与规则构造

第一节　宏观维度：整体视角下修复责任类型与规则构造

生态环境修复责任是第二性法律责任，即不履行法律义务的后果。[1] 基于类型化方法，对生态环境修复责任进行合理区分，是建构独立化生态环境修复责任规则的基础。根据不同标准，可对生态环境修复责任作不同区分。应将修复责任置于整个法律体系、法律制度和社会视角等宏观视野下观察，构建修复责任制度与周边关联制度之良好沟通管道，以协同运行，“既见树木，更见森林”。

一、基于内涵：区分为作为理念、制度、原则、义务与责任的生态环境修复

（一）划分依据：基于修复责任制度内涵区分

生态环境修复受到理论界和实务界高度重

---

〔1〕 参见李挚萍：《生态环境修复责任法律性质辨析》，载《中国地质大学学报（社会科学版）》2018 年第 2 期。

视。立法上,在《环境保护法》《土壤污染防治法》《长江保护法》《湿地保护法》《黑土地保护法》《黄河保护法》《青藏高原生态保护法》等法律中均有所体现。"生态环境修复"是一个内涵丰富的概念,可分别作为理念、原则、制度、义务与责任等形态存在。故"修复"在制度体系框架下是一个"多面体",在不同的规范及场合,其意义有所差别。

(二)内涵分析:修复责任作为理念、原则、义务、责任及制度的不同场域

理论上对生态环境修复的认知并不统一:一是将之理解为原则、义务与制度。20世纪90年代以来,环境修复在各国环境法律体系中存在三种立法方式:一是作为一项基本原则或作为重要的法律义务和法律制度。[1] 二是将之理解为理念、制度。如认为环境修复兼及法治理念、法律制度的双重意义[2]。理念所表征的是规范之"应然状态",并据此检验制度的科学性、运行效果及妥当性。三是将之解读为民事性质的责任方式与作为行政性质的法律义务。

1.作为理念的环境修复:是指将生态环境修复作为生态环境立法、执法、司法和具体行为的指导精神、理念或目的[3],在可能发生环境损害或已发生损害的情况下,应当主动依法开展预防、修复、赔偿等救济性活动,保全良好的生态环境。其并不以责任形式呈现,属价值理念范畴。作为理念的环境修复需借助多种类型的制度工具予以落实,环境责任制度设计及其司法实施机制也随之被系统引入。[4] 这些制度、机制包括公益诉讼、私益诉讼、生态环境损害赔偿诉讼、刑事附带民事诉讼等。

2.作为原则的环境修复:是指将生态环境修复价值导向作为立法、

---

〔1〕 参见李挚萍:《环境修复法律制度探析》,载《法学评论》2013年第2期。

〔2〕 参见刘超:《环境修复理念下环境侵权责任形式司法适用之局限与补强》,载《政法论丛》2020年第3期。

〔3〕 参见柴云乐:《修复生态环境的法律定性、分解与司法路径选择》,载秦天宝主编:《环境法评论》第4辑,中国社会科学出版社2020年版。

〔4〕 参见刘超:《环境修复理念下环境侵权责任形式司法适用之局限与补强》,载《政法论丛》2020年第3期。

执法、司法和具体行为的原则,以之作为从事环境相关行为的基本准则。在此原则指导下,生态环境修复责任细化为具体的修复责任、修复程序等规则,可以存在于民事、行政乃至刑事规范之中。当生态环境损害发生时,其作为指导行政执法和司法的基本原则得以适用。如无具体规则,可适用原则进行阐发、拓展、补充,结合具体事实,在综合考量后作出裁决。

3. 作为义务的环境修复:是指法律法规规定的政府应依法履行职责保护生态环境的基本义务,以及作为企业、公民等社会主体依法负有的治理、修复生态环境的义务。政府履行修复义务是国家职能的体现,企业或公民个人履行修复义务须以法律科以义务为前提,往往是企业或个人在享有某种权利的同时必须承担修复环境义务,如采矿造成塌陷、地质灾害处理等,皆属其法定义务。这些都属于第一性的义务,不应作为法律责任对待。

无论以民事责任方式还是行政法律义务形式呈现,生态环境修复的目标与内容本质上是一致的,仅存在手段和方式的差异而已。但作为行政性质的法律义务或行政责任,其实现机制主要依赖于行政命令、行政处罚、行政强制等具体措施,走出了一条与民事修复责任依赖司法救济不同的道路,并成为与民事司法救济有机协调的生态修复协同路径。对受损生态环境的救济并非仅靠民事法律规范的私法途径或民事手段,行政责令恢复、责令治理、责令改正等行政命令、行政处理措施亦是救济生态环境损害的重要途径。〔1〕 现行法律中,行政命令与生态环境修复责任有一定的内容交叉,在一定程度上具有修复生态环境的功能,因此被称为行政命令型修复责任〔2〕,有学者将之进行细分并以剔除了那些不具备修复功能的命令型方式〔3〕对其进行建构。

---

〔1〕 参见刘倩、王彬:《生态修复:从民事法律责任到行政法律义务》,载《环境污染与防治》2022 年第 3 期。

〔2〕 参见李挚萍:《行政命令型生态环境修复机制研究》,载《法学评论》2020 年第 3 期。

〔3〕 参见程玉:《生态环境修复行政命令制度的规范建构》,载《北京理工大学学报(社会科学版)》2021 年第 6 期。

义务与责任密切相关。不同主体违反修复义务产生的法律责任有别:行政机关违反修复义务,应承担政治、纪律责任,负责人或负有直接责任人员可能构成行政违法乃至刑事违法[1];企业或个人等负有生态环境修复义务的主体,未履行修复义务则可演变成行政违法责任、民事修复责任和刑事责任。[2] 但多数情况下违反修复义务,会演变成生态环境修复责任。即便就企业或个人的生态修复义务而言,义务违反与民事修复责任之间不具有唯一对应性。有学者主张,"以行为人义务与政府义务为中心建构生态修复责任",实现从"权利救济"向"义务履行"的模式转换,构建义务体系同样可达到生态环境损害救济的目的。[3]

4. 作为责任的环境修复:是指违反了生态环境修复义务或保护义务,造成生态环境损害的,行为人须通过人工干预方式修复生态环境的具体法律责任方式。包括《民法典》规定的生态环境修复责任,环境资源类法律中规定的责令恢复原状、采取补救措施等修复性责任,以及刑事诉讼中多样化的修复责任。环境恢复的理念与目标需融贯于环境法律责任制度设计中,以实现对行为主体的有效约束,以及对生态利益的周延保护。从逻辑上看,环境修复责任制度也应接受环境修复理念的审视与检验。[4]

作为民事责任性质的修复,可从两个层面分析:一是作为恢复原状责任的特殊形态或作为环境法上的民事责任形态。《民法典》之前的政策及司法文件,多将修复责任作为"恢复原状"的特殊形态,将"恢复原状"进行扩大解释来创新生态修复责任承担方式。《民法典》施行后司法解释逐步褪去了这种高度关联的解释路径,改为直接以"修复生态环境

---

〔1〕 参见《土壤污染防治法》第85条;《固体废物污染环境防治法》第101条;《长江保护法》第83条;《水土保持法》第47条;《刑法》第408条等。

〔2〕 参见《生态环境侵权责任解释》第17条。

〔3〕 参见刘倩、王彬:《生态修复:从民事法律责任到行政法律义务》,载《环境污染与防治》2022年第3期。

〔4〕 参见刘超:《环境修复理念下环境侵权责任形式司法适用之局限与补强》,载《政法论丛》2020年第3期。

责任”代之。但这不改变恢复原状与生态修复责任的一般规范与特别规范的认识。二是作为民事法律责任的生态环境修复责任,以民事诉讼机制为主要实现路径。借助民事司法手段实现生态修复,仅是一种私法路径选择,并不排斥其他路径。如在刑事程序中或行政诉讼中亦可通过附带民事诉讼方式实现。需要注意的是,作为责任的环境修复,还应避免被限定在作为民事性质的法律责任承担方式的危险中[1]。这一方面限制了修复责任在行政程序、刑事诉讼中的适用;另一方面,将修复责任仅局限于“责任方式”有狭隘性,其还可涵盖更宽泛的民事责任、行政责任中具有恢复性责任性质的责任。

5.作为制度的环境修复:是将生态环境修复责任作为一项基本环境法律制度予以规定和实施。既包括理念、原则等较为宏观的层面,也包括较为具体的义务、责任层面,还包括基于技术规范、行业标准、地方性规范等综合形成的以生态环境修复为主旨的法律制度。

(三)区分意义:明晰各自的适用场域

生态环境修复已作为一个较为泛化的概念在环境资源法中存在,需要规范不同意义的生态环境修复各自的适用领域,精准掌握内涵与适用前提,避免错用概念导致认知偏差,进而产生规则适用错误。

二、基于规范:区分为公法上的修复责任与私法上的修复责任

(一)划分依据:根据规定修复责任的规范性质不同

生态环境广泛涉及国家利益、公共利益和个人利益,形成了复杂交错的利益关系,由庞大的环境保护及自然资源法律体系对其进行规制,而《民法典》等私法规范也责无旁贷,对生态环境修复责任亦有不同程度的规定,从而形成了公法与私法交错的体系。故单纯从私法或公法立场

---

[1] 《环境民事公益诉讼解释》《生态环境损害赔偿规定》,人民法院判决被告承担“修复生态环境”等民事责任。《改革方案》规定了赔偿义务人以修复优先的方式承担生态环境损害赔偿责任。

审视生态环境修复责任都有其局限，公私协同乃当下重要共识。[1] 若单纯将生态修复责任界定为公法责任或私法责任，并不周延。

（二）内涵界定

1. 公法上的生态环境修复责任：由公法规范规定的生态环境修复责任。公法上的生态环境修复责任并不意味着其就是公法责任。事实上，公法上的修复责任包括公法责任与私法责任两种不同类型。例如，《土壤污染防治法》中大量的修复责任都属公法性质的修复责任，但其第96、97条规定的修复责任就属于私法性质的修复责任。不少学者以土壤污染修复责任为例，认为土壤污染修复责任应属公法责任。[2] 其实，《土壤污染防治法》中规定的责任并非都属于公法责任，其他自然资源法规定中也呈现公法责任与私法责任并存的形式。[3] 简言之，不应简单以法律规范的类别来界定其中的责任性质，否则会出现偏差。

2. 私法上的生态环境修复责任：由私法规范规定的生态环境修复责任。私法上的生态修复责任多属私法责任。如《民法典》第1234条规定的生态修复环境责任，如将其理解为指引性、衔接性规范，则该责任构成与适用依赖于大量的公法规范。因此，有学者将该条规范规定的修复责任界定为公法责任。[4] 但从立法意旨看，该条规定的责任应属私法责任，只是其规范的权益具有公益性质，具有公法属性，属私法公法化。

---

〔1〕 参见龚雄艳、王树义：《民法典规范下生态环境损害公私法合力救济模式论——兼论生态环境损害赔偿制度的完善》，载《环境保护》2021年第10期；王莉、邹雄：《生态环境损害公私法二元救济的规则安排》，载《南京社会科学》2020年第6期；李晨光：《生态环境损害救济模式探析——游走在公法与私法之间》，载张仁善主编：《南京大学法律评论》总第47卷，法律出版社2017年版；冯洁语：《公私法协动视野下生态环境损害赔偿的理论构成》，载《法学研究》2020年第2期。

〔2〕 参见胡静：《我国环境行政命令体系探究》，载《华中科技大学学报（社会科学版）》2017年第6期；巩固：《公法责任视角下的土壤修复——基于〈土壤污染防治法〉的分析》，载《法学》2018年第10期；刘长兴：《论环境行政法律责任的创新及专门化发展》，载《环球法律评论》2022年第6期。

〔3〕 如《长江保护法》第93条、《黄河保护法》第119条、《青藏高原生态保护法》第59条、《湿地保护法》第61条、《固体废物污染环境防治法》第121条等规定的修复责任应属私法责任，并非公法责任。

〔4〕 参见刘长兴：《生态环境修复责任的体系化构造》，载《中国法学》2022年第6期。

《民法典》实施前后的司法实践均支持修复责任属民事责任的立场。

(三)区分意义:责任构造的交融与转化

1. 交融性构造:环境公共性的属性使然

单纯将修复责任界定为公法责任或私法责任,并不全面。将其界定为综合责任,本质上是模糊其性质,于案件的处理并无裨益。生态环境所涉利益的复合性、复杂性决定其并非单独由公法或私法简单规定,而应是公法与私法协力的结果。由此,生态环境修复责任应同时存在于公法与私法之中。第一,公法规范规定公法性质的修复责任,乃其职责使然。以行政法为典型的公法,其法律关系构造乃基于行政机关对行政相对人的管理及对环境违法行为的处置,相对人承担因违反环境资源管理秩序损害生态环境的修复责任。这是国家生态环境保护职能的具体化,也是立法中"责令恢复原状"行政处理这一方式存在的根据。第二,刑法规范中尚未明确生态环境修复责任的刑罚属性,其仍系民事责任范畴。尽管实践中大量的刑事案件适用了修复责任,但更多是将其作为量刑情节——案件事实的一部分来处理的,少数将其作为刑罚执行方法对待,亦有将其作为非刑罚处罚方法认识的。总体来讲,作为兴起于刑事案件而发达于民事公益诉讼案件的生态环境修复责任,反而难以在刑法规范中找到一席之地。故将其界定为刑罚的方法论存在合法性疑问。第三,作为民事责任的生态环境修复责任,除《民法典》的规定外,也广泛存在于环境保护法与自然资源法中。大量的环境民事公益诉讼、生态环境损害诉讼及环境私益侵权案件裁判规则都回答了这个问题,即将修复责任作为典型民事责任对待。这与欧盟、美国当前将生态修复责任作为公法责任发展的主要趋势是不同的。因此,不能简单照搬欧美的机制,更重要的是契合我国的实际。

2. 转化性构造:从交融到相互转化的变动

如果说公法与私法交融规范生态环境修复责任,是环境公益的特质使然,那么现实中更应关注一个重要的动向,即公法规范下的修复责任与私法规范下的修复责任,从要件构造到内容、形式都逐渐出现实质性的交融，进而在司法实践中出现了“互鉴”与“转换”的现象。如大量的生态环境修复责任方式的具体化与创新，并非法官臆想，而是既有现实事实基础，也有规范依据，还有环境科学、修复生态学等多学科支持。如针对破坏森林的生态环境修复责任，其修复对象是森林，但作为民事修复责任，其较为抽象，需转换为契合森林生态环境特质的具体化责任方式，其可对标之依据主要是《森林法》中的责任方式。但《森林法》中并未对破坏森林的具体民事责任方式作出规定，于是法官发挥主观能动性，将破坏森林违法行为的行政修复责任中的“补种林木”“恢复植被”等责任方式具体化到刑事或民事案件中，实现了由“行政责任方式”向“民事责任方式”的转变。这样的例子不胜枚举。诸如增殖养流、补种复绿、矿山修复等具体化的民事修复责任，在很大程度上，都可从相应公法规范中找到其“原型”。此外，从构成要件看，行政修复责任与民事修复责任的构成要件已然呈现同质化，这在生态环境损害、民事公益诉讼中有所体现，以欧盟为例，修复责任由民事责任转向行政责任后，两种责任构成与责任方式几乎相同，实为以民事责任为基础的行政救济机制改良。[1]

因此，从体系化构造角度看，应打造由民事、行政、刑事协同的修复责任体系，实现公法与私法相互衔接、相互补充、互为条件的修复责任制度。

三、基于利益：区分为私益性的修复责任与公益性的修复责任

（一）划分标准：根据修复对象所体现的利益属性

根据损害所涉及的权利或权益性质不同，适用的责任方式亦有差异。从目前的法律规范、政策体系及司法实践看，修复责任既可适用于私益性质的环境侵权，亦可适用于公益性质的生态环境损害。但两者的

---

〔1〕 参见康京涛：《欧盟生态损害救济：理路、实效、困境及启示——以欧盟〈环境责任指令〉为中心》，载《宁夏社会科学》2020 年第 1 期；樊杏华：《公法视角下欧盟环境损害责任立法研究》，载《环境保护》2014 年 Z1 期。

规范名称、制度逻辑及规则适用既有关联,亦有差异。

(二)内涵界定:私益性的修复责任与公益性的修复责任

1. 私益性的修复责任:指因环境侵权行为导致自然人、法人或非法人组织的合法权益遭受损害,而该权利或权益依附于特定的生态环境,通过修复生态环境方能保全其利益时而选择适用的修复责任。

2. 公益性的修复责任:指因环境侵权行为导致公共利益或国家利益遭受损害,国家规定的机关或法律规定的组织请求侵权人承担修复受损生态环境的修复责任。包含环境民事公益诉讼下的修复责任与生态环境损害赔偿诉讼中的修复责任,以及刑事附带民事公益诉讼、行政附带民事公益诉讼下的修复责任。

(三)区分意义:规范选择、适用路径与适用机制

1. 规范选择的差异性

(1)私益侵权:适用《民法典》第179条之恢复原状进行阐释,不能适用第1234条。

(2)公益侵权:除直接适用《民法典》第1234条修复责任外,还可援引第179条。

就《民法典》第1234条而言,基于目的、体系与逻辑解释,该条规定的生态环境修复责任皆不适用于私益主体。第一,从立法原意上看,第1234条的权利主体限于“国家规定的”机关和“法律规定的”组织,并不含私益主体;从保护对象看,第1229条“他人损害”对应的是私益财产或人身权;第1234条环境损害对应的是“环境本身”的损害。该条确立的是公益性的生态环境修复责任。第二,从文义及目的解释角度看,第1234条并不像私益损害那样存在“被侵权人”。因此该条是一条赋权性规范,并未将权利赋予私益权利人。第三,从体系上看,权利主体也不包括私益主体。这就出现了民法不承认“环境权益”而承认“环境侵权”的奇特现象。[1]

---

〔1〕 参见刘长兴:《生态文明背景下侵权法一般规则的“绿色化”改造》,载《政法论丛》2020年第1期。

2. 适用路径的区别性

若不考虑行政程序及刑事诉讼中的修复责任适用,从纯粹民事司法角度看,第一,私益性的修复责任只适用于普通民事诉讼程序。尽管这类环境侵权有其特有性质,但仍遵循民事诉讼基本规则。第二,公益性的修复责任适用于环境民事公益诉讼、生态环境损害赔偿诉讼及衍生程序。包括普通刑事诉讼、刑事附带民事公益诉讼、行政附带民事公益诉讼以及非诉执行程序等。

3. 两种修复责任功能的形式分离与实质交融

(1)形式分离:各自有其独立的适用领域。

(2)实质交融:私益性修复责任附带救济公益,公益性修复责任直接惠及私益。

环境侵权责任对传统民事侵权责任机制具有较强的依附性,受传统侵权法理和制度逻辑的约束,其救济的重点在"人"而不是"环境"本身,导致环境侵权的追责范围和深度未到达以生态环境修复理念为导向的预期目标,会使部分环境损害"逃逸"规制进而损害被侵权人的权益。[1]第一,私法尤其是民法的个人主义理念,使由恢复原状扩张解释的修复责任仅及于私益损害所依托(所有、占有、使用等)的自然资源或生态环境。逾此边界,即超越其"射程",难以规制。这与环境的整体性、系统性相互联系、相互依存、相互作用、相互渗透、相互制约的特点相悖,需要采用整体主义进路来弥补私法的个人主义局限。这就可能涉及两种路径:一种路径是私法公法化,在私法中注入保护超越私益而能救济公益的规范;另一种路径是通过单独环境立法或综合化立法,确立生态环境损害或救济的方式。从我国立法进程来看,立法采取"民法典"+"生态环境法典"并行路径。这就需要在民法中留下制度"接口",通过转致条款将环境其他问题引致环境基本法或特别环境法中。第二,私法

[1] 参见刘超:《环境修复理念下环境侵权责任形式司法适用之局限与补强》,载《政法论丛》2020年第3期。

中侵权法规范救济环境本身损害存在“内生缺陷”。侵权法救济的损害多为已发生，但环境污染或生态破坏行为的致害具有潜伏性、隐藏性、不确定性，致使很多具有现实危险但未实际发生的损害，难以借助环境侵权得到救济。亦即私法难以对生态环境本身的特殊性问题予以足够、有效的救济。近年来，在私益侵权案件中也注重环境权益的保护，支持诉请侵权人承担修复责任的主张，体现了以保护生态为中心的审判理念。[1]

第二节　中观视角：基于实施机制的修复责任类型与构造

站在相对中观立场，从实施机制的维度审视修复责任的类型，有助于上接宏观理念与制度设计，下衔微观具体修复责任方式，为进一步构造周密、协调的生态环境修复责任规则体系奠定基础。在中观视角下，应从实施机制、实施主体、实施过程、实施范围等几个层面将生态环境修复责任加以类型化。

一、基于机制：区分为行政修复、司法修复与自主修复

（一）划分依据：根据修复的实施机制不同

根据现有法律法规规定的生态修复责任的实施机制，生态环境修复包括行政权主导下的修复，司法权主导下的修复，以及基于义务或责任主体自主实施的修复。

（二）内涵分析：不同修复机制的内涵解析

1. 行政修复：是指各级政府及具有生态环境保护职责的部门，依据法律法规规定展开的生态修复行动。包括基于国家计划开展的重大生

[1] 参见2020年最高人民法院“黄河流域生态环境司法保护典型案例”之四：义马市朝阳志峰养殖厂诉河南省义马市联创化工有限责任公司水污染责任纠纷案。

态修复工程、重要修复工程和常规修复工程,以及基于行政相对人未遵守生态环境法律法规之规定由行政机关督促相对人采取修复行动的各种执法措施。前者属于国家职责的具体体现,主要适用于生态环境退化、自然灾害等造成的生态损害修复,具有计划性、目的性;后者是生态修复责任的行政执法机制,具有偶发性、零散性和强制性。

为确保行政计划性修复的推进,国家相关部门往往先行制定修复规划〔1〕、计划以及修复标准〔2〕、操作指南〔3〕等,一般通过实施重大工程、重点工程来体现国家、地方的计划性修复责任。在推进计划性修复过程中,管理机构及实施主体是根据职权分工开展的。可以是生态环境部门,如涉及无人负责的历史性场地污染修复;可以是自然资源部门,如国家湿地等修复工程;也可以是水利部门等。从国土空间规划和修复的职能看,计划性修复更多是自然资源部在负责。〔4〕 在今后推进《城乡规划法》修订,制定国土空间开发法时,应当同步将生态修复的规划性事项纳入评估、规划和考量。在计划性修复中,强调保障修复的科学性、时效性、实效性、规范性、安全性。〔5〕

2. 司法修复:是指由司法机关主导实施的生态环境修复责任实现机制,包括通过私益诉讼借助私权附带救济生态环境的修复责任机制,通过环境民事公益诉讼、生态环境损害赔偿诉讼及刑事诉讼(含刑事附带

〔1〕 如《全国重要生态系统保护和修复重大工程总体规划(2021—2035 年)》。

〔2〕 如 2022 年 7 月 20 日自然资源部发布《矿山生态修复技术规范　第 1 部分:通则》等 7 项行业标准,涉及煤炭矿山、建材矿山、化工矿山、稀土矿山、油气矿山、矿产地质勘查规范—稀土等。

〔3〕 如 2016 年国务院办公厅印发《湿地保护修复制度方案》;2021 年自然资源部会同国家林业和草原局编制印发《红树林生态修复手册》;2014 年原环境保护部印发《污染场地土壤修复技术导则》;2022 年昆明市发布实施《湿地修复技术指南》等。

〔4〕 中共中央、国务院印发的《关于建立国土空间规划体系并监督实施的若干意见》规定由自然资源部编制全国国土空间规划;2018 年 2 月 28 日《中共中央关于深化党和国家机构改革的决定》赋予自然资源部“统一行使全民所有自然资源资产所有者职责,统一行使所有国土空间用途管制和生态保护修复职责”。

〔5〕 参见焦思颖:《推进生态保护修复,服务生态文明建设——访自然资源部国土空间生态修复司司长周远波》,载《国土资源》2019 年第 1 期。

民事公益诉讼)以及行政诉讼(含行政附带民事公益诉讼)实现生态修复等机制。随着司法机制优化,部分环境案件通过诉前化解机制取得良好效果。如在广州某汽修厂环境污染责任纠纷案[1]中,法院强化诉源治理,提前介入,协助生态部门监督汽修厂整改,有效地预防了案涉湿地生态服务功能受损。此外,还不应忽视检察机关的诉前督促程序,诉前督促虽未进入法院的诉讼程序,亦属于检察公益诉讼的重要制度,且督促效果凸显。[2] 这也是实现生态修复责任的重要路径。环境司法中的生态环境修复也包含环境修复及生态恢复,修复生态环境范围比恢复原状大,但深度上不一定达到恢复原状的程度。[3]

3. 自主修复:是指企业或个人根据法律法规规定,自主开展生态环境修复的行为。既包括在日常生产经营过程中履行生态环境修复义务,也包括发生生态环境损害时在未被行政机关或司法机关追责的情况下主动修复,以及在启动行政修复、司法修复后自主修复的行为。自主修复可以是亲自修复,也可以由企业或个人委托具有资质的第三方开展修复活动。

(三)区分意义:不同机制之间存在差异但可互补

除鼓励企业或个人主动开展修复活动,降低执法、司法成本外,还可将重点放在行政执法修复和司法修复。一方面,重视修复责任的司法实现机制,有司法权向行政权"争权"之嫌。从逻辑上,基于国家环境保护义务基本职能的考量,应将生态修复的主要职责交由行政机关主导。当行政机关不履职,或需要司法进行补充时,再平滑衔接至司法机制较为科学。在体现行政优先权(优益权)的同时,以司法救济兜底。另一方

---

〔1〕 2023年最高人民法院"湿地生态保护典型案例"之十二:广州某汽修厂环境污染责任诉前化解案。

〔2〕 参见2023年最高人民检察院发布的"督促整治非法采矿检察公益诉讼典型案例(第二批)"、2023年最高人民检察院发布的"湿地保护公益诉讼典型案例"以及2022年最高人民检察院发布的"检察机关服务保障长江经济带发展典型案例(第四批)"之十二:江西省新干县人民检察院督促支持生态环境部门开展生态环境损害赔偿磋商案。

〔3〕 参见李挚萍:《生态环境修复责任法律性质辨析》,载《中国地质大学学报(社会科学版)》2018年第2期。

面,国家对生态环境保护负有的总责就包括对特定环境要素、特定地域以及整体生态环境的利用规划、修复规划等。鉴于司法修复具有偶发性、零散性、特定性的局限,难以从整体上顾及生态环境系统的修复,应当将司法修复的事项与行政计划性修复对接,以确保司法修复有效且与国家整体修复规划相符。

不同修复机制之间存在相互交叉的现象。第一,部分修复既可能是计划性修复,也可能是司法修复。如针对场地污染,不少案件通过环境民事公益诉讼方式实现场地污染修复责任的追究。[1] 从总体情况看,场地污染修复仍以计划性修复为主。第二,尽管主导方式不同,但具体实施方式上仍可有交叉。如计划性修复中,可将司法或自主修复的事项纳入其中整体审视,在计划性修复的整体安排下,实现自主修复或司法修复的内容。在司法修复中,亦可由责任主体自行完成修复。如最终责任主体无力实施,需纳入国家修复计划实现。第三,同一修复对象可能同时存在于多种修复场域。以湿地修复为例,根据《湿地保护修复制度方案》,湿地修复属于生态修复的范畴[2];但若行为人非法排放、堆放、填埋废物,或者非法侵占、破坏、使用湿地等造成生态破坏,此时的修复亦属广义上的"湿地修复",可依据《民法典》《湿地保护法》等由侵害湿地者承担生态环境修复责任。

二、基于阶段:事前预防、事中修复与事后修复

(一)划分标准:修复适用的阶段不同

在风险社会,管制、保护、救济机制前移,越发凸显事前与事中环节对环境修复的作用。生态环境修复责任的司法适用主要是事后救济,而行政处置的修复可以起到事前预防和事中、事后的修复救济功能。一定

〔1〕 参见浙江省高级人民法院民事判决书,(2018)浙民终 1015 号;江苏省高级人民法院民事判决书,(2017)苏民终 232 号;山东省泰安市中级人民法院民事判决书,(2019)鲁 09 民初 232 号。

〔2〕 参见李挚萍:《生态环境修复责任法律性质辨析》,载《中国地质大学学报(社会科学版)》2018 年第 2 期。

程度上，当危险即将发生，如可能发生滑坡等损害时采取预防、修复、救济一体化的措施，将有效避免事后无法逆转的损害后果。事实上，停止侵害、消除危险、排除妨碍等预防性责任中，已含有修复的功能。事中修复是指损害已发生，并正在持续的情况下，生态环境损害尚未扩散、衍生或次生损害尚未发生，此时修复能达到及时的“止损”效果，这就需要通过行政机关履行法定职责——通过责令治理、限期整改、责令修复、责令补种、责令复垦、责令补救等方式来修复和弥补。事后救济中的修复如能通过行政机关的磋商、行政处罚等解决，也不宜推进到司法程序：一来司法资源已颇为拥挤、不堪重负；二来司法程序冗长而成本高昂，不利于修复的高效推进；三来生态环境损害如得不到及时处理后果将更加严重。

（二）内涵界定：动态视角审视修复责任

1. 事前预防：存在发生损害的重大危险时，采取预防性措施乃至必要的环境修复措施，防止损失真正产生。当前实践逐步重视预防性民事公益诉讼，使其起到防患于未然的功效。

2. 事中修复：过程性修复，亦即在生产、经营、开采、利用、治理、处置等过程中，若不可避免产生生态环境损害，即使在法律上属于可容忍的范畴或必要的附带效果，但依然不能忽视其对生态环境的负面影响，亦有对其进行适度修复防止损害演变成更大生态灾害的必要。如矿山环境治理修复即为典型。开采必然造成破坏，但对由此引发的地质灾害不必等到造成较大损害才治理，可在达到治理条件时及时、分期启动治理。这实为一种救济性的修复机制。

3. 事后修复：这是学界探讨最多的修复责任方式。无论是行政责任、刑事责任还是民事责任框架的修复责任，多被置于此背景下审视。这本质上是末端治理反应，是一种事后追责式的救济责任。尽管该种事后修复也具有预防损害扩大化和避免造成更严重生态环境影响的价值，但对于脆弱的生态环境而言，其社会成本、经济代价、生态后果等都极为严重，并非上策。法律将之作为规制重点，是基于底线思维的考虑。若基于风险社会理念和预防性原则，理当防患于未然，在事前采取预防措施，事中及时干预，事后及时补救。

（三）区分价值：塑造“预防优先—过程管控—事后救济”的立体修复责任体系

生态环境修复作为一个系统工程，应当贯穿事业活动的全过程，如企业在建厂、运营等阶段都要注意边建设、边修复。以土壤修复为例，应将之与现有的环境管理制度和措施相衔接、协调，实现全过程的风险管控。土壤修复虽系末端应对措施，但若修复活动节点尽量前移，则对避免或减轻生态损害后果大有裨益。故而“有必要构建边开发、边修复，边建设、边修复的经济、生态建设一体化模式，将修复行为融入开发建设全过程”〔1〕。第一，在项目立项、环境影响评价、用地规划等前期阶段，宜将可能发生的生态环境损害评估和环境修复措施纳入其中考量；第二，发放排污、采矿、采伐、经营许可及其他必要许可时，可在许可证附随文件中要求持证人、权利人、行为人承担恢复环境损害；第三，在污染治理、土地复垦、地质灾害治理等制度中增加修复制度的内容，达到治理与修复同步的目标；第四，在企业停业、转产、关闭、破产、注销时，以及项目建设、开发、利用等活动完成等阶段，要求活动责任主体清除其行为对水体、土壤、林地等的不良影响，即时开展环境修复工作。鉴于生态环境修复周期一般较长，开发完再修复或修复完再开发，都可能会严重影响各相关方的利益，修复应与开发同步，在严格管束之下科学、有序、合理进行开发和利用，做到经济效益与社会效益、生态效益的有机协调。但不同环节对修复制度的需求有差异，“事前与事中环节的环境修复义务的监督履行主要依赖于环境管制手段，事后环节环境侵权责任的实施为环境修复义务的履行提供了司法保障”〔2〕。

---

〔1〕 李挚萍：《土壤修复制度立法探讨》，载《环境保护》2015 年第 15 期。

〔2〕 刘超：《环境修复理念下环境侵权责任形式司法适用之局限与补强》，载《政法论丛》2020 年第 3 期。

三、基于范围:局部修复与整体修复

(一)区分标准:根据修复对象范围的不同

生态环境修复的对象范围有大有小,有单一也有复合。总体来看,行政计划性修复多为整体性、规划性的修复,涉及地域范围广、环境要素多、修复周期长;而司法修复则多为局部、零散和碎片化的修复,行政执法的修复也多是如此。但这里的“局部”与“整体”是相对的,主要涉及在行政执法及司法修复背景下,是就单一环境要素进行修复还是就多元复合要素进行系统性修复的问题。因为行政执法与司法虽然也担负着国家环境保护的职责,但更多环境整体性保护义务仍在国家行政机关常态化的环境管理、治理工作中推进,如连片石漠化、沙漠化等治理修复,这种意义上的修复已非简单的法律责任,而是一种国家义务和国家职能的具化。因此,此处的“局部修复”与“整体修复”有范畴的限定。

(二)内涵界定:相对范畴下的局部修复与整体修复

1. 局部修复

局部修复,乃针对受损生态环境受损部分、某个或某些要素进行修复,以恢复生态环境的基本功能。目前的司法案例所呈现的修复,多为局部性修复。这与司法被动性、偶发性、零散性的特点密切相关。具体表现为:

(1)受损区域的部分修复:当受损生态环境为某一个特定生态环境系统中的部分区域时,按照“罚当其过”的原理,由行政机关责令违法行为人或法院判决行为人对所损害的区域范围进行修复。

(2)受损单体要素的部分修复:针对所遭受损害的环境要素进行对应性的修复治理,而不涉及其他环境要素。生态环境是一个有机、复合、动态、关联的系统,当某一个环境要素遭受损害时,已经打乱了生态系统的整体平衡性特点,单一的环境要素的修复只是“头痛医头”式的执法或司法治理,并不能周延地保护生态环境。当前的环境司法案例多为对单一或部分环境要素的修复,整体性修复的案例较少。

2. 整体修复

整体修复,即基于生态环境系统性、整体性的特质考量,由侵权人对受损生态环境进行整体性修复,或者承担整体性修复的费用责任。整体修复是基于生态环境整体主义哲学和系统论的立场,尤其是“山水林田湖草沙冰”一体化治理的思维,关注受损生态环境要素与其他要素之间的动态联系和整体平衡。计划性修复中的流域修复、连片修复等都属于整体修复。[1] 以流域修复为例,流域是一个以水为核心的生态环境单元的自然地理区域,强调生态环境要素的统一性、整体性,决定了流域生态修复的整体性,也决定了生态修复与保护事务的复杂性,并非单一主体能够完成,需要政府、企业、社会组织和公众在内的多元主体共同参与治理[2]。流域生态修复责任显然超出了环境侵权责任和“恢复原状”责任的范畴。[3] 而环境侵权责任,其损害可能是单一的,也可能造成区域性、流域性的生态影响。但由污染主体来承担流域性的生态环境修复责任,是多数企业或个人无法承受之重。故而预防性、事中修复是最优的责任配置方案。

(三)区分意义:从单一要素修复到生态环境整体性考量的发展

1. 矛盾协调:环境的整体性与司法修复单一性的协调

绝大多数环境执法或司法裁判具有个案性特点,所损害的环境对象多为局部性区域或单一环境要素,故而实践中关注的重点是个案要素的处理和救济。相应地,生态环境修复责任也主要针对单一要素予以处理或裁判。事实上,多个环境要素同时被损害乃是常态,只是观察重点差异导致其他要素被忽视。例如,对森林的砍伐,表面上只损害了林木这

---

〔1〕 此方面的法律如《长江保护法》《水法》《森林法》《草原法》《湿地保护法》等;行政法规,如《太湖流域管理条例》《淮河流域水污染防治暂行条例》;地方性法规,如《贵州省赤水河流域保护条例》《山西省汾河流域生态修复与保护条例》《忻州市滹沱河流域生态修复与保护条例》《运城市涑水河流域生态修复与保护条例》《伊犁河流域生态环境保护条例》。

〔2〕 参见李冰强:《流域生态修复与保护立法:现实困境与对策选择》,载《中州学刊》2020年第5期。

〔3〕 参见才惠莲:《流域生态修复责任法律思考》,载《中国地质大学学报(社会科学版)》2019年第4期。

一要素，但其潜在和间接影响的要素却十分广泛，包括森林涵养水源功能丧失、土壤性状发生变化、动物栖息地受到破坏、森林碳汇功能丧失等。若只关注林木本身的修复，则无法满足森林生态系统整体的恢复需求。实践中，受制于认识局限、修复能力、修复成本等多元因素，在修复责任的适用上考量要素较为单一，难以满足生态环境系统化的需求，亟须由单一要素向系统化的生态修复及环境治理转变。尽管执法或司法个案难以如行政计划修复那样进行全面治理，但至少在个案所涉范围内，就小范围生态系统的整体性考量与修复是极为必要的。

2. 司法发展：呈现从关注单一要素到关注多元环境要素的协同发展趋势

囿于单一要素修复救济与整体性生态系统功能恢复之间的不协调性，实践中已在逐渐探索个案所涉生态环境系统的整体性修复问题。这个趋势应在将来的执法机制和司法裁判中予以合理关注。如在江苏省南京市人民检察院诉王某林生态破坏民事公益诉讼案[1]中，法院认为，非法采矿对生态资源造成的危害具有复合性，不限于国家矿产资源损失，还包括开采区域生态环境破坏及生态要素损失。而环境与生物、生物与生物之间协同共生，相互影响、相互依存，形成动态的平衡。一个生态要素的破坏，必然会对整个生态系统的多个要素造成不利影响。非法采矿将直接导致开采区域的植被和土壤破坏，山体损坏影响林、草蓄积，林、草减少影响水土涵养，上述生态要素的破坏又直接、间接影响鸟类和其他动物的栖息环境，造成生态系统的整体破坏及生物多样性的减少，自然要素生态利益的系统损害必将最终影响人类的生产生活，破坏优美的生态环境。因此，被告需对由此造成的生态环境系统的损害承担修复、赔偿等责任。

---

〔1〕 参见江苏省南京市人民检察院诉王某林生态破坏民事公益诉讼案，最高人民法院指导性案例207号(2022年)。

第三节 微观审视:基于实现方式的修复责任类型与构造

应从实现生态环境修复责任的微观视角,根据不同标准对修复责任进行精细化划分,建构相应规则,以便合理适用。

一、基于给付内容:区分为行为责任与经济责任

（一）区分标准:给付内容不同

生态环境修复责任的主要承担方式可概括为行为责任和经济责任。[1] 区分标准是给付内容的不同。行为责任具有金钱责任和行为责任合二为一的特点,判令承担行为责任具有“一劳永逸”的效果,避免在环境评估、鉴定等机制尚不完善时引发的经济成本核算等诸多难题。经济责任则将修复行为责任换算成修复费用,易于判决和执行,但管理和使用修复费用又成为一个新课题。不同法院对两者偏好有所差异。[2]

（二）内涵界定:修复责任的一体两面

1. 行为责任:以实施修复行为来实现生态环境修复目标的责任方式,包括直接修复与替代性修复。修复责任本是一种行为责任,责任人应通过自己的行为修复受损生态环境,才能达致恢复生态环境功能和状态的目的。修复责任体系建构于行为责任规则的基础之上。

2. 经济责任:当责任人不具备通过行为方式实现生态环境修复目标时,应由其负担修复生态环境对应的经济成本,由第三方代为履行修复责任。这是行为责任的经济替代。有学者认为是替代性修复责任[3],但

---

〔1〕 参见吕忠梅:《环境司法理性不能止于“天价”赔偿:泰州环境公益诉讼案评析》,载《中国法学》2016 年第 3 期。

〔2〕 参见李挚萍:《生态修复案件中的责任承担和法律适用——以广州市白云区鱼塘污染公益诉讼案为例》,载《环境保护》2015 年第 8 期。

〔3〕 参见王利明:《〈民法典〉中环境污染和生态破坏责任的亮点》,载《广东社会科学》2021 年第 1 期。

实为行为责任的经济替代,即责任人承担《民法典》第1234、1235条之"生态环境修复费用"[1]。这并非金钱赔偿,也并非创设了某种新的责任方式,无疑是对我国生态环境修复责任方式的完善。[2]

(三)区分意义

1. 价值多元:重视行为责任的多元价值面向

第一,行为责任可避开对修复费用是否必要、合理的异议[3]。省去了计算修复费用的冗长复杂程序,以及鉴定的高昂成本、较长周期、计算方法的不精确性、生态环境的不确定性、技术的发展性等重要变量。有判决强调,应判令行为人履行恢复湿地原状行为,而不应以支付金钱方式替代,否则将使法律规范的立法目的落空,甚至出现行为人因此获利的情况。[4] 行为责任与修复费用并不完全对等,修复费用只是根据现有技术、方法进行的估算,并不精确,当事人就修复费用鉴定结论存在分歧乃常事。

第二,行为责任具有较强的教育、评价与指引功能。若以承担修复费用代之,在金额巨大、侵权人无力承担修复费用而又不履行修复责任时,判决修复的目的将落空;在损害范围不大、成本不高的情况下,可能会出现侵权人自愿以经济赔偿代替修复,变相"以罚代修""一罚了之"。故应避免单一地适用货币性措施来替代行为措施,须详细审查生态修复方案,重视修复措施本身的教育、指引、感化功能,在决定环境责任方式时,应优先选择预防性和恢复性措施。[5]

第三,行为责任还涉及伦理等较为复杂的问题。具体案件中,究竟采用行为责任还是经济责任,不仅关涉技术和能力,更与伦理和公平密

[1] 邹海林、朱广新主编:《民法典评注·侵权责任编》,中国法制出版社2020年版,第646~647页。

[2] 参见陈建华:《环境污染责任纠纷案件代履行制度的实证研究》,载《法律适用》2020年第10期。

[3] 参见吕忠梅、窦海阳:《修复生态环境责任的实证解析》,载《法学研究》2017年第3期。

[4] 参见吉林省高级人民法院民事判决书,(2017)吉民再13号。

[5] 参见刘蕊:《环境刑事司法中生态修复责任应用研究》,载《新东方》2021年第4期。

切相关，两种责任看似平等、可互相替代，实则存在极大差别。[1] 如被告人因失火、滥伐林木等构成犯罪，同时亦承担修复被破坏自然资源的责任，但因年龄大、身体欠佳、经济能力差等因素，较重的修复费用可能让其不堪重负，法院判决面临难以执行的风险。实践中往往又将行为责任变通为劳务代偿、志愿服务等替代性修复行为，为修复责任实现创造更多空间。

2. 组合形态：行为责任与经济责任的组合运用

行为责任与经济责任的划分并不绝对。行为责任与经济责任的组合机制，改变了非此即彼的关系，更契合修复责任的价值选择。实践中，单纯判令承担修复行为责任的判决较少，单纯科以承担生态环境修复费用的判决数量也呈下降态势，判决承担“生态修复行为或支付生态修复费用”“支付修复费用同时提供公益劳动”“先生态修复行为，不履行时支付生态修复费用”等行为责任与经济责任的组合式判决逐渐成为常态。

3. 优先规则：行为责任优先于经济责任的规则塑造

（1）克服简单经济责任的单一价值局限

行为责任与经济责任在修复目标上具有一致性，但侧重不同。经济责任侧重于货币赔偿或价值替代，难以真正肩负起本应由行为责任呈现的对受损生态环境充分恢复性救济功能。若将两者置于并列或平行关系，将使侵权人更多选择经济责任，法院基于效率的考量也乐于判决承担修复费用，有架空行为修复的风险。一是司法裁判生态环境修复费用时偏好虚拟治理成本法。该方法存在不确定性，一旦出现偏差，可能导致所确定的生态修复费用难以满足受损生态环境修复的实际需求。二是司法裁判上过于依赖修复费用承担，容易造成修复义务转嫁给政府、

---

〔1〕 参见李挚萍：《生态修复案件中的责任承担和法律适用——以广州市白云区鱼塘污染公益诉讼案为例》，载《环境保护》2015 年第 8 期。

社会或他人。[1] 这种责任"逃逸"方向包括:①逃逸至政府,徒增政府负担;②逃逸至社会,造成公共利益的持续受损;③逃逸至内部责任者,造成共同责任人内部修复积极性降低。行为责任优先即为限制这种逃逸现象。

(2)梯队构造:"行为责任为主、经济责任补充"规则的形塑

在早期生态环境损害鉴定、评估等规范体系尚不健全、经济修复成本核算困难的情况下,行为责任优先不失为明智的司法处理思路。[2] 从比较法视角看,损害者承担行为修复责任也是普遍的做法。实践中,司法判决明确了恢复原状行为优先于金钱替代履行,以实现规范目的。[3] 避免"交钱就可以"的错误观念,建立以生态修复为核心,以承担生态环境修复费用为替补的责任形式。[4] 《环境民事公益诉讼解释》第20条确立了"梯队式"安排:经过评估鉴定确定的生态环境修复费用,是"备而待用"。判决先明确由责任人承担修复责任,同时明确其不履行时,由法院委托第三方承担修复责任,费用由责任人承担。梯队式安排的好处在于:一方面,行为责任需要较强的技术、专业能力支撑。如责任人确实不具备该种能力,将使判决目的落空。故判决责任人承担修复费用是"次优选择"。另一方面,行为责任在司法执行上有较大困难,一旦行为人拒绝履行或拖延、消极履行,难以通过司法强制执行实现。但若在裁判中一次性明确以修复费用替代行为责任,一旦"触发"修复费用替代这种次优方案,则不必进行二次诉讼,只需借助原判决申请执行修复费用即可,执行难度也相对较低。

(3)相互转换:由单向转化转向双向互动

行为责任与经济责任之间存在双向互动、转化关系。一方面,行为

---

〔1〕 参见康京涛:《生态修复司法适用的实证分析——以212份环境裁决文书为中心》,载广州市法学会编:《法治论坛》总第51辑,中国法制出版社2018年版。

〔2〕 参见王立主编:《环保法庭案例选编》,法律出版社2012年版,第162页。

〔3〕 参见吉林省高级人民法院民事判决书,(2017)吉民再13号。

〔4〕 参见黄锡生、王中政:《海洋环境民事公益诉讼:识别、困境与进路——从〈海洋环境保护法〉第89条切入》,载《中国海商法研究》2020年第1期。

责任向经济责任的转化。包括:裁判时因责任人拒绝履行或不具备履行能力,由法院直接裁决责任人承担生态环境修复费用;执行过程中责任人若不具备履行能力或者无履行意愿,可将行为责任转化为裁判中梯队化的经济责任。生态环境损害赔偿的实体规范适用,遵循侵权法的事后救济路径,似乎更侧重"经济赔付"。[1] 另一方面,经济责任向行为责任的转化。行为人承担的修复费用,本质上就是行为修复责任的经济化表达,依然属修复责任范畴。不排除行为人事后具备修复意愿、修复能力和条件时,允许其修复受损生态环境。这种情形在司法实践中尚未出现。《改革方案》名义上是"生态环境损害赔偿",强调"修复生态环境",实则是由"生态环境损害赔偿"向"生态修复"的变形。[2]

(4)无意义的修复行为:应由经济赔偿取代

实践中存在一些"无用"、"无意义"甚至"有害"的修复行为,于生态环境无益。在刑事案件中,有责任人为得到从宽处理,实施不具有针对性的修复措施并得到法院承认。[3] 如在潘某污染环境案中,以潘某为环保安全第一责任人的公司,设置暗管将含铅、锌废水排入溪水中,案发后潘某购买鱼苗2000条投入该溪中,简易的增殖放流能否充分修复被污染的水体存在疑问。[4] 因为该案中溪水已被污染,即使投放鱼苗其也必然死亡或存活概率不大,这样的修复实际上象征意义大于实际价值。此外,在补种复绿案件中,也存在少量的案件在无地可种的情形下实施补种,效果不佳。针对此类修复行为,不如以经济赔偿取代或探索更好的替代修复方式。

---

〔1〕 参见刘洪岩、杨海舟:《从人域契约到自然契约:生态损害赔偿法理要义之证成与功能拓展》,载《吉首大学学报(社会科学版)》2022年第1期。

〔2〕 参见康京涛:《生态修复责任:一种新型的环境责任形式》,载《青海社会科学》2017年第4期。

〔3〕 参见刘蕊:《环境刑事司法中生态修复责任应用研究》,载《新东方》2021年第4期。

〔4〕 参见福建省大田县人民法院刑事判决书,(2019)闽0425刑初214号。

二、基于修复对象:区分为直接修复与替代性修复

(一)划分根据:根据原生态环境修复是否具有“可修复性”

根据修复对象的不同,生态环境修复责任的具体方式可分为直接修复和替代性修复。[1] 直接修复的前提是原生态环境具有“可修复性”。“法律不强人所难”,生态损害原因多种多样,环境修复亦是一项系统性、复杂性、长期性、专业性和高投入工程,故生态环境是否具备修复的可能性,决定了修复责任可否直接适用。[2] 可修复性包括部分可修复和整体可修复。直接修复本是常态,但因环境损害的不可逆转性,实践中替代性修复适用更多。

(二)内涵解析:直接修复与替代性修复解析

1. 直接修复

直接修复,是指对受污染或者破坏的环境要素、生物要素、生态系统等进行鉴定评估,并对原要素、原区域、原体予以修复。[3] 生态环境遭受损害时,与其具有直接利害关系、受到影响最大的是损害结果发生地。若能直接修复,不仅可避免认定、计算修复费用的复杂过程及其是否合理的问题,更能及时、有效地恢复生态环境,提升修复责任适用的效率与质量。由此,直接修复成为修复生态环境责任的首适方式。[4] 从恢复原状中孵化出独立的生态环境修复责任,既能涵盖原地原址的直接修复,也为创新性的替代性修复等方式留下了广阔的空间。这使修复责任在内部构造上呈现直接修复优先的内在需求。

---

〔1〕 参见最高人民法院民法典贯彻实施工作领导小组主编:《中华人民共和国民法典侵权责任编理解与适用》,人民法院出版社2020年版,第559页;吴一冉:《生态环境损害赔偿诉讼中修复生态环境责任及其承担》,载《法律适用》2019年第21期。

〔2〕 参见南靖杰、宁清同:《生态修复责任之适用条件探析》,载《南海法学》2019年第5期。

〔3〕 参见吴一冉:《生态环境损害赔偿诉讼中修复生态环境责任及其承担》,载《法律适用》2019年第21期。

〔4〕 参见吴一冉:《生态环境损害赔偿诉讼中修复生态环境责任及其承担》,载《法律适用》2019年第21期。

直接修复的适用有几个特点:一是从损害程度看,适用于案情简单的轻微损害案件。如砍伐林木、破坏植被、非法捕捞等,对造成重大污染、重大生态环境损害的场合,直接修复适用相对较少。而现实复杂程度远高于教科书式的理论分析,且并非所有的生态环境损害均可采用直接修复。[1] 二是从责任主体看,直接修复主要适用于个人或企业有能力修复的情形,多为个人实施修复的行为。盐城法院的一项调研表明,当地判决的不少直接修复案例主体是老年人、无经济能力者等。[2] 三是从修复方式看,通常适用于造成生态危害较小,短期可实施,无须耗费大量人力、物力,个人有能力实施,同时修复技术并不复杂的情形。如退耕还林、补种复绿、增殖养流、劳务代偿、清除垃圾等方式。对重大复杂的生态环境损害,笼统判决直接修复,易出现难以执行的"空判"局面。四是从修复周期看,通常适用于短期内可修复的生态环境,对那些需要持续修复、长期监测等的复杂案件,很难见到直接修复的判决。

2. 替代性修复

对何谓替代性修复,学界未达成共识。有观点认为,替代性修复是指"等值重建或更换受损的生态环境",亦即提供某种与受损生态环境原有状态和功能大体相当的替代性生态环境。[3] 有观点认为,替代性恢复方式包括同功能异种类、异地,同质量异数量,同价值异等级等,使生态环境恢复到受损害之前的功能、质量和价值。[4] 有学者总结实践中的替代性修复方式后,将其划分为主体的替代、方案的替代以及方式的替代

---

〔1〕 参见张小雪、苑占伟:《生态环境修复责任承担方式的司法适用——基于 347 篇裁判文书的样本分析》,载《山东法官培训学院学报》2020 年第 3 期。

〔2〕 参见徐荣蓉、刘启立、肖文秀:《破坏野生动物资源犯罪多发需综合施治》,载《检察日报》2021 年 10 月 26 日,第 7 版。

〔3〕 参见张培华、曹莉莉、张丝怡:《公益诉讼中替代性修复的实践探索——从一起污染环境公益诉讼案谈起》,载《人民检察》2020 年第 24 期。

〔4〕 参见颜运秋:《〈民法典〉视阈下生态环境修复与赔偿司法保障机制》,载《广西社会科学》2021 年第 1 期。

等多种类型。[1] 江苏省高级人民法院发布的《关于生态环境损害赔偿诉讼案件的审理指南(一)》第39条第3款规定:“替代性修复是指无法或没有必要在原地原样对受损生态环境进行修复的情况下,合理采取异地和(或)他样方式进行生态环境治理、建设,保障受损生态环境在区域性或流域性范围内得到相应补偿的修复方式。”这一方式体现了“生态总量平衡理论”的思想。

总体来看,替代性修复的关键是“替代”,“替代什么”是核心。

一是主体替代说。该观点认为,替代性修复只是修复责任实施主体变更为具备修复能力的专业机构或个人,责任主体仍然是环境侵权的行为人[2],由其承担生态环境修复费用。替代性修复主要适用于生态损害严重、技术要求高、修复难度大等场合,须借助专业设备与技术、采用特定方法、实施科学管理及设置合理周期等实现。[3] 事实上,适用替代性修复的前提是“无法完全修复”,而非行为人“无力修复”。因而,替代性修复不应当是主体的简单替代,而应是要素、时间、方式、功能等的替代,不能将修复代履行混淆为替代性修复。从修复主体维度看,替代性修复有两种具体落实方式:(1)侵权人和第三方并存:先由侵权人以替代性方式对生态环境予以修复,侵权人无法完全履行或未在规定期限内主动履行的,由法院或相关部门委托第三方修复;(2)直接由第三方代修复,侵权人承担修复费用。[4] 因此,代履行与替代性修复都有“代”字,但“代”的客体、对象是有别的,强调的重点是不同的。

二是要素替代说。该观点认为,直接修复与替代性修复的根本差异在于要素不同。替代性修复是原环境、生物要素已不存在,须以其他类

---

[1] 参见张小雪、苑占伟:《生态环境修复责任承担方式的司法适用——基于347篇裁判文书的样本分析》,载《山东法官培训学院学报》2020年第3期。

[2] 参见杜健勋:《“修复生态环境”的法律适用研究——基于对〈民法典〉第1234条的理解》,载《学术界》2021年第11期。

[3] 参见张万洪、胡馨予:《“美丽中国”的实现迫切需要对环境犯罪匹配生态修复责任》,载《河南社会科学》2021年第7期。

[4] 参见胡卫:《环境污染侵权与恢复原状的调适》,载《理论界》2014年第12期。

似的要素替代的修复方式。如生态破坏使河流、湖泊中特有鱼种灭绝，则应通过其他种类鱼苗替代进行生物环境的修复。[1] 该观点指出了替代性修复的核心和实质。环境要素的替代是多样化的,如野生动物遭受捕杀,通过为其生产生存创造更良好的生态环境,促进种群的繁殖、发展;原种植的树种被砍伐、古树被破坏,可通过种植更多数量的其他种林木替代修复,以便能使生态环境容量和质量保持平衡。要素替代,实质上是修复客体的替换。这是替代性修复观察的重点。如非法采矿造成自然资源损害、动植物物种损害乃至灭绝等无法恢复,水污染后经自净而无须修复,实际上包含了“无法修复”与“无须修复”两种情形,均可采取“替代性修复”之“异地补植”方式修复生态环境,以达到生态环境的总量平衡[2],宜将替代性修复的理解重点放在修复客体上。[3] 但并非所有生态环境损害都适合替代修复,受资金、技术、成本等因素制约,若替代修复的成本过高或者缺少相应的技术手段,替代修复就丧失正当性。[4]

三是措施替代说,或称方式替代说。该观点认为,替代性修复,是指受损生态环境无法通过恢复原状方式进行修复,允许采取替代性措施以减轻所造成的损害,使修复后的总体生态环境容量和质量达到区域生态环境总体动态平衡的目标。[5] 最高人民法院进一步列举了具体替代措施,包括同地区异地点、同功能异种类、同质量异数量、同价值异等级等情形。[6] 这类似于欧盟环境责任指令中的“补充性”补救措施。若“基

---

〔1〕 参见刘士国:《民法典“环境污染和生态破坏责任”评析》,载《东方法学》2020 年第 4 期。

〔2〕 参见最高人民法院环境资源审判庭编著:《最高人民法院关于环境民事公益诉讼司法解释理解与适用》,人民法院出版社 2015 年版,第 294 ~297 页。

〔3〕 参见徐军、李方玲:《生态环境修复责任在刑事附带环境民事公益诉讼中的司法适用研究——以 397 份裁判文书为样本》,载《四川环境》2021 年第 4 期。

〔4〕 参见李义松、周雪莹:《我国环境行政代履行制度检视》,载《学海》2021 年第 1 期。

〔5〕 参见朱晓勤:《生态环境修复责任制度探析》,载《吉林大学社会科学学报》2017 年第 5 期。

〔6〕 参见最高人民法院环境资源审判庭编著:《最高人民法院环境民事公益诉讼案件司法解释理解与适用》(修订版),人民法院出版社 2023 年版,第 263 页。

础性”补救措施无法将生态环境恢复至基线水平,可在受损区域邻近地点实施“补充性”补救措施。〔1〕 实践中创新出大量的替代性修复方式,大部分属于措施替代。如“异地补植”“增殖养流”“劳务代偿”“巡山巡河”等。〔2〕 最高人民检察院发布的一个典型案例即为良好注脚:若遵循一般认知,小天鹅等野生动物已被非法捕杀,自然不会再生,适用修复责任颇成问题。但通过对小天鹅栖息地的修复、条件改良和增强保护措施,亦可增加其种群数量。从小天鹅等野生动物被杀会导致生态系统被破坏、生物多样性受损的逻辑逆向思考,动物栖息地保护增强了生态系统服务功能,有利于小天鹅等野生动物的繁殖、保护、救护。可创新性地考虑,将传统的行为修复转化为因地制宜进行专业化修复,比如栖息地保护、救护和辅助生殖放归等〔3〕,着眼于长远改善野生动植物的生存环境,实现其种群数量增长,间接实现受损生态环境的修复。如在一起大气污染案〔4〕中,污染大气已通过扩散稀释而自净,不需直接修复,经磋商协议由违法行为人以实施乡村景观环境整治工程的方式进行替代修复。

四是功能替代说。即认为替代性修复的目标是重建或塑造一个与原生态环境不同,但功能相似或相近的环境,以保证生态环境质量不下降。实践中,大量的司法判决被告将生态环境修复至损害之前的功能或状态,除直接修复的判决外,部分替代性修复案件中也采用此观点。

---

〔1〕 参见[英]马克·韦尔德:《环境损害的民事责任——欧洲和美国法律与政策比较》,张一心、吴婧译,商务印书馆2017年版,第345页;康京涛:《欧盟生态损害救济:理路、实效、困境及启示——以欧盟〈环境责任指令〉为中心》,载《宁夏社会科学》2020年第1期。

〔2〕 山东省武城县人民法院也出台了9部门联合会签的《关于生态环境保护适用劳务矫正机制的意见》,将“劳务矫正机制”纳入生态环境保护中。参见张小雪、苑占伟:《生态环境修复责任承担方式的司法适用——基于347篇裁判文书的样本分析》,载《山东法官培训学院学报》2020年第3期。

〔3〕 参见2020年最高人民检察院“检察机关野生动物保护公益诉讼典型案例”之三:湖南省湘阴县人民检察院诉胡某某等人非法猎捕、杀害珍贵、濒危野生动物刑事附带民事公益诉讼案。

〔4〕 参见2019年最高人民法院“人民法院保障生态环境损害赔偿制度改革典型案例”之四:绍兴市环境保护局、浙江上峰建材有限公司、诸暨市次坞镇人民政府生态环境损害赔偿协议司法确认案。

五是费用替代说。囿于生态环境修复的复杂性、专业性,多数情况下责任人无能力直接承担修复责任或直接修复难以达到修复标准,由责任人支付修复生态环境费用代替其修复责任的直接履行,然后由第三方专业机构代为履行修复责任。[1] 在直接修复的场合,如行为人不具备修复能力,当然可由其缴纳修复费用,由第三方代为履行[2];在替代性修复的场合,也同样存在行为人不具备修复能力,或者不履行修复义务,依然要承担替代性修复费用的情形。司法裁判在以修复费用的承担替代行为责任时,应当合理区分是对直接修复行为的替代,还是根据替代性修复措施工程方案计算出替代修复费用,前者是对直接修复行为的替代,后者是对替代性修复行为的替代,二者有所不同。

(三)区分意义:两种重要修复方式的规则构造

1. 修复责任内部顺位规则:直接修复优先于替代性修复

“以直接修复为主,替代性修复为补充”[3],是修复责任内部规则构造的一部分。凡有可能采取措施修复的,原地原质恢复是目标,将受损生态环境恢复至损害发生之前的结构、功能和状态是最佳选择;只有在原受损生态环境功能和状态不能完全修复,或者存在修复周期过长、成本过高、技术不具备等困难或显然不可能修复时,通过系统工程的考量和配适,采用异地修复等替代性修复方式是次优选择。[4] 直接修复具有优先、直接适用的地位,替代性修复则是在前者无法实现时的变通和补充。[5] 这就需要原告在起诉时避免提出形式主义的、空泛的修复性责任

---

〔1〕 参见吕忠梅、窦海阳:《修复生态环境责任的实证解析》,载《法学研究》2017 年第 3 期。

〔2〕 参见湖南省郴州市中级人民法院民事判决书,(2018)湘 10 民初 3 号。

〔3〕 张小雪、苑占伟:《生态环境修复责任承担方式的司法适用——基于 347 篇裁判文书的样本分析》,载《山东法官培训学院学报》2020 年第 3 期。

〔4〕 参见林文学等:《〈关于审理环境民事公益诉讼案件适用法律若干问题的解释〉的理解和适用》,载《人民司法》2015 年第 5 期;刘显鹏、郭颂彬:《环境民事公益诉讼责任方式探析》,载《西北工业大学学报(社会科学版)》2017 年第 3 期。

〔5〕 参见石春雷:《论环境民事公益诉讼中的生态环境修复——兼评最高人民法院司法解释相关规定的合理性》,载《郑州大学学报(哲学社会科学版)》2017 年第 2 期。

请求[1],将直接修复或替代性修复的请求明晰化;法院在处理时须避免简单以修复费用替代修复行为,应根据不同环境要素、生物要素或生态系统的特质,对修复责任实现情况进行合理预判、对责任方式进行充分解释与论证,以合理决定修复方式。

2. 化解赔偿金计算、归属和使用困局

直接修复直接作用于受损害生态环境,可避开当事人对修复费用计算的异议。亦可化解生态损害赔偿金管理与使用的混乱,赔偿资金面临归索赔权人所有缺乏法理基础又无法将之赔付至公众的尴尬。恰当的方式并非鼓励法院跳过直接修复费用的裁判,径行判决要求责任人开展替代性恢复,应在可直接修复的情况下,若责任人不具备修复能力,可判决由其承担修复费用、由第三方代修复,但需对赔付资金的用途进行明确限定,使其专用于修复相关事项。[2]

3. 替代性修复适用的考量因素

第一,与原受损生态环境的关联性。替代性修复可在原地及其附近开展,也可异地开展。由此替代性修复包含原地异质修复、异地同质修复和异地异质修复等多种方式。替代性修复后的生态环境及其生态系统服务需要与原受损生态环境及其生态系统服务等值或大体相当,且位于同一个流域或生态区域。[3] 然而,这种关联性未被法律或司法解释重视,需要对替代性修复功能上的相似或相同性、地理上的关联性进行规范。

第二,以修复工程措施方案为前提。相较于直接修复,替代性修复方案的科学性、合理性更应得到重视。替代性修复方案的制定与执行,需要以替代修复工程措施方案为依据,以正确计算生态环境替代性修复

---

[1] 参见徐本鑫、牛智辉:《环境修复在民事公益诉讼中的适用及其限度》,载《浙江理工大学学报(社会科学版)》2020 年第 5 期。

[2] 参见张梓太、李晨光:《生态环境损害赔偿中的恢复责任分析——从技术到法律》,载《南京大学学报(哲学·人文科学·社会科学)》2018 年第 4 期。

[3] 参见王小钢:《生态环境修复和替代性修复的概念辨正——基于生态环境恢复的目标》,载《南京工业大学学报(社会科学版)》2019 年第 1 期。

费用,包括但不限于合理估算生态环境替代性修复的工程量、工程费、监测、检测、验收、监管和效果评估等费用,避免修复费用与修复措施"名不副实",甚或演变成筹集资金的借口,防止替代性修复偏离生态环境恢复的目标。〔1〕

第三,须按照特定标准进行。替代性修复很大程度上是对直接修复方式的"妥协"。〔2〕虽无法复原已成既定事实,但至少应保持修复后的生态环境在质与量上与原受损生态环境大致相当。在美国 United States v. Fisher 案〔3〕中,法院强调"在原位修复无法实现的情况下,修复也可在其他区域进行,但须严格遵循同质同类等效要求"〔4〕。简单来说,替代性修复要坚持"双重标准":一方面,要坚持以替代性修复拟提供的新的替代生态环境、要素、系统对应的环境基线作为基本标准。另一方面,在坚持替代性环境要素标准时,须确保修复后拟提供的生态环境容量、质量、功能等,不低于原受损生态环境。否则,容易出现以低标准修复代替高标准修复,甚或出现道德风险和导致责任逃逸。

第四,法官自由裁量权的控制。替代性修复有充分自由裁量空间,需要坚持"守正"与"创新"的结合,"能动"与"中立"的协调,"创造"与"任性"的区分,"科学"与"规则"的融合。创新并非任性而为,应形成符合创新逻辑与实践需求的规则体系,这不仅对修复生态环境发挥积极作用,也对促进环境公共政策的发展起到助推功能。仍需不断丰富和细化修复方式,提高判决效率与合法性,增强公信力,更好落实绿色原则和恢

---

〔1〕 参见王小钢:《生态环境修复和替代性修复的概念辨正——基于生态环境恢复的目标》,载《南京工业大学学报(社会科学版)》2019年第1期。

〔2〕 参见吕志祥、付秋池:《异地修复作为环境侵权责任形式的合法性逻辑》,载《昆明理工大学学报(社会科学版)》2021年第6期。

〔3〕 参见巩固、陈瑶:《生态环境损害赔偿合目的性的制度保障》,载《中国人口·资源与环境》2021年第4期。

〔4〕 巩固、陈瑶:《生态环境损害赔偿合目的性的制度保障》,载《中国人口·资源与环境》2021年第4期。

复性司法的价值目标。[1]

4. 转化机制:直接修复向替代性修复转化的考量因素

随着案件的进展、规划的调整、自然因素变化等,原先拟定的直接修复方案可能变为不可能、不必要或成本过高,可转变为等值条件下的替代性修复。[2] 需考量两个方面:一是直接修复的必要性:如无直接修复的必要性,应转化为替代性修复。基于环境已自净无须人工修复或直接修复成本远高于收益等原因[3],不宜对环境作直接修复时可转化为替代性修复。但生态环境自净等因素,只是将直接修复转化为替代性修复或计算虚拟治理成本的条件,并非责任人不承担修复责任。二是直接修复的可行性:直接修复要具备环境要素、技术和经济方面三重可行性。如不具备,即可考虑转为替代性修复。《环境民事公益诉讼解释》第20条规定之"无法完全修复",应包括技术上不可行和经济上不必要两个层面[4],任一条件不具备即属无法完全修复。

三、基于实施主体:区分为自主修复与代为修复

(一)区分标准:根据修复实施主体的不同

并非所有人均有修复环境所应具备的能力、资质、技术、设备、人员。有损害能力者未必有修复能力。故由损害者修复乃自主修复;由他人修复乃代为修复。

(二)内涵界定

1. 自主修复:由责任人根据行政处理决定及司法机关裁决,通过自己的力量开展受损生态环境的修复工作。包括两种情形:未被依法追究

---

[1] 参见徐军、何敏:《生态环境修复责任的法律困境与制度突破——以生态环境损害赔偿制度改革为视角》,载《青海社会科学》2019年第6期。

[2] 参见江苏省高级人民法院2018年7月18日发布的《关于生态环境损害赔偿诉讼案件的审理指南(一)》第39条。

[3] 参见王麒睿、毋爱斌:《环境民事公益诉讼责任承担方式体系论——基于39起典型案件的实证研究》,载广州市法学会编:《法治论坛》总第57辑,中国法制出版社2020年版。

[4] 参见张辉:《论环境民事公益诉讼的责任承担方式》,载《法学论坛》2014年第6期。

责任前自主决定开展修复行动;被追究责任后自主开展修复行动。自主修复,不限于以自身的能力与技术进行修复,也可委托具备专业资质、技术和能力者展开。受托方实际上是其代理人或辅助人,其行为视同委托人的行为。

2. 代为修复:因责任人不履行或不具备履行生态环境修复的资质、技术、能力等,由执法者、原告或人民法院自行开展修复或委托第三方修复,责任人承担修复费用的方式。包括行政执法阶段的代修复(行政代履行)、民事诉讼阶段的代修复(民事代履行)和执行阶段的委托代修复等。行政代履行与民事代修复都是以维护环境公共利益为宗旨的法律制度,但本质有异:行政代履行是法律赋予国家机关的一项公权力,国家机关与代履行主体形成的是行政合同关系,受公法约束;民事代修复则是一项私权利,国家机关或社会组织与代修复主体形成的是民事契约关系,尽管有公法化特点但仍是典型的私法制度。[1]

(三)代修复制度价值:实体上回应绿色原则与程序上衔接公益诉讼

《民法典》第 1234 条规定的代修复制度是贯彻环境多元共治理念的制度安排,将公权机关和公共主体引入私法,并赋予其修复请求权,即公益化私权。[2] 作为"创新执行方式"之一,这一制度有利于被损害生态环境的修复,有利于破解实践中的修复执行困境与难题,有利于完善生态环境修复责任方式,可缩短损害救济时间与减轻诉讼成本。实体上,代修复制度落实了绿色原则(具体化)并扩大了私法救济范围(纯环境损害)。程序上,代修复制度与环境公益诉讼或生态环境损害赔偿诉讼有机衔接,搭建了实体法与程序法有机过渡的桥梁。其价值展现为:

第一,代修复是生态环境修复责任的延伸与变形。即由修复请求主体"国家规定的机关与法律规定的组织",在行为人不修复或修复请求启

---

〔1〕 参见何璐希:《多元共治背景下生态环境损害代修复之刍议——以〈民法典·侵权责任编〉第 1234 条为视角》,载《哈尔滨工业大学学报(社会科学版)》2021 年第 2 期。

〔2〕 参见何璐希:《多元共治背景下生态环境损害代修复之刍议——以〈民法典·侵权责任编〉第 1234 条为视角》,载《哈尔滨工业大学学报(社会科学版)》2021 年第 2 期。

动主体不实施的情况下,自行或委托第三方修复,核心价值未变。

第二,代修复是促使生态环境修复独立化的重要内容。作为修复责任体系的重要方式和内容,代修复在实践中发挥着重要作用。侵权人有能力实施侵权,但常常无能力实施修复;修复请求权主体往往有请求资格,有时却无修复能力。为不使修复责任落空,使判决成为一个落地的判决,需要有一个替代或辅助机制,且实践中这种第三方代修复的情况越来越常见,并渐成主流。[1]

第三,代修复是环境多元共治理念的重要展现。除污染者在日常生产经营中委托第三方治理环境污染或生态破坏、运营环境设施外,作为损害担责的终极体现,如损害者被追究修复责任而不能承担,可通过司法裁判或磋商、协调等方式引入第三方代修复。这种第三方是社会化、市场化的专业机构或团队,既使辅助责任人或请求权人实现了生态环境修复的目标,也培育和发展了生态环境修复产业,可谓双赢。但为防止第三方修复产生二次污染或破坏,对其进行监督和科以责任、进行信用公示及处理是必要的。这有利于发挥不同主体的功能,创造公私协作的环境治理合力,达致多元主体之间的利益协调与权利平衡。

(四)规则构造

1. 先行规则:代为修复的前提以不自主履行为要件

代修复制度的一个重要要求是国家机关或社会组织只有在行为人在“期限内”不履行修复责任时,才能选择自行修复或委托他人代修复。换言之,代履行适用的前提条件是“行为人不履行修复责任”。但启动代履行时间应分具体情形对待:(1)紧急情况:可根据应急处置法律规则先行进行应急处置及修复,之后进行费用追偿。此时,行为人经催告不履行即可实施代修复。(2)一般情况:责任人在规定时间内不履行修复责任才可实施代修复。

---

〔1〕 参见胡卫:《我国环境修复司法适用的特色分析》,载《环境保护》2015 年第 19 期。

2. 代履行制度构造

(1)代为修复三重法律关系的构造

代修复主体(受委托代为修复的第三人)被引入后,民事代修复相应形成三大主体“两两相对”的“三组关系”。第一组:侵权人与委托主体之间,形成以环境侵权之债为核心的侵权之债法律关系。第二组:委托主体与代修复主体之间,形成以民事委托合同为基础的第三方代修复关系。而国家规定的机关或法律规定的组织自行修复,则无此层关系。第三组:侵权人与代修复主体之间的附随义务关系。侵权人与代修复主体间无直接法律关系,但代修复主体应基于诚实信用原则履行委托合同,并对侵权人的合法利益尽到善意维护与适当注意的义务,否则可能承担赔偿责任。〔1〕

(2)民事代修复两种机制:诉请机制与执行机制

《美国超级基金法》中的代履行与我国《民法典》中的代修复不同。根据《美国超级基金法》,若需采取清理行动,美国国家环境保护局有两项基本选择:可自行清理后通过费用求偿之诉从潜在责任人处追索清理费用;也可通过行政或司法程序强制潜在责任人(自愿或非自愿)采取清理措施。〔2〕 但我国《民法典》规定,可由原告代修复或原告委托第三方修复,然后让被告承担修复费用。但《民法典》第1234条未明确原告是否可以在诉前就提出请求,并在被告不履行时先修复然后追索修复费用?事实上,该条包含两种不同的诉讼机制:第一种是诉前请求修复或先行修复后追索修复费用;第二种是先判决修复然后补充说明若被告不修复,可由原告修复,被告承担费用。

(3)功能互补:行政代履行与民事代修复相互补充

行政强制法基于法定主义的考量,不轻易动用行政措施,甚至有行

〔1〕 参见何璐希:《多元共治背景下生态环境损害代修复之刍议——以〈民法典·侵权责任编〉第1234条为视角》,载《哈尔滨工业大学学报(社会科学版)》2021年第2期。

〔2〕 参见李昊:《美国法上的环境修复责任初论——以〈综合环境响应、赔偿与责任法〉为中心》,载《法治研究》2020年第2期。

政机关放弃行政执法权，转而向法院起诉要求加害人赔偿其修复环境所支出的费用。[1] 但应明确：一方面，诸多法律仍将代履行、指定代为治理、代为恢复原状、代为捕回等作为重要的行政措施，对恢复生态具有重要作用。[2] 另一方面，仅依靠行政强制代履行并不能完全如愿，《民法典》第1234条规定的民事代修复作为总体性引领，与行政代履行相互配合，形成双重代履行机制，有机互补。

3. 民事代履行与行政代履行的衔接机制：行政权力用尽规则的适用

《民法典》将代修复规定为一种"权利"，行政强制法对代修复的规定为一种"权力"，这关涉赋予权利之私法与设置权力之公法的关系。[3] 从实践效果看，代履行或代修复较少被应用亦不被看好。代修复制度并未清晰厘定主体、程序、费用等事项，容易引发行政机关、相对人及第三人之间的矛盾。[4] 代履行往往成为行政机关的一种负担，使其陷入"两难"：如果不履行法定代履行义务，会被认为不履行职责、怠于履行职责而被追责或提起行政公益诉讼；如果履行职责但未到位会被认为不尽职，执法不到位，亦会被追责或提起行政公益诉讼。于是，行政代履行由行政机关的一项"权力"演变成"职责"，再由"职责"演变为"责任"，渐成一项"负担"。如福安市环保局就因一件危险废物处置案件，被认定为怠于依法履行代履行处置职责而败诉。[5] 在《民法典》规定民事代修复的情况下，难免会出现行政机关将"权力"演变成"权利"，将主动"履职"替换成主动"诉讼"，放弃原本职责转而寻求诉讼救济，对此不可不重视。

〔1〕 参见李昊：《论生态损害的侵权责任构造——以损害拟制条款为进路》，载《南京大学学报（哲学·人文科学·社会科学）》2019年第1期。

〔2〕 如《行政强制法》第四章第三节"代履行"，《水污染防治法》第85条，《海上交通安全法》第106条，《防洪法》第57条，《森林法》第81条，《草原法》第71条，《长江保护法》第85条，《青藏高原生态保护法》第55条，《黄河保护法》第109条、《湿地保护法》第59条。

〔3〕 参见丁霖：《论生态环境损害代修复——兼论〈民法典·侵权责任编〉（草案）第1234条的完善》，载《吉首大学学报（社会科学版）》2020年第3期。

〔4〕 参见刘超：《论"绿色原则"在民法典侵权责任编的制度展开》，载《法律科学（西北政法大学学报）》2018年第6期。

〔5〕 参见福建省福安市人民法院行政判决书，（2018）闽0981行初71号；福建省宁德市中级人民法院行政判决书，（2019）闽09行终25号。

为此:

第一,权力用尽规则。行为人违反国家规定造成生态环境损害,本就构成了环境行政违法行为,应由具有相应行政管理权的行政机关责令行为人采取恢复措施等;如其经法定催告程序仍不恢复,行政机关应采用强制代履行并可处以罚款等;若行政机关不履行法定职责,实际上是不履职或履职不到位。[1] 从此意义上讲,再从民事实体法角度单独规定行政机关代为履行这种公法化的私法执行制度,似乎“多此一举”[2]。但也可视为一种“亡羊补牢”、事后弥补之举,即行政机关在行政程序中不履职,可以在后来的民事诉讼程序中弥补职责缺漏,这不失为一种私法对公法的补强机制。且因民事代修复之“国家规定的行政机关”与行政法中行政代履行之“行政执法机关”往往并非同一,也不能简单将《民法典》第1234条中的行政机关代履行视为一种“无用”。

第二,自主判断权。《民法典》第1234条使用的法律模态词为“可以”而非“必须”或“应当”。假设行政机关、检察机关或社会组织在行为人在规定期限内不能修复时“必须”代履行,则可以预见大量的行政机关、检察机关、社会组织不会主动提起生态环境损害赔偿诉讼或公益诉讼,否则它们将“引火烧身”,或者只针对符合自己专业亦可修复的事项进行“选择性诉讼”。这会使公益诉讼萎缩,不利于生态环境的救济。因此,“可以”实际上给予了行政机关自身自主判断的权利,或者说选择权。如其不具备自行修复能力,可以委托第三方专业机构进行,这就建构了代履行与第三方治理之间的桥梁或通道,可设置委托第三方代履行的条件控制、程序审查、费用拨付、监督管理、验收评估等程序。

第三,民事代修复规范属赋权性、任意性规范。对是否介入生态环境损害的民事代修复,行政机关有选择权。问题是,行政机关是否能选

---

〔1〕 参见2018年最高人民法院、最高人民检察院发布的十起检察公益诉讼典型案例之七:贵州省江口县人民检察院诉铜仁市国土资源局、贵州梵净山国家级自然保护区管理局行政公益诉讼案。

〔2〕 丁霖:《论生态环境损害代修复——兼论〈民法典·侵权责任编〉(草案)第1234条的完善》,载《吉首大学学报(社会科学版)》2020年第3期。

择“放弃权利”？若行政机关趋利避害，则该条规定徒有“宣示性意义”，或发挥价值的空间不大。从《民法典》实施三年多的实践来看：其一，并无直接由行政机关或社会组织代修复的案件。中国裁判文书网的检索〔1〕显示，只有22起案件涉及代为修复责任的判决，且基本上是行为修复责任与经济责任的梯队化安排。〔2〕大抵采用被告不按修复方案限期履行的，应承担“代为修复费用”〔3〕的裁判模式。其二，该条规定的民事代修复与司法裁决执行中法院委托代履行不同。虽然二者最终都是由侵权人承担修复费用，但民事代修复的委托主体是作为原告的国家机关或社会组织；而裁决执行中的代履行，委托主体是人民法院。其三，民事代修复制度仍保留规范的私法属性，未完全公法化。即采取合理的“谦抑”态度，不能过度向公法扩张，否则会使私法失序，体系崩塌，反而不利于生态环境保护。

四、基于修复方法：区分为人工修复与自然恢复

（一）划分依据：以生态环境修复方法为依据

根据修复是以人工整治措施为主还是依赖自然力量的不同，可将修复区分为人工修复和自然恢复。选择何种修复手段和措施，既受制于科学技术和经济社会发展水平，也在很大程度上受制于作为修复与保护对象的生态系统之特性。〔4〕

（二）内涵界定

1. 人工修复：借助于人力、科学技术、工程措施等对受损生态环境进

---

〔1〕 截至2023年8月12日，以《民法典》第1234条为适用依据，以“代为修复”为关键词，检索到的案例数量仅为22件，其中主要是刑事附带民事公益诉讼，并无行政机关先代为修复后追索费用的案件，几乎都是判决被告先履行，若被告不履行，则缴纳修复费用，由行政机关或第三方代为修复。

〔2〕 参见内蒙古自治区兴安盟中级人民法院民事判决书，(2022)内22民初1号。

〔3〕 参见广西壮族自治区德保县人民法院刑事附带民事公益诉讼判决书，(2021)桂1024刑初144号；贵州省江口县人民法院刑事附带民事判决书，(2021)黔0621刑初146号。

〔4〕 参见李冰强：《流域生态修复与保护立法：现实困境与对策选择》，载《中州学刊》2020年第5期。

行修复的修复机制。在行政执法、环境司法中，违法者或侵权者承担的主要是一种人工修复责任。人工修复必须尊重自然规律，如很多河堤的修复使用钢筋混凝土进行，从科学角度讲是不利于生态系统的，尤其对浅滩生物和河流自我更新有害。

2. 自然恢复：通过生态环境的自我净化、调节能力，在生态容量和净化能力允许范围内，通过自我修复实现生态系统恢复的目标。这本质上并非法律责任上的修复，而是一个自然过程。但若忽视自然修复，一味采用人工措施，可能适得其反。故而，比较理想的修复机制应当是在尊重自然的基础上，利用合理的人工干预措施，协同推进修复目标。

(三) 区分意义：修复方法互为补充

尊重自然、顺应自然是进行生态环境修复的基本前提。从生态学上讲，生态系统原本就具有自我调节、自我恢复的能力，但当外界的污染或破坏等行为对生态系统的介入和干扰超出其自我恢复的生态阈值时，就需要启动人工措施进行修复。但启动人工修复，必须建立在尊重和发挥生态系统的自我调节、恢复功能的基础上，依托生态学、环境科学、恢复生态学等多学科知识、技术、工具、措施进行生态重建。[1] 合理的方案，应当是自然恢复与人工修复的协同，而非纯粹的人工措施。有司法判决就明确指出，"生态环境的恢复除人工恢复措施外，还需要一段时间的自然恢复"[2]。同时，恢复方法的选择，亦受期间损害量大小的影响。[3] 且在人工修复措施考量上，不能追求毕其功于一役，要注重"一次性修复"与"持续性修复"之间的合理协调，持续性修复理念如今已得到重视。

---

〔1〕 参见李冰强：《流域生态修复与保护立法：现实困境与对策选择》，载《中州学刊》2020年第5期。

〔2〕 广西壮族自治区高级人民法院民事判决书，(2020)桂民终14号。

〔3〕 参见吴一冉：《生态环境损害赔偿诉讼中修复生态环境责任及其承担》，载《法律适用》2019年第21期。

第六章　责任方式:修复目标确定与修复方式创新

第一节　修复目标:抽象标准与差异化考量

生态环境修复只能是一种向好的努力,无论直接修复抑或替代性修复,都依赖修复标准的合理化、确定化。目前,修复标准尚付阙如,制约了修复工作开展。应制定合理的修复规则和科学的修复标准,以解决执法及司法的现实难题。[1] 自主修复、行政修复与司法修复标准应当一体、协同、互补。以司法修复为例,其探索如何将抽象的法律目标、技术标准转化为个案具体化、可操作性的修复目标,并从法律、科学、社会等多维视角展开分析,具有代表意义。

---

〔1〕 参见胡世亮、吴志良:《〈民法典〉生态环境修复责任的法律性质与适用》,载《湖北警官学院学报》2023 年第 3 期。

一、范畴厘定:修复标准与修复目标所涉相关概念

(一)四种标准:环境基准、环境标准、风险标准与修复标准的不同功能

1. 环境基准:作为环境健康安全的基本标准

环境基准是指“环境因子(污染物质或有害要素)对人体健康与生态系统不产生有害效应的剂量或水平”[1],即不产生危害的“最大”安全阈值。环境基准是制定及修改生态环境质量标准的科学依据,也是构建国家生态环境风险防范体系的重要基石,具有普适性,亦呈现地域特殊性[2];环境要素不同,环境基准亦不相同。生态环境部陆续发布了海洋生物水质、淡水生物水质、湖泊营养物等系列环境基准[3]。环境基准通常不作为生态环境修复标准。只有在极为特殊的情况下,生态环境原状难以确定时,环境基准才有可能成为环境修复的参考标准。

2. 环境标准:环境质量标准与环境修复标准不同

生态环境标准,是指生态环境部门和地方政府依法制定的生态环境保护工作中需要统一的各项技术要求。[4] 国家层面的标准,包括生态环境质量、风险管控、污染物排放、环境监测、环境基础等标准和管理技术规范。地方标准包括地方生态环境质量、风险管控、污染物排放和其他生态环境标准。根据强制力不同,生态环境标准分为强制性标准与推荐性标准,涉及环境质量、污染物排放、风险管控和其他法定强制执行的标准为强制性标准,法律未规定强制性标准的和地方标准为推荐性标准。截至2022年年底,我国已累计发布国家生态环境标准2298项,累计制(修)订绿色发展标准3000余项。[5] 实践中,不时出现将环境质量标准

---

〔1〕《国家环境基准管理办法(试行)》第2条。

〔2〕参见《湖泊营养物基准技术报告——中东部湖区(总磷、总氮、叶绿素a)》(2020年版)序言。

〔3〕参见《海洋生物水质基准推导技术指南(试行)》《淡水生物水质基准推导技术指南》《湖泊营养物基准——中东部湖区(总磷、总氮、叶绿素a)》《淡水水生生物水质基准——苯酚》《淡水水生生物水质基准——氨氮》《淡水水生生物水质基准——镉》等。

〔4〕《生态环境标准管理办法》第3条。

〔5〕参见《新时代的中国绿色发展》白皮书。

当作修复标准的案例。当环境遭受损害而无法查清环境损害前的功能、状态时,部分司法案件倾向于将环境质量标准作为修复标准。结果易出现“欠保护”与“过保护”现象。

3. 风险标准:生态环境风险管控标准不等于修复标准

风险管控标准其功能在于环境风险的管理,并非用于修复,其目标是保护生态环境、维护生态安全和保障公众健康,控制环境中的有害物质和因素。[1] 实践中,易将风险筛选值直接作为修复目标,造成过度修复。[2] 个案中,土壤或其他生态环境原本的背景条件与管控标准可能存在较大差异,一律按照管控标准进行保护同样存在保护程度“过高”或“过低”的问题。“筛选值”的主要作用在于判定是否启动基线风险评估和作为初步修复目标。当污染物浓度高于清理值时,需根据情况启动紧急清理、限时清理和非限时清理行动。当污染物浓度高于筛选值或低于清理值时,均需通过基线风险评估来确定是否采取进一步行动。土壤修复目标值基于风险制定,是一个动态、不断优化的过程,先建立初步修复目标,继而在修复调查和可行性研究过程中逐步优化及筛选,得到最终修复目标值。[3]

4. 修复标准:生态环境遭受损害后经修复应当达到的标准或状态

修复标准,是指生态环境遭受损害后,行为人将生态环境修复后应达到的状态或标准。《民法典》规定的“恢复原状”确立了一个普适性但极为模糊的“原状”标准;《环境民事公益诉讼解释》将其阐释为“生态环境修复到损害发生之前的状态和功能”[4];技术性规范则形成了一个由损害鉴定、修复规则构成复杂的体系,区分“环境修复”标准(人体健康或

---

〔1〕《生态环境标准管理办法》第15、19条。

〔2〕参见王斌等:《美国污染场地修复目标值制定对中国的启示》,载《世界环境》2018年第3期。

〔3〕参见王斌等:《美国污染场地修复目标值制定对中国的启示》,载《世界环境》2018年第3期。

〔4〕《环境民事公益诉讼解释》第20条。

生态风险降至可接受水平)与“生态环境恢复”标准(基线水平)[1]。从一个更为务实的立场审视修复标准,其包含两个层次:一是作为修复规范的修复标准,即针对建设用地、农业用地、矿山、海洋、红树林等不同环境要素制定的具有普适性、抽象性的标准规范。[2] 二是具体化的修复目标,即针对生态环境损害具体情况,经过充分调查,在个案中据以确定修复方案、修复内容、技术措施、修复费用、监督、验收与评价的依据,具有特定性。

(二)目标层次:立法目标、技术目标、具体目标与验收标准

1. 立法目标:现有法律并无环境修复的确切标准,而是以带有理想主义色彩的“恢复原状”或恢复原来的功能、状态代替,广受批评。

2. 技术目标:生态环境部、自然资源部、海洋局、国家林业和草原局等部门,发布了大量的规范性文件和技术标准,其中不少明确了“修复目标”,广泛涉及水体、土壤、湿地、草原、海洋等,包括鉴定评估规则与生态损害赔偿制度[3]。大抵分为两类规范:一类是环境损害鉴定评估规范。(1)有的规范直接使用“修复目标”。[4] (2)有的是对照基线水平确定修复目标。以《推荐方法(第Ⅱ版)》和《总纲》为代表,对“基线”“环境修复”“生态环境恢复”进行了界定,通过“环境修复+生态环境恢复”两步走方式,分别将环境修复目标设定为“可接受风险水平”、将生态环境恢复目标设定为“基线水平+期间损害补偿”。[5] (3)有的规定使用“恢复目标”的表述。如《生态环境损害鉴定评估技术指南森林(试行)》

---

〔1〕《推荐方法(第Ⅱ版)》第4.9、4.10、4.11条;《总纲》第3.8、3.9条。

〔2〕如《建设用地土壤修复技术导则》《污染地块地下水修复和风险管控技术导则》等系列技术规范;《矿山生态修复技术规范　第1部分:通则》《海洋生态修复技术指南(试行)》《红树林生态修复手册》。

〔3〕参见巩固、陈瑶:《生态环境损害赔偿合目的性的制度保障》,载《中国人口·资源与环境》2021年第4期。

〔4〕《建设用地土壤修复技术导则》第3.2条将修复目标定义为“由土壤污染状况调查和风险评估确定的目标污染物对人体健康和生态受体不产生直接或潜在危害,或不具有环境风险的污染修复终点”。

〔5〕《推荐方法(第Ⅱ版)》第4.9、4.10、4.11条;《总纲》第3.8、3.9条。

规定“原则上以基线水平的植被物种组成及各项生长指标等作为恢复目标”。[1] 二是作为生态工程修复类的技术规范规定的修复目标。该修复目标并非专为环境侵权造成的损害而制定，而是基于国家职责与义务，从生态环境质量保障的角度进行的修复。如《矿山生态修复技术规范 第1部分：通则》《红树林生态修复手册》等。

修复目标与恢复目标存在差异：第一，修复目标不等于恢复目标。修复目标着眼于生态环境污染或破坏可能造成的生态环境风险及人体健康风险的管控；就已经修复的环境，只是完成了物理性、化学性和生物性的风险因子的清除或恢复，但并未恢复“生机”和功能。故技术规范中将“环境修复”作为“生态环境恢复”的先行步骤，“可修复性”与“可恢复性”展示出不同。第二，修复目标与恢复目标在特定情形下呈现同一性。针对简单损害，尤其是单一环境要素损害，通过朴素的修复措施即可实现生态环境修复目标。如非法捕鱼，通过增殖养流就可以实现修复；砍伐林木，通过补植树苗即可实现；在非法堆放未构成污染的情况下，只需清污就可实现修复。但对于重大环境污染或生态破坏，简单修复措施将难以实现，修复目标与恢复目标也相去甚远。如非法丢弃、堆放、填埋、处置固体废物案件，环境修复只是第一步，要实现恢复生态环境的功能和状态，除需经历时间洗礼通过自然恢复外，人工干预和管护也极为重要。

3. 具体目标：针对个案采取的具体化修复目标。“修复”生态环境的目标要具体化到“修复程度”的层次。[2] 司法裁判需将抽象标准演绎为结合案件事实得出的修复方案，在修复方案中明确个性化修复目标，才能使裁判从“纸面”走向实践。不少技术性规范都对具体修复目标予以了明确，[3]《总纲》第7.3.1条规定，“应根据生态环境损害的类型、范围和程度，选择反映生态环境损害关键特征、易于定量测量评价的指标，明确生态环境恢复目标”。

---

〔1〕《生态环境损害鉴定评估技术指南森林(试行)》第8.3.1条。

〔2〕参见刘长兴：《生态环境修复责任的体系化构造》，载《中国法学》2022年第6期。

〔3〕参见《建设用地土壤修复技术导则》第5.2条。

4. 验收标准:修复后的验收标准和依据。是指依据修复方案实施修复的,经有权机关、组织或人员验收后,对修复目标是否达成,修复效果是否符合预期等进行评判的标准。修复方案实际上相当于“施工图”,并非“竣工图”,进而会出现修复标准和验收标准不一的情形。2022 年生态环境部《生态保护修复成效评估技术指南(试行)》对评估原则、评估流程、指标体系、修复成效、评估报告等进行了较为系统的规定,旨在“履行指导协调和监督生态保护修复工作职责,规范生态保护修复成效评估技术要求”[1]。

二、司法调和:修复目标的理想主义与现实主义选择

(一)理想主义:恢复原状的现实困难与理论困境

各国立法大多将修复目标设定为恢复至“受损前的状态”“原来甚至更好状态”“原环境的所有利用价值”等,恢复原状似乎是最基本的目标[2],带有浓厚的理想主义色彩。但现实目标与法律目标差距甚远,既有适用法律时的现实因素考量的务实调整,亦可能系产权人、公众、开发商、监管部门等不同群体、多种利益博弈的结果。[3] 由此形成了“立法”与“实践”“两张皮”的现象。若修复目标设置得过高,不具可执行性的现象在所难免;若将修复目标标准降低,则会与立法所追寻价值背离。

因此,应正视修复目标的正当性与科学性之间的冲突:第一,生态环境原来的状态如何确定与能否确定成为难题。《总纲》《推荐方法(第Ⅱ版)》所确定的基线水平并非都是环境的“原状”,通过历史数据、对照数据、标准基准、专项研究、专家评估等方式确定的基线水平,也并非当然与受损生态环境的“原状”相同。受损生态环境的原状有三种可能:高于基线、低于基线、等于基线。需结合受损环境具体情况、依据技术规范加以确定。第二,原来的状态能否恢复?即使能确定受损生态环境的原

[1] 《生态保护修复成效评估技术指南(试行)》之“前言”部分。

[2] 参见李挚萍:《环境修复目标的法律分析》,载《法学杂志》2016 年第 3 期。

[3] 参见李挚萍:《环境修复目标的法律分析》,载《法学杂志》2016 年第 3 期。

状,依据现有技术能否修复、所支付的成本是否合理、修复后的价值是否能与之前价值相当,都是法律恢复原状目标实现的重大障碍。第三,原来状态恢复的必要性如何?原来状态是不是一种好的状态?对此应动态看待。生态环境受损前的状态可能是好状态、差状态与一般状态。针对优良的生态环境状态,通过司法修复加以恢复,使青山绿水、阳光海滩、蓝天碧云再现当然是法律追求的目标;但若原来的生态环境本已是恶劣状态,如原本水生态环境属于Ⅴ级水质,被污染后仍然是Ⅴ级,若仍然修复至Ⅴ类水质标准,似乎“原地踏步”,修复并未发挥应有的功能。这也对法律设定的修复原状目标构成了挑战。第四,原来的状态是否可为将来环境所利用?法律责任的配置应当在经济发展与生态环境保护之间寻求平衡,尤其是随着经济社会的发展,生态环境的利用目标、利用方式等不断调整,一味恢复原状有时是做“无用功”,会造成司法资源与社会资源的浪费。未来环境要素利用目的、功能、规划等的改变都影响着修复目标的设定。

(二)实践调整:由理想主义向现实主义的转型

实践中并未原封不动照搬立法目标,而是通过不断改良与调适,将具有理想主义色彩的法律目标转化为具有现实可操作性的司法目标。实践中形成了五种修复目标确定模式:

1. 恢复原状论:以恢复原有生态环境功能或状态为修复标准

即法院裁决以恢复环境要素原有的功能或状态为环境修复之标准。[1] 这种裁判思路有以下几个特点:从适用范围看,不囿于私益诉讼,公益诉讼也涉及,总体以私益诉讼居多。[2] 从适用时间看,环境司法早期案件中适用较多,现阶段支持这种模糊修复标准的判决已较少。[3] 从实践效果看,简单的生态环境修复案件尚可实现,但复杂的案件难以执

---

〔1〕 参见胡卫:《环境侵权中修复责任的适用研究》,法律出版社2017年版,第201页。

〔2〕 参见广西壮族自治区高级人民法院民事判决书,(2020)桂民终14号。

〔3〕 参见广东省高级人民法院民事判决书,(2021)粤民终1711号;广东省广州市中级人民法院民事判决书,(2015)穗中法民一终字第3804号;江苏省无锡市中级人民法院民事判决书,(2013)锡环民终字第1号。

行。有判决以“如果直接判决被告恢复原状，将可能造成执行上的困难”[1]为由，只支持修复费用。由此形成了三种裁判思路：一是静态的功能或状态论。即以受损害时的生态环境功能或状态为标准进行修复。如盗伐林木、非法采矿、非法捕捞水产品、破坏植被等案件中，多判决被告通过补种林木、固土复绿、增殖养流、异地补植等方式恢复生态环境功能或状态。二是动态的功能论或状态论。即司法不应机械坚持唯一标准，而是采用动态标准确认的思路。充分考虑现有条件下环境要素的功能或状态会因用途、规划等调整而改变的可能性，预先设定若功能或状态发生改变，被告的修复措施和标准应符合调整后的规划要求。三是环境基线论。即判令侵权人将生态环境修复至损害评估报告确定的环境基线状态。[2]

2. 质量标准论：以环境质量标准替代法律上的环境修复标准

即法院判决被告将环境要素恢复到国家标准要求。我国仅有环境质量标准，没有规定土壤、水体、大气、海洋等的修复标准，部分案件即以环境质量标准代替了修复标准。[3] 有三种具体做法：一是采用模糊化的国家标准判决。因未指明按何种国家标准执行，往往存在操作上的难题，判决执行中尚须结合涉案环境要素、功能、用途等加以具体化。[4] 二是采用具体的国家标准判决。该类判决直接指明按照何种标准修复，可操作性相对较强。[5] 如判决明确要求被告按照《造林技术规程》标准并结合当地人工造林技术要求在原林地补种林木，并抚育管护 3 年。[6] 三是结合地方标准判决被告履行修复责任。该类判决具有明显的地方特

[1] 广东省高级人民法院民事判决书，(2021)粤民终 1711 号。

[2] 参见广东省高级人民法院民事判决书，(2019)粤民终 925 号；广东省高级人民法院民事判决书，(2020)粤民终 127 号。

[3] 参见广东省广州市中级人民法院民事判决书，(2016)粤 01 民初 107 号；广东省广州市中级人民法院民事判决书，(2016)粤 01 民初 51 号。

[4] 参见重庆市第四中级人民法院民事判决书，(2017)渝 04 民终 541 号。

[5] 参见吉林省吉林市中级人民法院民事判决书，(2017)吉 02 民初 32 号。

[6] 参见福建省南平市中级人民法院民事判决书，(2019)闽 07 民初 179 号；福建省南平市中级人民法院民事判决书，(2019)闽 07 民初 199 号。

色，在坚持国家标准和技术规范的情况下，结合本地标准判决更具现实性和针对性。如在长春林区检察分院与李某兴环境侵权责任纠纷案[1]中，法院判决李某兴按照《吉林省营林生产技术系列标准》继续对补种的树木抚育管护3年。

采用国家质量标准论的优点在于可度量化和可验收性。但问题在于：第一，特殊的环境要素若采用一般国家标准，将难以达到生态修复的目标。如绿色产品基地土壤受到污染，则应当适用绿色产品国家标准，而非一般土壤标准。第二，采用国家标准代替原有生态环境的功能或状态，存在"过保护"或"欠保护"的问题。若原状高于国家标准，按此进行修复就欠保护；若原状低于国家标准，按此进行就会过保护。第三，国家标准并非就是"好"的标准。国家标准实际上只是满足生态环境风险和健康风险管控的基本标准，严格来说仅是"达标"而已，是合法化的"最低标准"，按国家标准进行修复未必是好的、最优的方案。

3. 风险控制论：以对生态环境及人体健康风险的管控标准作为修复标准

即司法裁判中以将受损生态环境修复至不再发生危害人体健康和生态环境风险的安全标准为修复标准。有两种不同裁判方法：一是采用模糊的符合"环保要求"、保护"公共利益"等抽象风险标准。这类判决看似正确，实则难以操作，有让修复目标落空的危险。如判决侵权人按危险废物处置要求将案涉土壤残留的酸性液体进行处置，并对受污染土壤和地下水按照污染修复方案进行修复，达到保护生态环境社会公共利益标准[2]。又如在另一案件[3]中，法院判决侵权人在环保部门的监督下，修复被污染的土壤（达到环保要求）。显然，"社会公共利益"和"环保要求"标准都十分模糊，尚须结合受污染土壤的具体情况，污染物类型、属性、浓度等进行判断。二是通过鉴定评估报告或修复方案将风险

---

[1] 参见吉林省长春林区中级法院民事判决书，(2019)吉76民初2号。
[2] 参见山东省聊城市中级人民法院民事判决书，(2016)鲁15民初351号。
[3] 参见山东省聊城市中级人民法院民事判决书，(2018)鲁15民初486号。

标准量化后进行裁判。该路径具有针对性和现实可行性。如在浙江富邦集团有限公司环境污染责任纠纷案〔1〕中，鉴定单位对案涉土壤修复提出了公园绿地情景下污染管控方案和农业用地背景下土壤修复方案两种方案，前者需要将土地用途从农业用地变更为公园（建设）用地，后者则成本高、时间长、修复后亦无法种植农作物。经综合评价，污染管控方案更具有经济性、合理性及可行性，法院在裁判时提示要加强监测、及时调整土地规划用途、采取合理方式利用资源。风险控制论在场地污染等案件中运用较多。〔2〕 相较而言，具体化的风险控制标准较为合理。

4. 恢复方法论：用修复方法替代环境修复目标

即在确定修复方法后，根据该修复方法判决被告承担恢复环境原状或替代修复费用。在早期环境案件中，有法院判决通过“换土法”〔3〕“种植特定植物的生物降解法”〔4〕等修复受污染土壤；近期亦有不少类似司法案例，如法院认为将涉案重点保护植物“金毛狗脊”送回原生生境福建漳州进行原地保护是最优化的弥补损害、恢复生态措施，并判令被告承担养护费用。〔5〕 在一起盗采泥炭土民事公益诉讼案〔6〕中，法院要求被告以“科学就地回填”方式修复黑土地，对泥炭土的常态化保护具有重要意义。修复方法与修复目标的关系密切，系手段与目的关系。通过科学、合理的修复方法，采取合理的修复措施，易达到修复目标。但这种修复方式往往适用于简单或程度轻微的生态环境损害；在重大污染或生态破坏案件中，修复目标决定了修复方法与修复技术的选择，同时

〔1〕 参见浙江省高级人民法院民事判决书，（2018）浙民终 1015 号。

〔2〕 参见江苏省高级人民法院民事判决书，（2017）苏民终 232 号；南京市建邺区人民法院刑事附带民事判决书，（2019）苏 0105 刑初 115 号；福建省永安市人民法院民事判决书，（2019）闽 0481 民初 2061 号；重庆市第二中级人民法院民事判决书，（2016）渝 02 民终 772 号。

〔3〕 参见费某发等与天津市津南有色金属加工厂环境污染责任纠纷案。

〔4〕 重庆市万州区人民法院民事判决书，（2012）万法环民初字 00004 号。

〔5〕 参见 2023 年上海市高级人民法院环境资源审判典型案例选之十四：野生金毛狗脊跨省送回原地修复案。

〔6〕 参见 2023 年最高人民检察院生态环境保护检察公益诉讼典型案例之九：吉林省吉林市人民检察院诉王某彦夫妇盗采泥炭土破坏生态环境民事公益诉讼案。

修复方法、技术等因素又影响修复目标的设定，修复方法不足以替代修复目标。适用修复方法的案件中，多根据修复目标选择修复方法，而不是相反。

5. 修复方案论：将法律目标、技术目标与案件事实综合衡量后形成具化修复方案

即根据个案基本事实确定具体修复方案，据此确定修复目标、修复方法、修复技术、修复费用等。该类方案具有整体性、权威性、具体化的特点，体现“一案一策”思路；除鉴定评估结论存在明显缺陷不予采纳外〔1〕，多数情况下为法院所接受。该思路是今后的主要发展方向，但因鉴定人员专业水准、修复方法、修复技术、修复路径、采集数据选取的因素差异，不同机构对同一损害修复方案的设计会存在较大差别；即便是同一机构对同一事项拟定的修复方案，如选用不同的修复目标、修复方法，制定的不同修复方案所涉修复周期、修复成本及修复效果都大为不同。〔2〕这既有赖于鉴定评估技术的发展，亦须完善国家关于土壤、水体、大气等修复标准。新近的司法裁判多采具体修复方案论，如判决被告按照已制定的土壤修复方案进行生态修复〔3〕、按鉴定机构出具的生态修复(期)工程方案〔4〕的标准实施生态环境修复、按鉴定报告表述的具体修复方案完成对所破坏环境的修复〔5〕、将被污染地块修复到环境损害评估报告确定的生态基线状态〔6〕等。

三、差异机制：统一目标模式与差异化目标机制

生态环境修复责任目标的设定，受制于环境基础要素、技术因素与经济合理性等多重因素，体现了事实与价值之间的辩证关系。统一目标

---

〔1〕 参见江苏省连云港市中级人民法院民事判决书，(2014)连环公民初字第00001号。

〔2〕 参见浙江省高级人民法院民事判决书，(2018)浙民终1015号。

〔3〕 参见重庆市第二中级人民法院民事判决书，(2016)渝02民终772号。

〔4〕 参见广东省清远市中级人民法院民事调解书，(2016)粤18民初3号。

〔5〕 参见广西壮族自治区高级人民法院民事判决书，(2020)桂民终14号。

〔6〕 参见广东省高级人民法院民事判决书，(2019)粤民终925号。

模式虽有平等对待侵权主体、降低谈判与沟通成本等优势,但也会因为不加区分而僵化,是看似准确实则无法操作的统一化齐抽象性标准。对具体环境,应采用差异化模式确定修复目标,且修复应是一个动态优化的过程。

(一)要素差异:决定了修复目标的差异化

生态环境系统具有复杂性与生物联系性,不同环境要素、场景、地域的标准存在差别,应结合各自环境要素的特殊性分别确定修复标准。[1]第一,不同类型环境要素,修复标准存在明显差异。水体、大气、土壤、海洋、森林、湿地、草地等不同类型的环境要素,其环境质量标准明显不同,风险控制筛选值亦不同,所涉修复标准必然有所差异。第二,同一类型环境要素,细分后其环境质量标准、风险控制标准及修复标准也存在差异。如地表水、地下水、河流、湖泊等水体,其标准要求明显不同;同为土壤,建设用地、农用地明显不同;绿色农产品土壤要求和一般农产品土壤不同;场地污染与生物栖息地受损的修复标准也大为不同。人文环境要素的修复标准,应同时考虑生态要素与"人文"要素。此外,对特殊环境要素应给予关切,如在蒋某成等生态破坏民事公益诉讼案[2]中,"环境敏感区附加损失"的特别补偿即为典型。

(二)损害原因:对修复目标的差异化产生重大影响

不同侵权类型对修复标准要求有所差异,如场地污染就与普通环境污染侵权有所不同。环境污染与生态破坏在致害机理上存在差异,但也有交叉,因为污染可诱发生态破坏,生态破坏会造成污染的结果,两者会相互转化。简单来说,污染行为针对受损害环境而言,是一种不利益的"加法"行为,故而修复时宜"减去"不当添加的污染因子,并修复被破坏的要素,具体目标上需量化为物理、生物、化学等指标,且应满足合理的

---

〔1〕 参见徐军、何敏:《生态环境修复责任的法律困境与制度突破——以生态环境损害赔偿制度改革为视角》,载《青海社会科学》2019 年第 6 期。

〔2〕 参见 2022 年最高人民法院生物多样性司法保护典型案例之九:上海市人民检察院第三分院诉蒋某成等六人生态破坏民事公益诉讼案。

外观需要;针对过度索取的“生态破坏”侵权行为而言,其致损逻辑是对自然资源的“减法”行为,故应有针对性进行“加法”补齐。因此,应充分考虑污染行为、生态破坏行为、污染与生态破坏交叉或转化行为的具体事实、侵权原理及修复机制,确定具体化、差异化的修复目标并进行修复,适用不同的修复原则〔1〕。

(三)修复类型:对修复目标的差异化确定有显著影响

1. 直接修复与替代性修复的修复目标存在明显差别:直接修复建构于原地原址修复的基础上,以原生态环境要素为依托和载体,适用的目标是原土壤、水体、林地等环境要素标准,所指的原状、功能也如此;但若采用替代性修复,无论是方式替代、要素替代、地域替代等,都必然难以原生态环境要素的标准来进行评价,唯有在替代性修复是异地同种类修复的情况下,可参照原环境要素进行目标设定,但应同时兼及新址的生物、物理、化学要素的考虑,是一种复合化的目标设计。因此,替代性修复应当是转化了的修复标准,不是原始的生态环境的标准,即应当是替代了方案、要素、措施下的新标准。

2. 行为修复与经济替代的差异:行为责任是针对原物或替代后的环境要素进行修复,其标准同上;若用生态环境修复费用承担替代行为责任,修复费用仍用于原地或异地相同功能的生态环境要素的修复、生态系统服务功能的恢复等,故应根据对应的拟修复的环境要素设定目标。

3. 基本修复、补充性修复、补偿性修复对修复目标设定的影响:按理说,基本恢复、补充性恢复等是修复完成后,修复后评估对修复效果的评价,但修复后效果评估会反向影响修复目标的设定。基本修复目标乃以环境基线为标准的修复,部分可修复者针对可修复部分依然是以基线为准,对不能修复或修复达不到基线的部分,需进行赔偿。

4. 一次性修复与持续性修复:针对重大的生态环境损害,修复并不

〔1〕 参见最高人民法院环境资源审判庭编著:《最高人民法院环境民事公益诉讼案件司法解释理解与适用》(修订版),人民法院出版社2023年版,第264页。

能一蹴而就,应分阶段、分步骤、有计划修复,这是科学性的必然要求。因此,一次修复即完成的,则应当满足确定的修复目标;针对持续性修复,则应考虑分成若干个阶段和周期,分别制定总体修复目标和阶段性、区域性修复目标,并且随着时间推进、环境变化、规划用途变化等动态调整修复目标,而不是把目标僵化。

(四)整体考量:从单一要素修复到生态环境整体性的考虑

修复责任适用的纾解之道亦在于,坚持以普遍联系、全面协调的视角审视整体主义认识论。〔1〕从整体视角来看,须“面向生态系统、面向风险、面向未来”〔2〕,以风险为导向完善环境标准体系,构建风险应对文化。但从目前的司法实践来看,在确立修复目标及实施修复的过程中,囿于司法本身的被动性,以及司法案件的个案性、零散性特质,在设定修复目标时往往“就事论事”,限于案件所涉标的范围,此范围之外的事项很难顾及。司法修复的局部性、个案性特点决定了修复目标难以实现生态环境的整体性、系统性救济。基于法院角色,在个案修复中,需针对当事人的诉讼请求所涉修复责任范围进行审理,在设定修复目标时很难将生态环境作为一个有机连续的整体进行考量〔3〕,这存在先天的系统性不足。但并不意味着无改进空间,而“山水林田湖草沙冰”一体化修复理论和“生命共同体”理念,为修复目标设定的整体化考量提供了发展空间。

1. 空间规划:国土空间修复规划系修复目标确定时应考量的因素

一方面,司法修复目标应当纳入国土空间整体修复规划中考量。行政计划修复的整体化逻辑,意味着在一定条件下可容纳司法修复,也应容纳司法修复,实现两者合理、无缝衔接。目前正在推进的国土空间立

---

〔1〕 参见秦天宝:《整体系统观下实现碳达峰碳中和目标的法治保障》,载《法律科学(西北政法大学学报)》2022年第2期。

〔2〕 Nico M. van Straalen, *Assessment of Soil Contamination-a Functional Perspective*, 13 Biodegradation 41 – 52(2002).

〔3〕 参见李挚萍:《环境修复目标的法律分析》,载《法学杂志》2016年第3期;陈红梅:《生态修复的法律界定及目标》,载《暨南学报(哲学社会科学版)》2019年第8期。

法、国土空间修复计划等工作，对国土空间修复的整体安排是对相应区域内所涉生态环境进行具体修复的“纲要”，当某地块发生损害时，需将该损害置于整体规划、修复计划的范围进行审视，确保所设定的修复目标、技术选择、工作进程等都能有机融入整体规划范畴，避免重复工作、资源浪费，甚至二次污染或破坏。因此，无论是鉴定机构进行修复方案设计，还是法院进行修复方案审查，都应纳入整体国土规划的视角审视之。另一方面，司法修复可有机嵌入生态环境修复整体目标之中。司法修复比较重视单一地块、单一要素等的修复，涉及系统性修复的较少。在国家已有规划的情况下，无论是由行为人进行修复，还是第三方代履行，均应将之与行政修复规划衔接，甚至作为行政计划修复的一部分，更好实现整体生态环境修复的协同性，以整体主义逻辑实现修复目标。

2. 整体性：司法修复目标中的各关联要素的整体性考量

最高人民法院的司法文件强调了要着力提升流域生态系统的质量与稳定性，注重系统性保护修复。〔1〕司法修复重在恢复生态环境的功能和价值，但其局限性也易凸显，限于当事人“请求范围”，法院本着“不告不理”的角色定位，虽有一定能动空间，但毕竟不能过于主动、过于突破，只能“小步走”。在具体司法案例中，法院裁判往往呈现“头痛医头，脚痛医脚”的朴素主义修复观，不能也难以实现对整体环境的修复，这也对法院职权边界形成挑战。就受损范围内的环境要素而言，其系一个小的整体、系统、环境，若只对部分生态要素进行保护和修复，忽视对其他要素的关注和修复，实际上是不完整的修复。而如何从单一要素修复向全面要素展开，启动者的诉请范围就至关重要。江苏省南京市人民检察院诉王某林生态破坏民事公益诉讼案〔2〕中就体现了系统性修复的思想，所设定的修复目标也不局限于受损的矿产资源本身，而广泛涉及森林、动植物等的保护等要素，将环境与生物、生物与生物之间的共生、共存、互

〔1〕《最高人民法院关于贯彻实施〈中华人民共和国黄河保护法〉的意见》第 8 条。

〔2〕参见江苏省南京市人民检察院诉王某林生态破坏民事公益诉讼案，最高人民法院指导性案例 207 号(2022 年)。

动平衡关系充分展现出来。在另一起案件中，因受损山体多数人责任无法确定，法院通过检察机关督促相关部门及时、有效地实现整体修复。[1] 随着整体性环境保护的司法不断得到重视和发展，修复目标的设定亦应多作整体性、系统性考量。

第二节　方式创新：行为责任下修复责任方式创新之反思

生态环境修复责任需通过具体责任方式付诸实践。各地探索了诸多行之有效的创新修复方式，取得了良好的法律效果、生态效果与社会效果。司法文件也鼓励创新恢复性司法措施、采用多元化生态修复方式。[2] 但部分“新”修复方式其实并非真正的修复，相关机关也会错位配置修复责任与期间损害的关系，甚或为创新而创新，其中的“任性”成分在所难免。故正本清源，厘清修复方式，理顺司法创新的法理与规则逻辑，对生态环境修复责任独立化塑造和规则设计具有重要意义。

一、创新机制：司法能动下修复方式的创新路径

随着环境司法专门化、专业化的程度深化，司法机关在恢复性司法理念的指导下，切实推进了体制、机制、责任等方面的创新。在预防性、赔偿性、恢复性责任三分格局下，若论创新的深度与广度，恢复性责任方式无疑位列第一。修复责任的适用已突破民事司法界限，在行政执法、行政非诉审查执行、私益诉讼、民事公益诉讼（含刑事附带民事公益诉讼、行政附带民事公益诉讼、生态环境损害赔偿诉讼）等程序中，都可见其创新的身影，成为广泛适用修复责任的重要动力之源。

---

〔1〕 参见2023年最高人民检察院督促整治非法采矿检察公益诉讼典型案例（第二批）之七：山东省济南市市中区人民检察院诉左某某等人非法采矿刑事附带民事公益诉讼案。

〔2〕 参见《黄河保护法意见》第8条；《最高人民法院关于为黄河流域生态保护和高质量发展提供司法服务与保障的意见》第9条；《最高人民法院关于人民法院加强民事审判工作依法服务保障经济社会持续健康发展情况的报告》。

(一)刑事司法:修复方式创新发展的发源与持续动力

自2007年清镇市人民法院环保法庭设立开启环境司法专门化开始[1],初期该法庭通过在破坏森林、非法捕捞、非法占用土地、环境污染等刑事案件中,创新性探索由被告以补种复绿、增殖养流等方式对生态环境进行修复,成为环境恢复性司法的重要开端。修复责任得到高度重视,并广泛进入司法领域。

第一,从适用路径上看,由普通刑事案件向刑事附带民事诉讼案件发展。在早期的森林、水产品、矿产资源、土地、野生动物等自然资源破坏案件中,法院倾向于由被告通过种植树苗、增殖养流、恢复植被、支付修复金或赔偿金等方式进行修复,并以此作为量刑的酌定依据。随着刑事、民事、行政审判三合一推进,刑事案件中的修复责任得到发展。一方面,适用范围扩大。已不局限于破坏环境资源保护罪下之污染类和生态破坏类,还包括投放危险物质、失火、纵火、故意毁损财物、非法采矿、非法走私危险固体废物等犯罪。另一方面,适用程序扩张。在刑事附带民事公益诉讼案件中,修复责任大量创新适用;即便在不涉及公益诉讼的情况下,也可创新适用修复责任。创新适用以碳汇认购替代修复的案件中,大多数案件是刑事案件[2]。

第二,从适用方式上看,从直接修复到多元化创新适用方式的发展。不少修复责任方式的原型,仍可从刑事案件中找到答案。一是行为责任之修复方式多样化发展。根据生态环境受损的情况,因地制宜、因时制

---

〔1〕 参见张璐:《中国环境司法专门化的功能定位与路径选择》,载《中州学刊》2020年第2期。

〔2〕 参见贵州省高级人民法院2021～2022年环境资源审判十大典型案例之二:被告人罗某松滥伐林木案;福建省顺昌县人民法院刑事判决书,(2020)闽0721刑初89号、99号、100号、123号、149号、139号、149号、170号、207号、208号、216号、225号;福建省武夷山市人民法院刑事判决书,(2020)闽0782刑初94号;福建省光泽县人民法院刑事判决书,(2021)闽0723刑初14号;福建省建瓯市人民法院刑事判决书,(2021)闽0783刑初193号;福建省将乐县人民法院刑事判决书,(2021)闽0428刑初88号、(2021)闽0428刑初106号。

宜,让破坏森林者补种林木[1]、破坏湿地者修复湿地[2]、非法捕捞者增殖养流[3]、非法采矿者补种复绿[4]、打鸟者还巢[5]或“筑巢护鸟”[6]等。二是修复责任方式的适用期间多元化。可在审判阶段将修复责任的履行作为量刑因素,包括由被告履行、家属履行、委托他人履行或被告支付修复费用等;亦可在执行阶段创新适用,如以修复责任的履行作为缓刑的考验方法[7],通过增殖养流、补种林木等方式修复生态。执行是审判阶段的延续,不少法院发布的“修复令”“植树令”“养护令”“护海令”等,是一种可行、有效、有价值的创新。

第三,从适用功能上看,刑事案件中修复责任方式创新适用功能多样化。修复责任适用于刑事案件,缺乏实体法上的依据。可体现为几种模式:一是将之作为“附带民事赔偿”对待,即将修复责任作为经济赔偿的方式。这与修复责任本身的功能似乎有抵触。二是将之作为量刑情节,即作为被告悔罪和减轻社会危害性的因素,在量刑规范化背景下,不少法院将之作为适用缓刑或从轻适用刑罚的依据。这可能有“以钱赎罪”之嫌。三是将之作为刑罚执行方法,即通过修复责任的履行来替代刑罚的执行。被判决适用缓刑时,由人民法院、生态环境保护部门等监

---

〔1〕 参见湖北省荆门市中级人民法院刑事裁定书,(2021)鄂 08 刑终 114 号;海南省高级人民法院刑事判决书,(2019)琼刑终 183 号;海南省第一中级人民法院刑事判决书,(2020)琼 96 刑初 120 号;贵州省贵阳市中级人民法院刑事裁定书,(2020)黔 01 刑终 228 号;贵州省安顺市中级人民法院刑事判决书,(2020)黔 04 刑终 80 号。

〔2〕 参见吉林省高级人民法院民事判决书,(2017)吉民再 13 号;山西省运城市中级人民法院刑事裁定书,(2020)晋 08 刑终 226 号;吉林省舒兰市人民法院刑事附带民事判决书,(2020)吉 0283 刑初 48 号。

〔3〕 参见湖南省益阳市中级人民法院民事判决书,(2023)湘 09 民初 2 号;宁波海事法院民事判决书,(2023)浙 72 民初 19 号。

〔4〕 参见江西省余干县人民法院刑事判决书,(2022)赣 1127 刑初 536 号;福建省闽侯县人民法院刑事判决书,(2020)闽 0121 刑初 407 号。

〔5〕 参见满宁等:《打鸟赔巢:生态修复有新招》,载《检察日报》2022 年 5 月 7 日,第 1 版。

〔6〕 参见 2024 年福建省高级人民法院发布的“全省湿地红树林司法保护十大典型案例”之七:林某非法狩猎案。

〔7〕 参见《龙岩法院“补种复绿”林木修复模式》,载微信公众号“福建高院”2020 年 7 月 11 日,https://mp.weixin.qq.com/s/DOfbj7uwFvFc2A86WH_dg。

督被告人履行增殖养流、补种林木等修复行为。这一方法存在执行方法的合法性问题。四是作为非刑罚执行方法。这同样存在是否可作为非刑罚执行方法的疑问。五是将之作为刑事附带民事公益诉讼之民事责任方式,本质上是民事修复责任性质。

(二)民事司法:修复责任方式创新的主阵地和未来广阔空间

公法与私法协同,方可达到有效解决环境公共问题的目标。恢复性司法理念出现在环境刑事司法中并得以确立和发展后,其传导效应快速推及于民事司法上,并对发展修复责任及适用机制发挥了重要作用。

第一,类型二元化:公益侵权与私益侵权中修复责任的不同地位。私益侵权以意思自治为中心,修复责任能否适用都由原告选择,只能引导。但民事公益诉讼、生态环境损害赔偿诉讼以保护公共利益为目标,以环境整体利益维持、保护和延续为中心思想,因此,在诉讼实践及诉讼规则上,确立了以修复责任为中心的机制,这决定了修复责任在公益诉讼中得以广泛创新与适用,并将继续发展。[1] 未来修复责任方式的创新与发展的主力,将回归于环境民事公益诉讼,当然包括刑事附带民事公益诉讼及生态环境损害赔偿诉讼。

第二,标的多元化:从传统环境要素广泛推及于新型及将来的要素。环境法对"环境"采纳了较为宽泛的概念,包括自然环境和人工环境。从实践来看,新型环境要素中修复责任得以不断创新发展。如传统污染案件主要涉及对水体、土壤、森林等的修复。随着生态文明思想的深入发展,以及对各类环境要素的关注程度的提升,环境要素的多元化、复杂化、新型化是促进生态环境修复责任方式不断创新发展的源泉。当下适用修复责任的环境要素不断扩张至湿地、沙漠、草原、海滩、文物、村落、民居、自然遗产等,且对于不同环境要素不能采用单一的、抽象的、原则性的修复责任方式,而应创新采用更加契合环境本身的修复方式。

---

〔1〕《最高人民法院关于印发〈环境资源案件类型与统计规范(试行)〉的通知》强调:"对已经造成生态环境损害的,优先适用恢复性责任方式,落实以生态环境修复为中心的损害救济制度。"

第三,方式灵活化:恢复原状与修复责任之间价值契合,同根同源,系一般与特殊的关系。生态环境是一个生命共同体,是一个复杂的综合性系统,由若干关联的系统及子系统复合而成,这就决定了朴素的修复机制难当大任。由此:原地修复无法实现时,可创新性适用替代性修复;短期无法修复时,可创新性适用持续修复;无法全部修复时,可部分修复然后其余进行替代性修复或补偿;行为人无力修复时,可由第三方代履行;为确保修复的目标实现,附修复方案的裁决不断呈现;当修复要素不存在时,有必要通过承担修复费用进行整体性的调剂;支付修复费用事实上成为司法修复的重要形态,经济责任替代行为责任的后续监督至关重要;单一要素修复与整体性修复之间的合理衔接应予重视。

第四,适用复合化:不拘泥于传统的修复机制,采用复合化的路径实现修复目标。一是从修复时间判断上看,事前修复、事中修复与事后修复的协同化。二是从修复程序看,允许当事人在诉讼过程中修复并通过司法确认,或通过裁判方式确定行为修复责任及经济责任的承担,然后由行为人执行或第三方代修复。三是从责任组合路径看,注重多元化责任方式的协同运用,如预防性责任与恢复性责任的配合、恢复性责任与赔偿性责任的配合、生态修复责任与人格性恢复责任的配合,刑事责任与民事责任的配合、行政责任与民事责任的配合。在最高人民法院指导性案例211号[1]中,就体现了多元责任的复合化,该案中的行政处罚与刑事责任不分先后,分别追究。

(三)行政司法:修复责任方式创新与发展的待开发领域

在“三审合一”模式下,有借助于行政司法实现修复方式创新的广阔空间。一是在传统“民告官”行政案件中,对行政机关创新运用责令修复生态环境的方式,法院依法支持行政机关的合法执法行为,起到修复责任创新的功能。如生态环境部门作出的“责令恢复原状”,经审查符合合法

---

〔1〕 参见铜仁市万山区人民检察院诉铜仁市万山区林业局不履行林业行政管理职责行政公益诉讼案,最高人民法院指导性案例211号(2022年);贵州省遵义市播州区人民法院行政判决书,(2017)黔0321行初97号。

定条件和程序,予以维持以支持生态修复。[1] 二是在行政协议案件中,通过支持创新修复方式的适用,实现行政案件合理解决和对生态环境损害的科学修复。常涉及行政拆除协议[2]、退耕还林工程合同[3]等。如在赤水市富源建材经营部与赤水市人民政府行政赔偿案[4]中,市政府因长江上游珍稀特有鱼类国家级自然保护区(赤水段)重大生态环境利益需要,对案涉经营部在内的砂石码头进行专项治理,双方签订了案涉砂石码头《拆除协议》,以恢复生态环境;经营部依约拆除后主张补偿,由于经营部原本行为违法,且资质已过期,故法院判决不予补偿。三是行政公益诉讼案件中,通过裁判方式明确行政机关在何种条件下、以何种方式对行政相对人进行监督、处罚、执行或采取强制措施,有修复责任方式创新的空间。在检察公益诉讼中加以引导,效果会更加突出。[5] 四是行政非诉执行案件中,通过支持行政机关采用有利于生态环境保护的合理化修复措施、决定、方法、行为,创新修复方式达致修复生态的目标。须行政机关在诉前程序中采取优化修复措施,督促企业、个人履行修复责任。五是行政附带民事公益诉讼中,一次性解决行为人修复责任问题。如在行政判决中判令林业部门等行政机关监督违法行为人恢复植被至相关验收标准,并判决违法行为人对毁坏林地进行治理、修复植被[6];针对附带民事公益诉讼部分,可适用调解确认违法行为人的修复责任。[7]

---

〔1〕 参见河南省高级人民法院行政裁定书,(2018)豫行申1800号;贵州省高级人民法院行政裁定书,(2018)黔行申167号;四川省高级人民法院行政裁定书,(2019)川行申1471号。

〔2〕 参见青海省高级人民法院行政裁定书,(2019)青行申135号。

〔3〕 参见广西壮族自治区高级人民法院行政判决书,(2019)桂行终1475号。

〔4〕 参见贵州省高级人民法院行政赔偿判决书,(2020)黔行赔终327号;贵州省高级人民法院行政赔偿判决书,(2020)黔行赔终299号。

〔5〕 参见2023年最高人民检察院发布的十起湿地保护公益诉讼典型案例之五:河北省安新县人民检察院督促整治白洋淀周边污泥处置行政公益诉讼案。

〔6〕 参见内蒙古自治区乌审旗人民法院行政公益诉讼附带民事判决书,(2020)内0626行初1号、2号、3号。

〔7〕 参见呼和浩特市中级人民法院行政判决书,(2017)内01行初142号。

二、创新样态:从抽象修复责任到具化的修复责任方式

司法探索为修复责任方式创新的规则化提供了大量素材。典型特点是:将抽象化的修复责任转化为颇具个性化、特色化的责任方式,修复责任的创新充满创新活力与前景。替代性修复则是责任方式创新最多、最活跃的领域。

(一)直接修复:从简单向复杂的行为修复方式演变

经过实践的创新与探索,修复行为已具体化,遵循由简单向复杂、一般到具体的方向发展。典型形态如下:

1. 增殖养流

增殖养流,亦称"增殖放流",是指通过人工方式向水库、河流、湖泊、海洋等公共水域放流鱼苗等水生生物苗种或亲体的活动。增殖养流既可达到补充、恢复水生资源群体、促进生物多样性的功能,也能起到改善水质、水生态环境的作用,还可使渔民增殖创收、用于休闲垂钓。作为常态化的生态补给方式,经过司法改造,增殖养流成为水生态环境破坏后的重要修复责任方式,在破坏水生资源的案件中得以广泛适用,并为司法解释所确认。[1] 该方式创新与《渔业法》第5、28条渔业资源"增殖"措施有很大关联。早期增殖放流比较粗犷,多以增殖放流鱼苗为主,并未考虑生物的适应性、生态资源的契合性、生态相互竞争以及对生态环境长远影响等潜在问题。当前,司法案例已重视所放殖的生物须符合流域渔业生态物种、数量、规格等要求,以有效防止次生生态风险。[2] 为发挥修复责任之间的协同功能,修复责任方式可与其他方式并用,如裁判同时支持"增殖放流"和"劳务代偿"(义务巡河)等。[3]

---

〔1〕《人民检察院公益诉讼办案规则》(2021)第98条。

〔2〕参见湖南省高级人民法院2023年度环境资源审判典型案例之刘某平非法捕捞水产品刑事附带民事公益诉讼案、田某军非法捕捞水产品刑事附带民事公益诉讼案;2023年天津市高级人民法院第五批环境资源典型案例之六:天津市人民检察院第二分院诉房某某、邓某某生态破坏民事公益诉讼案。

〔3〕参见湖南省益阳市中级人民法院民事判决书,(2023)湘09民初2号。

2. 补种复绿

补种复绿,是指以补种林木、恢复植被等方式,使受污染或破坏的生态环境恢复绿色生机、功能的修复方式。"赔偿林"[1]"缴纳森林资源恢复费"等是复种补绿的变形,亦有观点认为"退耕还林(草)""封山禁牧"应视作特定修复方式。[2] 补种复绿广泛适用于林木、草地、湿地、自然保护区等自然资源破坏的修复性保护,如今也在污染案件中得以适用[3],系生态恢复性司法理念下最广为人知的修复方式。通过林木、植被等吸纳污染、涵养水源、净化空气等功能,实现生态修复,打通了环境损害内部不同要素、不同侵权方式之间责任方式的互借互补的问题。

3. 附修复方案裁判

为便于环境修复司法判决的执行、监督与验收,在判项中写明修复方法、附修复方案的做法正不断得到司法的确认。[4] 其中直接修复与替代性修复皆有。[5] 如在梁某敬滥伐林木案[6]中,由被告按照林业局出具的生态修复方案进行修复;在冉某兴滥伐林木案[7]中,由被告按照修复方案在林地修复防护林、进行三年抚育或者赔偿生态修复费。附修复方案的修复裁判,既可由责任人自行修复,亦可由第三方代为修复。第三方修复的裁决方式常有:一是裁决被告按照修复方案进行修复,若被告不修复可由第三方代修复;二是裁决被告承担修复费用,第三方进行修复。实践中,在社会组织直接主张由第三方修复,未诉请由被告修复的情况下,法院基于修复的难度、专业性等判断,可直接决定由第三方修

[1] 参见王元恒:《关于判处"赔偿林"的几点思考》,载《法律适用》1995 年第 10 期。

[2] 参见吴鹏:《最高法院司法解释对生态修复制度的误解与矫正》,载《中国地质大学学报(社会科学版)》2015 年第 4 期。

[3] 参见江西省抚州市中级人民法院民事判决书,(2017)赣 10 民初 142 号。

[4] 《森林资源民事解释》第 18 条。

[5] 参见江苏省无锡市中级人民法院民事判决书,(2014)锡环公民初字第 2 号;山东省烟台市中级人民法院民事判决书,(2017)鲁 06 民初 8 号。

[6] 参见四川省开江县人民法院刑事附带民事判决书,(2018)川 1723 刑初 175 号。

[7] 参见四川省宣汉县人民法院刑事附带民事判决书,(2018)川 1722 刑初 235 号。

复。有司法判决[1]指出,对原告要求被告承担环境修复费用、由第三方进行修复的诉请,由于排放的污染物已经渗入土壤中,而修复生态环境的专业性较强,被告不具备自行修复生态环境的能力,故法院支持了原告的诉讼请求。在另一起案件中,被告既无修复意愿也无修复能力,若仍判决由被告修复,反而会使受损害的生态环境迟迟得不到修复,继续损害社会公共利益,法院遂直接判决被告承担修复费用。[2]

4. 基于环境要素具体化的修复方式改良

根据不同环境要素,适用多样化的修复方式是司法政策的重要导向。[3] 循着立体保护、多层修复的路径,各地司法机关对修复责任因地制宜、因案施策进行创新。例如,以"补种复绿"修复荒山,以"固坝填石"方式保护河道,以"削填引种"、土地复垦、植被恢复、矿坑回填或加固、开发矿区生态公园等方式修复矿山,以"增殖养流"治理污水,以"引流冲污""清理填埋"处置危险废物,以"海砂回填"修复海域,以"护林护鸟""打鸟还巢"对鸟类损害进行替代性修复;以限期捕回、找回释放或丢弃的外来物种或者采取降低负面影响的措施,作为外来物种入侵的修复方式[4];以野化放生方式修复猎捕野生动物造成的损害[5];以"补种树木""恢复植被""恢复林地土壤性状""投放相应生物种群"等方式修复森林生态环境[6];以"恢复植被""拆除建筑或设施"修复草原[7];以"重建湿地""补种树木""限期修复""采取其他补救措施"等方

[1] 参见山西省晋城市中级人民法院民事判决书,(2017)晋05民初35号。

[2] 参见广东省高级人民法院民事判决书,(2021)粤民终1711号。

[3] 参见《最高人民法院关于充分发挥环境资源审判职能作用依法惩处盗采矿产资源犯罪的意见》第14条。

[4] 参见2023年最高人民法院湿地生态保护典型案例之八:南京市人民检察院诉徐某、刘某生态破坏民事公益诉讼案;《长江保护法》第85条;《生物安全法》第81条。

[5] 参见2023年最高人民法院、最高人民检察院联合发布的海洋自然资源与生态环境检察公益诉讼典型案例之四:海南省海口市人民检察院诉周某某非法收购珍贵、濒危野生动物民事公益诉讼案。

[6] 参见《森林法》第38、74、76条;《森林资源民事解释》第17条。

[7] 参见《草原法》第65~71条。

式修复湿地[1];以“修复播种”修复受损公益林地;[2]以“保护性考古修复”修复文化遗址[3];以复垦方式修复基本农田等。但无论针对何种环境要素的修复,均须遵循生态规律,以生态利益最大化为目标。[4] 此外,推行令状保护方式,发布“护鸟令”“森林管护令”“珍贵树木保护令”“巡河守护令”“护河令”“生态修复令”“生态环境修复失信令”“涉茶生态环境禁止令”,以实现生态保护或修复。

(二)替代性修复:修复方式创新最为活跃的司法领域

最高人民法院将替代性修复方式总结为“同地区异地点、同功能异种类、同质量异数量、同价值异等级”[5]等情形,目标是将受损生态环境恢复到之前的功能、质量和价值。[6] 实践中,替代修复方式创新十分活跃,这源于“替代”的灵活性与广泛性。

1. 异地修复

异地修复的法理是生态总量平衡理论。选择异地修复的替代性方案,更能传达修复性司法理念的本意,彰显生态环境修复的社会意义。[7] 各地法院集中建设的生态林、公益林、示范林、修复基地[8]、司法保护基

---

[1] 《湿地保护法》第53、54、56条。

[2] 参见2024年新疆维吾尔自治区高级人民法院发布的四起环境资源审判典型案例之二:公益诉讼起诉人塔城地区检察分院诉王某生态破坏民事公益诉讼案。

[3] 参见2024年新疆维吾尔自治区高级人民法院发布的四起环境资源审判典型案例之三:公益诉讼起诉人阿克苏地区检察分院诉某公司生态破坏民事公益诉讼案。

[4] 参见宁清同:《论采矿权人生态修复的法律责任》,载《贵州省党校学报》2019年第2期。

[5] 参见最高人民法院环境资源审判庭编著:《最高人民法院环境民事公益诉讼案件司法解释理解与适用》(修订版),人民法院出版社2023年版,第266页。

[6] 参见颜运秋:《〈民法典〉视阈下生态环境修复与赔偿司法保障机制》,载《广西社会科学》2021年第1期。

[7] 参见朱晓勤:《生态环境修复责任制度探析》,载《吉林大学社会科学学报》2017年第5期。

[8] 参见福建省高级人民法院2022年工作报告。

地[1]等,属异地"集中修复"模式。但在这种"集中修复"与"受害环境"不具有直接关联的情形下,如何充分顾及受损害环境的价值复原、受损地关联群体的合法利益,值得深思。因此,选择异地修复应当注重建立与原生态环境的必要关联。如非法开采海砂会对海底生态系统造成不可逆转的损害,在不适宜在原地直接修复受损海洋生态环境的情况下,在近海海域生态系统服务功能区用已执行到位的相关案款补植复绿、增殖养流等环境替代修复方式,使受损的海洋生态环境得到有效修复,有助于维护受损海域生物多样性。[2]

2. 劳动代偿

劳动代偿通常适用于侵权人无修复能力,或因经济困难无力承担修复费用,或者生态环境损害轻微无须直接修复等情形。[3] 实践中,通过司法裁判、调解或基于自愿,使损害者一跃变成"绿色自愿者""环境保洁员",以劳务代偿、护林护鸟、巡山巡河、环境教育等方式,提供与生态环境保护相关的公益性劳动,间接实现对生态环境的修复和保护。[4] 有些法院采用组合方式替代修复,如"增殖养流 + 劳务代偿"。[5] 但应对劳务代偿数量、时间、监督方式等予以关注,确保替代修复质量。而部分名

---

〔1〕 如贵州省贵阳市中级人民法院2023年6月16日与贵阳市林业局、清镇市人民法院在长坡岭森林公园联合成立"贵阳市中级人民法院、清镇市人民法院司法保护基地"。另参见2024年广东省高级人民法院发布的十起高质量司法服务保障绿美广东生态建设典型案例之五:某环境教育学会诉李某某等生态破坏民事公益诉讼案。

〔2〕 参见2023年最高人民法院、最高人民检察院联合发布的九起海洋自然资源与生态环境检察公益诉讼典型案例之六:山东省无棣县人民检察院诉何某等非法采矿刑事附带民事公益诉讼案。

〔3〕 参见2024年广西壮族自治区高级人民法院环境资源典型案例之五:曾某东失火刑事附带民事公益诉讼案;2024年广东省高级人民法院发布的十起高质量司法服务保障绿美广东生态建设典型案例之六:汕头市人民检察院诉某五金厂生态环境损害赔偿公益诉讼案;江苏省连云港市中级人民法院民事判决书,(2014)连环公民初字第00001号、第00002号。

〔4〕 参见浙江省丽水市中级人民法院民事判决书,(2018)浙11民初104号。

〔5〕 参见吉林省高级人民法院11件环境资源典型案例(2023~2024.5)之一:周某某等七人非法捕捞水产品案。

为劳务替代但实为“惩罚性赔偿”的案件,须与替代性修复有所区别。[1]若责任人不履行或不完全履行劳务代偿行为,如何处理?一种思路是由其承担态修复费用或履行修复责任,在裁判劳务代偿时一并明确修复费用的标准,避免二次裁判;另一种思路是将之作为判断行为人主观过错的考量因素,包括承担“相应的惩罚性赔偿责任”[2]。事实上,对不履行劳务代偿责任者,让其承担原应承担的修复责任是较为妥当的方案。在一起海事典型案件中,法院即明确被告劳务代偿“包括但不限于海洋垃圾打捞、海岸维护、海洋环境保护宣传等,期限酌定为三年,期满后劳务不足以抵偿的,仍需承担赔偿责任”。[3]

3. 技改抵扣

技改抵扣,是在重大环境案件中,由于历史、现实及修复费用过高等原因,责任人通过提升技术、进行优化改造确保将来环境不再遭受损害,法院允许其有条件地将技改资金抵扣部分生态修复费用。这本质上是一种修复责任的减轻方式,但立法却多将之作为多元化修复方式或替代性赔偿方式对待。[4] 如在一典型案例[5]中,法院允许将全部技改与整改费用当作生态环境修复费用并不妥当。因为修复责任是针对已造成损害的生态环境的治理、修复与恢复,而技改及整改是对自身违规行为的一种矫正,虽从长远来讲有利于生态环境保护和实现双碳目标,但并不是对过去侵害行为造成损害的弥补机制。实际上,在很多以技改之名进行的修复案件中,存在以创新修复方式逃避承担修复责任的隐患。一

[1] 参见2022年最高人民法院生物多样性司法保护典型案例之十:山东省青岛市人民检察院诉青岛市崂山区某艺术鉴赏中心生态破坏民事公益诉讼案。

[2] 吴海伦:《完善环境民事公益诉讼检察制度》,载《检察日报》2021年11月11日,第7版。

[3] 参见福建省厦门海事法院民事判决书,(2022)闽72民初40号。

[4] 《黄河保护法意见》第8条;《最高人民法院关于完整准确全面贯彻新发展理念 为积极稳妥推进碳达峰碳中和提供司法服务的意见》第11条;《最高人民法院关于为加快建设全国统一大市场提供司法服务和保障的意见》第11条。

[5] 2022年珠海市中级人民法院环境资源司法保护十大典型案例之二:某绿色生态文化服务中心与某造纸公司环境民事公益诉讼案。

些法院开始探索对技改抵扣作出限制:一是严格技改抵扣的条件。针对修复费用不高、修复难度不大、行为人有充分承担能力等情形,不允许进行技改抵扣。二是严格控制技改抵扣的额度和方式。考虑到技改费用实际上是企业为必须履行的环保义务所负担的成本,与生态修复费用是针对已发生损害的修复责任承担有所不同,考虑到鼓励企业环保合规、促进生态良性发展、减轻巨额修复费用给企业造成的巨大负担等因素,允许其进行部分技改费用抵扣。但若抵扣时间早、范围宽,可能造成行为人借助抵扣逃脱修复责任,而违背技改抵扣的初衷。

4. 共享知识产权

部分法院在多元化纠纷解决机制框架下,探索将环保专利技术公开作为替代修复方式。如在一典型案例〔1〕中,化工公司擅自将其产生的废硫酸交给没有危险废物运输处置资质的人非法处置,造成地表水和土壤生态环境的严重损害。审理中达成调解,由化工公司承担生态环境修复费用600万元,该公司的法定代表人承诺其"自愿向社会开放其拥有的实用新型专利(一种回收氟化氢的装置),任何单位和个人均可以善意地实施该专利"。

5. 设置环境公益设施

部分法院创新性采用了设置环境公益设施等方式作为替代性修复方式。如在长沙天创公司环境污染责任纠纷案〔2〕中,针对天创公司不正常使用防污设施超标排污导致水体污染,法院判决其采取替代性方式修复生态环境,具体方案包括:一是在排污管口旁设置一块不小于4平方米的电子显示屏,实时滚动显示天创公司排污相关监测数据,禁止用于广告等其他用途;二是向符合条件的长沙市环保组织、志愿者组织提供一批便携式水质检测仪器,支持环保公益事业。在另一起案件〔3〕中,

〔1〕 2020年最高人民法院黄河流域生态环境司法保护典型案例之六:河南省环保联合会诉聊城东染化工有限公司环境污染公益诉讼纠纷案。

〔2〕 参见湖南省高级人民法院民事判决书,(2019)湘民终879号。

〔3〕 参见2022年最高人民法院生物多样性司法保护典型案例之十一:湖南省株洲市人民检察院诉陈某云、罗某鄢生态破坏民事公益诉讼案。

对非法猎捕、购买昭觉林蛙、黑斑蛙的两被告，除判决其赔偿野生动物资源损害外，还判决其以“植树造林”“设立野生动物保护牌”的方式修复生态环境。

6. 安装充电桩、提供电动汽车等

部分法院采用降碳增汇方式进行替代修复，取得了良好社会效果。如在长安汽车公益诉讼案[1]中，原告要求被告停止在北京销售不符合排放要求的两类车型并予以召回，后经调解，由长安汽车公司在北京市公共场所安装新能源电动汽车充电桩100根，并标明“北京市第四中级人民法院环境公益充电桩”字样，以达到“促进区域环境容量和承载能力的恢复和提升”之目的。[2] 北京市第四中级人民法院在现代汽车大气污染责任纠纷案[3]中，进一步改进了该替代性修复方式，经调解，由被告现代汽车公司向受托人信托公司支付120万元，以建设充电桩等方式实现大气环境保护的目的。在淄博某汽车制造公司大气污染公益诉讼案[4]中，该汽车公司同样存在销售超标排放汽车的行为，经调解，由汽车公司以“向政府部门交付其生产的108辆新能源电动车用于公益事业，并无偿保养和维修3年”的方式进行替代修复。

7. 碳汇认购

碳汇认购，源于福建、贵州等地，这些地方的司法机关在破坏森林案件中，是从森林固碳增汇功能视角，运用认购碳汇方式进行替代修复的一种创新方式。其适用特点为：(1)适用领域从森林[5]不断扩展到土

---

[1] 参见北京市第四中级人民法院民事裁定书，(2016)京04民初86号。

[2] 参见李巧玲：《环境民事公益诉讼的突破与反思——基于京津冀地区65个案例的实证分析》，载《河北青年管理干部学院学报》2021年第6期。

[3] 最高人民法院2019年度人民法院环境资源典型案例之三十三：北京市朝阳区自然之友环境研究所诉现代汽车(中国)投资有限公司大气污染责任纠纷案。

[4] 参见2022年山东省高级人民法院10起2021年度环境资源审判典型案例之一：淄博某汽车制造公司大气污染民事公益诉讼案。

[5] 参见福建省高级人民法院2021年工作报告、2022年工作报告。

壤[1]、流域[2]、海洋[3]、草地、湿地[4]、冻土、岩溶等案件,并仍有扩大趋势。(2)适用方式从单独适用到修复责任与碳汇认购等多种创新方式并用。在无法用原地、异地修复等方式进行补偿时,可通过碳汇认购进行替代性修复。[5] 碳汇认购常与劳务代偿、生态损害赔偿等多种方式并用。[6] 新近裁判方法是"行为修复+碳汇认购",前者代表对生态环境的复原,后者代表对生态环境服务功能损失的碳汇损失的补偿。[7] (3)法律性质由替代性修复向替代性赔偿或期间损害赔偿演进。各级司法机关对碳汇认购性质的认知存有差异,有"替代性修复方式"[8]、"替代性赔偿方式"[9]、"期间损害赔偿"[10]和"补偿性责任"[11]之不同观点,这种认知差异影响着司法裁量尺度的统一。经过不断检视、验证,法院对其性质的认知逐渐由"替代性修复责任"向"替代性赔偿"或"期间损害赔偿"转变。(4)案件类型从以刑事案件为主扩展到生态损害赔偿诉讼及环境民事公益诉讼。

---

[1] 参见倪建军、安菲:《"秦岭生态检察卫士"的铁担当》,载《检察日报》2023年1月13日,第8版。

[2] 2022年10月24日,四川雅安法院在一起非法捕捞水产品案件中,要求被告认购流域碳汇以修复电鱼所造成的流域受损害的浮游生物、鱼类碳汇功能缺失。

[3] 2022年5月27日,福建省连江县人民法院在一起非法采矿案中,判令被告出资10万元认购海洋碳汇,以替代性修复被其破坏的海洋生态环境。

[4] 参见2023年最高人民法院湿地生态保护典型案例之九:湖州市人民检察院诉德清县某绢纺塑化公司环境污染责任民事公益诉讼案。

[5] 参见2024年广东省高级人民法院发布的十起高质量司法服务保障绿美广东生态建设典型案例之三:陈某某非法占用农用地刑事附带民事公益诉讼案。

[6] 参见最高人民法院2022年全国海事审判典型案例之五:福建省宁德市人民检察院与林某某等海洋自然资源与生态环境民事公益诉讼案。

[7] 参见2024年广西壮族自治区高级人民法院2023年环境资源审判典型案例之二:冯某运滥伐林木案。

[8] 参见《森林资源民事解释》第20条;《长江保护法纪要》第15条;《黄河保护法意见》第8条。

[9] 《最高人民法院关于为加快建设全国统一大市场提供司法服务和保障的意见》第11条。

[10] 参见《碳达峰碳中和司法意见》第6条。

[11] 参见《最高人民检察院关于支持和服务保障贵州在新时代西部大开发上闯新路的意见》第7条。

8. 其他替代性修复方式

替代性修复方式处于持续创新、发展之中,新形态不断涌现。例如,针对非法猎捕鸟类产生了“打鸟还巢”或“捕鸟赔巢”方式,以为鸟类提供增殖空间,实现替代修复;在重庆水墨溪湿地民事公益诉讼案[1]中,若将被告公司在湿地保护区内违规修建的办公用房拆除,会造成浪费和湿地的二次破坏,后法院创新方式,将其保留并改为环境教育基地使用,也可视为一种替代性修复方式。

(三)费用替代:经济责任替代行为责任的裁判机制

1. 替代性修复费用

经济责任并非替代性修复,只是行为修复责任,包括直接修复与替代性修复行为的经济替代。实践中对修复费用过于依赖,将“环境损害”与“修复费用”过度绑定,易产生能用金钱投入代替生态环境修复的不当观念。然而,替代性修复绝非用“金钱义务”替代“行为义务”,而是直接针对生态环境的“补救”,替代性地提升相关区域的整体生态服务功能。[2] 如在一典型案件[3]中,被告超标排放二氧化硫、氨氮等废气,经调解,二被告停止排放污染物、自行投资建设环保项目治理废气,并各自支付40万元替代性修复资金用于当地大气污染治理。

2. 分期支付、履行担保和技改抵扣

为在生态环境保护与经济发展之间取得合理平衡,司法积极探索了分期赔付、履行担保、技改抵扣等多样化的责任承担方式。[4] 本质是在保护生态环境的同时,给予经济增长一定的支持。作为对巨额生态修复费用处理方式的调适方法,“分期支付+履行担保+技术抵扣”是通过司

---

[1] 参见重庆市第四中级人民法院民事判决书,(2018)渝04民初523号。

[2] 参见沈祥:《共建人与自然和谐的美丽家园》,载《中国审判》2022年第6期。

[3] 最高人民法院2021年度人民法院环境资源审判典型案例之十五:北京市朝阳区绿家园环境科学研究中心与江西某能源公司、丰城某焦化公司大气污染民事公益诉讼执行案。

[4] 参见李彦哲:《生态环境损害中“赔偿损失”责任的问题检视与立法回应》,载《环境生态学》2021年第7期。

法创新对修复责任承担机制的调整。[1]

(1)分期支付:基于修复费用巨大的现实与责任主体承受能力有限的平衡考量。当前,环境形势依然严峻,数千万元、数亿元乃至数十亿元的生态环境修复费用或赔偿费用屡见不鲜,成为多数企业或个人无法承受之重。于是,实践中法院应当事人申请,对巨额修复费用实行分期支付的裁判模式,以缓解当事人的压力。

(2)履行担保:为确保修复裁决有效执行而创新的裁判机制,常与分期支付、量刑减缓等密切相关。一是分期支付保证金制度。侵权企业面临整改、修复的双重压力,从经济发展与生态修复平衡立场,允许侵权人分期支付,但又不至于因分期支付变成不支付、无能力支付,则判令侵权人缴纳相应保证金用以保障判决履行。[2] 在侵权人不履行生态环境修复责任时,可用保证金支付修复费用。[3] 二是生态修复保证金提存制度。即提前缴纳保证金、由第三方提存。对积极缴纳者,除可在刑事处罚和强制措施方面从宽外,亦可使民事公益诉讼部分及时高效结案,激发当事人主动承担刑事、民事责任的积极性。[4] 民事判决前的提存范围应与修复费用大抵相当。但若修复费用相对较低、尚在侵权人可承受范围之内,判决其一次性承担修复费用更有利于生态环境的恢复且不至于造成侵权人巨大经济负担的,通常不准予分期支付。[5] 一般来说,法官通常会综合考虑侵权人主观过错、经济能力、修复生态环境的主动性等因素,并要求提供适当担保。[6]

---

〔1〕 参见最高人民法院民事裁定书,(2015)民申字第1366号;江苏省高级人民法院民事判决书,(2014)苏环公民终字第00001号;《长江保护法纪要》第14条;《最高人民法院关于深入学习贯彻习近平生态文明思想为新时代生态环境保护提供司法服务和保障的意见》第15条。

〔2〕 参见山东省淄博市中级人民法院民事判决书,(2019)鲁03民初118号。

〔3〕 参见《森林资源民事解释》第22条。

〔4〕 参见刘维:《生态检察与公益诉讼如何融合发展》,载《检察日报》2021年11月18日,第7版。

〔5〕 参见重庆市第一中级人民法院民事判决书,(2018)渝01民初669号。

〔6〕 参见张洋:《公益诉讼生态环境修复费用运行规则建构——基于〈中华人民共和国民法典〉第1234条的分析》,载《南海法学》2021年第3期。另参见江苏省南京市中级人民法院民事判决书,(2016)苏01民初1203号;江苏省高级人民法院民事判决书,(2018)苏民终1316号。

(3)技改抵扣:允许企业通过技术改造升级,降低污染或破坏生态环境风险,其技术改造费用可以在一定额度内折抵生态环境修复费用。这也属于优待措施。这既有利于鼓励企业采取措施防止将来再污染环境,体现预防性司法价值,也间接对生态环境修复予以支持。但必须满足技术改造验收合格、废物循环利用,且无环境违法记录等条件,还可根据个案设定要求。

三、检视反思:在司法能动与科学规范之间

(一)创新逻辑:修复责任方式创新的法理根据与司法逻辑

1. 法理逻辑:系统论视角下的修复责任方式创新

整体主义是环境法的基本哲学根据,系统论是基本方法,也是生态环境修复责任创新的重要源泉。第一,生态总量平衡理论。生态环境修复的目标是使生态环境恢复到受损前的状态或功能。直接修复可使受损的环境复原,降低的服务得以弥补,生态环境总量得以平衡;替代性修复则通过主体、种类、数量、方式、措施等的替代,直接或间接恢复受损生态环境总体容量和质量,为创新性探索修复责任预留丰富的空间。第二,系统论。生态环境是一个大系统,大系统中又嵌套诸多小系统,各系统之间彼此依存、相互关联、相互促进,为修复责任创新性提供方法论依据。如动物与植物之间相互依存,侵权人非法猎捕鸟类、鱼类等野生动物后无从直接修复,但可通过对动物栖息地的强化保护,以“打鸟还巢”“护林护鸟”等方式,为受损动物种群提供良好的生存环境,其数量和质量亦会有所增加。第三,补偿理论。尽管不能简单套用民法之差额论来诠释生态修复责任,但恢复的理想目标还是将环境恢复至原来的功能与状态,对环境侵权损害差额部分侵权人应当给予补偿。这就为修复责任创新提供了广阔的空间,如碳汇认购修复方式的创新,实际上就是对森林、湿地、土壤等碳汇功能损失的弥补。

2. 规范渊源:法律规范中责任或义务条款的解释、改造、调适与扩展适用

如同电视电影中人物或事件皆有原型,修复责任在个案中的创新适用,依托于法律规范进行改造调适。一是规范来源的多元性,包括《自然资源法》《环境保护法》等规范中相关责任的改造。如《森林法》《草原法》《渔业法》《水法》《土壤污染防治法》等法律中规定的责令恢复原状、采取补救措施等责任,经过民事化改良,即可成为公益诉讼中修复责任的具体形式,展现了不同部门法下规范的兼容性。二是规范属性的多元性。创新型修复责任方式更多来源于自然资源法与环境保护法中的法律措施与责任条款,但都不影响其解释、改造、调适、扩展适用于民事公益案件。其背后的逻辑是刑、行、民"三合一"程序的促进和公私实体法的交融。以碳汇认购替代修复为例,实际上由《森林法》《草原法》《湿地保护法》《长江保护法》《海洋环境保护法》等有关碳汇的法律措施和责任条款改造而来[1];而实践中的"补种复绿""削填引种""增殖养流""海砂回填""限期捕回"等多种创新方式,都可以从前述法律中寻找到印迹。

3. 要素匹配:基于环境要素的合理化、关联化创新配置

根据不同环境要素需求创新修复方式,已是重要共识。[2]

(1)直接修复:责任方式创新需依托于直接关联的受损环境要素。透过纷繁复杂、眼花缭乱的司法创新方式,回归到责任方式的本源,均不能脱离所依托的环境要素。从创新路径看,几乎都存在与原受损生态环境高度的关联性与契合性,这才是"修复"的核心所在。如"补种复绿"对应的通常是林木、草地、绿化用地等修复,"削填引种"通常对应矿山修复,"增殖养流"通常对应江河、湖泊、海洋等水体的修复,"海砂回填"对

〔1〕 参见杨临萍:《论司法助力碳达峰碳中和目标实现的方法和路径》,载《法律适用》2021年第9期。

〔2〕 参见《最高人民法院关于充分发挥环境资源审判职能作用依法惩处盗采矿产资源犯罪的意见》第14条。

应的是海域修复等。这种修复最大限度契合受损害环境要素，以具体化、科学性方式复原生态环境。

(2)替代性修复：责任方式创新应是对原环境要素的合理关联性替代。替代性修复深刻的底层逻辑在于价值、功能与要素关联。其一，就价值而言，替代性修复必须以修复生态环境为中心。若无修复行为，只是劳务代偿、经济补偿等，并非修复行为方式，将这种无法量化或建立评价标准的行为纳入替代性修复，与恢复生态学基本原理和鉴定评估规则并不相符，亦会消解那些真正的、可量化的替代性修复方式的精准应用。应从修复之本源含义上重新检视“替代性修复”，防止修复目标异化。[1] 其二，就功能而言，应从系统论或整体主义的视角考量，替代修复后应当达到与原生态环境大致相当甚至更优的效果。否则，替代性修复就失去存在价值，相应的替代性修复就并非真正的、有价值的修复方式。其三，就关联性而言，若替代性修复方式与原受损生态环境缺乏必要的、合理的、可预见的关联性，对应环境修复就缺少正当性根据。如对非法捕捞水产品案件适用购买碳汇方式进行修复，就关联性而言，依据不足。因此，替代修复方式应该与环境违法行为具有强关联，否则无因果关系，缺乏归责合理性，甚至漫无边际，会导致权力寻租风险，反噬于创新的初衷。[2]

(二)本质反思：修复方式的“是”与“非”

1. 修复方式创新中的“真”与“假”

实践中不乏真正修复责任创新方式，社会对其的容忍度高于其他司法领域。但部分“创新”需要合理甄别。如修复费用分期支付，实为修复费用支付方式调整，并不属于修复方式创新；而“劳务代偿”“巡山巡河”“志愿劳动”等与受损生态环境修复关联性不强，且很难直接起到修复生

---

〔1〕 参见李兴宇：《公私法域交叉背景下“修复生态环境”责任的定位与实现》，载《云南大学学报(社会科学版)》2022年第5期。

〔2〕 参见何勤华、靳匡宇：《行政和司法衔接视域下长江环境替代性修复方式研究——以美国替代环境项目为镜鉴》，载《法治研究》2020年第2期。

态的目的。又如,对于"碳汇认购"这一替代性修复责任方式,就连发源地福建法院也发文将其调整为一种替代性赔偿而非替代性修复〔1〕,浙江法院认为这属于替代性赔偿〔2〕。而江西法院探索的"清理填埋"〔3〕、贵州法院提出的"清除污染"、福建法院提出的"引流冲污",本质上是一种物理性的污染控制方式,是介于排除妨碍、消除危险与修复责任之间的过渡性责任,或者说具有修复功能,抑或修复前的必要步骤,但不是完整的修复责任。因此,那种简单的清理填埋等行为并非修复行为。〔4〕在一起水污染案件处理中,被告非法开采稀土矿的行为污染村民饮用水水源,除承担刑事责任外,被告还需支付生态环境修复费用,由第三方组织实施,重建替代水源,这种生态综合修复方式成功化解了一起因环境污染引发的群体性事件。〔5〕但这种"寻找替代水源"以解决村民饮水难题的解决方式,实际上是一种替代性补偿,并非修复所污染的水源的替代方式。

2. 对"任性"的控制:修复责任方式创新识别机制

日新月异的司法实践需求,对立法质量和效率均提出较高挑战。社会问题司法化的进程无疑伴生诸多创新、混乱甚至冲突等问题,司法权对立法权的僭越亦饱受关注。〔6〕为避免这种司法创新冲动带来的"任性",需遵循环境生态保护、向弱者倾斜、分工协作三原则〔7〕,建构更加

---

〔1〕参见2022年9月福建省高级人民法院、福建省林业局印发的《关于在生态环境刑事案件中开展生态修复适用林业碳汇赔偿机制的工作指引(试行)》第1、2条。

〔2〕在浙江省杭州市中级人民法院2022年6月1日审结的一起滥伐林木破坏国家级生态公益林(水保林)民事公益诉讼案件中,法院即判决被告人以认购碳汇方式弥补森林碳汇功能损失。

〔3〕参见江西省高级人民法院2021年6月5日所作的"环境日"新闻发布会。

〔4〕参见刘士国:《民法典"环境污染和生态破坏责任"评析》,载《东方法学》2020年第4期。

〔5〕参见朱晓勤:《生态环境修复责任制度探析》,载《吉林大学社会科学学报》2017年第5期。

〔6〕参见王文玉:《司法回应社会的理据、风险及其应对——基于热点案件的分析》,载陈金钊、谢晖主编:《法律方法》第34卷,研究出版社2021年版,第231页。

〔7〕参见吕忠梅:《环境司法理性不能止于"天价"赔偿:泰州环境公益诉讼案评析》,载《中国法学》2016年第3期。

合理的修复责任识别机制。

第一,从规则层面看,能否对应修复责任规范。无论何种被冠以修复责任方式的创新,从规则大前提、小前提上看,应为《民法典》第179、1234、1235条的规范所涵射。否则,可能属于损害赔偿或其他责任方式。

第二,从价值层面看,能否发挥生态环境的保全与修复价值。修复责任得到高度重视并被确立为环境民事公益诉讼、生态环境损害赔偿诉讼下的核心责任方式,在于其对生态环境整体利益的维持和促进功能。若创新是为弥补生态环境受损害期间的服务功能损害,则只能对应期间服务功能损失赔偿。比如,碳汇认购金虽可用于修复生态环境,但其与作为直接修复或替代性修复的修复费用存在区别,现已逐步被拨正为期间功能损失赔偿。

第三,从功能层面看,所创新的责任方式能否实现修复生态的功能。若受损生态环境没有修复功能,实际上并不能达到修复的目的。如"劳务代偿"本质上就不是修复,只是其无力赔偿修复费用才选择通过劳务代偿,因此属于赔偿方式的替代,而非修复替代。

第四,从关联性判断看,在修复责任方式创新与适用方面,需与受损生态环境存在合理的关联性。若无关联性或关联性极为微弱,则所谓"修复方式"就呈现"任性"的可能。如各地法院不仅在森林案件中适用碳汇认购作为替代修复方式,还将这种碳汇认购适用的环境要素扩展至土壤、河流、海洋、草原、湿地等自然环境要素,有其科学根据,关联性较强。但在非法捕捞水产品破坏渔业资源、非法猎捕野生动物等案件中也适用碳汇认购替代修复方式,则有"过犹不及"之虞。

(三)技术改造:能否折抵修复费用的再反思

对企业主张以技术改造费用折抵生态环境损害赔偿或修复费用的请求,法院应否支持?实践中存在两种立场:一种支持抵扣。自泰州公益诉讼案件后,江苏法院审理的不少案件中允许以技术改造费用抵扣修复费用或生态环境损害赔偿费用。另一种则否定抵扣。江西法院在萍钢公司环境污染案[1]中明确对“修复费用”与“技术改造”进行了合理区分,阐明了技术改造完成并不等于侵权损害修复完成。一审法院认为,保护生态环境是每个企业应该坚持的原则,技术改造、产业升级等均是企业为了降低环境风险所采取的措施,应予支持和鼓励。但对于环境侵权案件,行为人在事件发生后所进行的相应技术改造等,并不能减少已发生的侵权行为所造成的损失。故对当事人主张的技术改造费用可以抵扣环境损害赔偿的主张不予支持。二审法院借助《推荐方法(第Ⅱ版)》中对“环境修复”和“生态恢复”的界定,明晰了被告履行修复责任与其为减少污染改进生产工艺和设施义务的区别,明确技术改造与修复费用分属“不同规则”。

事实上,技改抵扣与修复责任创新是不同的制度。将企业未来用于环保技术改造升级的费用作为生态环境修复费用折抵,似有不妥。应分情形对待:一方面,依法必须进行技术改造、升级或设施建设,而相关企业应做而没有做,若允许其以技改费用折抵修复费用,实际上是减轻或免除其责任,这和法律与政策所倡导的“最严格生态环境损害赔偿制度”不匹配。若违法企业不被追究责任,就无动力去技改;折抵后修复费用自然不足以用于修复生态环境,则修复费用缺口难以弥补。另一方面,如是在已有设施、设备及技术基础上运用更先进设备、技术和方案,使生态保护能力得到提升,自当鼓励。

总之,修复责任方式的创新性探索,须以法治思维与法治方法审视之,应坚持司法理性、展现司法智慧,须在积极效果和法理依据之间妥当衡量。[2]

---

[1] 参见江西省高级人民法院民事判决书,(2020)赣民终355号;江西省萍乡市中级人民法院民事判决书,(2019)赣03民初13号。

[2] 参见吕忠梅、窦海阳:《修复生态环境责任的实证解析》,载《法学研究》2017年第3期。

第三节　修复费用:作为修复行为责任承担的经济替代

生态环境修复费用系修复行为的兜底性替代方式,但并非环境损害救济的最后方式。从便利性角度看,无论是直接修复还是替代性修复,皆可转化为修复费用的承担。须辨明其法律性质,合理明确其范围,科学确定其金额,并重视其风险负担。

一、基本属性:修复费用是行为责任的经济替代

(一)责任变形:修复费用是修复行为责任向经济责任的平滑转换

作为修复责任的变形,修复费用是行为责任向经济责任的平滑过渡。狭义的"损害赔偿"与"修复费用"有明显的区别。

第一,修复费用与修复行为责任高度关联。恢复原状就有恢复行为与恢复费用之分,当恢复行为缓不济急时承担恢复费用可能更符合受害人意愿。[1] 修复费用的性质与恢复原状费具有"同理"性。[2] 确定生态环境修复费用的目的并非追求金钱赔偿,而是为保证生态环境修复有充足的资金,本质上仍以环境修复为首选目标。[3] 故支付修复费用并非赔偿损失,生态修复费用充其量只是生态修复成本的体现[4],生态环境功能损失需另行计算。

第二,修复费用之修复性质源于"行为给付"。修复责任有行为给付与金钱给付两层含义,其金钱给付源于自身行为给付色彩。据此,修复

---

〔1〕 参见刘媛媛:《论环境侵权责任中的恢复原状费用》,载《交大法学》2021 年第 3 期。

〔2〕 参见王慧:《〈民法典〉生态环境修复请求权的二元构造及其实现路径》,载《安徽大学学报(哲学社会科学版)》2021 年第 4 期。

〔3〕 参见张小雪、苑占伟:《生态环境修复责任承担方式的司法适用——基于 347 篇裁判文书的样本分析》,载《山东法官培训学院学报》2020 年第 3 期。

〔4〕 参见陈红梅:《生态修复的法律界定及目标》,载《暨南学报(哲学社会科学版)》2019 年第 8 期。

费用是修复责任的应有之义。由侵权人承担修复费用,是司法裁决由第三方代履行的重要根据。[1] 囿于生态修复行为对资质、专业能力等的严格要求,直接判令行为人修复生态环境的案件相对较少,多通过承担修复费用的方式,将环境修复责任具体化、规范化,承担修复费用已成为裁判的主要内容。[2] 无论是直接修复还是替代性修复,皆可存在修复费用的替代。

第三,修复费用延续行为责任的补偿性功能定位。修复责任的主要功能在于补偿性,也发挥一定程度的预防性和惩罚性功能。对于修复费用是否具有惩罚功能这一问题,一种观点认为,生态环境修复责任属补偿性民事责任,不具有惩罚性。[3] 如有司法判决认为,"虚拟治理成本中不包含惩罚性赔偿因素"。[4] 另一种观点认为,生态环境修复费用的定量因素中包含了侵权者"过错程度",具有一定的惩罚性。[5] 不少案例支持这种观点,在计算生态环境修复费用时将侵权者的过错程度、污染物性质、环境敏感度等因素纳入考量[6],事实上"带有一定惩罚性质"。[7] 但若将修复责任附加惩罚性功能,就会削弱惩罚性规则的适用。故应当"纯化"修复费用和修复责任的补偿功能,但不排斥计算修复费用时适度考量行为人的主观过错等因素。

(二)异化风险:预防修复费用"异化"为金钱赔偿

如果实践中过度重视金钱赔偿,或过多采用修复费用替代方式,可

---

[1] 参见山西省晋城市中级人民法院民事判决书,(2017)晋05民初35号。

[2] 参见王天颖、陈惠滨:《环境修复法律责任问题研究——以国务院〈土壤污染防治行动计划〉为分析视角》,载《人民检察》2018年第10期。

[3] 参见李挚萍:《生态环境修复责任法律性质辨析》,载《中国地质大学学报(社会科学版)》2018年第2期。

[4] 参见山东省德州市中级人民法院民事判决书,(2015)德中环公民初字第1号。

[5] 参见李丹:《环境损害惩罚性赔偿请求权主体的限定》,载《广东社会科学》2020年第3期。

[6] 参见江苏省连云港市中级人民法院民事判决书,(2014)连环公民初字第00002号;江苏省常州市中级人民法院民事判决书,(2015)常环公民初字第1号。

[7] 参见2017年最高人民法院发布的十起环境公益诉讼典型案例之八:江苏省徐州市人民检察院诉徐州市鸿顺造纸有限公司水污染民事公益诉讼案。

能造成修复责任异化为罚款[1]或金钱赔偿。为防止预防修复费用与罚款、金钱赔偿混淆并"异化"为赔偿损失,应合理界分两者关系:第一,从规范目的看,修复费用的根本目标在于重建被损害的生态利益,以保持生态利益的完整性、继续性为价值导向,索赔权人不能任意支配修复资金;而金钱赔偿着重强调用市场价格来衡量、补偿受损前后的差额。[2]第二,从请求权要件看,修复费用请求权须满足修复可能性、技术可行性和经济合理性要件;金钱赔偿只需有财产差额即可主张。修复责任总体上面向将来(将来会发生),赔偿损失大多面向过去(已发生)。第三,从风险负担规则看,金钱赔偿实际支付完毕即意味着责任终结与风险转移;修复费用可能因修复过程中出现不可预见因素使损害扩大,或者实际损害情况比鉴定评估报告更加严重,或者基于风险控制需要另行增加了修复成本等,会出现"无益的花费""过度的花费""超预算的成本"[3],则修复费用的差额由谁来承担就是一个巨大的风险。第四,从支出时间看,修复费用的支付具有时间弹性,可在采取修复措施前、修复措施时、修复措施后支付,不必待实际发生该费用时才请求。金钱赔偿则通常在修理等费用发生之后,才使受害人财产总额减少,受害人方能向加害人行使金钱赔偿请求权。[4] 第五,从范围上看,赔偿损失的范围包括了服务功能损害、应急费用、预防费用等,但修复费用则指修复行为所应支付的费用,包括修复前的鉴定、监测等及修复行为本身以及修复后的监督、监测、检测、验收等。

---

〔1〕 参见巩固、陈瑶:《生态环境损害赔偿合目的性的制度保障》,载《中国人口·资源与环境》2021年第4期。

〔2〕 参见刘媛媛:《论环境侵权责任中的恢复原状费用》,载《交大法学》2021年第3期。

〔3〕 程啸、王丹:《损害赔偿的方法》,载《法学研究》2013年第3期。

〔4〕 参见程啸:《侵权责任法》(第2版),法律出版社2015年版,第673页。

二、法理逻辑:生态恢复论下修复费用的确定根据与费用范围

(一)生态环境修复成本理论:修复费用确定的基本依据

构建以生态恢复论为中心的责任体系[1],表明生态环境修复责任设计、修复费用计算亦需依托"生态恢复论"。其所派生的"生态环境恢复成本理论"与《民法典》之完全赔偿原则相互契合,是旨在补救环境损害的恢复性措施(基本恢复+补偿性恢复)的成本,而不是与实际恢复性措施无关联方式所确定的环境价值的金钱价格。[2] 因此,生态环境恢复成本既包括将环境基本恢复至目标的修复成本,亦涵盖损害发生至将环境修复至基线时的环境期间功能损失补偿。生态环境恢复成本理论存在评估周期长、评估费用高等缺点,但可等值填补人工修复或自然恢复期间的生态系统服务,真正促进生态修复目标的实现。有必要在司法实践中坚持生态环境恢复成本法,基于其特殊性进行合理化、科学化构造。但"生态环境修复成本理论"与"生态环境恢复成本理论"并不相同,二者的不同源于"修复"与"恢复"的内涵差异。前者指具体修复行为的成本,后者兼及修复行为的成本和补充性、补偿性恢复成本。

1. 逻辑构成:生态环境"修复成本"仅系"恢复成本"的一部分

在生态环境可修复的情况下,生态环境恢复成本等于生态环境修复费用加期间损失加其他必要费用。在生态环境无法修复或没有必要修复时,修复成本转化为生态环境永久性损害赔偿。有必要明晰以下几个概念:

第一,生态环境修复费用:是采取基本恢复措施的费用,也即将生态环境恢复至基线水平所需的修复措施费用。所对应的是"环境修复"行为,并非"生态环境恢复"行为。从"环境修复"到"生态环境恢复"有一

---

〔1〕 参见吕忠梅、窦海阳:《以"生态恢复论"重构环境侵权救济体系》,载《中国社会科学》2020年第2期。

〔2〕 参见王小钢:《〈民法典〉第1235条的生态环境恢复成本理论阐释——兼论修复费用、期间损失和永久性损失赔偿责任的适用》,载《甘肃政法大学学报》2021年第1期。

段距离,或长或短。司法判决所指的修复费用多为“生态环境修复费”,而非“恢复费用”;少数判决兼及修复与恢复。生态恢复坚持以自然恢复为主、以人工恢复为辅的原则,决定了人工恢复费用在实践中运用相对较少。只有采用人工恢复时才有恢复费用,而自然恢复时,不应裁决行为人承担恢复费用。

第二,补偿性恢复费用:相当于期间损失赔偿。这一费用不在生态环境修复成本之列,但属恢复成本范畴。补偿性恢复是指“采取必要、合理的措施补偿生态环境期间损害的过程”[1]。补偿性恢复强调的是过程,其结果应当是“期间损害”,即自生态环境损害发生到恢复至基线期间,生态系统提供服务功能的丧失或减少。[2] 故期间损失相当于采取补偿性恢复措施的成本,即制定和实施补偿性恢复方案的费用。故而,补充性恢复费用,本质上已不属于修复费用的范畴,其性质应属期间损害赔偿。

第三,补充性恢复费用:相当于“补充性恢复费用 + 期间损害”。补充性恢复,即“基本恢复无法完全恢复受损的生态环境及其服务功能,或补偿性恢复无法补偿期间损害时,采取额外的、弥补性的措施进一步恢复受损的生态环境及其服务功能并补偿期间损害的过程”[3]。这说明两点:一是补充性恢复不等于补偿性恢复;二是补充性恢复包含了期间损害的内容。这与补偿性恢复的范畴有明显区别。

第四,永久性损失:无法修复时的象征性损害赔偿。永久损害,是指“受损生态环境及其生态服务功能难以恢复,其向人类或其他生态系统提供服务的能力完全丧失”[4]。“永久性功能损失”是相对的,如大面积的森林砍伐、土壤遭受严重的污染,需要漫长的自我修复过程,在可预期

---

〔1〕《总纲》第3.11条。

〔2〕《总纲》第3.6条。

〔3〕《总纲》第3.12条。

〔4〕《总纲》第3.13条。

时间内、在现有技术条件下难以恢复。[1] 从规则上看，永久性损失与基本恢复、补偿性恢复并不相容，是二选一关系。对“无法修复”不能作狭隘解释，其包括完全无法修复、暂时无法修复、部分无法修复。若任何时候都无法修复，自当赔偿永久性功能损失；若仅在现有条件下暂时无法修复，在条件允许时或经过长时间的自我修复，也存在修复的可能，此损害赔偿实为一种“拟制的”永久性功能损害；而对部分能修复的情况，不能简单以“无法修复”来代替这种“无法完全修复”的情形，对能修复的部分应按照可修复方法计算修复费用和期间损害，对不可修复的部分则在补充性修复或补偿性修复后，辅之以不能修复部分的永久性损害赔偿。

2. 方法选择：基于生态环境修复方案的具体措施成本测算

生态环境恢复成本的评估确定，高度依赖工程措施和修复方案，而措施与方案又与评估方法密切相关。根据《总纲》，替代等值分析方法优先于环境价值评估方法，即基于生态环境恢复成本的生态环境损害评估方法具有优先性。[2] 恢复成本由两个方面构成：一是基本恢复方案制定实施费用，包括具体化的个案生态环境损害修复方案制定、实施、监测、检测、监督、验收、修复后评估等费用；二是补偿性恢复方案制定实施费用，实为期间损失补偿。故修复费用和期间损失的总和即为生态环境恢复成本。[3] 从比较法上看，欧盟发布的《环境责任指令》、美国的自然资源损害赔偿评估制度都优先选用生态环境修复成本法。只有在特殊情况下，如修复的技术不可行或成本过高时才选用其他替代方法。这实际上限定了替代等值法的适用条件：一是必须技术上具有可行性。如生态修复工程措施在技术上不可行，应选用环境价值评估法。二是经成本效

〔1〕 参见王利明：《〈民法典〉中环境污染和生态破坏责任的亮点》，载《广东社会科学》2021 年第 1 期。

〔2〕 参见王小钢：《〈民法典〉第 1235 条的生态环境恢复成本理论阐释——兼论修复费用、期间损失和永久性损失赔偿责任的适用》，载《甘肃政法大学学报》2021 年第 1 期。

〔3〕 参见王小钢：《〈民法典〉第 1235 条的生态环境恢复成本理论阐释——兼论修复费用、期间损失和永久性损失赔偿责任的适用》，载《甘肃政法大学学报》2021 年第 1 期。

益衡量,成本不得远高于预期收益。

根据《民法典》第1234、1235条的文义解释,生态环境修复责任主要是“人工修复”。但自然恢复作为生态恢复的最为重要的方式,自然恢复后并不免除侵权人的修复责任,此时如何计算修复费用是一个重要课题。实践中常采用资源等值分析法加以确定。如在最高人民法院指导性案例129号〔1〕中,由于污染团已过境,水质通过自然自净已经恢复至基线水平,无采取修复措施的必要,故而未制定修复方案,采用以资源等值分析方法确定生态环境损害,其性质相当于自然恢复期间的服务功能损失。在萍安钢公司污染责任纠纷案〔2〕中,受污染河流经初步治理水质虽有所改善,但已排放污染物在短期内难以全面净化分解,原水域的生态环境系统仍需较长时间才能恢复平衡。法院认为采用资源等值分析方法,符合评估技术规范要求〔3〕,亦符合案件实际情况。实践中将“修复费用”与“期间损失”等同对待的做法应予纠正。

(二)费用构成:生态环境修复费用范围的不断丰富和发展

广义的修复费用包括防范性、清除性、恢复性等措施费用以及评估、监测、检测、验收等附带损失费用;狭义的修复费用则仅指生态环境损害修复性措施费用。〔4〕司法判决中常以“修复费用”笼统代之,不利于对修复费用的精准判断,实际上这一概念应不断向前、向后延伸与扩展。

1. 向前发展:预防性公益诉讼中事实上存在修复费用的可能

预防性民事公益诉讼以对生态环境形成“重大风险”为条件。所谓风险大抵有几种情形:未发生损害但已严重危及生态环境本身;已发生轻微环境损害并有进一步扩大的风险;已发生重大环境损害并有可能延及其他生态环境对其他生态环境构成重大风险等情形。除未发生损害的情形不适用修复责任外,已发生轻微损害及重大损害危及其他生态环

〔1〕 参见江苏省高级人民法院民事判决书,(2018)苏民终1316号。

〔2〕 参见江西省高级人民法院民事判决书,(2020)赣民终355号。

〔3〕 参见《推荐方法(第Ⅱ版)》第8.3.1.1条;《总纲》第8.2.2条。

〔4〕 参见吕忠梅:《环境司法理性不能止于“天价”赔偿:泰州环境公益诉讼案评析》,载《中国法学》2016年第3期。

境时,都存在消除重大危险的修复必要性。故生态环境修复不仅指受损后的修复,消除"重大风险"的修复应为题中之义,修复费用范围作广义理解更为恰当。[1]

2. 周延扩展:民事公益诉讼沿着以修复方案为中心的方向丰富

《环境民事公益诉讼解释》第20条第3款明确生态环境修复费用包括制定、实施修复方案的费用和监测、监管等费用。该解释第22条规定的损害调查、鉴定评估、清除污染以及防止损害的发生和扩大所支付的合理费用,也与修复有密切关系。[2] 第一,"修复后评价费用""监督费用"的增加。将后评估费用提前明确到生态环境修复费用中,利于有序开展修复后评估、监测等必要工作,确保修复方案得以全面、有效执行。[3] 对未支持后评估费用的现象应予纠正。[4] 第二,生态环境修复费用应否含"磋商费用"。磋商程序是生态环境损害赔偿诉讼的特殊前置程序,而环境民事公益诉讼则无此要求。《生态环境损害赔偿规定》第14条第2项将为磋商支出的费用纳入赔偿范围,包括磋商准备、邀请专家等发生的必要费用,性质上属于"其他损失"范畴,与第12条的"修复费用"不同。第三,基于修复工程措施发生的其他必要费用。因环境修复工程错综复杂,受制于多种因素,在修复措施实施过程中可能出现不可预测因素产生其他必要费用,这些费用依据损害担责原则和风险负担规则由侵权人承担。

3. 将来发生费用:限定为必然发生的部分

修复费用包含已发生和未发生的部分。在未履行修复行为前,经过鉴定评估所确定的费用为应发生的修复费用,司法判决确定的修复费用即属于此。与《环境民事公益诉讼解释》和《生态环境损害赔偿规定》不

---

〔1〕 参见张洋:《公益诉讼生态环境修复费用运行规则建构——基于〈中华人民共和国民法典〉第1234条的分析》,载《南海法学》2021年第3期。

〔2〕 参见刘嫒嫒:《论环境侵权责任中的恢复原状费用》,载《交大法学》2021年第3期。

〔3〕 参见吴一冉:《生态环境损害赔偿诉讼中修复生态环境责任及其承担》,载《法律适用》2019年第21期。

〔4〕 参见济南市历下区人民法院民事判决书,(2018)鲁0102民初8787号。

同,《海洋自然资源损害规定》更清晰地阐明,未来修复必然发生的合理费用和恢复期间损失,亦属于修复费用范畴。[1] 考虑到生态环境本身的特殊性、复杂性、长期性,有时修复工作需要分区、分段、分时进行,持续周期较长,影响范围较广,暂时只能开展部分修复工作,对未开展但必须开展的修复工作可预先确定未来修复必然发生的费用,与现实修复发生的费用相衔接,构成完整的修复费用。

三、确定机制:修复费用的多元化确定方式与考量因素

(一)确定方式:多元化的生态环境修复费用确定机制

实践中,修复费用确定方式呈现多元化发展趋势。大抵如下:

1. 鉴定评估法

通过专业机构进行鉴定评估确定修复费用是最为常见的方式,体现了对司法鉴定的高度技术路径依赖。为确保鉴定评估的科学性、规范性、有效性,生态环境部门制定了《推荐方法(第Ⅱ版)》、《总纲》及土壤、地下水、森林损害等一系列环境损害鉴定、评估、调查、监测、修复技术性规范,农业农村部针对水生生物资源损害修复另行制定评估规范[2],其他部门可根据职责分工制定损害修复相应评估规范。从阶段看,可在应急处理、行政执法程序中进行鉴定评估,也可在刑事司法、公益诉讼及生态环境损害赔偿诉讼程序中开展鉴定评估工作。对鉴定评估机构出具的修复方案、技术路径、修复费用等的判定,不能照单全收,应当加大司法审查力度,引入价值判断,综合全案情况合理采纳鉴定评估结论,防止"以鉴代判"的技术独断风险。

鉴定机构除按规则采用替代等值分析方法、环境价值评估方法等评估方法外,对虚拟治理成本法颇为偏爱。虚拟治理成本,是指按照现行的治理技术和水平治理排放到环境中的污染物所需要的支出,即污染排

---

〔1〕《海洋自然资源损害规定》第8条。

〔2〕即《非法捕捞案件涉案物品认(鉴)定和水生生物资源损害评估及修复办法(试行)》。

放量与单位污染物虚拟治理成本的乘积。[1] 虚拟治理成本法主要适用于生态环境损害不明确或已自然恢复、不能通过恢复工程完全恢复、实施恢复工程成本远高于收益等情形。[2] 以此方法量化生态环境损害价值时,不再另行计算期间损害。[3] 虚拟成本治理法下计算的赔偿额与实际治理费用之间存在不小差距是不争事实,其科学性和准确性有待加强,如何以更谨慎、清晰、科学的方式确定修复费用仍是重要课题。[4] 对于水体、大气等流动性强,易于自净恢复的环境要素而言,适用虚拟成本法计算修复费用成为常态。[5] 在水污染案件中,对修复费用的计算比较偏爱虚拟治理成本法。但在同为大气污染的案件中,就出现两种不同立场的裁决:第一种简单以大气污染不具有可恢复性为由驳回诉请。如有法院认为,目前的科学技术手段难以将被污染的大气环境恢复原状,故对请求判令将生态环境修复至损害发生之前的状态和功能的诉讼请求不予支持。[6] 第二种采用虚拟治理成本法,委托专业机构对污染物排放量、生态环境修复治理成本费用进行合理鉴定。如在一典型案例[7]中,法院指定鉴定机构对排放污染类型、数量、损害及虚拟治理成本进行鉴定,并拟定对当地生态环境的替代性修复方案,妥善解决了无法确定污染量及损害的情况下修复费用的计算问题。

2. 法院酌定法

针对生态环境损害程度轻微或者损害评估鉴定成本过高等情形,对便捷、高效、成本、难易等因素综合权衡后,由法院征询专家、当事人各方

---

〔1〕 参见《推荐办法(第Ⅱ版)》第A.2.3条与《突发环境事件应急处置阶段环境损害评估推荐方法》附F之规定。

〔2〕 参见《环境保护部办公厅关于生态环境损害鉴定评估虚拟治理成本法运用有关问题的复函》(环办政法函〔2017〕488号)。

〔3〕 参见《总纲》第8.1条d项。

〔4〕 参见孙洪坤、胡杉杉:《环境公益诉讼中虚拟治理成本法律适用的认定》,载《浙江工业大学学报(社会科学版)》2017年第4期。

〔5〕 参见江苏省苏州市中级人民法院民事判决书,(2019)苏05民初355号。

〔6〕 参见广西壮族自治区贵港市中级人民法院民事判决书,(2020)桂08民初30号。

〔7〕 参见辽宁省大连市中级人民法院民事判决书,(2016)辽02民初470号。

观点并结合经验知识，运用自由裁量权酌定修复费用数额。酌定法大抵有三种：一是综合类比法。考虑到鉴定评估制度不完善、成本高昂以及司法解释赋权，类比就成为酌定法的重要方式。类比是一种主观的、不充分的似真推理方式，但经过严密逻辑论证，类比结果仍具有相对较高的可采性。[1] 为防止类比滥用，需满足一定限定条件：类比对象应保持属性一致或极度相似，且须对两个或两个以上环境侵权事件进行穷尽化的属性、要素、损害、情节、计算方式等比对。参酌“举重以明轻、举轻以明重”的裁判思路对损害后果作类比，以此计算生态环境修复费用或生态环境损害赔偿金。[2] 二是无法确定价值时的直接酌定法。如在一案件[3]中，被损害古墓葬系人文遗迹，因“涉案古墓葬为无主墓葬且被全部挖毁，致使其具有的历史、艺术和科学价值无法进行鉴定”，二审法院遂综合案件事实，酌定将一审法院认定的200万元生态服务功能损失调整为20万元。三是侵权人不配合时的直接酌定法。如被告故意提供虚假说明，误导和妨碍法庭查明事实，导致损害事实和修复费用难以准确确定，法院遂综合考虑已查明的具体污染环境情节、被告违法程度、主观过错、生产经营情况及损害范围和程度、生态环境恢复的难易程度、生态环境的服务功能等因素，酌情确定被告承担生态环境修复费用及服务功能的损失。[4]

3. 专家咨询法

针对损害较为轻微、损害事实比较明确的环境案件，鉴定成本明显过高时，法院可依托专家辅助人对所需修复费用进行估算，并根据综合

---

〔1〕 参见顾金才、蔡鹏：《生态环境损害赔偿数额及服务功能损失费用的认定——评江苏省人民政府诉安徽海德科技化工有限公司生态环境损害赔偿案》，载吕忠梅主编：《环境资源法论丛》第12卷，法律出版社2020年版。

〔2〕 参见顾金才、蔡鹏：《生态环境损害赔偿数额及服务功能损失费用的认定——评江苏省人民政府诉安徽海德科技化工有限公司生态环境损害赔偿案》，载吕忠梅主编：《环境资源法论丛》第12卷，法律出版社2020年版。江苏省高级人民法院民事判决书，(2018)苏民终1316号。

〔3〕 参见河南省高级人民法院民事判决书，(2019)豫民终1607号。

〔4〕 参见广东省深圳市中级人民法院民事判决书，(2019)粤03民初3510号。

因素结合专家意见作出认定。专家咨询法可从《环境民事公益诉讼解释》第 23 条找到依据。但专家意见并非唯一依据,法院尚需结合损害范围和程度、生态环境的稀缺性、修复难易程度、设施设备运行成本、被告因侵权行为所获利益、过错程度等因素综合判断。

4. 专业部门确定法

当鉴定评估成本较高时,为不增加当事人诉讼成本和避免拖延案件的审理,可根据负有生态环境监督保护职责的部门出具的意见确定修复费用。实践中,林业、草原、生态环保、海洋监管、自然资源等部门,根据职责分工对管辖之下的生态环境负有保护、管理及监督职责,其虽不是专业环境评价机构,但对当地生态环境保护情况较为熟悉,也具有相对专业的工程技术人员,就生态环境修复费用作出的概算具有一定的合理性。[1] 不少森林失火、盗伐林木、非法采矿、猎杀野生动物等案件中,当地林业、自然资源部门出具的修复方案、修复费用概算与案件实际情况基本相符,法院可参酌采用以定案。

5. 协商确定法

生态环境损害关涉国家利益、公共利益及具体权利人的利益,这些利益错综复杂、相互交织,能否通过当事人协商确定修复费用,需要综合考量。在公益诉讼与生态环境损害赔偿诉讼中,通过调解或磋商方式确定修复费用较为常见。有三种模式:一是由当事人协商确定。如在法院主持下,双方就修复费用、损失赔偿等达成调解协议。[2] 二是当事人在司法鉴定评估基础上协商确定。三是依据生态环境损害磋商程序确定。即在生态环境损害赔偿诉讼中,以环境损害鉴定评估报告为依据,在分清责任的基础上进行磋商确定修复费用。

---

〔1〕 参见梁勇:《环境民事公益诉讼中生态环境修复责任探析》,载《山东法官培训学院学报》2019 年第 5 期。

〔2〕 参见浙江省绍兴市中级人民法院民事调解书,(2022)浙 06 民初 348 号;最高人民法院民事调解书,(2021)最高法民再 124 号;河南省高级人民法院民事调解书,(2020)豫民终 51 号;贵州省清镇市人民法院民事调解书,(2011)清环保民初字第 4 号。

(二)影响因素:生态环境修复费用确定过程中的考量因素

确定修复费用时,应参酌下列因素:

1. 修复方案:生态环境修复方案是最重要的考量因素

根据生态环境恢复成本理论,修复费用的确定依赖于修复工程措施、技术方案等确定的生态环境修复方案。一个完整的修复方案,包含环境要素、受损情况、修复对象、修复技术、修复方法、修复周期、监测、养护、验收、修复后评估等内容。修复方案既涉及专业判断,也涉及价值判断。其中任何一个因素的变化,都会对修复费用的确定产生影响。鉴定机构采用不同的方法得出的修复费用差异较大。修复方案的科学性、合理性是生态环境修复费用合理的保证。

(1)多数情况下:先确定方案再确定费用。即鉴定机构出具鉴定报告,明确修复方法及修复费用。[1] 不同案件适用的修复标准差异性较大,对修复责任和修复成本的核算缺少一个确定的修复标准作为指引。[2] 故需要在修复方案中对修复标准予以明确,以便科学计算修复费用。

(2)少数情况下:未确定方案时法院可判决被告作出修复行为但不确定修复费用。修复方案未定时,裁判中不宜明确修复费用,只需明确被告的修复义务,具体费用根据实际发生的情况确定。在一案例[3]中,对案涉鱼塘修复费用,法院向广东省内的多家单位进行询价,仅一家给出完整的修复方案及修复费用、相关费用的初步报价。由于暂未确定生态修复方案,现有生态修复费用的计算结果为预估结果,最终处置方式与处置总价需根据最终确定的生态修复费用结果而定。因此,现有生态修复费用计算结果仅反映了现有条件下对可能存在的污染物的基本修复成本,最终所需费用需在实际开展污染修复工程后方能确定。但这种

---

〔1〕 参见北京市第四中级人民法院民事判决书,(2016)京04民初334号。

〔2〕 参见孙昭宇:《环境修复责任方式探析》,载吕忠梅主编:《环境资源法论丛》第11卷,法律出版社2019年版。

〔3〕 参见广东省高级人民法院民事判决书,(2020)粤民终127号。

处理思路的缺陷是,若被告不具备修复能力,在执行中由第三方代为修复时,如何计算修复费用将成为一个问题。

2. 过错因素:通过计算系数等技术方案选择影响修复费用

过错因素是司法机关在审查修复费用时的重要考虑因素。过错不仅影响责任分配、责任比例,还影响责任数量。尤其是以虚拟治理成本法计算时,过错因素明显影响着"成本计算系数",体现了对过错者的谴责。[1] 实践中,以虚拟治理成本法进行鉴定评估时,其成本计算系数的确定具有较大的自由裁量空间,法院往往将决定权交给评估机构。而评估机构为规避责任又倾向于选择下限数据,进而使所计算费用过低。这可能背离了以虚拟治理成本法计算生态环境损害的本意,未更多地顾及环境司法的社会功能。[2] 而脱离现实基础的虚拟数字计算,难免"虚火旺盛"或估计不足。因此,鉴定机构的"鉴定"不当然等于"科学"。在将过错因素纳入修复费用确定的考量因素时,并非将案件的决定权交给鉴定机构,法官可基于事实和价值判断,依职权对计算系数等进行适度调整,在各方充分发表意见的基础上确定修复费用。

3. 赔偿损失:修复费用与赔偿损失之间的合理关系

生态环境修复费用虽异于金钱赔偿,但恢复费用可参考赔偿责任的认定标准,从而在事实上消弭恢复责任与费用求偿责任之间的鸿沟。修复费用的范围必须与环境侵权事故具有实质因果关系,事故所造成的损失和修复费用应通过合理性和目的性的判断框架决定。[3] 合理性是"经济层面"之要求,修复责任所需成本与环境损害所造成的经济损失务必处于一个适当的比例关系;目的性则关注修复费用是否必须使用于生态环境修复。[4] 理论上,承担修复费用与惩罚性赔偿、一般赔偿之间在

---

〔1〕 参见江苏省高级人民法院民事判决书,(2016)苏民终1357号。

〔2〕 参见陈迎:《环境污染侵权责任认定中司法裁量》,载《法律适用(司法案例)》2017年第22期。

〔3〕 See Eddy Bauw, *Liability for Contaminated Land: Lessons from the Dutch Experience*, 43 Netherlands International Law Review 127(1996).

〔4〕 参见刘媛媛:《论环境侵权责任中的恢复原状费用》,载《交大法学》2021年第3期。

逻辑规则上并不冲突。但从实践操作的角度来看,可能造成重复赔偿或责任过重的不平衡性问题,需要予以合理配置。

4. 盖然性:难以确定污染物数量时司法如何判断

实践中,可能因各种原因无法查明污染物数量、损害情形,在不能获得准确数据时,可根据高度盖然性进行判断。引出的问题是:究竟该从高计算、从低计算还是取居中数据? 有几种模式:

一是从低计算。如在北京市人民检察院第四分院与凌某池水污染责任纠纷案〔1〕中,检察院提起公益诉讼时,根据鉴定报告选取低值起诉,这引发了低值数额是否足以保护环境公共利益的疑问。如将来实际发生的修复费用远高于低值,则可能出现企业污染而政府或公众埋单的局面。从低计算的方法与以最严格的法律保护生态环境的政策目标有差距,也与修复费用风险负担规则不符,不利于真正的"恢复性司法"。在 Ohio v. United States Dept. of Interior 案中,美国内政部就自然资源的损害,在修复、替代成本或减少的使用价值几项中,以其中最低额作为损害额的规则,就被法院认定违反了超级基金法所承认的恢复原状的原则,因而属于无效,倾向于将恢复费用作为衡量自然资源损害的明显更优方案。〔2〕

二是居中计算。在天津中泓污水处理有限公司环境污染责任纠纷案〔3〕中,根据鉴定评估报告,中泓公司造成了土壤和地下水污染,其中对土壤造成的污染,采用清洁土壤置换方法对鉴定评估区域内受损土壤进行损害价值量化,得到土壤损害恢复费用为 641.655 万元 ~ 712.950 万元,经市场调研,土壤损害恢复价格有一个区间,市检二分院主张以该费用区间平均值 677.3025 万元计算该项费用有事实和法律依据,法院予以支持。中泓公司主张应以区间最低值计算土壤损害修复费用,其应

〔1〕 参见北京市第四中级人民法院民事判决书,(2016)京 04 民初 334 号。

〔2〕 参见李昊:《美国法上的环境修复责任初论——以〈综合环境响应、赔偿与责任法〉为中心》,载《法治研究》2020 年第 2 期;于文轩:《美国水污染损害评估法制及其借鉴》,载《中国政法大学学报》2017 年第 1 期。

〔3〕 参见天津市第二中级人民法院民事判决书,(2018)津 02 民初 1194 号。

承担的侵权责任应满足对应土壤损害的量化价值,故中泓公司该主张缺乏合理性。

三是从高计算。目前未发现此类案件。

四是自由裁量。如在徐州市人民检察诉徐州市鸿顺造纸有限公司环境污染侵权赔偿纠纷案〔1〕中,执法机关两次查获违法排放物2600吨,但实际每天排放最高达960吨,被告公司3年期间多次被查处仍违法排放,故检察机关主张排污数量按3~5倍计算,鸿顺公司无法证明其排放量,法院认为极有可能超过2600吨,酌定按4倍计算。〔2〕这已是违法排放中的较少一部分,不少违法量因无证据难以查明。

从最有利于生态环境保护的角度看,应选择从高计算,以彻底贯彻损害担责原则。当前采用的从低计算、居中计算思路属保守策略,与生态环境修复价值取向有差距,应予改进。

5. 获利因素:司法实践中对这一因素考虑不足

司法实践中违法行为人"获利情况"这一因素未获足够重视,对生态环境修复费用多侧重于修复成本的计算。只有少部分案件结合获利情况认定违法天数〔3〕及赔偿费用〔4〕,这很难保证案涉违法行为人能够真正吸取教训,无形中催生了更多、更严重的环境损害行为。将违法获利纳入参考范围,斩断利益链条,才能够使修复费用与违法行为更加契合,以利于遏制后续违法行为的滋生。〔5〕《环境民事公益诉讼解释》第23条、《关于生态环境侵权民事诉讼证据的若干规定》将获利因素纳入考量,符合发展趋势。

---

〔1〕参见江苏省高级人民法院民事判决书,(2016)苏民终1357号。

〔2〕参见陈迎:《环境污染侵权责任认定中司法裁量》,载《法律适用(司法案例)》2017年第22期。

〔3〕参见江西省萍乡市中级人民法院刑事判决书,(2019)赣03刑终90号。

〔4〕参见江西省金溪县人民法院刑事附带民事公益诉讼判决书,(2022)赣1027刑初37号;江西省金溪县人民法院刑事附带民事判决书,(2021)赣1027刑初172号。

〔5〕参见徐本鑫、牛智辉:《环境修复在民事公益诉讼中的适用及其限度》,载《浙江理工大学学报(社会科学版)》2020年第5期。

6. 社会因素:重视社会关系修复再平衡的社会成本

实践中不应只重视经济成本,还应关注社会关系修复。作为恢复性司法应有之义,在修复生态环境的同时,亦应同步实现因污染或生态破坏造成的社会经济可持续发展能力以及社会秩序破裂的修复。[1] 但无论从行为责任承担,还是从修复费用裁判的实践看,法院更多将修复费用用途表述为"用于修复受损环境",忽视了社会关系的再平衡。[2] 从更长远视角,应以修复生态环境为主,带动修复社会关系,以达到合理平衡。

四、风险负担:生态环境修复费用不足时追加与负担规则

(一)风险负担理论:损害担责原则在修复费用追索中的延展

在修复行为未完成前,司法判决确定的修复费用只是预先评估,并非实际数额,实际修复时会出现增加、减少等情形。鉴于生态环境修复本身的复杂性,加之技术、市场、环境、社会等多元因素处于不断变动之中,裁判时确定的修复费用可能不足以满足生态环境修复执行的需要。此时,司法裁决到底是"封顶"还是留有"余地"?若留有余地,就存在是否可就同一事项未足额的修复费用进行再次追索的问题,这是否违反"一事不再理"规则?这种余地,还应包括因不可抗力、修复失败、计算错误、估计不足、工程量增加等需要追加费用的情形,其根据是修复费用风险负担理论。

修复费用风险负担理论因循"污染者付费原则"及其改进后的"损害担责原则",均强调责任人自负环境损害责任,应由侵权人承担修复费用以及损害赔偿费用。

第一,受害人、任何第三方先行代为修复后,再向责任人求偿,原则

---

〔1〕 参见吴鹏:《最高法院司法解释对生态修复制度的误解与矫正》,载《中国地质大学学报(社会科学版)》2015 年第 4 期。

〔2〕 参见徐本鑫、牛智辉:《环境修复在民事公益诉讼中的适用及其限度》,载《浙江理工大学学报(社会科学版)》2020 年第 5 期。

上不存在风险负担。

第二,修复行为未进行,确定由第三方进行修复、侵权人承担修复费用时,基于修复过程中的不确定性风险和生态环境的复杂性,修复费用增加、变化等风险便可能存在。若修复失败,按侵权法原理,当受害人支出费用以恢复原状而失败时,对该无益费用,仍得请求加害人赔偿。〔1〕况且无益的花费与过度的花费、风险评估一样,均属于恢复原状风险负担之内涵。〔2〕

第三,修复生态环境是侵权人的义务,无论自行实施修复还是由第三方进行修复,均应由侵权人承担修复行为转化为修复费用且费用变动风险。修复生态环境的费用在性质上仍是修复责任。无论是自主修复还是代为修复,在修复方案制定、修复机构确定、修复费用变动等都合法合规的情况下,修复费用增加的风险仍应该由侵权人继续承担,直至修复目的实现。倘若侵权人支付完毕修复费用后风险即转移,则修复费用支付与损害赔偿无异,会"鼓励"更多侵权人不愿承担修复生态环境的行为责任,转而寻求经济补偿。从节约社会资源以及推动合作治理的角度出发,制度设计上应鼓励其积极参与生态环境恢复工作。〔3〕

第四,从修复费用与修复行为的比较看,修复行为本义中就包含"继续修复义务"。实践中,大量的修复类判决在执行上演变成只要被告支付修复费用,仍是按"赔偿损失化"的逻辑处理修复责任,存在较大隐患。《生态环境损害赔偿管理规定》第 27 条第 2 款重申,若履行修复效果未达到协议或裁决确定的修复目标,赔偿义务人应当"继续开展修复",直至修复目标的达成。这种继续修复义务实际上是修复风险负担的表现。

(二)风险负担情形:不可归责于修复实施主体的客观情形

若修复行为由侵权人实施,自然就不存在谁来负担修复费用变动的

〔1〕 参见陈聪富:《物之损害赔偿》,载《月旦法学杂志》2016 年第 257 期。

〔2〕 参见刘媛媛:《论环境侵权责任中的恢复原状费用》,载《交大法学》2021 年第 3 期。

〔3〕 参见张梓太、李晨光:《生态环境损害赔偿中的恢复责任分析——从技术到法律》,载《南京大学学报(哲学·人文科学·社会科学)》2018 年第 4 期。

问题。但多数情况下是由侵权人负担修复费用,第三人实施修复行为,则必须重视具体情况下的修复费用风险负担。按债法原理,债务人不履行债务应负担不利后果;而区分"修复费用"与"赔偿损失"的另一个重要意义还在于,侵权人须确保环境最终修复目的的实现,此时"差额风险"并未转移,仍由侵权人继续将修复目标实现。这也是防止修复费用异化为赔偿损失的手段。[1] 遵循损害担责原理和公平规则,修复费用差额负担可按如下方式处理:

第一,不可归责于侵权人与修复实施者的事由导致的修复费用的增加。如因不可抗力、政策变化导致修复费用增加,或因市场价格波动而导致修复所需的材料费用增加等。这些费用完全符合可预见性、必然性、合理性、合法性的考量,自当按损害担责原则由侵权人继续负担。

第二,修复方案变动引发的修复费用的增加。受限于制定修复方案时的科学技术水平和认知水平,加之损害发生与修复时间之间的时差,裁判时拟定并所附的生态环境损害修复方案可能达不到预期的生态环境恢复效果。[2] 一旦对修复方案所涉及的技术、材料、方式等进行调整,就可能会导致修复费用的增加或减少。不能将这种风险转移给修复实施者、社会公众或国家,应按损害担责原则由侵权人负担。

第三,修复裁判与裁判执行时差带来的修复费用差额风险。在此时差内,会出现损害继续扩大、污染范围扩展、次生衍生灾害继续发生等问题,若仍按照判决时的方案进行处理,可能发生费用"溢出"现象,即产生"损害差"。如由侵权人履行修复责任,则由其自行承担差额费用;在由原告或第三人代履行、代修复的情况下,费用"溢出"自然增加了修复成本,增加的部分自然应按照损害担责原则由侵权人负担。

(三)风险负担限制:侵权人修复费用风险负担的限制机制

从公允性、合理性角度看,一味苛责侵权人有时并不合理。因此,应

---

〔1〕 参见李彦哲:《生态环境损害中"赔偿损失"责任的问题检视与立法回应》,载《环境生态学》2021 年第 7 期。

〔2〕 参见张梓太、李晨光:《生态环境损害赔偿中的恢复责任分析——从技术到法律》,载《南京大学学报(哲学·人文科学·社会科学)》2018 年第 4 期。

当对修复费用风险负担有所限制:

一是合法性限制。即该类风险的发生须基于合法事由,而非实施过程中因操作不当、违规产生二次污染或破坏而增加的无益、有害费用。

二是原因性限制。即该类风险的发生来自原生态破坏或环境污染,原因行为具有同一性。若中间介入了与原因行为无关的因素,则非侵权人责任范围。

三是必然性限制。若发生费用增加的风险具有必然性,换成任何实施主体都会面临此类事项,如不可抗力、修复方案缺陷、对损害量和程度的估计不足,以及国家政策改变需要调整修复方案等,由此增加或产生的费用具有必然性,仍应基于损害担责原则由侵权人负担。

四是合理性限制。即修复费用增加数额的程度应当在可预见范围内,不应当将侵权人置于巨大的不确定性风险中,修复费用增加数额应在一般人可以预测的范围内。还可考虑一定期限的限制,规定特定修复期间届满费用不再变动,以增加可预期性。

第七章　实现机制：生态环境修复责任实现的多元协同机制

第一节　运行逻辑：生态环境修复责任实现机制的内在逻辑

只有完成修复活动并达成修复目标，才意味着生态修复责任最终得以实现。[1] 修复责任履行中遇到困境之共性，是执行机制上权责配置是否科学、合理的重要映射，也与规范配置密切相关。不同国家由于制度、文化、传统等差异，采用的责任实现机制也各有特色。即便同为大陆法系的德国和日本，在生态环境损害赔偿上也采取了不同进路：德国采取国家主导，日本则通过民事司法来解决。[2] 我国则呈现对民法保护进路的依赖，层出不穷的新问题暴露了侵权制度在因应环

---

〔1〕 参见胡静、崔梦钰：《二元诉讼模式下生态环境修复责任履行的可行性研究》，载《中国地质大学学报（社会科学版）》2019 年第 6 期。

〔2〕 参见冯洁语：《公私法协动视野下生态环境损害赔偿的理论构成》，载《法学研究》2020 年第 2 期。

境问题上的乏力。[1] 现已逐步发展出民事司法、行政执法、刑事司法并行的复合化修复责任实施机制,化解了实现路径的碎片化、条块化问题。总体循着行政执法优先、刑事司法附带、民事司法兜底的综合协同路径。

一、行政优先:执法机制在生态环境修复中的优先地位的法理逻辑

生态环境修复不囿于民事责任一端,亦体现为行政处理方面。欧盟早期的环境修复责任主要以民事责任机制实现,后因民事责任不及时性、消极性的局限,2004 年《环境责任指令》转以行政执行机制为主。美国长期以行政执行机制为主导,其超级基金法及配套机制下的修复责任履行主要通过行政部门和违法者之间的磋商、合作机制实现,诉讼多发生在责任人或潜在责任人之间的内部追偿上。即便日本这样比较重视民事司法的国家,近年来也注重行政执法。主要依靠行政管制来实现生态环境公共利益救济,乃各国普遍经验与共通做法。[2] 修复责任性质上长期存在的公法责任或私法责任之争,映射为行政执行机制与司法机制的组合或选择问题。[3] 构建"以行政管制为主导、以索赔诉讼为兜底"[4]的公私法协同机制是应然选择。

(一)制度逻辑:执法机制优先源于行政机关职能定位与法定义务

1. 职能定位:责令违法者修复生态环境是行政机关基本执法责任

在"大环境"概念下,应将传统生态环境部门的环境保护职责和资源管理部门对自然资源环境保护职责并行考察,"生态环境保护部门"的提法并不周延,使用"负有环境保护义务的行政机关"则更为合理,外延更宽,保护对象更加周延。诸如水利、资源、林业、渔业、农业、绿化、海洋等

---

〔1〕 参见吕忠梅、窦海阳:《以"生态恢复论"重构环境侵权救济体系》,载《中国社会科学》2020 年第 2 期。

〔2〕 参见彭中遥:《生态损害赔偿磋商制度的法律性质及发展方向》,载《中国人口·资源与环境》2020 年第 10 期。

〔3〕 参见程玉:《生态损害法律责任实施机制的选择》,中国社会科学出版社 2021 年版,第 299 页。

〔4〕 冯洁语:《公私法协动视野下生态环境损害赔偿的理论构成》,载《法学研究》2020 年第 2 期。

行政机关,依法对污染环境、破坏生态的行为,在各自职责和法定权限范围内履行环境资源的保护、修复职责。"负有环境保护义务的行政机关"之表达本身即定位了该机关的职责——环境保护。只有因未履职或履职不到位使环境面临危险,才由相关主体提起公益诉讼以填补行政机关未履职的空隙。因此,行政机关依法行使权力和履行职责,对侵害环境的行为采取必要修复措施,是其基本环保执法职责。当生态环境损害发生后,行政机关的首要职责就是开展调查、应急、监测、修复等,采用责令停止违法行为、责令恢复原状、强制拆除、代履行等行政强制措施,以及行政处罚等方式来保护生态环境利益。在损害发生前、发生时及过程中,立即采取预防性、修复性补救措施是对生态环境进行保护的有效方法,比事后通过冗长司法程序获得救济效果更佳。

2. 法定义务:责令违法者修复生态环境是行政机关的法定义务

环境保护是现代国家的基本义务,也是国家对公民负有的责任。行政修复和司法修复是国家环境职责的体现。前者立足于环境损害情况有步骤、依计划、分缓急地实施修复,后者则在个案中以当事人名义起诉(公益诉讼、生态环境损害赔偿诉讼等)来启动修复机制。各国立法者普遍选择作为公共利益先天代表者的行政机关来敦促责任人实施修复,源于现代国家被宪法赋加了生态环境保护义务,且该义务通过行政法体系具化为行政机关的职责。[1] 体现在:其一,基于所有者身份所生的法定义务。国家作为自然资源的所有者或代表人,其有权利也有义务采取措施督促侵权人履行环境修复责任。在侵权人承担修复责任存在困难时,其有义务予以配合、指导、监督。其二,基于管理者身份所生的法定义务。行政机关原本应当对环境违法行为进行处罚,采取责令恢复原状等行政手段,或者在处罚权限、程序和方法有局限的情况下提起公益诉讼,以实现修复受损害环境的目的。事实上,如行政机关严格依法、积极、高

〔1〕 参见程玉:《生态环境修复行政命令制度的规范建构》,载《北京理工大学学报(社会科学版)》2021 年第 6 期。

效地行使职权履行职责,再行提起公益诉讼的必要性大为降低。其三,基于受害者地位产生的法定权利与义务。在环境遭受损害时,国家兼具所有者与受害人双重身份,对所受损害可依法主张修复和赔偿。从权利角度看,这是国家作为受害人享有的权利;从社会公益的角度看,由于有损害,行政机关未依法采取责令修复、行政处罚或依法通过诉讼方式修复环境的,就是一种失职而不仅仅是权利放弃。

3. 监督职责:督促违法者修复生态环境是其法定监督义务

国家的主权者身份决定其对生态环境负有监督、管理职责,包括对受损生态环境修复负有督促、监督、指导义务。第一,行政机关作为管理者应履行监督义务。行政机关作为国家所有权的具体代表者,作为自然环境资源这种特殊公共财产或物品的管理人,比普通所有人负有更高的信义义务、勤勉义务和谨慎义务。其应依法代表人民行使权利,履行对环境修复的管理、监督、指导职责。第二,基于行政法的处理处罚义务。行政机关有权利也有义务依据环境保护法和自然资源法等规定,追究环境侵权者的行政违法责任。如涉及犯罪等应当移交公安或检察机关办理。行政机关可采用多样化的行政处理、行政处罚工具,包括预防性措施、恢复性责任、赔偿性责任等方式。第三,基于专业的指导义务。如由违法者直接承担修复生态环境责任,应充分考虑其是否有相应能力。违法者往往不具备环境修复的专业知识、能力和设备等,由负有环境保护义务的行政机关给予其环境修复上的专业指导,能有效保证环境修复目标的实现。一是为行政机关设置环境修复内容、修复目标、修复方式等方面的专业指导义务。二是由行政机关在环境修复义务周期内全程履行监管义务,由被动履职转化为主动履职。三是行政机关的监管义务至少与违法者承担环境修复义务期限等长〔1〕,并应在修复后评估及管理中扮演重要角色。

---

〔1〕 参见姚坚、周游:《环境公益诉讼中行政主体的作为义务》,载《人民司法》2013 年第 2 期。

（二）机制优势：执法机制功能优势强化其在修复责任实现中的优先地位

行政程序在生态环境修复中具有多重优势，应以行政为主导。[1] 具体而言：

第一，行政执法修复是政府提供生态公共福祉的职责所在，非司法可替代。恢复良好的生态环境质量和运行状态，是修复责任的目标。优美、良好、可及的生态环境质量是最典型和普遍的公共产品与公共福祉，行政主导生态修复满足公共产品供给的需求，符合经济学和法学的双重原理。同时，行政执法至少可以有行政处理、行政处罚、行政强制等一种或多种法律措施，每种措施中又有若干类型，形成丰富、可组合的多元化责任实现工具，相较于司法相对单一的责任机制，更有利于公共利益的保障。

第二，行政执法修复在专业、技术、人员等方面有优势，司法则不具有。尽管行政上历来有"多龙"治水、治土、治气、治江、治海、治林、治草等疑问，但不可否认，部门分散、分业管理体制已在"大部制"职能整合下有效改变。负有生态环境保护职责的行政机关在机构设置、人员配备、技术储备、监测设备、监督机制、平衡能力等方面均优于人民法院。因此，违法行为发生后，依托行政机构进行执法修复相较于司法修复更具优势。

第三，行政执法修复在决策与执行上具有便捷性、经济性和及时性。行政机关在环境修复的法政策判断与执行上具有灵活、及时、高效的优势。可以与复杂多变的环境风险进行匹配，能针对不同环境要素的修复需求灵活选择风险控制和环境修复方案。[2] 这种高效性还来源于行政执法程序的简化、时效的缩短、机制的灵活与强大的行政权力的配置，无须太复杂的程序及太高的评估成本、协商成本。司法程序则需严格遵循

---

〔1〕 参见李挚萍：《行政命令型生态环境修复机制研究》，载《法学评论》2020年第3期。

〔2〕 参见刘超：《环境修复理念下环境侵权责任形式司法适用之局限与补强》，载《政法论丛》2020年第3期。

公告、立案、审理、判决、执行等一整套规范流程，诉讼成本高、周期长、效率低，甚或延误急需修复的生态损害，增加修复难度。

第四，行政执法修复具有统筹性，可避免司法修复的碎片化、零散化。行政主导环境修复具有计划性、整体性、系统性，与生态环境本身的特性相契合。如已确定某一个整体修复计划，将该范围内某部分的生态环境损害所涉的司法修复之鉴定、评估及修复方案等纳入整体考虑、一体推进，事半功倍。而司法执行机制下的修复责任是个案式处理，难以虑及受损害环境之外的其他要素，也难以平衡各方利益。因此，环境管制更能契合环境要素之间的紧密联系、相互依存的特性。[1]

第五，行政执法是环境损害后的第一道法律程序，执法修复更具威慑性。美国执法优先策略效果较为明显，"执法优先"策略使潜在责任方慑于高额罚款去主动治理和修复。[2] 环境受损之时，是修复救济的最佳时机。司法繁复冗长的程序既产生大量的诉讼成本，亦增加了时间成本，使原本可尽快恢复的生态环境变得更难恢复。即使诉讼判决了，也终归要回归到行为人履行修复义务上来。故在第一时间通过行政执法程序促使行为人履行修复义务是最优方案。环境治理不仅靠威慑，尚需"刚柔并济"，以激励机制促使行为人选择兼顾其利益且对社会利益最大化的方式进行修复。若通过行政程序实现修复目标，缓和或消除危害，可不再科以惩罚性责任，以达到"双赢"功效。

第六，行政执法修复涵盖了生态环境损害治理的全过程，更契合行为优先规则。大量司法案例显示，司法修复易由"原地直接修复"遁向"异地替代修复"[3]，"一赔了之"的现象仍未得到根本性改善，修复行为容易"司法变异"为生态环境修复费用或损害赔偿金的支付。统计表明，判决"替代修复"的比例达59%，判决"直接修复+替代修复"的占21%，

---

〔1〕 参见刘超：《环境修复理念下环境侵权责任形式司法适用之局限与补强》，载《政法论丛》2020年第3期。

〔2〕 参见龚宇阳、王静：《美国超级基金法对我国污染场地修复的启示》，载《世界环境》2016年第4期。

〔3〕 徐以祥：《论生态环境损害的行政命令救济》，载《政治与法律》2019年第9期。

单独适用“直接修复”的仅占20%。[1] 判决行为人承担损害赔偿或修复费用的判决远超判决其作出环境修复行为的判决[2]。存在以修复之名行赔偿之实的问题。而行政执法修复更多针对修复行为,且多是原地、原要素的修复,更契合修复的目标。

（三）司法强化:作为执法机制的补强而非“去行政主导化”

从行政权的演进规律看,在“福利国家”出现以后的现代国家权力配置结构中,行政权的不断强化和扩张是必然趋势,行政权在社会治理、环境治理等公共事务管理中依然发挥主导地位[3]。但政府在履职过程中存在地方主义、经济本位、权力寻租、官僚主义等问题,这导致环境治理失灵,环境问题不断涌现,公众对行政机关能否有效应对环境保护问题产生怀疑[4]。立法开始强化司法权,通过扩张司法权、丰富司法机制、改进司法措施来应对政府环境治理失灵,以期更好维护公共利益。外观上呈现“去行政化”的趋势,尤其在将民法中“恢复原状”扩大解释为修复生态责任后,其具备民事责任的外观,掩盖并弱化了其所具有的公法属性的一面。[5] 因行政执法机制在应对生态环境损害救济上存在结构性缺失,须通过司法机制引入社会力量以弥补行政规制的不足,但并不意味着司法可取代行政主导的追责机制。

第一,生态环境立法中并未弱化行政追责的主导机制。在早期环境立法中,生态损害救济过于强调以“命令—控制”模式为主,当前立法逐步强化了司法救济,在《长江保护法》《土壤污染防治法》《黄河保护法》《湿地保护法》《青藏高原生态保护法》等立法中规定了生态环境损害赔偿与环

[1] 参见王亚萌:《实践与规范:环境修复责任的绿色价值与实现进路》,载《上海审判实践》2020年第1期。

[2] 参见胡静、崔梦钰:《二元诉讼模式下生态环境修复责任履行的可行性研究》,载《中国地质大学学报(社会科学版)》2019年第6期。

[3] 参见王明远:《论我国环境公益诉讼的发展方向:基于行政权与司法权关系理论的分析》,载《中国法学》2016年第1期。

[4] 参见蔡守秋:《论政府环境责任的缺陷与健全》,载《河北法学》2008年第3期。

[5] 参见徐本鑫、储源:《生态修复行政追责的路径回归与功能补强》,载《江西理工大学学报》2020年第2期。

境民事公益诉讼的专门条款，但并未弱化行政追责机制。由此呈现生态损害救济由行政责任主导逐步转向民事责任与行政责任并重的局面。大体经历了从"行政责任为主"到"行政责任 + 民事侵权责任""行政责任 + 民事侵权责任 + 生态环境损害责任"的变迁路径。[1] 对法律责任条款的梳理表明，立法从未放弃行政责任的进路，也未给行政机关"脱责"的机会，而是在继续完善行政法律责任、行政处理措施的同时，对民事责任的科罚机制予以丰富、健全。总体而言，从法律责任条款数量看，行政责任条款仍居于主导地位、民事责任只占极小比例；从民事责任的构成看，多以"违反本法""违反国家规定"等为前提，行政违法往往是承担民事责任的基础，民事责任起到"托底"作用；从行政责任实现程序看，除行政处罚实现程序比较规范外，行政处理机制尚有待改进与完善。

第二，立法中强化了司法机制，不等于司法追责代替了行政追责机制。其一，立法中生态环境损害民事公益诉讼或生态环境损害赔偿诉讼条款渐成"标配条款"，并未弱化行政机制。[2] 该类条款的特点是高度同质化，未来统一的生态环境法典可进行整合性规定。这不是行政机关放弃行政执法的理由。其二，司法解释及规范性文件中对修复责任的规定，是基于恢复性司法理念对修复责任的强化与重视，并无取代行政执法机制之意。就逻辑上而言，应当是行政当先，即行政修复机制优先启动，而并非司法机关冲在环保第一线；若构成犯罪，刑事修复责任紧随其后；若仍有剩余责任需要追究，民事"司法御后"。[3] 这也是大量案件采用刑事附带民事公益诉讼、在刑事诉讼后另行提起民事公益诉讼或生态环境损害赔偿诉讼的重要原因。

---

〔1〕 参见徐本鑫、储源：《生态修复行政追责的路径回归与功能补强》，载《江西理工大学学报》2020 年第 2 期。

〔2〕 参见《民事诉讼法》第 58 条，2014 年《环境保护法》第 58 条，《土壤污染防治法》第 97 条，《固体废物污染环境防治法》第 121、122 条，《长江保护法》第 93 条，《黄河保护法》第 119 条，《湿地保护法》第 61 条，《青藏高原生态保护法》第 59 条。

〔3〕 参见康京涛：《生态修复责任的法律构造》，中国社会科学出版社 2021 年版，第 165 页。

第三,司法虽强化了修复责任的适用,但远未达到足以取代行政执法修复的地步。一方面,从案件数量上看,行政执法的案件数量远高出司法案件。司法案件得以彰显,与司法的教育、指引、威慑等密切相关。另一方面,从最终质量效果分析看,司法修复只占了生态环境修复的很小份额,绝大多数生态环境修复主要依赖于行政执法、计划性修复,尤其是重大污染或生态破坏。因此,修复责任由行政执法机制主导仍是常态,无须"另辟蹊径",且需跳出民法典统领一切的思维定式,摆脱将传统侵权责任套用到环境修复救济上的路径依赖,调回"行政处理主导,多路径并存"的传统路径上。应重视并充分发挥行政处理模式在生态修复追责体系中的主导性角色。[1]

二、司法兜底:司法机制在环境修复中的保底救济与运行逻辑

(一)认知错觉:过于倚重民事诉讼机制实现修复责任的外观错觉

环境司法相对行政执法,有其特殊优势:第一,作为事后规制,拥有充分全面的信息优势。司法机制有别于事前、事中机制,通过规范化的举证、质证、认证、裁决等程序,全面查明案件事实并权衡各方利益后,形成科学、合理的裁判。第二,具化修复责任,为生态环境修复提供"量身定做"的方案。环境司法针对不同环境要素、不同情形探索了丰富、个性化、契合环境实际的修复方式,明确修复目标、细化修复方案。第三,摆脱了行政利益牵扯,通过司法能动有效保护公共利益。行政机关基于经济利益等考量,对企业的污染或破坏行为无处理决心,并存在行政管制"俘获"、"权力寻租"及"政府失灵"等问题。而司法机制的独立性、能动性,能最大化、公正地实现公共利益的维护。第四,司法救济的周延性,可弥补行政执法局限,达致"司法最终解决"的目标。在行政执法中,鉴定费、监测费、期间损害等难以通过执法程序实现,而民事司法基于侵权

---

[1] 参见徐本鑫、储源:《生态修复行政追责的路径回归与功能补强》,载《江西理工大学学报》2020年第2期。

法完全赔偿原理,可一次性周延地解决执法机制力所不及的问题。

正因如此,环境司法在生态损害救济上被寄予厚望,被视为补救政府失灵的良方。[1] 民事司法救济又被认为在迄今为止的生态环境损害司法救济中占据主导地位,[2]进而造成民事诉讼是实现环境责任最主要的机制的感观认知。但统计数据表明,事实并非如此:以2022年数据为例,最高人民法院通报的2022年全国法院受理的一审环境资源案件为273,177件[3];而生态环境部数据显示,全国生态环境系统生态环境部门2021年接到电话举报174,198件、微信举报201,714件、网络举报69,007件,下达环境行政处罚决定书13.3万份;[4]自然资源部表示,2022年全国共发现土地违法案件29.1万件、查处矿产违法案件3093件。[5] 从执法数据看,仅生态环境部、自然资源部处理的案件数量就远超司法案件数量,若再将水利、林业、渔业、草原、海洋、野生动物、农业、自然保护等相关部门执法案件统计进来,仅从数量上讲就是环境司法无法比拟的巨量。修复责任适用亦基本如此。以"环境"和"修复责任"为关键词在中国裁判文书网检索,不作任何筛选的情况下案件数量为3785件[6];以"环境损害"和"恢复原状"为关键词检索,不作任何筛选情况下案件数量为2226件。这足以说明,司法修复案件的数量显然不足以支撑整个生态修复的目标。故修复责任实现的主力军依然是负有生态环境保护义务的行政机关,而非法院。

(二)重新检视:过于倚重司法机制的修复责任实现路的认识偏颇

"司法最终解决"依然是民事、行政乃至刑事诉讼的基本定位,须防

---

〔1〕 参见李义松、苏胜利:《环境公益诉讼的制度生成研究——以近年几起环境公益诉讼案为例展开》,载《中国软科学》2011年第4期。

〔2〕 参见李义松、刘丽鸿:《我国生态环境损害修复责任方式司法适用的实证分析》,载《常州大学学报(社会科学版)》2020年第1期。

〔3〕 参见2023年6月5日最高人民法院发布的《中国环境资源审判(2022)》及典型案例、《中国环境司法发展报告(2022)》。

〔4〕 参见《2021年中国生态环境统计年报》。

〔5〕 参见《2022年中国自然资源统计公报》。

〔6〕 检索时间为2023年8月17日。

止司法错位、越位、缺位。若司法机制优先,从定位上来讲就是司法机关享有首次判断权;若行政机制优先,则是尊重行政机关的首次判断权。这实际上是将启动权交行政公权机关还是私人执行,将损害责任的判断和决定权交行政机关还是司法机关的问题。[1] 笔者认为,应遵循“行政修复优先,司法修复兜底”的规则,同时将司法修复纳入行政计划修复的总体框架进行审视,确保修复总体计划得以实现。这决定了法院在司法修复中实际上主导的是“裁决”及执行程序的把握,专业的事项还得优先交给专业机构处理。

第一,过于倚重司法机制,会导致司法机关“主动出击”、行政机关“避责卸权”的不当现象。司法机制是一种末端治理机制,而行政执法机制是一种前端机制。若过于倚重司法,大量环境案件会使司法陷入环境诉讼“泥沼”,法院实际上代替了本应由政府承担的基本环境保护职责,恐为法院不能承受之重。从行政角度看,若以司法为主,则大量的行政规制性规范将无法发挥其应有功能,数倍甚至数十倍于民事责任规范的行政命令、行政强制性规范将沦为摆设。如此,负有环境保护职责的行政机关不作为、慢作为等现象会更加普遍,因有法院为其“分担”职责甚至扮演更“主动”的角色,行政机关“卸责”脱逃的可能性更大。因此,司法介入“揽活”与“争权”似乎不当。

第二,过于倚重司法机制,会模糊行政权与司法权的合理边界。行政权与司法权在长期发展中已形成“默契”:一方面须保证“行政权优先”,即只有行政机关在维护国家利益、公共利益中缺位、失职或不足时,司法权才会以适当方式介入;另一方面是互相尊重,即司法应对行政“管理权”及“专业性”予以尊重,行政则尊重司法“判断权”的权威性。这是维护法治精神的制度安排。[2] 司法能动有其边界,若丧失其中立性、消

---

〔1〕 参见程玉:《生态损害法律责任实施机制的选择》,中国社会科学出版社 2021 年版,第 42 页。

〔2〕 参见徐本鑫、储源:《生态修复行政追责的路径回归与功能补强》,载《江西理工大学学报》2020 年第 2 期。

极性角色,必然打破两者长期以来的平衡和默契。司法救济具有先天局限性,从广度和深度上都难以全面覆盖生态环境损害的全部类型,更不能取代行政机关履行环境管理和监督职责,依赖民事司法实现生态环境修复的目标是不可能完成的任务。

第三,司法机制与行政执法机制并行是常态。美国的责任机制包括两层:环境污染反应行动机制(以公共警察权为其理论基础的行政执法机制)与自然资源损害赔偿制度(以公共信托理论为基础的特殊侵权机制),说明美国法同时包含行政执法机制和司法机制。一贯重视行政执法的美国,近年来转向重视通过普通法规则解决环境问题。而欧盟法也并未排除民事责任适用的可能性,其适用范围外的其他损害类型和损害阈值外的损害也存在适用原有环境损害法律责任事实机制的可能性。[1]作为环境规制工具的法律责任,基于生态系统的整体性,与普通侵权差别巨大,其责任配置更应重视其整体性,致力于维护生态系统及其提供的生态服务的稳定性、和谐性和健康性。《长江保护法》有专门司法条款,首次出现"环境立法管理司法",彰显其"综合法""立体法"属性,注重行政执法与司法机制并行。[2]

(三)定位校准:司法机制在修复责任实现中的兜底救济逻辑

仅将司法机制作为弥补执法机制不足的补充,并不可取。总体来讲,是以法律责任是否完全被追究、是否有"剩余"责任来判断司法的补充功能,且这种补充既可是"双向"互补,亦可是"单向"支持。

1. 司法机制与执法机制的"互补"

(1)司法机制对执法机制的"正向补充"。生态环境违法行为发生后,应先由行政机关启动执法机制;若有执法不及之处,方才启动司法程序予以补充。宜分别对待:

---

〔1〕 参见程玉:《生态损害法律责任实施机制的选择》,中国社会科学出版社 2021 年版,第 37 页。

〔2〕 参见罗文君:《融合与创新:〈长江保护法〉的保障、监督与法律责任体系》,载《环境保护》2021 年 Z1 期。

其一,行政机关放弃执法,修复责任未得以追究。可有三种诉讼机制予以补充:一是若损害社会公共利益,可借助环境民事公益诉讼的补充、监督执法功能来实现修复责任。二是若损害国家利益,则根据《改革方案》及司法解释规定,由省级、设区的市级人民政府或指定的部门提起生态环境损害赔偿诉讼,追究修复责任。三是检察机关依据行政诉讼法之规定,提起行政公益诉讼督促行政机关履职,由行政机关督促违法行为人依法采取措施修复生态环境。

其二,行政机关执法不力,修复责任追究不彻底。这种情形下的司法补充机制与放弃执法的司法补充机制相同。

其三,行政机关尽职执法,仍有部分责任未得以追究。若行政机关已穷尽各种权力、程序、方式、措施,但囿于执法机制固有的不足,需要司法机制予以兜底救济。有以下几种可能:一是行政执法机制上不能追究的责任,需通过司法机制追究"剩余责任"。如从损害发生至修复完成期间的生态功能期间损害、鉴定费、修复后评估费、监测费、修复方案制定费用等,行政执法机制无法解决。该等费用需通过民事公益诉讼或生态环境损害赔偿诉讼进行补充。二是行政机关对垫付的应急处置、应急修复、代履行等费用,可以行使追索权。与前两种原因有别,此种情形下行政机关无责任,不存在行政公益诉讼监督问题。

其四,行政机关执法时发现行为人涉嫌犯罪,应移交司法机关追究刑事责任。此时行政执法与刑事司法相互衔接,但互不冲突。一是行政机关仍可依据环境资源法律法规进行行政处理、行政处罚,包括责令修复生态环境等。违法行为人赔付、修复生态环境的情况,可作为追究刑事责任时的考量因素。[1] 二是若行政机关未进行实质性执法处理,对未履行修复责任部分,刑事案件中可通过认罪认罚、主动履行修复责任及附带民事公益诉讼等方式予以补充。

---

〔1〕 参见《最高人民法院关于审理破坏森林资源刑事案件适用法律若干问题的解释》第12条第2款。

(2)司法机制对行政机制的“逆向补充”。即行政机关未先作行政处理、行政处罚,就移交司法机关追究刑事责任,或者即进入民事公益诉讼、生态环境损害赔偿诉讼的程序,此时,修复责任及其他民事责任和刑事责任已得以实现,但行政责任可能未实现,允许民事或刑事案件结案后“返回”行政机关继续执法。

第一,基于行政、民事、刑事责任相互独立的原理,行政机关已作出的行政处理决定原则上不应撤销,对未行政处罚部分应继续处罚。最高人民法院指导性案例211号即明确,同一违法行为在同时符合行政处罚和刑事责任的条件下,原作出的行政处罚不应撤销;追究刑事责任时未涉及的行政处罚事项,行政机关仍可继续执法处罚,以确保行政责任得以完全实现。[1]

第二,刑事判决中未涉及生态环境修复责任的,行政机关应当及时启动行政执法程序,责令违法行为人履行修复义务。这依然是对刑事追究时“遗漏”的修复责任,由执法机制逆向进行补充。若行政机关未履行此职责,检察机关可依法通过行政公益诉讼督促履行。[2] 实践中,检察机关可发挥其双重诉讼主体资格优势,实现行政公益诉讼与民事公益诉讼的协同。如在四川省检察机关督促保护若尔盖高寒泥炭沼泽湿地公益诉讼系列案[3]中,针对违法行为人非法采挖草原泥炭资源破坏湿地的行为,一方面通过行政公益诉前督促(发出检察建议)程序,督促林业草原部门联合执法整改治理;另一方面提起刑事附带民事公益诉讼,追究违法行为人的生态环境修复责任。

第三,在不涉及刑事责任的场合,若未通过民事公益诉讼、生态环境损害赔偿诉讼追究或完全追究修复责任,行政机关仍有权启动执法程序

---

[1] 参见铜仁市万山区人民检察院诉铜仁市万山区林业局不履行林业行政管理职责行政公益诉讼案,最高人民法院指导性案例211号(2022年)。

[2] 参见铜仁市万山区人民检察院诉铜仁市万山区林业局不履行林业行政管理职责行政公益诉讼案,最高人民法院指导性案例211号(2022年)。

[3] 2023年最高人民检察院湿地保护公益诉讼典型案例之一:四川省检察机关督促保护若尔盖高寒泥炭沼泽湿地公益诉讼系列案。

予以弥补。但这种情形与前述两种情形一样,均应遵循行政处罚、行政处理的时效规定。[1]

(3)私益诉讼中修复责任的追究与执法机制、刑事司法之间原则上不冲突。但若私益诉讼中涉及的修复责任请求已在该等机制中得以实现,则对该项请求不应重复支持。但若未实现,则不影响私益诉讼中修复责任的裁决。

2. 司法机制对执法机制的“支持”

(1)对行政执法的支持功能:一是环境行政诉讼对合法行政行为的支持,确保行政机关责令修复、责令采取补救措施等行政处理决定得以实施。[2] 对违法行政行为进行监督,撤销或确认不合法的行政处理、行政处罚措施[3]。二是在非诉行政执行的审查与执行中,通过非诉审查案件确保行政决定、行政处理中的修复责任得以实现。[4]

(2)对行政执法的监督功能:本质上也是支持执法,尤其是行政公益诉讼。其设置的初衷就是监督行政机关执法不力、不完全执法等问题。如在敦化林区人民检察院诉吉林省黄泥河森林公安局不履行法定职责案[5]中,针对村民未经批准违法开垦林地的行为,当地森林公安对违法村民曾作出行政处罚,但并未有效执行;后经检察建议仍未恢复被破坏林地,行政处罚及责令恢复原状的决定仍未得到履行,国家及公共利益处于持续侵害状态,遂判决责令森林公安依法履行职责,确保被毁国有林地恢复原状。再如,在另一起行政公益诉讼案件中,林业部门对某矿业公司违法占用土地、改变林地用途的行为进行过行政处罚,并责令其恢复林业生产条件但其未履行,对后续继续发生的违法行为亦未作出责令恢复原状等处理,未督促违法行为采取措施恢复原状,遂被认定为不全面履职,法院判决林业部门对矿业公司擅自改变林地用途的违法行为

[1] 参见辽宁省大连市中级人民法院行政判决书,(2018)辽02行终297号。
[2] 参见河南省洛阳市中级人民法院行政判决书,(2020)豫03行终151号。
[3] 参见广州铁路运输中级法院行政判决书,(2020)粤71行终1627号。
[4] 参见湖北省当阳市人民法院行政裁定书,(2020)鄂0582行审18号。
[5] 参见吉林省敦化林区基层法院行政判决书,(2019)吉7504行初2号。

继续履行监管职责。[1]

3. 司法机制对非执法机制的“兜底”救济

针对非执法机制下的公私合作环境治理,司法也提供了相应的支持,对其功能欠缺进行补强与补救。一是未经磋商或经磋商未能达成一致的,可进入司法程序予以救济。二是磋商达成一致后的效力增强与保障机制。其又包括两种机制,一种是通过司法确认赋予强制执行权,避免违约后出现再次诉讼,浪费司法资源。[2] 此种情形下的司法确认包括生态环境损害赔偿磋商协议的司法确认及环境民事公益诉讼达成的磋商、调解协议的司法确认。另一种是未予以司法确认的情形下,就违反约定以违约之诉或侵权之诉另诉。如在山东利丰达生物科技有限公司与山东省环境保护厅合同纠纷案[3]中,济南市中级人民法院认为省生态环境厅与利丰达公司签订的《生态环境损害赔偿合同书》为双方当事人的真实意思表示,不违反法律、行政法规的强制性规定,合法有效。结合土壤污染的持久性、扩散性以及难以恢复性的特点,支持省生态环境厅要求利丰达公司按照合同支付赔偿款以及违约金的诉讼请求。此类案件宜分两种情况:如赔偿义务人认为磋商达成的协议存在违法、欺诈、重大误解等可能构成无效或可撤销情形的,可按民事合同案件处理,但同时应考虑到其核心内容是生态环境损害修复或赔偿事宜,必须充分顾及生态环境的特殊性。对于生态环境保护部门提请确认磋商协议效力的,处理取决于协议中是否约定有权提请法院进行司法确认条款,如有,可通过司法确认赋予其强制执行效力;如没有,可选择要求责任人继续履行合同承担违约责任,也可选择另行提起生态环境损害赔偿诉讼以保障生态环境的损害得到及时有效修复。三是行政契约之违反诱发的修复责任。如矿业权承包合同、土地出让合同、第三方治理合同等引发的

[1] 参见湖北省随州市曾都区人民法院行政判决书,(2019)鄂1303行初26号。

[2] 参见2020年最高人民法院长江流域水生态司法保护典型案例之十:王家坝河生态环境损害赔偿协议司法确认案;2020年最高人民法院黄河流域生态环境司法保护典型案例之十:郑州市生态环境局与河南鑫洲建筑工程有限公司生态环境损害赔偿司法确认案。

[3] 参见山东省济南市中级人民法院民事判决书,(2019)鲁01民终6863号。

履约责任及侵权责任，可通过司法解决修复责任分担问题。

三、合作治理：公私合作是修复责任实现的重要机制

公私协同是当前的重要机制。公私协同在规范构造层面是公法与私法的协同，在执行机制层面实际上是“公私合作”“合作治理”“多元共治”的问题。

（一）自主落实：引导违法行为人自主履行生态环境修复责任

自主落实在法律上与道德上均有重要意义。责任的自主落实与意思自治有重要的关联。这不仅具有法律上的重要价值，更具有道德意义，能有效唤起人们的生态“良知”。基于人之趋利避害的本性，谁都不愿负担不利益，而承担修复责任等就是典型的不利益，但作为法律责任其又是不可避免的，不必等到司法机关的追究而主动采取措施也是一种“赎罪”与“良善”。因此，需要提升主体的法律意识、义务意识与责任意识，以达到“不诉”而修复环境的目标。

自主实现机制需以较强的责任、伦理、生态意识去引导、鼓励与支持，还需要多种机制辅助实现：(1)行政引导。如通过行政合同、行政指导等方式进行，促进责任主体积极履行修复责任。如签订生态治理责任书、开发合同、投资协议、采矿权出让合同等方式进行事前约定，造成损害时责任主体应当自主实施修复、治理，属事前控制机制。(2)行政强制。自主落实与行政强制之间是一对辩证关系，如存在违法行为造成生态损害需要修复时，亦需要政府的适度强制和督促作为催化剂，为修复责任自主实现增加外部强制保障。(3)检察机关诉前督促程序。检察机关的诉前督促机制，已对自主落实修复、赔偿责任等产生明显效果，采纳率达97.3%。[1] 督促包括几种情形：一是对行政机关的诉前督促。根据《行政诉讼法》第25条的规定，检察机关提起行政公益诉讼前，应向行政机关提出检察建议督促其履职，以间接方式督促企业履行修复责任。二

---

〔1〕 参见《2019年最高人民检察院工作报告》。

是对违法单位或个人的诉前督促。《民事诉讼法》第58条及检察机关办理公益诉讼案件的规则均未明确诉前对违法单位或个人的检察建议或督促机制，只是规定了“公告”程序，虽本意是督促其他适格主体提起民事公益诉讼，但对违法行为人也具有督促作用，若能及时修复、赔偿，亦可避免诉讼的推进。三是督促生态环境损害赔偿权利人依法磋商或起诉，引导违法行为人自愿承担修复责任。[1]（4）人民法院支持诉前调解或和解、诉中调解等机制来确保修复责任自主实现。如不少地方法院通过诉前调解方式，在私益诉讼、民事公益诉讼中实现调解，支持修复责任自主履行。这是多元纠纷化解和诉源治理在环境领域的体现。（5）社会组织督促。不少民事公益诉讼提起前，社会组织通常会与单位进行沟通、督促，如能将修复责任落实在诉讼之前，既可减少诉讼成本，又可提高生态修复的效率和生态保护的有效性。

（二）市场模式：借助专业力量协助实现生态环境修复责任

由责任人或法定单位委托第三方帮助实现修复生态环境责任。本质上是委托实现责任关系。其包含：一是公私协同下的市场化修复机制，实为“政企协同”。如政府、法院通过购买市场化的第三方生态环境修复治理服务，实现对违法行为人损害环境的修复。又如，部分司法判决直接明确由法院委托第三方代为修复，或者在执行程序中由法院通过招标或其他方式委托第三方代为修复。二是“企企协同”机制，即由违法行为人委托市场化第三方对受损生态环境进行修复，本质上是自主实现方式的替代。这是实现生态环境修复责任的另一条重要道路。

但须说明两点：第一，借力市场化的第三方实现修复责任机制，与常态化的污染第三方治理不同。前者是行为人违法造成环境污染、生态破坏严重后果责任后，由政府、法院或企业委托市场化第三方修复；后者是常规的环境污染治理项目，通常与侵权事项无涉。故环境污染第三方治

---

[1] 参见2022年最高人民检察院检察机关服务保障长江经济带发展典型案例（第四批）之十二：江西省新干县人民检察院督促支持生态环境部门开展生态环境损害赔偿磋商案。

理理论不能完全解释生态修复市场化的法理逻辑，化解制度困境。第二，借助市场化第三方进行修复治理，与纯粹的市场行为不同。生态环境修复市场化有政企合作、企企合作两种模式，但两种模式存有差异：政企合作带有行政契约的成分，而企企合作应视为民事合同。“政企合作”将传统环境治理单一政府管制路径融入公私合作的因素，“企企合作”将污染者应承担的生态修复行为转变为承担修复费用，由行为责任向经济责任转化。[1] 在业已造成生态环境损害的情况下，如法院通过公益诉讼或生态环境损害诉讼判决，由政府与企业磋商生态修复事宜，以及行政处罚下政府委托代履行等，本质上都是民事委托关系。

（三）协商修复：从“单向度”到“双向度”参与式协商治理

生态修复需要柔性合作、协商治理。权力发挥作用的方式不限于强制，亦可通过说服、诱导等方式运作；相应地，权力关系不简单等同于强制关系，强制仅系权力的表达方式之一。将积极的诱导与相应的强制结合以达到预期目标，亦未超出权力关系范畴。[2] 环境治理是社会治理、国家治理的重要一环，不能简单依靠行政强制或司法强制，而应当刚柔并济、他律与自律共存。这种治理不只是单向度的，应当是多向度，至少是双向的。行政强制及行政处罚是单向度的，行政协商、合作治理则是双向度的。哈贝马斯的商谈理论亦可证成其必要性。[3] 这可以广泛推及于生态环境损害磋商、民事公益诉讼调解和解等方面，在环境刑事司法中亦有一定的空间。

对话磋商制度具有重要的意义。磋商引入行政执法，是对以传统行政强制手段实现社会治理方式的改良与发展，以“交往”“沟通”“对话”

---

〔1〕 参见康京涛：《生态修复市场化的法理解构与困境突围》，载《中南大学学报（社会科学版）》2018 年第 4 期。

〔2〕 参见［美］罗伯特·A. 达尔：《现代政治分析》，王沪宁、陈峰译，上海译文出版社 1987 年版，第 35 ~ 60 页。

〔3〕 参见胡卫：《论哈贝马斯商谈理论的法律解释价值》，载《云南大学学报（法学版）》2014 年第 2 期。

等非强制性、灵活性、可接受性方式促进治理目标实现。[1] 和解作为一种有效率的途径,在欧美国家广泛存在。和解已成为《美国超级基金法》相关案件的常规解决方式。联邦或州政府与潜在责任人达成的和解协议的效力仅及于当事人,已达成和解的潜在责任人还可豁免于责任分担之诉。在潜在责任人为复数时,未与政府达成和解的其他潜在责任人需承担所有响应费用与已达成和解协议所追索金额之间的差额。这种非责任比例扣减方式,会增加未与政府达成和解协议的潜在责任人的责任比例,这成为促使所有潜在责任人积极与政府达成和解的压力与动力。[2]

对话磋商的结果,往往是签署和解协议、调解协议、磋商协议。在中国语境中,磋商主要针对生态环境损害赔偿制度,其实施机制主要是行政机关与违法造成生态环境损害者之间,通过行政机关主导或社会组织主持[3],就损害者如何进行生态环境损害赔偿与修复达成协议,并接受监督执行。从生态环境损害赔偿诉讼的情况看,磋商解决生态损害赔偿问题效率高、成本低,受到地方政府的青睐。以磋商方式解决生态环境损害赔偿问题的比例约为90%,远高于诉讼。[4] 从环境民事公益诉讼角度看,通过协商达成和解或调解的案件也不少,包括社会组织提起的民事公益诉讼[5]、检察机关提起的民事公益诉讼[6]、行政机关提起的民事公益诉讼[7]、刑事附带民事公益诉讼[8]、行政附带民事公益诉

〔1〕 参见康京涛:《生态修复责任的法律性质及实现机制》,载《北京理工大学学报(社会科学版)》2019年第5期。

〔2〕 参见李昊:《美国法上的环境修复责任初论——以〈综合环境响应、赔偿与责任法〉为中心》,载《法治研究》2020年第2期。

〔3〕 参见2019年最高人民法院"人民法院保障生态环境损害赔偿制度改革典型案例"之三:贵州省人民政府、息烽诚诚劳务有限公司、贵阳开磷化肥有限公司生态环境损害赔偿协议司法确认案。

〔4〕《生态环境部2019年7月例行新闻发布会实录》。

〔5〕 参见最高人民法院民事调解书,(2020)最高法民再159号。

〔6〕 参见浙江省温州市中级人民法院民事调解书,(2022)浙03民初1784号。

〔7〕 参见厦门海事法院民事调解书,(2021)闽72民初940号。

〔8〕 参见广东省清远市中级人民法院刑事裁定书,(2021)粤18刑终309号。

讼[1]等各种形态的民事公益诉讼。可在庭外达成共识后请求法院依法确认调解协议;也可在法院主持下达成调解并制作民事调解书。这种磋商或调解,能取得较为理想的效果,修复责任执行往往比较顺利。

在刑事案件未提起附带民事诉讼的情况下,检察机关、人民法院亦可引导将磋商机制嵌入。如贵州雷山法院在罗某松滥伐林木案[2]中,通过在刑事案件中嵌入生态环境损害赔偿磋商协议,引导被告通过认购碳汇的方式进行替代性生态修复,以此作为量刑情节从轻处罚。

作为合作治理、柔性执法的重要工具,磋商机制改变了僵化的强制裁决模式,还可促进"合作型"[3]裁判方式形成。其优势体现在:其一,可将与生态环境损害无直接关联的第三人合理加入修复、赔偿机制中,增强修复责任实现基础。如南京胜科水务案中[4]高达4.7亿元的生态环境损害赔偿金及修复费用,若非第三人胜科(中国)投资有限公司(南京胜科水务母公司)参与调解,注资进行赔偿修复,将难以实现裁判目标。其二,调解、和解或磋商机制一定程度上实现了社会关系的修复,更便于执行,减少违法者的对抗情绪,易得到社会公众理解,利于达成生态修复或赔偿的目标。其三,调解、和解或磋商能激发行为人的修复或赔偿动力,最根本的是在保证生态利益不受损的情况下,降低其违法成本,具有激励功能,以鼓励损害者主动担负责任。其四,实践中不少修复责任方式创新也是在调解机制中实现的。如公开知识产权、安装充电桩等替代性修复方式难以通过裁判进行,但在合意调解或磋商中可行。

---

[1] 参见内蒙古自治区呼和浩特市中级人民法院行政判决书,(2017)内01行初142号。

[2] 贵州省高级人民法院2021~2022年环境资源审判十大典型案例之二:罗某松滥伐林木案。

[3] 孙航等:《构建具有中国特色和国际影响力的环境资源审判体系 全面加强生态环境司法保护》,载《人民法院报》2022年6月6日,第1版。

[4] 最高人民法院2019年度人民法院环境资源环境公益诉讼及生态环境损害赔偿典型案例之五:江苏省南京市鼓楼区人民检察院诉南京胜科水务有限公司、郑某庚等12人污染环境刑事附带民事公益诉讼案。

第二节　行政处理:行政责令恢复原状救济优先规则

行政执法具有专业性、高效性、及时性特点,对受损害生态环境予以及时救济至关重要。通过行政执法实现环境修复是各国的通常路径,也是我国现有法律制度框架下优先实现修复性救济的制度安排。理论上虽然有将“责令恢复原状”“责令采取补救措施”等纳入行政处罚重构的主张[1],但现实规范是以“行政处理”或“行政命令”待之,既非行政处罚,也非行政强制。“责令恢复原状”等修复性命令,只是临时性、辅助性措施,并非终局性法律责任。

一、规范构造:行政责令修复的法律根据与规范配置

(一)规范梳理:责令修复生态环境的法律规范依据

行政执法机制下修复生态环境责任规范有以下几个特点:

1. 环境保护类法律中的责令修复规范相对单一。其中责令修复生态环境的法律表达是“责令恢复原状”或“限期恢复原状”。[2]《环境保护法》第61条、《环境影响评价法》第31条、《海洋环境保护法》第101条、《放射性污染防治法》第50条等规定的典型行为是“未评先建”。责令限期治理[3],责令制定实施治理方案[4],责令退回固体废物、责令退运危险废物、责令消除污染[5]等,既非行政处罚,也不属于责令恢复原状。这些责任方式部分属于“责令改正”,部分属于未归类的行政处理,

[1] 参见刘长兴:《论环境行政法律责任的创新及专门化发展》,载《环球法律评论》2022年第6期。

[2] 参见《防治海洋工程建设项目污染损害海洋环境管理条例》第48条;《历史文化名城名镇名村保护条例》第25、41~45条;《风景名胜区条例》第40、43、44、45条。

[3] 参见《水污染防治法》第94条;《固体废物污染环境防治法》第118条。

[4] 参见《噪声污染防治法》第46条。

[5] 参见《固体废物污染环境防治法》第115、116、117条。

不应与“责令恢复原状”混淆。

2. 自然资源类法律规范中,责令修复规范更加多元化。其中责令修复生态的法律表达呈现多维、复杂、不统一的特点。其沿着三条路线展开:一是采用具有抽象性、普适性的“责令恢复原状”[1]、“限期恢复”[2]、“责令限期恢复原状”[3]、“履行生态环境修复责任”[4]等表述。二是针对具体环境要素的责令恢复。如针对林木的“限期原地或异地补种林木”[5]、“补种树木”[6]、“补种林木”[7]、“恢复林业生产条件”[8];针对非法投放外来物种或非本地物种资源的“限期捕回(代为捕回)”[9];针对土地的“土地复垦”[10]、“缴纳土地复垦费”[11]、“恢复土地原状”[12];针对植被的“恢复植被”[13]、“缴纳森林植被恢复费”[14]、“退耕、恢复植被”[15];针对湿地的“恢复湿地”、“重建湿地”、“限期修复湿地”[16]或“缴纳湿地恢复费”[17];针对破坏草原的“恢复草原植被”“交

---

〔1〕 采用此种类似表述的有《长江保护法》第87、88条;《黄河保护法》第109、118条;《森林法实施条例》第41、43、45条;《自然保护区条例》第35条;《陆生野生动物保护实施条例》第35、41条;《太湖流域管理条例》第44、67条。

〔2〕 采用此种类似表述的有《青藏高原生态保护法》第55条;《黑土地保护法》第30条;《湿地保护法》第53条;《水法》第65、67条。

〔3〕 《湿地保护修复制度方案》第12条。

〔4〕 采用此种类似表述的有《长江保护法》第62条,《青藏高原生态保护法》第34条,《黄河保护法》第44条。

〔5〕 采用此种类似表述的有《森林法》第76条。

〔6〕 《森林法实施条例》第41条。

〔7〕 采用此种类似表述的有《湿地保护法》第56条。

〔8〕 采用此种类似表述的有《森林法》第73条;《森林法实施条例》第17条。

〔9〕 《长江保护法》第85条;《黄河保护法》第112条;《陆生野生动物保护实施条例》第41条;《野生动物保护法》第59条。

〔10〕 《黄河保护法》第44条。

〔11〕 《土地复垦条例》第18条。

〔12〕 《土地管理法》第74、77条。

〔13〕 《黄河保护法》第44条。

〔14〕 采用此种类似表述的有《森林法实施条例》第16条。

〔15〕 《黄河保护法》第110条;《水土保持法》第49条。

〔16〕 《湿地保护法》第53条。

〔17〕 《湿地保护法》第21条。

纳草原植被恢复费";[1]针对海域的"恢复海域原状"[2]。三是责令恢复原状的替代性补救措施。如"采取降低负面影响措施"[3]、"采取降低影响的措施"[4]、"消除地质灾害隐患"、"防治污染"[5]、"限期清除障碍"[6]、"采取其他补救措施"[7]等。

3. 与生态环境相关的其他法律法规中,也有责令修复规范。包括"责令恢复原状"[8]、"采取其他补救措施"[9]、"恢复原状、原貌"[10]、"限期恢复原状"[11]、"恢复种植条件"[12]等。

(二)规范构造:行政责令恢复原状规范的多元化构造

1. 整体观察:责令恢复原状在"法律责任"章节中的位置观察

将责令恢复原状置于整个"法律责任"体系下审视,方能窥其全貌。作为行为人承担不利后果的根据,法律对责任的配置有其科学逻辑。基本结论是:"责令恢复原状"虽规定于各部法律的"法律责任"章节,但其本身却不被认为是法律责任,而是一种"行政命令"或"行政处理"行为。

(1)行政性规范主导。综观各类环境与资源法律法规,占据主导地位的责任规范主要是行政法律责任,其中混杂了行政处理(行政命令)与

---

〔1〕《草原法》第39、40、65、71条。

〔2〕《海域使用管理法》第42条。

〔3〕采用此种类似表述的有《长江保护法》第85条,《黄河保护法》第112条。

〔4〕《野生动物保护法》第59条。

〔5〕《黄河保护法》第62条。

〔6〕《水法》第66条。

〔7〕采用此种类似表述的有《自然保护区条例》第35条;《黄河保护法》第110条;《湿地保护法》第52、54、56、57条;《水法》第31、66、69、72条;《水土保持法》第51、52条;《历史文化名城名镇名村保护条例》第25、41~44条;《风景名胜区条例》第40、43~45条。

〔8〕采用此种类似表述的有《城市绿化条例》第27条;《城市市容和环境卫生管理条例》第38条;《殡葬管理条例》第18条。

〔9〕采用此种类似表述的有《防洪法》第56、59条;《航道法》第39条;《气象法》第35条;《防震减灾法》第84条;《农田水利条例》第43条;《气象设施和气象探测环境保护条例》第24条;《城镇排水与污水处理条例》第56、57条;《海洋观测预报管理条例》第32条。

〔10〕《烈士褒扬条例》第37条。

〔11〕《水文条例》第41、42条。

〔12〕《基本农田保护条例》第32条。

行政处罚。行政命令又分两类：一类是“改正违法行为”性质的行政命令，包括责令停止违法行为、责令改正、责令停止建设、责令退还非法占用土地、责令限期治理、责令暂停生产、责令暂停销售、责令暂停使用等；另一类是具有“救济损害”性质的行政命令，包括责令恢复原状、责令采取补救措施、责令清除污染等。行政处罚包括罚款、责令关闭、责令限期拆除、责令停产停业、限制开展生产经营活动的金钱罚与行为罚。

(2)民事性规范补充。环境保护法与自然资源法中，除按传统立法模式针对污染环境、破坏生态造成损害的私益侵权责任规范外，还有以公共利益、国家利益保护为主，以修复性责任为中心的民事责任规范[1]，为公益诉讼和生态环境损害赔偿诉讼提供实体法依据。这亦是对《民法典》第1234、1235条规定的呼应，也与《民事诉讼法》第58条、《环境保护法》第58条相互衔接，从而使民事实体法、诉讼程序法与环境资源法律之间形成一个相互连接的有机体系。

(3)刑事性规范保障。作为最严厉的惩罚机制，环境保护法与自然资源法采取了与其他法律类似的立法路径，将刑事责任置于法律责任的最末端，在民事责任规范之后；亦有部分法律的刑事责任条款交错于行政、民事责任条款中。

2. 内部构造：行政责令恢复原状规范的配置形态

可从两个维度观察：

(1)行政责令恢复原状与行政处罚之间的配置形态。有四种配置方式：

一是“顺位型”：先责令恢复原状后行政处罚。立法将行政命令与行政处罚同时规定各部法律之“法律责任”部分，但并未明确过“先行政命令、后行政处罚”，实务中通常也以无此规定对当事人的主张不予采

[1] 参见《固体废物污染环境防治法》第121、122条；《土壤污染防治法》第96、97条；《湿地保护法》第61条；《长江保护法》第93条；《黄河保护法》第119条；《青藏高原生态保护法》第59条。

纳。[1]《生态环境行政处罚办法》第 9 条也明确，责令改正与行政处罚可以同时下达，也可以单独下达，无先后顺序。鉴于行政处理与行政处罚的二元分离格局，主张将两者统一规定为行政责任命令制度者有之[2]，主张先行政命令后行政处罚并确保行政命令优先者亦有之。[3]

二是"选择型"：责令恢复原状和行政处罚是可选择的。不少规范使用"或者""可以"的连接词，如《环境影响评价法》第 31 条、《环境保护法》第 61 条，即对责令恢复原状和行政处罚作选择性规定；又如，《黄河保护法》第 109、118 条针对违法在黄河干流、支流的建设行为及妨碍行洪、占用河道等，责令限期拆除或者恢复原状。这使行政处理与行政处罚具有可替代性，两者在性质与功能上具有同质性。法律作如此粗略规定的原因，在于项目开发过程中存在环境公共利益、开发商利益、直接相关者利益、其他关联主体利益等深层次利益博弈，将处罚或恢复的权衡裁量权交由环境行政机关。[4]

三是"并用型"：责令恢复原状和行政处罚同时适用，不可选择。如《陆生野生动物保护实施条例》第 35 条规定，在自然保护区、禁猎区破坏非国家或者地方重点保护野生动物主要生息繁衍场所的，由野生动物行政主管部门责令停止破坏行为，限期恢复原状，并处以恢复原状所需费用 2 倍以下的罚款。《野生动物保护法》第 59 条规定，违法将从境外引进的野生动物放生、丢弃的，有关部门可责令限期捕回，处罚款；《航道法》第 39 条亦有类似规定。

四是"替代型"：以行政处罚替代责令恢复原状。行政处罚主要适用于自然保护区、禁猎区等特殊环境，从防止扰动环境和造成新的破坏考虑，对破坏国家或者地方重点保护陆生、水生野生动物主要生息繁衍场

〔1〕 参见广东省佛山市中级人民法院行政判决书，(2018)粤 06 行终 900 号。

〔2〕 参见辛帅：《论责令改正与行政处罚制度的分裂、统一与完善》，载《青岛科技大学学报(社会科学版)》2022 年第 4 期。

〔3〕 参见薛艳华：《环境行政命令与环境行政处罚的错位与匡正——界分基准与功能定位的视角》，载《大连理工大学学报(社会科学版)》2019 年第 6 期。

〔4〕 参见曹实：《行政命令与行政处罚的性质界分》，载《学术交流》2016 年第 2 期。

所的行为，不适用恢复原状，采用处以恢复原状所需费用3倍以下方式进行罚款处理。[1]

(2)责令恢复原状与其他行政处理(行政命令)的配置方式。呈现四种形式：

一是并列型：责令恢复原状常与“改正违法型”行政处理(行政命令)并列适用。这是主流形态，原因是前者可纠正违法，后者可对损害进行补救，两者功能互补，互不排斥，组合运用往往能达到较好效果。因此，一个法条中常常会对多种行政处理、行政处罚作出并列规定，行政处理中不同类型的行政处理多数与责令恢复原状兼容。[2] 如责令停止建设、责令停止违法行为、责令退还非法占用土地、责令限期治理等常与责令恢复原状并列，可同时适用。

二是选择型：责令恢复原状与具有恢复功能的其他行政处理形成选择关系。如责令恢复原状往往与责令采取补救措施、责令复垦、责令清理等行政处理措施功能相似、相近，若同时适用会形成重叠，故配置上采用选择关系。具体配置上，可以是“限期补办手续或者恢复原状”[3]、“限期治理或者采取补救措施”[4]、“责令限期捕回”或“代为捕回”或“采取降低负面影响的措施”[5]、“限期清除障碍或者采取其他补救措施”[6]，这些措施不能并用。

三是递补型：责令恢复原状与行政代履行形成递补关系，在行为人不履行时启动行政代履行。在环境资源立法中，“责令恢复原状”“责令

---

〔1〕 参见《水生野生动物保护实施条例》第27条；《陆生野生动物保护实施条例》第35条。

〔2〕 参见《长江保护法》第87、88条；《水法》第65、67条；《自然保护区条例》第35条；《森林法》第74条；《湿地保护法》第56条；《水土保持法》第49、50、51、56条；《土地管理法》第74、77条；《防洪法》第56、59条；《历史文化名城名镇名村保护条例》第25、41～45条；《风景名胜区条例》第40、43、44、45条；《地质灾害防治条例》第46条；《防治海洋工程建设项目污染损害海洋环境管理条例》第48条。

〔3〕 《放射性污染防治法》第50条。

〔4〕 《黄河保护法》第110条。

〔5〕 《黄河保护法》第112条；《野生动物保护法》第59条。

〔6〕 《水法》第66条。

限期捕回”常与“代为恢复原状”或“代为履行”[1]、“代为捕回”[2]等形成递补。

四是独立型:立法中只规定责令恢复原状(含功能相似的行政处理)的方式。责令恢复原状不与其他责令方式并列、选择或递补,而是单独规定。这种配置方式较为少见。如《固体废物污染环境防治法》就违法进口者“责令退运固体废物”(第 115 条)、就危险废物过境者“责令退运危险废物”(第 116 条)、就入境固体废物已产生污染的进口者“责令消除污染”(第 117 条)等的规定可视为责令恢复原状的特殊形态,即属独立型责任配置。

二、性质厘定:责令恢复环境原状的本质是行政处理

(一)对象确定:责令恢复原状并非民事责任

因皆有“恢复”或“修复”的语词表达,亦有生态环境恢复性救济相似功能之故,理论上或实践中可能错位将责令恢复原状误认为《民法典》第 1234、1235 条之修复生态环境责任,须辨明。

其一,从适用依据看,责令恢复原状及与此相似的责令型行政处理行为,其规范根据皆是行政法规范,并无民法规范。

其二,从适用机制看,作为民事责任的生态环境修复责任,并未与责令恢复原状之间建立任何对应、适用关联关系。责令恢复原状或责令采取补救措施等相似的规范体系,与独立化地规定了生态环境修复责任的民事公益诉讼规范、生态环境损害赔偿规范之间,各自独立、自成体系。

其三,从体系视角看,生态环境侵权在公私法协同下并未改变其民事责任属性,不适用责令恢复原状之行政处理程序。环境侵权引发的生态环境修复责任,由《环境保护法》第 64 条引致《民法典》侵权责任编,再通过《民法典》第 1234、1235 条转致具体的环境保护法、自然资源法或政

---

〔1〕《森林法》第 81 条;《湿地保护法》第 59 条。

〔2〕《野生动物保护法》第 59 条;《陆生野生动物保护实施条例》第 41 条。

策性规定。通过私法与公法的协同配合来共同救济生态利益。法律规范之间相互指引,形成一个民事追责的配套体系,环境侵权构成要件上的"借用"或"指引",丰富了侵权构成及责任形式,但未改变民事责任属性,这并非责令恢复原状的适用体系。

其四,从解决机制看,环境资源法律法规的公私融合属性,不改变公法责任与私法责任的对应执行机制。尽管公私法相互融合趋势在加强,但公法中的私法规范依然遵循司法解决原则,而公法中的公法规范当然遵循行政执法机制,两者仍然是泾渭分明的。故行政执法的对象并非民事责任,其执法根据亦非私法规范。

(二)行为属性:责令恢复原状属于"行政处理"具体行政行为

责令恢复原状虽非法律责任,而只是一个行政过程性处理环节或措施,却发挥了法律责任的功能。就"责令恢复原状"及功能相似的责令行为,其法律性质尚未达成共识,素有行政命令说、行政处罚说、独立行为说、混合行为说、非行政行为说等争论。分歧集中于行政处罚说和行政命令说。行政处罚说认为,行政处罚是由行政机关依照法定权限和程序对违法行为人科以处罚的具体行政行为,具有制裁性与惩戒性。责令恢复原状既具有生态环境复原救济的一面,也具有强制性和客观上的惩罚性。主张将修复责任纳入行政处罚进行规定之建议不时出现。[1] 行政命令说认为,行政命令旨在对相对人设定义务性行为规则,而非对行政相对人的处罚。责令恢复原状是对违法行为人未履行法定义务的行政处理,没有科以新的义务,且重在补救受损生态环境,非对行政相对人的制裁[2]。是否包含制裁性内容是区分两者的关键。[3] 根据《行政处罚法》第9条,行政处罚不包含责令恢复原状,其规范表达为"行政处理"。

---

〔1〕 参见刘长兴:《生态环境修复责任的体系化构造》,载《中国法学》2022年第6期。

〔2〕 参见曾小萍:《论建设项目"未批先建"的法律责任》,载《江西理工大学学报》2019年第2期。

〔3〕 参见涂永前:《环境行政处罚与环境行政命令的衔接——从〈环境保护法〉第60条切入》,载《法学论坛》2015年第6期。

第一，责令恢复原状作为“行政命令”向“行政处理”转变的规范化表达。[1] 责令改正、责令停止违法行为、责令恢复原状等统称为“行政处理”。2004 年《最高人民法院关于规范行政案件案由的通知》（已废止）中规定的第 8 种行政行为是“行政命令”，将责令恢复原状归入行政命令范畴。2010 年《环境行政处罚办法》第 12 条清晰地表明“行政命令不属于行政处罚”；2020 年《最高人民法院关于行政案件案由的暂行规定》有了重大调整，将行政案由归为 22 大类，严格区分了“行政处罚”“行政强制措施”“行政处理”，将责令退还非法占用土地、责令交还土地、责令改正、责令采取补救措施、责令停止建设、责令恢复原状归入“行政处理”范畴。实践中也认为行政命令不具有制裁性，仅是要求行为人履行法定义务[2]；行政命令只为中间环节[3]，其后的行政处罚才具有惩罚性[4]，属行政处理案由。[5] 2023 年《生态环境行政处罚办法》再次明确行政处理不适用行政处罚的程序。

第二，责令恢复原状是责令行为人履行本应负担的修复生态环境义务的具体行政行为。责任概念中含有不利后果的因素，但它不是不利后果本身，而是对不利后果负责的依据。[6] 一是责令恢复原状是一种针对违法行为的行政处理行为，并未作为法律责任而存在。其虽置于“法律责任”一章，且常与行政处罚相提并论，但其本质并不相同。其法律性质既不能简单根据法律文本词语表达定性，也不能仅依据其在法律规范中所处位置判断，而应基于本质逐条甄别。[7] 二是责令恢复原状并非不利后果，而是对损害生态环境的一种恢复性救济行为，没有惩罚功能。三

---

〔1〕 参见江西省高级人民法院行政裁定书，（2020）赣行申 643 号；最高人民法院行政裁定书，（2018）最高法行申 4718 号。

〔2〕 参见福建省高级人民法院行政裁定书，（2020）闽行申 407 号。

〔3〕 参见广东省江门市中级人民法院行政判决书，（2018）粤 07 行终 226 号。

〔4〕 参见广东省高级人民法院行政裁定书，（2019）粤行申 203 号。

〔5〕 参见江西省高级人民法院行政裁定书，（2020）赣行申 643 号。

〔6〕 参见李拥军：《法律责任概念的反思与重构》，载《中国法学》2022 年第 3 期。

〔7〕 参见胡建淼、胡晓军：《行政责令行为法律规范分析及立法规范》，载《浙江大学学报（人文社会科学版）》2013 年第 1 期。

是责令恢复原状虽然具有可执行性，但其执行机制主要是行政强制和行政非诉审查执行。四是其表现形式是行政决定，并非行政处罚文书。行政处理类型不同，行政决定文书格式与效力均有差异。责令恢复原状时，行政机关并未对相对人科以新的义务进行惩罚，而仅是督促相对人履行应为的法定生态修复义务而已，属环境行政命令[1]。

第三，责令恢复原状是消除危害后果类的具体行政处理行为。在生态环境领域，行政命令可具化为"纠正生态环境违法行为"与"消除生态环境危害后果"两类，体现了"一种独立的、可型式化的行政执法行为"[2]路径。前者重在停止或改正违法行为，包括"责令停止违法行为""责令改正""责令限期治理"等；后者意在消除行政相对人行为所产生的生态环境危险或现实损害，"责令恢复原状"是其典型形态，"责令限期修复湿地""责令补种林木""责令限期捕回""责令采取补救措施""责令恢复植被"等都是其具体化表达。行政命令可再细分为应急性命令和修复性命令。[3] 修复性命令旨在通过行政处理方式，将受损害生态环境恢复至原有功能和状态，其具体内容则是通过行政决定设定本应由行为人负担的修复义务。但作为立法语言最接近生态环境修复的一种表述，责令恢复原状却非生态环境修复责任本身。

第四，责令恢复原状是行政机关应履行的基本职责。责令恢复原状、责令改正、责令采取补救措施等，体现了具体行政行为与行政监督职责的双重面向：一方面，以责令恢复原状为代表的修复性行政处理行为，是生态环境、自然资源、林业、渔业、海洋、农业农村等部门，在其法定职责范围依法作出行政处理决定的行政行为；另一方面，这是负有生态环境保护义务的行政机关的基本职责，作为"权力"的另一面的"职责"更

---

[1] 参见胡静：《我国环境行政命令体系探究》，载《华中科技大学学报（社会科学版）》2017年第6期。

[2] 黄锫：《行政执法中责令改正的法理特质与行为结构》，载《浙江学刊》2019年第2期。

[3] 参见程玉：《生态环境修复行政命令制度的规范建构》，载《北京理工大学学报（社会科学版）》2021年第6期。

为重要，体现的是行政机关依法、全面、及时、有效地对生态环境开展保护、监测、修复、管理的职责性行为，是具体化的环境监管职责。[1] 法律在赋予其职权的同时，也对其科以职责，若行政机关怠于履行，将构成失职。

三、运行机理：责令恢复原状的运行逻辑与缺陷弥补

（一）执法主体：法律法规规定的行政机关（行政主体）

法律、行政法规规定的主体主要有两类：一是行使生态环境管理职责的行政机关。不仅局限于生态环境部门，还包行使相应职责范围内生态环境保护职责的自然资源、林业、渔业、水利、农业农村、野生动物、海洋监管等部门。二是法律法规授权的主体。即根据法律法规明确授权，行使生态环境管理职能的部门或组织。这类组织执法属授权执法。如《自然保护区条例》第35条规定，在自然保护区进行砍伐、捕捞、开垦、开矿、挖沙等活动的，由县级以上人民政府有关自然保护区行政主管部门或者其授权的自然保护区管理机构执法。

（二）执行对象：生态环境违法行为人（相对人）

1. 作为责令恢复原状的相对人

相对人通常包括两种：一是违法行为人。按照责任自负、损害担责原则，当由其承担修复生态环境的责任。二是状态责任人。状态责任人是基于对物的管领和控制，在潜在责任人难以发现时，由所有权人、使用权人等状态责任人先行承担恢复原状责任，后再由其向真正责任人追偿。行政程序强调效率性、及时性，不如司法程序严谨。为快速制止违法行为、防止损害扩大、及时推进生态修复，若潜在责任人难以寻找或寻找成本过高，可直接责令作为状态责任人的权利人、管领人先行修复，优先保护生态环境，修复后可由权利人向潜在责任人追索。如《土壤污染防治法》第45、47条规定，土壤污染责任人、土地使用权人应当实施土壤

---

〔1〕 参见李挚萍：《行政命令型生态环境修复机制研究》，载《法学评论》2020年第3期。

污染风险管控和修复;《防沙治沙法》第39条规定,土地使用权人和土地承包经营权人未采取防沙治沙措施,造成土地严重沙化的,责令限期治理;《长江保护法》第62条及《黄河保护法》第44条规定,采矿权人负有履行矿山污染防治和生态修复责任等。

2. 责任主体认定程序

责任人认定是一项关键、严肃的行政执法活动。当前,针对土壤污染责任认定的规范主要有《建设用地土壤污染责任人认定暂行办法》《农用地土壤污染责任人认定暂行办法》,但其他领域的生态环境损害责任人认定规则并不明确。土壤污染责任人认定程序通常包括认定程序启动、调查、报告审查、决定与告知等步骤。应将责任人认定决定及审查意见告知土壤污染责任人。

3. 认定救济

土壤污染责任人认定是具体行政行为,对责任人利益影响重大。若对认定决定不服,可申请行政复议或提起行政诉讼。

(三)适用条件:责令恢复原状应以"违法性"为条件

立法对责令恢复原状的适用条件无明确规定。可从两个方面理解:

1. 从是否具有违法性角度:应以违法性为前提

责令恢复原状的适用,违法性要求十分明显。多数法律法规对法律责任的规定都以"违法""违反本法""违反本法规定""违反本条例规定""违反法律规定""违反国家规定""违反规划""未经批准""未经审查同意""未经审核""非法占用"等为前提,实际上强调的是"违法性"。

2. 从责令恢复原状与其他行政处理、行政处罚细化适用角度:何种条件下适用责令恢复原状存在极大的博弈空间

多种行政命令、行政处罚并存时,模糊不清的责令恢复原状的适用条件变成了一种利益博弈。博弈的决定权、裁量权在行政机关手里,这是责令恢复原状适用少的重要原因。由于适用条件、适用标准、适用方式、执行程序等不明确,未批先建的"责令恢复原状"适用率低,使该规定

虚置化。[1] 2015～2019年全国环境行政处罚19万件公开资料的定量分析显示，“责令恢复原状”适用案件数量为828件，仅占总数的0.44%，微不足道。[2] 对森林执法的实证考察也显示同样的结论，如对擅自改变林地用途的“责令限期恢复原状”这一行政处理规范，实践中因如何恢复原状、恢复标准为何等不明晰使这一规则作用空间有限，被破坏林地的修复问题往往被搁置[3]，有违立法初衷。事实上，无论是民事修复责任还是行政处理，“违法性”要件是共通的，“可修复性”也相同，可参照《民法典》第1234条进行解释。

（四）适用程序：参考但不直接适用行政处罚程序

责令恢复原状作为一项对当事人权利义务产生重大影响的行政处理决定，法律未对其适用程序作出规定，实为法律漏洞。行政处理不属于行政处罚，不适用行政处罚程序。因此，当事人以其在责令恢复原状行政处理中陈述权、申辩权等未得以保障为由主张程序违法的，很难获得支持。[4] 适当参照但不直接适用较为严格的行政处罚程序是现实选择。

1. 适用方式上：可与行政处罚并行作出或单独作出

《生态环境行政处罚办法》第9条第1款、第2款规定：“实施行政处罚时，应当责令当事人改正或者限期改正违法行为。责令改正违法行为决定可以单独下达，也可以与行政处罚决定一并下达。”该规定包含两层含义：一是纠正违法型的行政处理，应与行政处罚同时作出。二是这种纠正型的责令改正违法行为决定，不必与行政处罚一并送达，可先送达

〔1〕 参见曾小萍：《论建设项目“未批先建”的法律责任》，载《江西理工大学学报》2019年第2期。

〔2〕 参见赵海珍等：《〈环境影响评价法〉适用存在的主要问题与对策建议》，载《环境影响评价》2023年第1期。

〔3〕 参见桑华：《“责令限期恢复原状”行政处罚的实施困境与解决对策》，载《西南林业大学学报（社会科学版）》2018年第2期。

〔4〕 参见福建省高级人民法院行政裁定书，（2020）闽行申407号；广东省江门市中级人民法院行政判决书，（2018）粤07行终226号；广东省高级人民法院行政裁定书，（2019）粤行申203号。

或后送达。但修复补救型的责令恢复原状是否可与行政处罚并行作出并不明确。立法中有的规定为“责令恢复原状”,有的规定为“可以责令恢复原状”,这两种规定的强制程度不同:前者为“必须”,后者为“可选择”。但行政法上的“可以”与民法上的“可以”有一定差异,前者中的“可以”带有自由裁量权性质,而后者中的“可以”带有较强的指引性质,行政法中的“可以”更倾向于要做。据此,若法律规范的规定为“责令恢复原状”,则作出行政处罚时应当决定责令恢复原状〔1〕,两者可一并送达,也可分别送达;若法律规范的规定为“可以责令恢复原状”,行政机关从严格保护生态环境角度,原则上应当作出责令恢复原状的决定,也可综合各种因素后不作出责令恢复原状决定。

2. 限期条件:应当给予当事人科学、合理的修复周期

对治理、整改、整治等事项,常有“限期”的要求,如“限期整改”“限期整治”“限期治理”等。但对责令恢复,法律表达分为两种类型:一种是“责令限期恢复原状”或“限期恢复原状”;另一种则无“限期”的限制,只是“责令恢复原状”。环境修复是一项专业、复杂、综合、系统的工程,周期长、成本高、技术难度大,难以在短期内完成。如果修复时间不足、修复方案不科学,为追求“快”可能会出现“广场移栽玉米苗”之类“揠苗助长”的荒唐事件。〔2〕 因此,无论法律上是否有“限期”的要求,都应给予责任人合理期限以尊重科学和自然规律。恢复期限应经专业机构科学论证并在征求相关利益方意见后确定。

3. 责令程序:可适当参照行政处罚程序处理

“责令恢复原状”的启动、实施、异议、制裁、监督等均缺乏规范,不能满足现代法治强调实体与程序合法的“适法性控制”要求。责令恢复原状虽不能直接适用行政处罚、行政强制程序,但可以参照。责令恢复原状之适法性应考虑:适用条件要具备;实体法依据要明确;适用主体要有

---

〔1〕 参见湖北省当阳市人民法院行政裁定书,(2020)鄂0582行审18号。

〔2〕《中央纪委国家监委公开通报十起加重基层负担的形式主义、官僚主义典型问题》,载中纪委国家监委网站,https://www.ccdi.gov.cn/toutiaon/202307/t20230711_274599.html。

法定权限;要保证相对人的知情权、参与权和申辩权;要照顾利益相关者、公众知情权和参与权;要完善实施、监督和评估机制,确保责令修复目标的实现;要保障相对人和利益相关者的行政复议、行政诉讼等救济性渠道畅通。从长远看,应建构行政处理执法的独立性规范程序。

(五)实现方式

从法律基本构造看,行政机关作出责令恢复原状的决定后,先由违法行为人履行;违法行为人拒不履行或履行不符合要求的,进入行政代履行程序。若与行政强制法相结合,则还应包括行政强制执行和非诉行政执行程序。

1. 自主实现为常态

行政机关依法作出责令恢复原状、采取补救措施或其他具有修复生态环境功能的决定后,若行政相对人(违法行为人)未提出异议、复议或起诉,异议、复议最终维持原决定的,由违法行为人自主实现修复,此乃违法行为人的基本义务。

2. 行政强制为例外

若行政相对人(违法行为人)拒不履行、未按期履行或者履行不符合要求,即进入行政强制执行程序。包括三种方式:

(1)行政代履行。行政代履行的法律依据有两个方面:一是行政强制法的一般性规定。《行政强制法》第 12 条第 5 项即为“代履行”,该法还在第四章“行政机关强制执行程序”第三节“代履行”专节规定了代履行的条件、程序等。基本要求是:当事人未在行政机关决定的期限内履行排除妨碍、恢复原状等义务的行政决定,经事先催告仍未履行,且已造成环境污染或自然资源破坏不利后果的,行政机关可以代履行或委托无利害关系的第三人代履行。二是环境资源法律法规中明确、具体的行政代履行。其规定的条件往往是“拒不履行”“履行不符合规定”“逾期未履行”“不具备能力”“未按要求采取措施”“未按期限履行”“未按修复方案履行”等。[1] 代为履行、代为恢复，所产生的费用均由违法者承担。这种代履行有几个特点要重视：一是有的为“可以”，有的为“应当”；二是责令对象为“违法者”“权利人”“船舶”“涉事单位”；三是代修复实施主体包括“行政机关”、“授权单位”及“他人”等；四是实施措施包括代为履行、代为处置、代为拆除、代为治理、代为清理、代为恢复、代为采取补救措施等。

(2)非诉行政执行程序。无强制执行权的行政机关，在行政相对人未履行责令恢复原状决定时，可向法院申请审查并执行。法院应先进行审查作出行政裁定，确认应由法院执行后方可作出执行裁定并执行。这类案件涉及林业[2]、自然资源和规划[3]、行政综合执法[4]、园林绿化[5]、住房和城乡建设[6]等部门的责令恢复原状决定的执行。这类决定需要具备可强制执行的法律文书、属法院受理范围、具备强制执行的修复内容等条件。实践中，有法院以《行政强制法》第 50 条规定行政机关有“代履行”的强制措施为由，认为行政机具有间接的强制执行权力，不予受案审查和执行。[7] 在法院不予审查执行时，行政机关应依据行政强制法规定启动代履行执行程序。

(3)公私合作方式。行政相对人在行政机关的指导下，合作妥善修复生态环境，以实现生态利益和社会效果有机统一。但生态环境损害赔偿磋商不作为责令恢复原状的合作机制。

---

[1] 采用此类或类似表述的法律有《长江保护法》第 58 条；《黄河保护法》第 109、112 条；《野生动物保护法》第 59 条；《陆生野生动物保护实施条例》第 41 条；《森林法》第 81 条；《湿地保护法》第 59 条；《水土保持法》第 56 条；《农田水利条例》第 43 条。

[2] 参见广东省韶关市曲江区人民法院执行裁定书，(2020)粤 0205 执 1557 号；广东省台山市人民法院结案通知书，(2020)粤 0781 执恢 574 号。

[3] 参见广西壮族自治区鹿寨县人民法院执行裁定书，(2022)桂 0223 执 26 号。

[4] 参见山东省沂水县人民法院执行裁定书，(2021)鲁 1323 执 1169 号。

[5] 参见北京市怀柔区人民法院执行裁定书，(2020)京 0116 执恢 2 号。

[6] 参见四川省绵阳市涪城区人民法院结案通知书，(2018)川 0703 执 1836 号。

[7] 参见桑华：《“责令限期恢复原状”行政处罚的实施困境与解决对策》，载《西南林业大学学报(社会科学版)》2018 年第 2 期。

(六)执行监督:应当强化执行监督和执行后评价机制

法律未规定责令恢复原状的执行监督、执行验收与评价机制,使其效果评价处于模糊状态。因此:第一,建立以行政监督为主、公众参与合作的监督机制,发挥多元共治的功能。第二,建立执行后评价机制,确保责令修复的效果得到科学、合理验证,真正实现生态环境修复的目标。其验收标准、验收程序、监测、管护及费用承担等,与民事修复生态环境责任的适用相似。为避免叠床架屋的规则重复,可参照民事修复生态环境责任的规则进行监督、验证与评价,实现民事机制与行政执法标准上、规则上的协同性、协调性。

(七)责任机制:不履行责令恢复原状应当承担不利后果

为确保责令恢复原状行政处理决定的落实,应对逾期履行、拒不履行、履行不符合要求等采取必要的制裁措施,加大违法者成本和制度威慑,让行为人负担由此增加的不利益。不利益机制应包括:第一,将持续违法状态下扩大的损害作为新的违法行为从重处罚。[1] 但新的处罚与原本行为的处罚应当区别开来,不构成"一事不再罚"。第二,与民事惩罚赔偿制度衔接,将不履行责令修复命令作为惩罚性赔偿的判断因素。在美国,责任人根据行政机关的命令进行清理的,免于惩罚性赔偿;那些未履行行政命令者,可能面临3倍或更多的惩罚性赔偿。[2]《生态环境侵权惩罚性赔偿解释》第5、6、7条分别对违法性和故意的认定中,对"是否违反法律规定""因同一或者同类行为受到行政处罚或者刑事追究的情况"作为重要考量。其第7条中明确被责令停止建设或责令改正等拒不执行的,可认定侵权人主观状态为故意。将其与惩罚性赔偿衔接,增大执行威慑效果。

〔1〕 参见2010年《环境行政处罚办法》第11条规定,虽已失效,但对责令恢复原状依然具有参考价值。

〔2〕 参见康京涛:《生态修复责任的法律性质及实现机制》,载《北京理工大学学报(社会科学版)》2019年第5期。

四、衔接机制:责令恢复原状行政处理与公益诉讼司法机制衔接

行政处理执法机制与司法机制须有效对接与“联动”,促进修复生态目标实现。

(一)诉讼“拦截”:行政处理优先化解环境民事公益诉讼“易诉”问题

此方面欧盟就由民事机制向行政执法机制转型,但也未彻底放弃民事机制。根据欧盟环境指令,各成员国设立了结构内容相似、程序趋同化的行政修复制度。美国自施行《超级基金法》以来,亦实行以行政为主导的执行机制。美国民事、行政司法不分,通过自然资源损害赔偿的“民事诉讼”实现修复,是一种“融合了侵权、信托和行政法元素的混合物”〔1〕制度,造成了表面上酷似“司法修复”〔2〕的定性假象,但行政权始终主导该制度运行。《美国超级基金法》的反应行动具有行政执法的典型特征,诉讼率低,绝大多数案件通过和解解决。美国的自然资源损害赔偿制度更宜界定为公法规则,实际上是“公法任务、私法操作”的制度架构,以民事诉讼的“形式”实现行政执法的“目的”。〔3〕故其并非完全意义上的司法修复机制。即便被视为典型确立了实质意义上司法修复制度的法国民法典修正案,也尚处于成长期,效果有待检验。加之《民法典》对如何修复、修复标准等的规定不明确,尚须依赖行政修复制度。〔4〕

经由“管制行政”向“混合行政”的体制变迁,私法手段进入公领域,行政机关经私法程序(民事审判)实施修复并非不可行。〔5〕但须厘清基于私法机制的公益诉讼与传统行政执法机制之间的关系,否则难以发挥

〔1〕 Adam D. K. Abelkop, Tort Law as an Environmental Policy Instrument, Oregon Law Review, Vol. 92:2, p. 381 – 469(2014).

〔2〕 刘静:《论生态损害救济的模式选择》,载《中国法学》2019 年第 5 期。

〔3〕 参见杨朝霞:《论环境权的性质》,载《中国法学》2020 年第 2 期。

〔4〕 参见李琳:《法国生态损害之民法构造及其启示:以损害概念之扩张为进路》,载《法治研究》2020 年第 2 期。

〔5〕 参见肖萍、卢群:《论生态环境损害赔偿权利人的法律地位》,载《江西社会科学》2019 年第 6 期。

行政效率优势[1]，不利于实现修复生态环境的目标。行政执法机制具及时性、高效性、专业性、有力性特质，可通先行政处理对生态环境提供优先、有力、高效救济，这种“先行化”路径体现的是通过夯实行政机关的生态保护职能、强化行政机关依法履职来提供环境公共服务。若能通过行政处理优先这种非诉机制修复生态环境，将会改变“易诉”[2]局面，防止诉讼被滥用，挤占本已超负荷的司法资源。可分层次设计：第一层次：主动履职。当发生环境损害事件，符合修复条件时，应依职权启动责令修复程序。第二层次：监督履职。未主动履职时，检察机关、社会组织或相关单位、个人均可要求行政机关执法，依法督促其履行监督违法行为人修复环境的义务。第三层次：诉前告知。如行政机关不履职或不知晓违法行为发生，有起诉权的主体在起诉前应当告知行政机关，给予行政机关合理时间处理；如行政机关不处理，则可起诉。第四层次：立案告知。法院立案后，依然可以在不影响案件正常程序情况下，通知有执法权部门采取执法措施，如未履职或未在规定期限内达成目标，则继续诉讼。

（二）行政救济用尽：作为提起环境民事公益诉讼的基本条件

基于行政权与司法权平衡理论，行政权运行以行政效率为核心，重在事前防范；司法权则以司法公正为价值，旨在事后救济。故应奉行“行政权优先于司法权适用”[3]。两者之间应合理配置、相互独立、相互协同，但不能以被动的、事后的、末端的司法救济方式取代主动的、事先的、前端的行政执法；相应地，行政执法也不能代替司法应有的救济功能。[4]如此，将行政权力优先行使、行政救济手段用尽作为环境民事公益诉讼

〔1〕 参见程玉：《生态环境修复行政命令制度的规范建构》，载《北京理工大学学报（社会科学版）》2021年第6期。

〔2〕 吕梦醒：《生态环境损害多元救济机制之衔接研究》，载《比较法研究》2021年第1期。

〔3〕 张辉：《环境行政权与司法权的协调与衔接——基于责任承担方式的视角》，载《法学论坛》2019年第4期。

〔4〕 参见刘建新：《论检察环境公益诉讼的职能定位及程序优化》，载《中国地质大学学报（社会科学版）》2021年第4期。

"前置"程序,不仅尊重环境行政机关维护公共利益的基本职责〔1〕,亦尊重行政机关在环境保护上的专业性、高效性和全面性优势。检察机关审查行政公益诉讼并立案的重要依据是"被告是否依据法律进行了执法和处罚"以及"国家和社会公共利益是否仍处于受到侵害的状态"〔2〕。实践中,行政处罚(如罚款)多能执行到位,未能如期实现的主要是责令恢复原状的行政处理决定。故行政机关是否作出以及是否监督责令恢复原状命令履行到位,是判断行政机关是否全面、正确、依法履职的重要标准。因此,适度能动的司法权有助于促进行政机关积极履职,但若突破其职权范围,会给行政权和司法权之间的合理分工与权力平衡带来不利影响。〔3〕

"行政救济用尽规则"的判断标准,包括根据法律规定用尽所有执法、处罚手段,采取各种可能的强制、柔性等多元措施。应区分不同的启动主体分别对待:第一,法律规定的行政机关主动提起民事公益诉讼时,应主动证明其已依据权责清单用尽救济手段。行政机关应当自行清查是否用尽,包括自己是否用尽和关联机关是否用尽。若自己未用尽,自当先用尽;若关联机关未用尽,应按职责采用合理告知、督促、监督等措施用尽。第二,法律规定的社会组织提起诉讼时,应考虑向行政机关提出履职请求的行为,但不应因此加重社会组织的举证责任。即将违法行为的事实告知行政机关,并督促行政机关履职。若行政机关仍不履职,即可启动环境民事公益诉讼。第三,检察机关提起诉讼时,按照法律规定程序应当首先督促行政机关履职。督促履职主要通过诉前"检察建议"来"督促"实现,针对行政机关不作为、不完全作为或违法行使职权

---

〔1〕 参见罗丽:《我国环境公益诉讼制度的建构问题与解决对策》,载《中国法学》2017年第3期。

〔2〕 李挚萍:《行政命令型生态环境修复机制研究》,载《法学评论》2020年第3期。

〔3〕 参见王明远:《论我国环境公益诉讼的发展方向:基于行政权与司法权关系理论的分析》,载《中国法学》2016年第1期。

(不履行法定职责)等情形[1]。诉前检察建议被定位为“柔性”手段，公益诉讼则为“刚性”手段[2]，做到“刚柔并济”。履行督促程序后，检察机关有两种选择：一是向右走：提起民事公益诉讼；二是向左走：提起行政公益诉讼。[3]

作为民事公益诉讼的特殊形态，生态环境损害赔偿诉讼仍需理顺行政执法与民事司法救济之间的关系。以修复为中心的生态损害赔偿判决要求责任人实际履行生态修复责任时，则与行政机关可以责令消除、修复环境并适用代履行的规定发生矛盾[4]。如果没有一个合理的过滤机制，行政机关角色就会逐渐由监管主体变为民事公益诉讼原告，其职责定位就会由依法履职执法变为依法提起诉讼，必然会导致身份混淆、职责定位混乱；同时，法院又在本应由行政执法优先履职的公益事务领域，替代了行政机关裁决违法行为人承担公法责任，势必使司法权与行政权发生实质重叠乃至冲突[5]。因此，应由行政机关按照权限分工进行执法，对违法行为人责令恢复原状等行政处理未达至修复生态环境目的的，再由具备起诉权的行政机关提起生态环境损害赔偿诉讼。但作为执法权的责令恢复原状的行政机关与作为诉讼生态环境损害赔偿诉讼主体的行政机关，并非完全同一。

(三)行政公益诉讼：督促行政机关履职责令相对人修复生态的监督机制

行政公益诉讼是一种督促或监督之诉。行政公益诉讼使生态修复

---

[1] 参见王国飞：《环境行政公益诉讼诉前检察建议：功能反思与制度拓新——基于自然保护区生态环境修复典型案例的分析》，载《南京工业大学学报(社会科学版)》2020年第3期。

[2] 参见《最高人民检察院关于做好全面开展公益诉讼有关准备工作的通知》。

[3] 参见2023年最高人民检察院“湿地保护公益诉讼典型案例”之一：四川省检察机关督促保护若尔盖高寒泥炭沼泽湿地公益诉讼系列案。该案同时启动了行政公益诉讼的诉前督促治理与提起环境民事公益诉讼，可谓“左右开弓”。

[4] 参见张宝：《生态环境损害政府索赔权与监管权的适用关系辨析》，载《法学论坛》2017年第3期。

[5] 参见龚雄艳、王树义：《民法典规范下生态环境损害公私法合力救济模式论——兼论生态环境损害赔偿制度的完善》，载《环境保护》2021年第10期。

的目的间接化，即并非直接指向违法行为人（行政相对人）。其法律构造体现为：检察机关进行诉前督促，行政机关履职或改正后便不再提起行政公益诉讼；若未在规定时间内履职或未有效、全面履职，将进入行政公益诉讼，判令行政机关履行职责；行政机关根据行政公益诉讼判决，采取必要的法律手段和措施，责令并督促违法行为人依法履行修复生态环境义务，行为人应及时实施修复。故行政公益诉讼乃为监督行政机关责令违法者履行生态修复责任和义务。即将行政执法作为环境修复的主要手段，以解决修复责任执行困境，并辅之以行政公益诉讼进行监督。〔1〕事实上，即便是环境民事公益诉讼、生态环境损害赔偿诉讼中作出的修复生态环境裁判，执行的关键也在于行政机关依法履行监管职责的规则运行良好〔2〕，否则会形成“空判”。

行政公益诉讼是对行政监管失灵进行规制的重要机制。要防止制度设计中“兜圈”后又回到“原点”，形成“制度无效”现象。如何由政府及其部门依法履职，确保生态环境修复、赔偿责任的实现是一个需要正视的问题。〔3〕公益诉讼的目的不局限于个案环境损害救济，而是为环境公共利益的保护提供一套健全的、效力不限于诉讼当事人的追责机制。〔4〕通过监督行政机关责令违法者履行生态修复责任和其他义务，责令行政机关履行修复监督责任〔5〕，以此推进生态环境治理优化。〔6〕应持续推进行政公益诉讼改良，充分明晰行政机关的职责和工作内容，降低监督成本、增加行政执法效率。需重新重视行政机关在环境保护中的

---

〔1〕参见胡静、崔梦钰：《二元诉讼模式下生态环境修复责任履行的可行性研究》，载《中国地质大学学报（社会科学版）》2019年第6期。

〔2〕参见李义松、刘丽鸿：《我国生态环境损害修复责任方式司法适用的实证分析》，载《常州大学学报（社会科学版）》2020年第1期。

〔3〕参见杨宇静：《生态环境损害责任的理论辨析与司法实践》，载《华北电力大学学报（社会科学版）》2019年第4期。

〔4〕参见叶俊荣：《环境政策与法律》，中国政法大学出版社2003年版，第224页。

〔5〕参见康京涛：《生态修复司法适用的实证分析——以212份环境裁决文书为中心》，载广州市法学会编：《法治论坛》总第51辑，中国法制出版社2018年版。

〔6〕参见2023年广东省高级人民法院服务保障绿美广东生态建设典型案例之十一：鹤山市人民检察院诉某镇政府不履行法定职责行政公益诉讼案。

主导作用,并明晰其权责与义务,将行政机关对生态损害者履行修复义务的监督职责落实到位,使其可量化、可科责、可对应。设置引咎辞职等问责机制以强化政府环境行政执法责任,使工作人员忠实勤勉地履行环境保护职责。[1] 但也要准确定位行政公益诉讼的监督职责,保持司法适度谦抑性,防止行政公益诉讼越权越位成为环保的主导,否则会模糊行政与司法权的边界,也容易让法院不堪重负。

第三节　附带机制:刑事程序中适用修复责任的规则塑造

环境资源类犯罪是恢复性司法理念运用的重要场域,但存在定位不清、机制多元等特点,引发担忧。如将具有实施修复生态环境的行为作为量刑情节,使行为人获得从轻处罚,会引发是否违反罪刑法定原则,是否以赔代罚、以工代罚等问题。[2]刑事附带民事公益诉讼的开展成为公益诉讼十分重要的力量。行政执法机制是行政处理措施,民事责任追究机制是一种末端修复治理机制,刑事程序中适用修复责任则是一种典型的"附带机制"[3]。将来发展方向应是作为"独立量刑情节",并应强化在刑事附带民事公益诉讼中的运用。

一、价值彰显:刑事案件中适用修复责任的重要意义

在刑事案件中适用修复责任,可描述为"惩罚 + 修复 + 补偿"模式,对具体的违法犯罪者和公众皆具有普遍教育、指引功能,能修复被破坏的生态环境及依托于此的社会关系,补偿生态损害。

---

〔1〕 参见李义松、刘丽鸿:《我国生态环境损害修复责任方式司法适用的实证分析》,载《常州大学学报(社会科学版)》2020 年第 1 期。

〔2〕 参见李挚萍:《生态环境修复司法的实践创新及其反思》,载《华南师范大学学报(社会科学版)》2018 年第 2 期。

〔3〕 黄擎、刘期湘:《作为刑罚附随的生态修复责任研究》,载《南阳师范学院学报》2022 年第 2 期。

(一)法益保护:恢复性司法理念下刑罚惩罚与生态环境修复共同指向生态法益

恢复性司法的有效运用,成为环境保护的“助推器”。环境犯罪具有“代际传递效应”,单一的惩罚性司法只能对犯罪行为人进行惩罚,尚不足以使受损生态环境得以及时修复与治理,当代人现实利益和长远利益都得不到周延保护,更别提代际效应下后代的利益保护了。恢复性司法理念的融入,摒弃了狭隘的人类中心主义观,重视生态环境本身所具有的独特生态、文化、历史、科学、景观等多元价值,在坚持刑罚谦抑性、罪刑法定原则的同时,充分发挥司法能动性,通过多元化的修复方式,引导行为人积极主动承担修复生态环境的义务,既使行为人认知错误、认罪悔罪减轻其社会危害性,使其积极修复被破坏的生态环境使生态系统功能得以复原,还使基于自然环境要素形成的财产权等社会法律关系得以恢复,实现“惩罚、修复与补偿”的三重目标。

其深刻的法理逻辑在于恢复性司法理念与生态法益之间的高度关联:

第一,恢复性司法与生态伦理、生态利益的“互洽性”。在生态伦理背景下,有关民法、刑法等治理模式必然涉及人类中心主义与生态中心主义的“立场博弈”。其背后是法律保护利益的终极对象是什么的追问。在人类中心主义立场下,生态环境被视为人类利益实现的工具,并非刑法保护的重点;生态中心主义则认为,水、土壤、生物等生态环境要素是人类赖以生存的基础,与人类命运休戚相关,生态系统本就具有独立生态利益和价值,生态利益和人类利益应置于同一平面予以保护。[1]《刑法修正案(八)》赋予了生态利益独立地位,降低了入罪门槛;修订后的相关司法解释,将“行为入罪 + 结果入罪”调整为以“行为入罪”为主,并升

---

〔1〕 参见刘德法、高亚瑞:《论环境刑法视域下的生态修复性司法》,载《河南师范大学学报(哲学社会科学版)》2020 年第 3 期。

档量刑标准[1]。应当在两种不同的极端利益立场中寻求平衡。若站在人类中心主义立场,则生态环境仅系工具,与现实需要和生态文明发展的理念格格不入,人类会因对环境的污染、破坏、过度利用而遭到反噬;若站在生态中心主义立场,动辄将损害生态环境的行为入罪、担责,将使法律对生态干预过于早期化、宽泛化,动辄入罪、责任泛化会使社会经济发展举步维艰,从长远来讲对生态环境保护亦不利。恢复性司法理念就是平衡人类利益与生态利益的重要机制。

第二,恢复性司法与生态利益的呼应。在恢复性司法理念推动下,《刑法修正案(八)》将环境法益独立化,放弃了以实害结果作为构成要件的法益观,摒弃人类中心主义的狭义观念,将刑法法益保护的范围延伸到现实存在的、非可直接财产化的、环境系统作用下的生态利益。[2]逐步实现保护重心由传统法益向传统法益与生态法益并存的转变。当下刑法的框架与底层逻辑仍以社会治理为主,未真正转向生态治理层面。对生态法益的刑法规制,其逻辑仍是在传统的社会治理层面展开,我国《刑法》在章节名称上就将其视为破坏环境管理秩序的行为,生态法益由此变成了“社会管理秩序法益的下位概念”[3]。近年来,从理论到实践、从立法到司法,恢复性司法理念都在推动环境治理路径的改良,凸显对生态法益的日益重视。

第三,恢复性司法是刑法早期介入环境治理的重要机制。在当代风险社会,环境刑事犯罪的规制理念呈现预防性刑法观的部分特征。一是构筑有利于生态修复的刑法防线。刑法介入早期化,是基于环境污染犯罪严重性、潜在性、滞后性等特质所作出的理性选择,事后治理理念在环

---

〔1〕 参见周加海、喻海松、李振华:《〈关于办理环境污染刑事案件适用法律若干问题的解释〉的理解与适用》,载《人民司法》2023 年第 25 期。

〔2〕 参见王勇:《环境犯罪立法:理念转换与趋势前瞻》,载《当代法学》2014 年第 3 期。

〔3〕 刘泽鑫:《论我国环境刑法与德日环境刑法的法益比较》,载《人民司法》2013 年第 15 期。

境问题上应得到彻底清算，环境犯罪的早期化治理理念应得到提倡与贯彻。[1] 二是有利于实现刑法的谦抑性原则。对犯罪行为作提前预防，事实上是对行为处罚的轻量化，将刑法适用范围介入较小、较轻范围，提前对环境的修复与治理进行规制。三是有利于实现刑罚轻缓化趋势。修复责任的履行需要专业、技术、资金、人才等因素的支撑，从纯经济成本角度看，在环境案件中适用修复责任将极大提高犯罪成本，既对遏制环境违法发挥威慑效果，也对落实具体修复资金具有现实价值。恢复性司法下的提早介入有助于实现消弭当事人间冲突、惩罚犯罪、补偿受害人、修复环境的多赢目标，提升犯罪治理实效。[2]

（二）刑事案件中适用修复责任的价值与功能

刑事案件中适用修复责任的案件数量相较于其他案件数量更多、范围更广，并从破坏环境资源保护罪向其他犯罪扩展，体现了"惩罚违法犯罪是手段，保护生态环境是目的"的生态恢复性司法理念。[3]

第一，契合运用司法手段修复生态环境的政策导向。刑事报复性、报应性司法理念对具体的犯罪有打击、制裁、威慑等功能，但在环境资源类案件中，仅依靠惩罚无助于生态环境修复与可持续发展。必须从惩戒或威吓走向以修复为主导的司法路径，以生态环境的复原与防治为目标。[4]

第二，兼具"惩罚犯罪和修复损害"的双重责任功能。修复责任以救济性功能为主，但其潜在的制裁、补偿、威慑功能依然值得重视。科学合理的责任配置机制应包含"报应与功利"双重价值面向，报应对犯罪分子

---

〔1〕 参见李梁：《环境犯罪刑法治理早期化之理论与实践》，载《法学杂志》2017 年第 12 期。

〔2〕 参见程红：《〈生态环境法典〉编纂中刑事责任的规定方式与内容》，载《湖南科技大学学报（社会科学版）》2024 年第 2 期。

〔3〕 参见康京涛：《生态修复司法适用的实证分析——以 212 份环境裁决文书为中心》，载广州市法学会编：《法治论坛》总第 51 辑，中国法制出版社 2018 年版。

〔4〕 参见蔡孟兼：《恢复性司法视野下生态环境犯罪的修复责任》，载《辽宁大学学报（哲学社会科学版）》2021 年第 5 期。

侧重于"罚当其责"的惩罚,功利侧重于对受损利益的填补。[1] 对损害生态环境之人予以谴责、惩戒等固然重要,但恢复与补偿受损环境权益在生态文明语境下更彰显其价值。恢复损害要比纯粹的惩罚有价值得多。[2] 鉴于动辄上千万元、上亿元甚至数十亿元[3]乃至更巨额的生态修复费用已屡见不鲜,从威慑角度讲,巨额修复责任比刑事责任更具有持久的威慑力,相比自由刑使环境犯罪成本大幅跃升。

第三,顺应环境刑事、民事、行政责任功能融合发展趋势。刑事案件与民事案件中的修复责任,以及行政处理中的责令修复生态环境虽在外形、表达、程序、方式等方面有一定差异,但其内容和功能高度同质化,是公法与私法相互融合、渗透的表现。从刑事案件运行实践看,刑事责任和民事责任的关系经历了从严格区分、相互衔接到逐步融合的过程[4],展现为理念上的互通、功能上的互补和形式上的协同。须在恢复性司法理念指导下持续优化和解决刑事制裁与生态环境修复之间衔接不畅问题,确保生态修复责任科学、规范、有效适用。

第四,化解环境责任"处罚过剩"问题。法律不排斥民事、刑事、行政责任的并行适用,但可能导致责任不均衡:一种是同一主体的同一违法行为可能被依次给予行政处罚、判处刑罚、后续又被提起民事公益诉讼或生态环境损害赔偿诉讼被追究修复生态、赔偿损失之责任,至少修复费用和行政罚款、刑事罚金之间会不可避免地产生重复。若通过刑事程序一并将修复责任、金钱赔偿责任一次适用完成,就避免了"处罚过剩"、

〔1〕 参见徐本鑫:《刑事司法中环境修复责任的多元化适用》,载《北京理工大学学报(社会科学版)》2019 年第 6 期。

〔2〕 参见王树义、赵小姣:《环境刑事案件中适用恢复性司法的探索与反思——基于 184 份刑事裁决文书样本的分析》,载《安徽大学学报(哲学社会科学版)》2018 年第 3 期。

〔3〕 参见 2022 年广东省高级人民法院环境资源司法保护十大典型案例之一:林某某等人组织、领导黑社会性质组织附带环境民事公益诉讼案,判令被告连带赔偿生态环境修复费用、生态服务功能损失等费用共计 29.6 亿余元。

〔4〕 参见倪志娟、高永明:《从界分到融合:刑事责任与民事责任关系界说——以责任的实现为视角》,载《前沿》2010 年第 1 期;徐本鑫:《刑事司法中环境修复责任的多元化适用》,载《北京理工大学学报(社会科学版)》2019 年第 6 期。

责任重叠的情形。另一种是同样的违法行为,有的主体被追究了多种责任,有的仅被追究一种责任,有的甚或未被追究责任,产生了相对不平衡。在行政、民事、刑事三个法域,适用三种责任有三套独立程序,难免有重叠、冲突或遗漏的可能;而在刑事诉讼程序中,可一体化地解决民事、刑事责任,有效化解责任重叠与过剩问题。

二、适用方式:刑事案件中修复责任适用方式的类型化考察

(一)量刑情节:修复生态环境作为刑事裁判之"事实查明"或"说理"

量刑情节说认为,应将环境修复作为自由刑和罚金刑等刑罚手段轻缓的依据,环境修复不具有强制性,这极大地降低了环境修复的效能,不利于发挥刑事审判在环境治理中的作用。[1]

1. 刑事裁判中修复生态环境量刑情节的适用特点

第一,行为人修复的主动性。行为人主动履行修复生态环境责任作为量刑考量因素是常态。司法解释或文件明确行为人"积极修复生态环境"的,可以从轻或减轻处罚;对犯罪情节轻微的,可以不起诉或免予刑事处罚;对情节显著轻微、危害不大的,不作为犯罪处理,[2]彰显对行为人修复责任履行"主动性"的优待。多表现为行为人与检察机关达成修复生态环境的磋商协议[3]、主动赔偿修复生态费用、缴纳修复生态修复

---

〔1〕 参见周峨春、郭子麟:《从司法先行到罪刑法定:环境修复在刑法中的确立和展开》,载《中南林业科技大学学报(社会科学版)》2022年第1期。

〔2〕 参见《最高人民法院、最高人民检察院关于办理环境污染刑事案件适用法律若干问题的解释》第6条;《最高人民法院关于审理破坏森林资源刑事案件适用法律若干问题的解释》第12条第2款;《最高人民法院、最高人民检察院关于办理破坏野生动物资源刑事案件适用法律若干问题的解释》第3、7条;《最高人民法院关于充分发挥环境资源审判职能作用依法惩处盗采矿产资源犯罪的意见》第8条;《长江保护法纪要》第2条;《最高人民法院办公厅关于印发江必新副院长在全国法院环境公益诉讼、生态环境损害赔偿诉讼审判工作推进会上讲话的通知》;《最高人民检察院关于充分发挥检察职能作用助力打好污染防治攻坚战的通知》第2条;《最高人民法院、最高人民检察院关于办理非法采矿、破坏性采矿刑事案件适用法律若干问题的解释》第10条。

〔3〕 参见2022年贵州省高级人民法院2021~2022年环境资源审判十大典型案例之二:罗某松滥伐林木案。

环境保证金或已主动履行完毕修复生态环境责任，或由亲友代为修复，或由行政机关或第三方代修复、费用由行为人承担，或行为人承诺修复等情形。存在的隐忧是有足够负担能力的行为人可以通过缴纳修复费用获得从轻处理，与经济困难者形成实际上的不平等。于是，实践中创新了劳务代偿、志愿活动等替代性修复方式，也视为履行修复责任获得从轻处理。如已履行，多对量刑产生影响，通常在判决中加注“已履行”〔1〕或“已缴纳”〔2〕、“已支付”〔3〕字样。

第二，案件类型的扩张性。较早将修复生态环境作为量刑情节的案件，主要是失火、滥伐、盗伐、破坏林木类案件，适用的罪名后来不断扩展到非法捕捞水产品、破坏野生动植物、非法采矿等案件，如今在环境污染类刑事案件中也得到运用〔4〕。总体来看，在破坏生态类案件中适用居多，在污染类案件中适用偏少、适用率低。

第三，量刑情节的组合性。在刑事案件中适用修复生态环境量刑情节时，常与自首、立功、初犯、过失、损害后果等多种情节组合运用，并在判决书中逐一列示。至于修复生态环境在量刑规范化下对最终量刑幅度产生多大影响，未有确切的依据。在不少案件中，修复生态环境等量刑情节往往又被归入“悔罪情节”这一模糊概念之下，使修复责任附属性较为明显，难以发挥独立价值。

第四，裁判方式的事实性。在多数将修复生态环境作为量刑情节的司法案件中，履行修复生态义务的情况是刑事案件“事实查明”的重要部分，常置于刑事裁判文书的事实查明和说理部分。在判项中出现时，主要是注明修复责任（或修复费用）是否已履行；但刑事附带民事判决中，

---

〔1〕 湖南省武冈市人民法院刑事附带民事公益诉讼判决书，(2022)湘0581刑初399号；江西省遂川县人民法院刑事附带民事判决书，(2022)赣0827刑初155号；湖南省洪江市人民法院刑事附带民事判决书，(2022)湘1281刑初164号。

〔2〕 福建省霞浦县人民法院刑事附带民事判决书，(2021)闽0921刑初313号。

〔3〕 四川省沐川县人民法院刑事附带民事判决书，(2018)川1129刑初66号。

〔4〕 参见广东省中山市中级人民法院刑事附带民事裁定书，(2021)粤20刑终515号；安徽省六安市中级人民法院刑事裁定书，(2021)皖15刑终32号；江苏省常州市中级人民法院刑事附带民事裁定书，(2019)苏04刑终90号。

生态环境修复责任承担则为判决主文的核心内容之一。

2. 修复生态环境作为量刑情节存在的问题

第一,工具化。修复生态环境既为量刑情节,客观上对生态环境救济有重要价值,但行为人的真正目的是获得从宽、优待处理,修复责任附属化为刑罚裁量工具,弱化了修复责任的独立性。囿于法律未将修复生态环境作为法定量刑情节,实践中采用行为人履行或承诺履行生态修复责任作为其"悔罪表现",将其作为"悔罪"情节或表现因素。恢复性司法理念推动了修复责任的适用,但支付修复费用显然比实际承担修复生态环境行为的比例要高,修复生态环境的法律效果多停留于量刑情节的功能〔1〕,呈现"轻刑化"趋势。〔2〕

第二,形式化。在刑事案件中,易将修复生态环境情节作为量刑情节考量,如滥伐盗伐林木、非法采矿、环境污染等犯罪的不少从轻、减轻量刑情节都涉及主动"补植复绿",未显现不同环境要素差异化需求,司法实用主义特征明显。〔3〕由此引发了刑事案件中生态修复不时呈现"形式感"外观,与之相伴随的是修复方式的简单化,主要是补种复绿、增殖养流、劳务代偿等单一化修复或替代修复方式,对生态环境的复合性、系统性、复杂性考量不足,难以适用于修复难度大、技术要求高的重大污染或生态破坏案件中。

第三,功利化。不少行为人并非真心忏悔,也非自愿修复,往往是在面临严峻的刑罚处罚威慑之下,基于趋利避害的利益驱动因素,"主动"履行修复生态环境责任。其目的并不纯粹,是被"引导""督促""释理"后才作出的选择。不少创新性的"碳汇认购"替代修复案件即如此。不同法院对生态修复是否实际履行要求并不相同,有判前完全履行的,有

---

〔1〕 参见徐军、李方玲:《生态环境修复责任在刑事附带环境民事公益诉讼中的司法适用研究——以397份裁判文书为样本》,载《四川环境》2021年第4期。

〔2〕 参见杨雅妮:《生态环境修复责任:性质界定与司法适用——以环境刑事附带民事公益诉讼为分析对象》,载《南京工业大学学报(社会科学版)》2022年第1期。

〔3〕 参见张小雪、苑占伟:《生态环境修复责任承担方式的司法适用——基于347篇裁判文书的样本分析》,载《山东法官培训学院学报》2020年第3期。

部分履行的，有的则只是表示愿意履行或赔偿，但都得到了从宽处理，进而出现裁判尺度上的不一。

第四，期限性。刑事诉讼周期与修复周期的矛盾凸显。简单修复措施，如“投放鱼苗”“补种树苗”“劳务代偿”“恢复植被”等，可在短期内完成，但完成并不等于达到修复效果。如种植林木并保证成活率或恢复土地原状等措施，并不能在短期内实现，在义务尚未实际履行的情况下，就提前在被告人量刑上从轻考虑，有违刑罚原理。[1] 同时，刑事案件办理期限有限，难以实现先修复再根据修复情况裁量刑罚的真正意旨，修复的科学性难以保证。

（二）裁判主文：修复生态环境责任作为刑事判决的判项

1. 刑事案件：普通刑事案件中判决承担修复责任及其“违法性”隐忧

若将环境修复设计为一种具有强制力的刑罚手段，则不符合刑罚手段的结构体系，无法将其作为一种新的刑罚形态纳入其中[2]，且会引发对罪刑法定原则及合理性[3]的质疑。生态修复责任尚非法定刑罚种类，不能因创新而突破法律规定直接写入判项。[4] 无论其作为主刑还是附加刑，都与罪刑法定原则有抵牾。早期环境刑事司法在探索修复责任创新适用机制时曾有过这种模式。如贵州省清镇市人民法院在朗某某盗伐林木案[5]中，除判决朗某某有期徒刑 2 年及罚金外，还判令其赔偿林木所属单位村委会经济损失，“并于判决生效后 90 日内在案发地补种树苗 145 株”。后期的环境刑事司法在没有提起附带民事公益诉讼的情况下，鲜有此类直接在判决主文中判处行为人承担修复责任的案例，因为将其作为“刑罚”存在“名不正、言不顺”之嫌。

---

〔1〕 参见余德厚：《环境审判非刑罚化措施的生成及完善路径》，载《西南交通大学学报（社会科学版）》2017 年第 2 期。

〔2〕 参见周峨春、郭子麟：《从司法先行到罪刑法定：环境修复在刑法中的确立和展开》，载《中南林业科技大学学报（社会科学版）》2022 年第 1 期。

〔3〕 参见宁清同：《刑事生态修复责任初论》，载《深圳社会科学》2022 年第 1 期。

〔4〕 参见余德厚：《环境审判非刑罚化措施的生成及完善路径》，载《西南交通大学学报（社会科学版）》2017 年第 2 期。

〔5〕 参见贵州省清镇市人民法院刑事判决书，（2007）清环保刑初字第 1 号。

若以刑事裁判书形式责令被告承担生态修复责任，则该修复责任性质为何？第一，若定性为刑事责任，于法不符。若将其法律依据设为《刑法》第36条和第37条规定，判处或责令赔偿经济损失，认为该两条规定“蕴含了权益修复的内容”[1]，难免牵强。因为生态利益与经济损失有别，责令赔偿经济损失并非对生态进行修复或赔偿。第二，若定性为行政责任，于法无据。行政责任只能通过行政执法机制实现，绝无可能由刑事司法“代劳”之理。但判决种树之类的做法效果甚好，本应由行政机关以行政处罚或行政处理方式为之，若由司法机关代劳，有违常理与法理。第三，若定性为民事责任，难以自圆其说。要在刑事案件中追究民事责任，宜通过刑事附带民事诉讼的方式进行，不应也不能通过刑事案件直接判决。且在没有民事责任原告的情况下，法院就民事责任部分本着“不告不理”的原则，不能直接越俎代庖地判令责任人承担民事责任。

因此，在刑事案件中直接判决责任人承担修复责任不妥。

2. 刑事附带民事公益诉讼：作为附带民事裁判主文之判项契合其民事属性

在刑事附带民事诉讼程序改良的基础上，引入公益诉讼元素，从而塑造出“刑事附带民事公益诉讼”这一颇具特色的公益诉讼机制。该机制同时融合了刑事诉讼与民事公益诉讼的双重元素，具备了单纯刑事案件或纯粹民事公益诉讼案件所不具有的优势，此类案件迅速成为环境民事公益诉讼的主力军，占比达71.11%[2]，成为维护环境公共利益的一把“利器”[3]，这类案件更“偏爱”适用修复性责任。[4]

---

〔1〕 蒋兰香：《生态修复的刑事判决样态研究》，载《政治与法律》2018年第5期。

〔2〕 参见最高人民法院发布的《中国环境资源审判（2017—2018）》白皮书及《中国环境资源审判（2019年）》白皮书。

〔3〕 杨雅妮：《生态环境修复责任：性质界定与司法适用——以环境刑事附带民事公益诉讼为分析对象》，载《南京工业大学学报（社会科学版）》2022年第1期。

〔4〕 参见张小雪、苑占伟：《生态环境修复责任承担方式的司法适用——基于347篇裁判文书的样本分析》，载《山东法官培训学院学报》2020年第3期。

(1)判决本质:虽与刑事责任同时判处,但修复责任本质上仍是民事责任。尽管有刑事诉讼主导的外观,在刑事附带民事诉讼下判决行为人承担修复生态环境责任,已超越了刑事责任范畴,而是纯粹的民事责任。其适用的实体法根据是《民法典》等民事性规范。

(2)刑事附带民事公益诉讼适用修复责任的优势:第一,确保“刑民并举”,避免“先刑后民”出现的量刑不均。在对刑事部分进行裁判时,即已充分考虑民事部分应承担修复责任的因素,纳入量刑考量视野,避免“先刑后民”裁判路径中出现的刑事责任未得宽待但民事责任却不能少的局面。在“刑民分离”的路径下,存在量刑失衡风险:如先履行者获得从轻,则刑事判决在先、民事判决在后者,就难以获得像先履行修复责任者那样的从宽与从轻,可能引发“同案不同判”。第二,环境刑事案件因起点刑相对较低,可将适用缓刑、不起诉、不追究刑事责任与修复责任的履行建立特定联系。生态环境修复的承担因此可以与缓刑相结合,多数为缴纳修复费用、保证金,少数为承诺修复。[1] 从裁判情况看,缴纳修复费用和保证金作为量刑情节被采纳的概率最高,法院还会将该费用从民事责任中扣除。[2] 第三,刑事与民事一并处理,避免先刑后民带来的责任重叠、不协调问题。

(3)刑事附带民事公益诉讼适用修复责任的问题:第一,一定程度背离了“行为责任优先于经济责任”的规则。刑事附带民事案件中,“支付生态环境修复费用”较“履行生态环境修复义务”更为多见。[3] 由于行为人被羁押、不具备修复能力等因素,行为人多以支付修复费用、缴纳保证金或劳务代偿等方式替代原本的修复行为责任,这些替代方式对行为人的教育功能有限,存在“花钱赎罪”之嫌。第二,刑事责任与民事责任

---

〔1〕 参见徐军、李方玲:《生态环境修复责任在刑事附带环境民事公益诉讼中的司法适用研究——以 397 份裁判文书为样本》,载《四川环境》2021 年第 4 期。

〔2〕 参见徐军、李方玲:《生态环境修复责任在刑事附带环境民事公益诉讼中的司法适用研究——以 397 份裁判文书为样本》,载《四川环境》2021 年第 4 期。

〔3〕 参见杨雅妮:《生态环境修复责任:性质界定与司法适用——以环境刑事附带民事公益诉讼为分析对象》,载《南京工业大学学报(社会科学版)》2022 年第 1 期。

执行时间上存在冲突。部分判决既判决被告实刑,亦判决其承担修复责任,因被告服刑期间无法履行修复责任,生态环境会处于未修复状态,损害会持续。第三,程序上的不协调性。刑事附带民事公益诉讼降低了管辖级别。第四,赔偿范围受限。由于刑事附带民事诉讼只赔偿“物质损失”,评估费用、期间功能损害等难以得到支持。

3. 非刑罚处罚:引用《刑法》第37条但仍作为民事修复责任对待

学界对修复生态环境是否属于《刑法》第36、37条的“赔偿损失”存在分歧:积极观点认为应解释为包括“权益修复”[1];消极观点则认为违反责任法定原则。但实践中对此却较为统一——将其作为附带民事责任之修复责任对待。第一,引用《刑法》第36条辅助进行裁判者,多将修复责任作为附带民事诉讼之民事责任进行裁判。[2] 虽在一定程度上将修复责任视为“经济损失”赔偿,但更多体现的是生态环境修复责任。第二,极少数裁判文书中引用《刑法》第37条作为辅助,裁判者因被告刑事犯罪情节轻微或综合案情对其免予刑事处罚,但并不免除其赔偿修复费用或修复生态环境的责任。[3] 虽然判决使用的是“责令被告连带承担破坏渔业生态环境和渔业资源修复责任,购买×××尾规格为25~50克/尾的黄颡鱼苗至沐溪河段投放”[4]或“责令被告连带承担破坏渔业生态环境和渔业资源修复费用3800元(已支付)”[5]等表述,且说理部

---

[1] 参见蒋兰香:《生态修复的刑事判决样态研究》,载《政治与法律》2018年第5期。

[2] 参见广东省中山市中级人民法院刑事附带民事裁定书,(2021)粤20刑终515号;鹤壁市淇滨区人民法院刑事附带民事公益诉讼判决书,(2022)豫0611刑初337号;鹤壁市淇滨区人民法院刑事附带民事公益诉讼判决书,(2022)豫0611刑初321号;湖南省洪江市人民法院刑事附带民事判决书,(2022)湘1281刑初178号;黑龙江省富裕县人民法院刑事附带民事判决书,(2022)黑0227刑初61号;黑龙江省北安市人民法院刑事附带民事判决书,(2022)黑1181刑初60号;湖南省邵阳市双清区人民法院刑事附带民事判决书,(2022)湘0502刑初42号;四川省剑阁县人民法院刑事附带民事判决书,(2021)川0823刑初133号;福建省霞浦县人民法院刑事附带民事判决书,(2021)闽0921刑初313号。

[3] 参见四川省沐川县人民法院刑事附带民事判决书,(2018)川1129刑初38号。

[4] 四川省沐川县人民法院刑事附带民事判决书,(2018)川1129刑初38号。

[5] 四川省沐川县人民法院刑事附带民事判决书,(2018)川1129刑初66号。

分明确表明是支持附带民事诉讼修复生态环境诉讼请求[1],故不能认为这属于非刑罚处罚方法,其是附带民事诉讼的判项主文内容,系民事责任。有些不免除被告刑事责任的附带民事诉讼案件[2]也援引《刑法》第37条辅助裁判,是误将修复生态责任当作"经济损失"对待,实际上是对第37条的误引,应引用《刑法》第36条。

(三)执行方法:作为刑罚执行方法与附带民事责任执行方法

1. 刑罚执行方法

尽管社会化的刑罚执行理念与恢复性司法下的修复责任创新适用有一定关联性,但刑事案件中修复责任的适用并不作为一种刑罚执行方式。否则一方面将与罪刑法定原则存在冲突,另一方面将存在"以工代罚""以赔代罚""交钱不罚"等隐忧。

实践中创新性地以"履行修复生态环境责任"为缓刑考验条件,值得重视。这种创新思维,将修复生态环境作为"缓刑考验"条件,使修复责任真正与刑事责任挂钩,成为是否撤销缓刑的关键性评价要素。但面临的难题包括修复生态环境并不属于《刑法》中可以适用缓刑的情形,以及若允许以此为缓刑条件,缓刑考验期与生态修复期不等长的协调性难题。这种"判处缓刑+恢复性措施"的处理方式,使缓刑期限和修复生态环境之间"对应性"存在的疑问包括:若缓考验刑期长于修复期,则未完成修复目标是否可撤销缓刑?若缓刑考验期短于修复期,则缓刑考验期满刑罚不再执行,则行为人未完成修复也无法再科以刑罚,修复目标因此落空。[3] 如浙江省安吉县人民法院的一则刑事裁判中,法院在判决张某等三人构成污染环境罪适用缓刑的同时,发布"土壤生态修复令",明

---

〔1〕 参见四川省沐川县人民法院刑事附带民事判决书,(2018)川1129刑初38号;四川省沐川县人民法院刑事附带民事判决书,(2018)川1129刑初66号;重庆市涪陵区人民法院刑事附带民事判决书,(2019)渝0102刑初234号。

〔2〕 参见四川省夹江县人民法院刑事附带民事判决书,(2019)川1126刑初150号。

〔3〕 参见余德厚:《环境审判非刑罚化措施的生成及完善路径》,载《西南交通大学学报(社会科学版)》2017年第2期。

确若三人未按要求进行修复,将视情节轻重撤销缓刑执行原判刑罚。[1]

2. 刑事判决中附带民事修复责任之执行方法

即刑事判决之后(通常为缓刑),以补植令、复绿令、抚育令、管护令、修复令、碳汇认购令、护海令等形式,在刑罚执行期间,督促犯罪人按照一定标准和时间要求完成生态环境修复。分两种情况:

一是普通刑事判决主文未判决修复责任,但查明事实与说理部分已明确被告应当承担修复责任,并明确修复的标准、数量及具体要求。将被告修复承诺、修复协议、赔偿协议、磋商协议等法律事实作为确认其修复责任的支撑,仅因其未涉及附带民事诉讼,不便在刑事判决主文中明确。虽然法院发布修复令缺乏判项依据,但这种司法的适度能动并不为过。

二是刑事附带民事(公益)诉讼判项主文中明确判决被告应承担补种林木、恢复植被、认购碳汇、修复土壤、恢复湿地等生态环境修复责任时,有关补植令、修复令、复绿令等实为法院通过令状方式执行判决主文内容,完全契合附带民事诉讼之民事责任属性。因此,无论刑事判决主文是否明确了修复责任,被告所承担的修复责任的执行对象并非"刑事责任",而是"民事责任"。

三、适用机制:刑事案件中适用修复责任的合理路径

基于类型化观察,将修复责任作为量刑情节和附带民事诉讼中的民事责任方式对待是主流。在未提起附带民事诉讼情况下,直接判决修复责任于法无据;将其作为"物质赔偿",又与修复责任的性质与目标不符;虽有部分判决援引了《刑法》第36、37条,但实质上仍是将其作为刑事附带民事诉讼之修复生态环境请求作出处理并裁判,实为对法条的误读,不应将其视为非刑罚处罚措施;若将其作为刑罚执行方法,则与罪刑法

---

〔1〕 参见陈一鸣、朱赟、高敏:《我省发出首个"土壤生态修复令"破坏者变身修复者》,载《浙江法治报》2019年5月7日,第1版。

定原则抵牾，但将修复责任作为“缓刑考验条件”，既契合修复责任本质亦可防止行为人背弃修复承诺而获得不当从轻处罚利益，此为刑罚执行的例外；至于刑事附带民事诉讼之修复责任判项执行，当归属民事责任无单列必要。故而，刑事案件中修复责任适用的路径合理化为两项：一是修复责任作为“独立化量刑情节”；二是重点应将其作为刑事附带民事诉讼之修复责任诉请裁判和执行。

（一）量刑情节：修复责任应挣脱“悔罪表现”走向“独立化量刑情节”

1. 定位改变：修复生态环境之量刑考量从权宜性向独立性转变

基于对酌定量刑情节的“规范性偏见”，修复生态情节的刑罚考量往往大而化之，依附于“悔罪表现”这一模糊的一般量刑因素之下，独立价值不彰。[1] 将修复责任作为量刑情节法定化、独立化、规范化十分必要且有益。挣脱将修复责任纳入量刑考量的“权宜性”和“行政目标性”枷锁，回归到将修复责任作为量刑情节的一般化、常态化样态，纠正司法“保姆式”的替代处置。生态修复量刑情节具有其特殊性：一是“变动性”特质。修复生态环境依托于生态环境本身物质与能量不断流动、交换、演替、发展的特点，是一种动态的量刑事实，转化为量刑证据时存在变动性。二是行政目标的“替代性”。实践中，刑事案件适用修复责任在很大程度上是对环境行政修复目标的替代实现，在司法能动背景下，“保姆式”的司法介入反而使原本应负担更主要的环境保护、监管职责的行政机关作壁上观，逃避修复及监管职责，应回归至依靠行政机关执法的中心角色。社会将修复生态环境置于司法环境中加以聚焦、审视，甚至赋予了通过刑事司法实现更多生态修复的目标，仅具有权宜性，非长久之计。故应当考虑生态修复量刑情节的特殊性，发挥其辅助行政机关进行环境治理的功能，而不是职能的转移或替代。

---

〔1〕 参见靳匡宇：《生态修复量刑情节运用的困境与调适——以污染环境罪量刑中的行政司法衔接为中心》，载《南京工业大学学报（社会科学版）》2020 年第 2 期。

2. 修复生态环境量刑情节独立化:内涵明晰与价值独立性

将修复责任履行作为“悔罪表现”之一固然不错,但弱化了生态环境修复在刑事案件中的特殊功能,不利于修复责任的独立化实现,有必要在将来立法及司法解释中将修复生态环境量刑情节剥离于“悔罪表现”。第一,内涵明晰化:有必要将刑事案件中修复责任的适用实质化为量刑情节,避免出现性质上的困扰。不少刑事案件中将已经或承诺履行修复生态行为,或所签订的生态修复协议、磋商协议、保证书、承诺书、缴纳保证金、预缴修复费用等作为查明的事实予以认定,将之视为酌定量刑的证据与情节,并在说理部分以被告人有认罪悔罪表现,根据不同情况予以从轻或减轻处罚。[1] 除少部分案件在判决中明确修复性措施外,大部分案件采取了非判决方式,通过协议书、承诺书、保证金等方式监督被告人履行恢复性措施。[2] 第二,价值独立化。生态修复情节在量刑因素中缺乏规范性和独立性,如同其他量刑规范措施,可以考虑在环境司法文件、修复生态指引意见中规范生态修复的量刑。赋予生态修复责任独立的量刑价值和影响辐射范围,在恢复性司法理念持续、广泛深化的基础上,修复生态环境责任的履行可在自由刑的削减和资格刑适用等方面得以合理运用。[3]

3. 修复生态环境量刑情节独立化规则建构

第一,建立行政机关参与的生态修复量刑情节确认机制。对于修复生态环境的专业性事项,由行政机关积极参与司法和解、附带公益诉讼等程序,进行专业指导、支持和业务衔接,并在后续执行中进行监督,有机衔接司法与行政的关系,协同达成司法目标与行政监管目标。

第二,建立生态环境修复责任适用量刑规范化机制。宜分层、分级展开,要根据不同的损害进行合理对比,精准化量刑,防止畸轻畸重,确

---

〔1〕 参见宁清同:《刑事生态修复责任初论》,载《深圳社会科学》2022 年第 1 期。

〔2〕 参见李挚萍、田雯娟:《恢复性措施在环境刑事司法实践中的应用分析》,载《法学杂志》2018 年第 12 期。

〔3〕 参见靳匡宇:《生态修复量刑情节运用的困境与调适——以污染环境罪量刑中的行政司法衔接为中心》,载《南京工业大学学报(社会科学版)》2020 年第 2 期。

保同样问题同等处理；科学配置刑罚，将主刑、附加刑合理结合，在主刑、附加刑与修复责任履行之间建立合理的关联，如将修复履行情况作为适用缓刑的考察依据或条件。

第三，在刑事裁判理由中将生态环境修复作为量刑情节，需解决以下三个问题：

一是未履行修复义务的“未确定事实”不应认定为量刑情节。修复生态责任作为已查明事实，系从轻或减轻刑罚的量刑情节，须是确定的、完整的、已实施的事实，且修复应符合规范及标准。可考虑按修复进阶，分别情形精准酌情量刑：(1)签有承诺书、保证书或生态修复协议，但修复并未真正开展；(2)已开始修复但未完成，尚未达到修复完成的目标；(3)已修复完成但效果尚待检验，如管护期尚未完成的；(4)已修复完成且检验后达到预期效果。真正能作为完整的量刑情节的是第四种情形，其他情形应酌情有梯度、适度优待。由于每个案件处理周期与修复周期不等长，因此“承诺修复≠已经修复”，能否真正达到恢复性司法的效果需检验。

二是明确刑事案件中生态修复量刑情节的“责任”属性，并明晰不履行该责任的严厉后果。包括三个层次：一是不应混淆刑事案件中被告人履行生态修复的“责任”与“义务”属性。不少案件中通过签订修复承诺书、修复协议、磋商协议、保证书等，作为法院查明被告已履行或承诺履行修复生态环境的事实之证据。但违反此类承诺显非违约责任，亦非行为人违反修复生态环境第一性义务。不能将“责任”当作“义务”对待，否则会导致为确保该“责任”履行还需另行提起违约或侵权之诉的尴尬，谨防形成更大、更难解之困惑。[1] 二是无论作为裁判文书“事实查明”“论证说理”部分存在，还是作为判决判项部分存在，修复责任的认定和判决具有既判力和强制性。再细分几种情况：(1)作为事实查明与说理

〔1〕 参见邓晓东：《论生态恢复裁判方式的法制化——以赎刑制度的后现代改造为视角》，载《福建师范大学学报(哲学社会科学版)》2015年第2期。

部分:虽不具有判项直接可执行效力,但法院可通过创新发出“植树令”“修复令”“管护令”“护海令”等执行命令来使修复责任实现。(2)作为刑事附带民事判决部分的修复责任,当可直接执行。此时修复责任既作为量刑情节得以适用,也作为判决判项得以强制执行。(3)若被告不依据判决、协议、承诺履行修复责任,当可作为刑罚执行的例外——基于“缓刑考验条件”的判断,适时撤销缓刑,以强化修复责任独立量刑价值。

三是强化审前社会调查确保判决执行效果。审前社会调查,又称“诉前社会调查”或“判前评估”,是指司法机关在进行刑事案件裁决之前,对拟采取缓刑等社区矫正措施的犯罪嫌疑人或被告人,通过自行或委托社区矫正机构对行为人的背景情况进行评估,认为适用缓刑或监外执行等措施不至于危害社会的,根据调查报告进行相应裁判。该机制确保了所作的缓刑裁判具有现实可执行性,避免判了修复责任未履行的“空判”,又给了被告缓刑优惠。福建法院在破坏森林适用碳汇认购进行替代修复给予行为人缓刑处理的案件中[1],量刑时除考虑被告犯罪情节、积极退赃、认罪认罚、通过购买碳汇方式进行生态破坏的替代性修复等量刑情节外,还结合审前社会调查,认为对被告人宣告缓刑对其所居住社区没有重大不良影响的,才决定对适用缓刑。有的地方是委托社区矫正机构进行评估并提出建议后,法院在综合考虑评估结论及其他因素后适用缓刑。[2]

(二)刑民并行:刑事附带民事(公益)诉讼机制的强化

为缓和将生态修复责任在刑事案件中作为“工具化”量刑情节的困局,可充分发挥刑事附带民事诉讼民事刑事同审、责任协同处理的制度优势实现修复责任,附带使机制强化与优化。

1. 刑事附带民事(公益)诉讼中修复责任从“工具化”走向“实质化”

生态环境修复作为量刑情节或作为附带民事诉讼机制,具有“准法

[1] 参见福建省顺昌县人民法院刑事判决书,(2021)闽0721刑初139号。

[2] 参见2023年最高人民法院“湿地生态保护典型案例”之三:邱某非法捕捞水产品案。

定化”地位。但可操作性被忽略、标准缺失、适用泛化现象依然明显,非但未能激励生态修复展开,反而使不少修复行为因质劣而归于低效,背离了初衷。[1] 刑事附带民事公益诉讼机制出现后得以迅速推广,很大程度上解决了修复责任的地位尴尬与归属不定的问题。刑事附带民事部分的诉讼请求,往往以生态环境修复责任或损害赔偿为主,呼应了环境刑法规制的不足,并充分彰显其与恢复性司法之间的密切关系。[2] 即便如此,附带民事诉讼判决内容的生态修复也常以量刑情节形式出现,工具化特征依然存在,这正是需要改进和避免的。而破解之道正是将刑事司法中生态修复责任的适用,由纯粹刑事案件量刑情节(工具化)转向刑事附带民事诉讼的实质化民事责任(实质化)。

2. 刑事附带民事(公益)诉讼下几层关系的处理

刑事附带民事诉讼中,刑事与民事各占一端,但又相互融合,刑事责任的裁判需要考虑民事修复责任履行的情况,当事人对修复生态环境责任的态度又反作用于刑事责任的裁量和执行。须处理好几对关系:

第一,生态环境修复责任优先于刑事责任处理。我国长期以来奉行的“先刑后民”传统,难以实现刑民责任协同,不利于受损生态环境的修复救济;若逻辑反转为“先民后刑”,则将使刑事处理过于拖延,正当性不足;若调整为“刑—民—刑”的路径,虽可“倒逼”被告履行生态环境修复责任,但难免诱发“赔偿减刑”“花钱买刑”的质疑与担忧。[3] 刑事附带民事公益诉讼则塑造了一个灵活机制:一是通常应先履行修复生态环境责任,根据履行情况确定是否作为量刑情节,进一步对量刑轻重进行规范化核定。此时属“先民后刑”。二是若被告拒不担责不履行修复责任

---

〔1〕 参见靳匡宇:《生态修复量刑情节运用的困境与调适——以污染环境罪量刑中的行政司法衔接为中心》,载《南京工业大学学报(社会科学版)》2020 年第 2 期。

〔2〕 参见田雯娟:《刑事附带环境民事公益诉讼的实践与反思》,载《兰州学刊》2019 年第 9 期;谢小剑:《刑事附带民事公益诉讼:制度创新与实践突围——以 207 份裁判文书为样本》,载《中国刑事法杂志》2019 年第 5 期。

〔3〕 参见杨雅妮:《生态环境修复责任:性质界定与司法适用——以环境刑事附带民事公益诉讼为分析对象》,载《南京工业大学学报(社会科学版)》2022 年第 1 期。

或短期内难以承担修复责任,或者承担修复责任不合格,则为避免刑事部分过于拖延,可"先刑后民"或"刑民同步"进行附带判决。但对于不同原因引发的先刑后民或刑民同步,修复责任对量刑的影响是不同的:如因被告主观不履行修复责任或承担修复责任不合格原因导致,则修复责任不对量刑产生影响,应按常规量刑;若因客观原因、技术条件、时间要求等导致短期难以修复,须及时处理刑事部分的,修复责任原则上不对刑事责任产生重大影响,但可综合考虑主观过错等各种因素适度量刑。

第二,附带民事诉讼中修复费用与惩罚性赔偿、罚金、没收财产责任的关系。基于"罚当其过"原理,应公平科以相应财产性责任:其一,应明确修复责任优先于惩罚性赔偿的适用顺序。一方面,可同时适用修复责任与惩罚性赔偿,两者原则上不冲突;另一方面,当侵权人(被告)财产"不足以支付"生态环境修复费用和惩罚性赔偿金时,应优先适用修复责任。[1] 其二,"罚金"与"修复责任"并科。罚金是财产刑,兼具惩罚、预防与教育作用。罚金必须上缴国库,通常不直接用于修复生态环境;生态环境修复责任旨在对受损生态环境损害进行修复性填补,系民事责任。根据责任聚合理论,罚金与修复责任之间并科并无障碍。[2] 故而不能因为科处了罚金,就不当减少生态环境修复费用的判处。其三,"没收财产"与"修复责任"并科。针对同一违法犯罪行为,没收财产针对犯罪原因行为,生态环境修复责任针对损害结果的补救。没收财产作为附加刑,与作为民事责任的修复责任并不冲突。两者评价维度和制度功能各异,并科并不违反罚当其责的原理。但危害结果与原因行为之间往往高度关联,应坚持不加重违法行为人的责任总量的原则处理。[3]

---

[1] 参见《生态环境侵权惩罚性赔偿解释》第11条第2款。

[2] 参见杨雅妮:《生态环境修复责任:性质界定与司法适用——以环境刑事附带民事公益诉讼为分析对象》,载《南京工业大学学报(社会科学版)》2022年第1期。

[3] 参见龚学德:《论公法制裁后环境民事公益诉讼中的重复责任》,载《行政法学研究》2019年第5期。

第三,附带民事诉讼可解决行政处理及普通刑事案件中不能涉及的其他事项。刑事附带民事公益诉讼中,可将行政责令型修复以及普通刑事案件中可能发生的鉴定评估费、代垫处置费、期间功能损失等其他责任一并在附带民事诉讼部分解决,使附带民事公益诉讼发挥与纯粹环境民事公益诉讼相同的功能,避免再次诉讼。

3. 刑事案件中缓刑适用与否不影响刑事附带民事修复责任裁判

在恢复性司法理念下,行为人履行生态修复责任情况作为裁量刑事责任的依据之一,两者之间建立了特定联系:行为人履行修复责任是适用缓刑的考量因素,而适用缓刑又往往是行为人能如期兑现修复生态环境承诺或协议的必要条件。这种联系并非密不可分。当根据具体情形不宜适用缓刑时,并不意味着行为人可以不承担修复责任,法院可在刑事附带民事公益诉讼案件中判决其承担修复责任,亦可先刑后民,另行在环境民事公益诉讼或生态环境损害赔偿诉讼中直接裁判行为人承担生态环境修复责任。据此:第一,无力承担修复费用者仍需承担行为修复责任,可待刑罚执行完毕后再履行修复行为。不能简单以尚未兑现的"承诺修复"作为减缓刑罚的依据。第二,判处3年以上刑罚者,若有支付修复费用能力,不因不符合缓刑条件而不考虑将其作为从轻处罚的因素。无论判处多少年刑罚,其都应承担修复费用,这一情况当然亦可作为评价其悔罪、悔过的重要依据。第三,在刑事诉讼之外另行提起民事公益诉讼的,行为人不能得到应有宽待,不能将修复责任履行与刑罚裁量关联起来。

第四节　民事诉讼:以环境修复为中心的司法程序改良

生态环境修复责任作为新型环境民事责任,实践中倚重民事司法的兜底救济。相较民法上恢复原状的单一私益诉讼机制,修复责任民事诉讼实现机制呈现立体化、多元化特点,囊括了环境侵权私益诉讼、公益诉讼、生态环境损害赔偿诉讼以及刑事附带民事公益诉讼、行政附带民事公益诉讼。立体化实现机制彰显了生态修复责任的独立化和特殊性。为贯彻以修复为中心的恢复性司法理念，须改良立案审查程序、明晰多类诉讼关系、强化能动司法、强化行政机关对司法裁判的执行参与。

一、立案程序：立案登记制下程序简化与透明化

环境民事诉讼当然以立案登记制为导向，并在此基础上进行适当改革。

（一）立案登记：分类进行形式审查与调整

1. 私益诉讼：严格按立案登记制规定进行形式审查

私益侵权诉讼在立案登记时应注意两点：一是在对原告与案件是否存在利害关系审查上宜适当放松审查标准，原则上只要初步具备利害关系的证明材料，即可确认其资格。二是对被告资格的审查不能以普通民事侵权有"明确被告"为严格标准。应考虑水、大气、土壤等生态环境侵权中的流域性、迁移性、潜伏性、长期性、隐蔽性等特质，原则上存在可能侵权的被告即应立案，至于所列被告是否应承担侵权责任，乃审判阶段审查的事项。[1] 防止在立案阶段即进行损害事实、因果关系等的实质性审查，只要初步证据材料能证明存在侵权的可能性已足。

2. 民事公益诉讼：应根据提起主体分类进行适当的程序审查

能提起民事公益诉讼的主体限于三类，应根据各自特点进行审查：

（1）提起环境民事公益诉讼的机关应限于"法律规定的机关"。《民法典》第1234、1235条中"国家规定的机关"，比《民事诉讼法》第58条以及《环境民事公益诉讼解释》第1、29条"法律规定的机关"要宽泛，与《改革方案》相承接[2]，是为满足生态环境损失主体的合法性而预设和

---

〔1〕 参见2018年6月福建省高级人民法院发布的生态司法保护绿皮书及十大生态环境审判案例。

〔2〕 参见王莉、邹雄：《生态环境损害公私法二元救济的规则安排》，载《南京社会科学》2020年第6期。

放宽,既考量到民事公益诉讼需要法定的国家机关,也考虑到生态环境损害诉讼的主体法定化需求。意味着应作两分:针对民事公益诉讼,应以“法律规定的机关”为限;针对生态环境损害赔偿诉讼,宜做“国家规定的机关”解释。前者体现民事公益诉讼的法定性,后者体现生态环境损害赔偿诉讼的政策性特点。但应防止部分行政机关放弃监管职责,采用公益诉讼方式将原本可以用行政手段处理的案件推至人民法院,徒增人民法院受理环境资源案件的压力,浪费了宝贵的司法资源,甚至形成了司法权取代行政权对环境资源进行管理的隐忧。行政机关提起环境民事公益诉讼的案件数量大幅减少,法院停止支持没有明确“法律授权”的机关提起民事公益诉讼,常以其不具备原告资格裁定驳回起诉。[1] 当前,法定化的享有民事公益诉权的机关主要有:一是海洋环境监督管理部门、自然资源与林业[2]、设区的市级以上人民政府或指定部门[3]。二是检察机关。检察机关作为法律监督机关,代表公共利益提起诉讼当具有正当性。

(2)符合条件的社会组织提起的环境民事公益诉讼。审查重点在于社会组织是否符合法定起诉条件。《环境民事公益诉讼解释》第2~5条明晰了符合条件的社会组织作为公益诉讼原告的条件,最高人民法院还通过指导性案例75号[4]、规范文件[5]进一步从宽解释“社会组织”的范围。由严及宽的解释有利于保护生态,是对政府主导的环境保护工作的有力补充,也是公众参与原则的具体体现,契合生态环境治理主体多元化发展趋势。[6] 应注意以下三点:第一,社会组织可以跨区提起环境民事公益诉讼。原告原本就与案件无直接的实质性的利害关系,其之所

---

〔1〕 参见甘肃省高级人民法院民事裁定书,(2017)甘民终506号。

〔2〕 参见《森林法》第68条。

〔3〕 参见《固体废物污染环境防治法》第122条。

〔4〕 最高人民法院民事裁定书,(2016)最高法民再47号。

〔5〕 参见《最高人民法院关于审理环境公益诉讼案件的工作规范(试行)》第5条。

〔6〕 参见王利明:《〈民法典〉中环境污染和生态破坏责任的亮点》,载《广东社会科学》2021年第1期。

以能提起公益诉讼,是因为法律赋权。跨区诉讼有利于全国性、区域性的社会组织提起公益诉讼,防止部分社会组织独揽公益诉讼权的局面出现。第二,社会组织不能行使本应由法定机关享有的提起环境民事公益诉讼的诉权。这在海洋生态环境保护中尤为明显,法律赋予行使海洋环境监督管理权的部门向侵权者提出索赔请求,社会组织不具备起诉的主体资格。[1] 但若既破坏了海洋生态环境,又破坏了陆地生态环境,社会组织有权提起民事公益诉讼。[2] 第三,社会组织提起环境民事公益诉讼应遵循一事不再理原则。若已有社会组织提起公益诉讼,且已通过调解或判决方式解决了公共利益保护问题,法院对其他组织再行提起的民事公益诉讼不予受理。

(3)检察机关提起环境民事公益诉讼案件,须履行诉前督促起诉程序[3]。督促行政机关履行职责,督促违法企业履行整改义务,并使社会组织有机会提起公益诉讼。除已履行督促起诉或支持起诉程序外,检察机关还应提交"被告的行为已经损害国家利益、公共利益或者具有损害的重大风险的初步证明材料"。

3.生态环境损害赔偿诉讼:以形式审查为主

生态环境损害赔偿诉讼案件的起诉主体为"国家规定的机关"。具体为"省级、市地级人民政府及其指定的相关部门、机构,或者受国务院委托行使全民所有自然资源资产所有权的部门"[4]。实践中可授权生态环境部门或自然资源部门或根据地区特点扩大具体工作的部门范

---

〔1〕 参见山东省高级人民法院民事裁定书,(2018)鲁民终 1334 号;福建省高级人民法院民事裁定书,(2018)闽民终 385 号。

〔2〕 参见广东省高级人民法院民事裁定书,(2017)粤民终 2635 号。

〔3〕 参见《最高人民法院、最高人民检察院关于检察公益诉讼案件适用法律若干问题的解释》第 13、14 条;最高人民法院发布的《人民法院审理人民检察院提起公益诉讼案件试点工作实施办法》第 2 条。

〔4〕 参见《生态环境损害赔偿规定》第 1 条。

围。[1] 涉及海洋自然资源损害的案件，由海洋环境监督管理机关提起诉讼。[2] 应区分两类情形进行审查：一类是经过磋商达成生态环境损害赔偿协议请求司法确认的，只需审查原告资格是否为《改革方案》规定的“赔偿权利人”及是否符合《生态环境损害赔偿规定》第 1 条规定的条件即可。同时应当提交生态环境损害赔偿磋商协议作为基础性材料。另一类是经磋商未达成协议或未经磋商直接提起生态环境损害赔偿诉讼的，须提交原告起诉符合条件、生态环境损害事实及经磋商未达成协议或无法磋商的说明。

（二）程序设定：立案登记制度环境司法案件相关程序问题

1. 立案公告：重视立案公告与对相关行政机关的通知的配合

立案公告制度限于民事公益诉讼和生态环境损害赔偿诉讼。（1）环境民事公益诉讼立案后应予公告。公告的意义在于：让有权提起公益诉讼的机关和社会组织申请参加诉讼，防止原告的遗漏；便于检察机关、负有环境保护监督职责的部门及其他机关、社会组织、企事业单位依法通过支持起诉制度参与公益诉讼；可保障社会公众的知情权，可跟踪关注案件处理过程、处理结果、修复方案的进展。法律对生态环境损害赔偿诉讼虽然没有明文规定，但参照公益诉讼规则应履行公告程序。司法解释规定了生态环境损害赔偿协议司法确认程序须履行受案公告，公告协议内容，以便公众监督。（2）针对负有环境监督保护职责的行政机关履行“告知”程序。告知显然比“公告”更直接。其意义在于：第一，督促行政机关在诉讼程序中履行监督职责，必要时采取执法措施。通过执法行为促使侵害公共利益的环境违法行为早日停止，使公共利益得到及时救济。第二，鼓励行政机关参与诉讼，便于裁判后在行政机关监督、指导下执行生态环境危害排除、修复生态方案。第三，通知行政机关也是对行政机关履职的另一种监督方式。正是因为行政机关未能全面履职才导

〔1〕 参见郭林青等：《我国生态环境损害赔偿制度研究——基于各省区市实施方案及配套制度分析》，载《环境与可持续发展》2021 年第 5 期。

〔2〕 《海洋环境保护法》第 114 条。

致公共利益受损，行政机关有义务知晓并及时纠正自己的不作为或不完全作为。

2. 关联程序：民事公益诉讼与关联程序的协调

若同时存在刑事诉讼、行政诉讼及破产清算或解散诉讼，就可能产生相关诉讼程序的协调问题。

（1）与环境刑事诉讼程序的协调。当符合环境刑事犯罪构成时，则本着刑事优先民事处理的规则，在已知刑事案件处于侦查、起诉或审判阶段时，受案法院可告知公益诉讼起诉人待刑事案件处理后再行起诉。但并无法律规定必须等待刑事诉讼完结方可提起民事公益诉讼或私益诉讼，故而如坚持起诉，可以先予以受理，然后中止审理。化解这一冲突的最有效措施是通过刑事附带民事公益诉讼一并解决。〔1〕 但刑事优先于民事规则并非绝对，在民事案件有相关证据支撑的情况下，先审民事案件并无不妥。〔2〕

（2）行政公益诉讼与民事公益诉讼：可根据《最高人民法院关于适用〈中华人民共和国行政诉讼法〉的解释》"相关民事争议的一并审理"程序处理，形成富有特色的"行政附带民事公益诉讼"。

（3）破产程序优于民事公益诉讼规则。在环境民事公益诉讼过程中，其他债权人提起破产重整或破产清算时，应依据《企业破产法》规定中止审理，改为申报破产债权。破产程序优先规则在实践中得以重申〔3〕，无论在公益还是在私益诉讼中，如被告或债务人被宣告破产，则应适用破产程序，有关债务人的民事诉讼只能向受理破产申请的法院提起。贵阳市中级人民法院还专门出台文件，明确在办理破产案件过程中坚持生态优先、绿色发展原则，发现存在生态环境损害风险的，应披露相关信息，特别强调重整计划应明确债务企业涉及的生态环境损害赔偿、修复及环

---

〔1〕 参见《最高人民法院、最高人民检察院关于检察公益诉讼案件适用法律若干问题的解释》第20条。

〔2〕 参见江西省九江市中级人民法院民事判决书，(2019)赣04民初201号。

〔3〕 参见安徽省高级人民法院民事裁定书，(2017)皖民辖终67号。

境污染防治资金保障及责任归属。[1]

二、诉讼顺位：修复请求权主体间行使诉权的顺位构造

生态环境遭受损害，有多个主体均享有修复请求权时，就涉及诉讼顺位或“位阶”[2]。

(一)私益主体与民事公益、生态环境损害诉讼主体之请求权顺位

私益主体提起修复之诉，系基于其依托于环境资源要素的财产权或人格权遭受侵害。可在民事公益诉讼、生态环境损害诉讼之前提起，也可在该等诉讼完成后提起。私益主体的诉请范围是有限的，局限于受损生态环境与其财产利益重叠的部分，超出部分其无权主张。由此形成四个规则：

第一，平行诉讼规则：民事公益诉讼不影响私益主体提起诉讼。[3] 实践中却是公益诉讼、生态环境损害诉讼被优先处理，因该等诉讼涉及面广，私益主体的利益往往与公共利益存在交错，同时提起可能会导致重复责任。若先后提起均未审结，常以公益诉讼或生态环境损害诉讼为先，而该等判决又成为私益诉讼的重要支撑。

第二，私益优先规则：当行为人财产不足以赔付公益和其他损害时，应优先满足私益损害的裁判执行。[4] 尽管规则上是私益优于公益，但私益诉讼并不优于公益诉讼，由此形成的“时间差”，以及赔偿金额巨大、加害人经济能力有限等因素，往往使私益难以获得救济。事实上有悖于法律对私益优于公益救济的位阶规定。[5]

第三，权限限制规则：私益主体只能就其权利受损范围内的生态损

---

〔1〕 参见2022年11月4日《贵阳市中级人民法院关于审理企业破产案件中涉生态环境问题处理的工作指引(试行)》。

〔2〕 王耀伟、刘蔡宽：《〈民法典〉中生态环境修复责任条款之法律辨析》，载《湖南社会科学》2021年第2期。

〔3〕 参见《环境民事公益诉讼解释》第29条。

〔4〕 参见《环境民事公益诉讼解释》第31条。

〔5〕 参见秦天宝：《我国环境民事公益诉讼与私益诉讼的衔接》，载《人民司法(应用)》2016年第19期。

害提起修复之诉,超出范围应由公益诉讼代表主体提起。该条规则的依据是普通民事诉讼的"利害关系"原理。相应地,私权对应的生态环境属于整个环境的一部分,故生态环境损害赔偿诉讼或民事公益诉讼的主体提起诉讼时,其作为公益的"一分子"可被整体性的公共利益所涵盖,整体性修复基本上可覆盖私益土地或自然资源修复的目标。

第四,权利补位规则:当私益主体提起民事诉讼主张修复责任时,其主张修复范围、程度、标准等不满足生态环境修复要求的,公益诉讼或生态环境损害赔偿主体有权主张剩余修复责任。当公益主体提起民事公益诉讼或生态环境损害诉讼,其诉请未完全覆盖私益主体利益范围内的生态修复目标时,私益主体的利益不因公益诉讼的修复主张而消灭,其在未获得修复救济范围内仍然享有对行为人的请求权。

(二)环境民事公益诉讼内部多元主体的修复请求权顺位

民事公益诉讼主体起诉顺位有内部冲突与外部冲突之分。

(1)内部冲突:行政机关内部的起诉权应根据职责进行划分。如《海洋环境保护法》第 4 条,根据污染源等确定了生态环境、海洋行政、渔业行政、海警、军队环保等各机关的职权范围,而司法解释和实务上也支持"根据职能分工提起海洋自然资源与生态环境损害赔偿诉讼"。[1] 其他法律并无此明确的权限区分。

(2)外部冲突:《民法典》第 1234 条在"机关"与"社会组织"两类主体之间使用的连接词是"或者",对行政机关、检察机关与社会组织之间如何排序未作规定,由此形成外部冲突。从文义上看,这些主体系选择关系,无顺位要求。但若诉讼顺位处理不好,可能会出现两个极端:针对同一环境损害,出现无人起诉的"公地悲剧"与争相起诉的"反公地悲剧"现象。"公地悲剧"下公益诉讼可能面临集体行动困境,诉讼利益享有者与成本付出者不具有同一性,制度设计上又缺乏相应激励机制来补

---

[1] 参见《最高人民法院、最高人民检察院关于办理海洋自然资源与生态环境公益诉讼案件若干问题的规定》第 2 条第 2 款;厦门海事法院民事判决书,(2013)厦海法初字第 55 号。

偿诉讼成本，以至于谁都不愿意采取诉讼行动维护环境法益，展现的是人性中过度经济理性。[1] 与之相反，“反公地悲剧”中，多个主体都被赋予权利，但没有人拥有有效权利，当有太多权利者拥有排斥权时，可利用资源不足，[2]导致索赔权、监督权分散，“反公地悲剧”现象由此而生，权利人争相行使权利而最终无法有效推进诉讼进程。[3] 因此，如无合理顺序安排，修复请求权冲突就悬而未决。为此有必要建构合理的顺位关系：

对于法律规定的机关与社会组织谁享有优先权的问题。实践中形成如下规则：

一是法定赋权优先规则：法律明确由行政机关提起民事公益诉讼的，系通过立法首次进行权利配置，排除了社会组织提起民事公益诉讼的资格。如《海洋环境保护法》第 114 条明确，社会组织不能行使此类国家机关专有诉权。当海洋污染或破坏与陆地有交叉时，可由社会组织或检察机关提起。[4] 海洋所兼具的经济、生态、战略等多重价值，决定了国家既是海洋自然资源的所有者、生态环境的监管者，也是战略资源的主权者。[5] 法律规定由行政机关首先提起民事公益诉讼，其合理性根据在于尊重行政机关首次判断权，防止司法权越位行政权。[6] 实践中，若行政机关已着手对污染地块实施应急处置，正组织开展相应环境修复工

---

〔1〕 参见任洪涛、南靖杰：《环境公益诉讼生态修复模式探析》，载《江南论坛》2017 年第 7 期。

〔2〕 See Helle M. , *The Tragedy of the Anticommons*: *Property in the Transition from Marx to Markets*, 3 Harvard Law Review (1998).

〔3〕 参见胡静、崔梦钰：《二元诉讼模式下生态环境修复责任履行的可行性研究》，载《中国地质大学学报（社会科学版）》2019 年第 6 期。

〔4〕 参见山东省高级人民法院民事裁定书，(2018)鲁民终 1334 号；福建省高级人民法院民事裁定书，(2018)闽民终 385 号；广东省高级人民法院民事裁定书，(2017)粤民终 2635 号。

〔5〕 参见肖建国：《利益交错中的环境公益诉讼原理》，载《中国人民大学学报》2016 年第 2 期。

〔6〕 参见罗丽：《我国环境公益诉讼制度的建构问题与解决对策》，载《中国法学》2017 年第 3 期。

作,社会组织诉请修复费用会被视为不具备条件。[1]

二是职权划分规则:法律规定的机关有两类:一是行政机关,其对生态环境原本负有保护或监管职责,当生态环境受损时基于赋权规则可提起民事公益诉讼;二是检察机关,其依据民事诉讼法的授权针对损害社会公共利益的行为,提起民事公益诉讼。但当两者权限交叉时,应当遵循行政机关优先、检察机关兜底或补充规则。[2] 这既彰显了行政优位权,尊重行政机关的首次判断权,也充分体现了检察机关的法律监督和兜底保护功能。

三是社会组织优先:在社会组织与检察机关都有权提起民事公益诉讼的情况下,社会组织的诉权优先。民事公益诉讼中,检察机关处于"辅助与补充地位,恪守补位原则"[3]。当二者角色存在冲突时,应对其监督职能与起诉职能作合理区分使其主次有别,避免检察机关由起诉"替补者"[4]变为"主力军"。实践中检察机关单向化扩张起诉职能、弱化监督职能的问题应引起重视,防止环境利益国家化倾向[5]影响检察机关法律监督职能的基本定位。对检察机关偏向于"亲自下场"[6]取代社会组织成为民事公益诉讼积极发动者和主力军的现象应予以纠正,尤其是刑事附带民事公益诉讼的快速发展,致使该类案件数量呈"井喷"状态,回避了诸多程序上的制约。因此,检察机关在民事公益诉讼中需做到"程序后置"与"功能补强",而非争抢诉权。故检察机关提起民事公益诉讼前应进行公告,当符合条件的社会组织提起诉讼时,检察机关可退

---

〔1〕 参见江苏省高级人民法院民事判决书,(2017)苏民终232号。

〔2〕 参见《海洋环境保护法》第114条。

〔3〕 刘建新:《论检察环境公益诉讼的职能定位及程序优化》,载《中国地质大学学报(社会科学版)》2021年第4期。

〔4〕 胡静、崔梦钰:《二元诉讼模式下生态环境修复责任履行的可行性研究》,载《中国地质大学学报(社会科学版)》2019年第6期。

〔5〕 参见刘清生:《论环境公益诉讼的非传统性》,载《法律科学(西北政法大学学报)》2019年第1期。

〔6〕 王克涛:《刑附民公益诉讼应无需履行诉前公告程序》,载《江苏法制报》2018年11月1日,第00C版。

出或转变为支持起诉。在刑事附带民事公益诉讼的情况下,亦应履行诉前公告程序,公告的目的亦是为保证社会组织的诉权。[1] 社会组织的诉权具有“补充性”,是环境行政执法权的补充手段[2],主要发挥监督和制约行政机关的目的。其顺位后于行政机关,而先于发挥法律监督功能、处于兜底地位的检察机关。

四是社会组织内部补缺规则:若针对同一损害行为,同时有多个社会组织提起诉讼,原则上应当合并审理,避免出现一个行为多次判罚的情况;若错时提起诉讼,则应遵循补位规则,即上一个诉讼中未处理或未完全处理的,后一个主体可就未处理部分提起诉讼。但不应构成重复诉讼,否则违背“一事不再理”规则。如同时出现两个公益组织以不同的诉请等提起诉讼时怎么处理?重庆两江志愿服务发展中心与安徽淮化集团有限公司大气污染责任纠纷案[3]提供了一个良好的样本:因存在多个适格起诉主体,民事公益诉讼案件后诉与前诉的原告往往各不相同,不能直接适用“一事不再理”之重复诉讼规则。应从节约司法资源、提升审判效率、维护裁判统一的原则出发,针对不同适格主体就同一侵权行为提起的公益诉讼遵循诉的合并规则,或者由后起诉者加入已经开始的诉讼,或者由人民法院将分别立案的公益诉讼案件合并审理。基于诉的利益的一致性,各原告的诉讼请求大多包含修复生态环境、赔偿损失等,但不同主体的具体请求内容和理由并不一定完全相同。因此,合并审理应当遵循由同一审判组织审理,适用同一诉讼程序,共同开庭、共同质辩,共同调解、共同裁判的基本规则,以依法保障各原告诉讼权利,统筹各原告诉讼请求和事实理由,避免诉讼请求的遗漏,防止裁判的矛盾冲突,更好实现以保护生态环境、维护社会公共利益为目的的环境公益诉讼的立法目的和司法功能。尤其要确保后诉主体在

---

〔1〕 参见《最高人民法院、最高人民检察院关于人民检察院提起刑事附带民事公益诉讼应否履行诉前公告程序问题的批复》。

〔2〕 王耀伟、刘蔡宽:《〈民法典〉中生态环境修复责任条款之法律辨析》,载《湖南社会科学》2021 年第 2 期。

〔3〕 参见最高人民法院民事裁定书,(2020)最高法民再 187 号。

程序上合法参与,实体上协调对接前诉判决或调解书,依法认定相关事实,并在此基础上作出相应的实体裁判。

(三)环境民事公益诉讼主体与生态环境损害诉讼主体修复请求权之顺位

在环境民事公益诉讼与生态环境损害赔偿诉讼的关系上,曾有两种模式:一是分别立案、合并审理、合并判决。最高人民法院指导性案例130号[1]即为典型。后来最高人民法院否定了这种模式,毕竟两种诉讼分属不同性质的诉讼。二是分别立案、先后审理、分别判决。即民事公益诉讼与生态环境损害赔偿诉讼分别立案,先中止民事公益诉讼,待生态环境损害诉讼完结后再恢复审理。江苏省高级人民法院的司法意见明确应先进行生态环境损害诉讼,审结后再审理公益诉讼。[2] 司法解释采纳了此意见。[3] 多数情况下,即便是民事公益诉讼起诉在先,生态环境损害赔偿诉讼立案在后,只要民事公益诉讼未审结,均应先中止民事公益诉讼,审结生态环境损害赔偿诉讼后方才恢复审理民事诉讼。[4] 即在二者互补的基础上,赋予生态损害赔偿诉讼优先性。[5]

---

〔1〕 参见重庆市人民政府、重庆两江志愿服务发展中心诉重庆藏金阁物业管理有限公司、重庆首旭环保科技有限公司生态环境损害赔偿、环境民事公益诉讼案,最高人民法院指导性案例130号(2019年)。

〔2〕 参见《江苏省高级人民法院关于生态环境损害赔偿诉讼案件的审理指南(一)》第53条。

〔3〕 参见《生态环境损害赔偿规定》第17条。

〔4〕 参见山东省淄博市中级人民法院民事裁定书,(2019)鲁03民初118号;山东省淄博市中级人民法院民事判决书,(2019)鲁03民初156号;山东省济南市中级人民法院民事判决书,(2016)鲁01民初780号;山东省济南市中级人民法院民事判决书,(2017)鲁01民初1467号。

〔5〕 参见李丹:《环境损害惩罚性赔偿请求权主体的限定》,载《广东社会科学》2020年第3期。

三、审理程序:有利于生态环境修复实现的司法能动审理机制

(一)诉请审查:通过释明权保障有利于环境保护诉请的提出

1. 私益诉讼:通过释明权提升预防性、修复性责任适用率

环境私益诉讼以侵犯私权为提起恢复原状的权利基础。私权的可处分性和私事自主性,决定了私益诉讼中原告有权选择使其利益最大化的诉讼请求。制度设计与人性假设不可分割,制度正义与否取决于制度与人性的契合性。[1] 传统"经济人"的人性假设,符合人性特征[2]。在预防性、恢复性等有利于生态环境修复的侵权责任方式的选择上,私法无法强制原告一定要有生态理念。在原本以财产损害和生态损害重叠为出发点,借助于传统侵权规则附带、间接救济生态环境的私益诉讼中,更应采用利益诱导机制而非义务强制机制,即以合理引导方式促使私益诉讼原告在救济自身利益时,附带地、合理地考虑生态利益,通过不断地累积,使权利人不断成为"生态人"而非纯粹的"经济人"。

有两个制度可以帮助达成这一目标:一是法官参考释明权,确立合理的诉请"导引"机制,以引导原告合理选择修复生态环境等诉讼请求。当诉讼请求不当时法院可在庭审前或庭审中释明,引导原告加以调整,原告在一审辩论终结前都可以变更诉讼请求。原告没有诉请要求被告承担预防性或修复责任,法院可以向原告释明环境修复的意义及功能,引导其提出主张。若修复责任条件不具备,经法院释明后,当事人可将修复责任请求变更为赔偿损失等诉请。[3] 这是环境司法能动性的展现。二是充分运用好调解制度。如原告未提出环境修复的诉请,经释明仍未或仍不愿意提出环境修复诉请的,可以促成调解,在调解方案中有机植入环境修复责任的请求。但这种调解以自愿、合法为原则。

---

〔1〕 参见李刚:《论"经济人"与"道德人"在制度设计中的辩证统一》,载《人大研究》2007年第12期。

〔2〕 参见吴贤静:《"生态人":环境法上的人之形象》,中国人民大学出版社2014年版,第97页。

〔3〕 参见重庆市第一中级人民法院民事判决书,(2015)渝一中法民终字第05999号。

2. 民事公益诉讼与生态环境损害赔偿诉讼：宜主动提出修复责任诉请以保护生态

《民事案件案由规定》将环境民事公益诉讼和生态环境损害赔偿诉讼统归于“公益诉讼”案由。两类诉讼具有共同价值，关切到人民群众对美好生态环境的向往，更关切到国家生态文明建设目标的实现。审判目标是要恢复生态环境的状态和功能，修复责任由此在民事责任方式中居于核心地位。相较于环境民事公益诉讼，生态环境损害赔偿诉讼在责任顺位的安排上更突出了“修复生态环境优先”[1]，体现了此类诉讼中更注重恢复性司法的特质。

适用修复责任应重视以下规则：一是优先考虑适用预防性责任。采取止损措施，清除水体、土壤等环境要素中的污染物质，排除对水体、土壤等生态环境产生现实危害或存在将来危险的情形，以贯彻保护优先的精神。若当事人的诉请未包含这些预防性措施，则这些措施在诉讼中自然应当优先作为法院中间裁决或最终裁决的内容。二是将生态环境修复到被污染或破坏之前的状态，至少应满足生态基线要求或环境风险控制目标，这是最主要的目的。三是生态环境无法原地原样恢复的，可采用替代性修复，或由被告承担生态环境修复费用和期间损失。在公益诉讼或生态环境损害赔偿诉讼中，预防性责任作为优先诉求，恢复性责任作为核心诉讼请求，若原告未主张或主张不当，不足以保护公共利益的，法院可以通过行使释明权加以引导、纠正，以促使原告变更或增加足以保护社会公共利益的诉请。[2] 原告在生态环境无法修复的情况下主张生态损害赔偿时，如赔偿数额过低未达到保护国家利益和公共利益目的，人民法院亦可建议变更诉请。[3]

（二）审理程序：由当事人主义向职权主义的发展

环境司法比传统民事诉讼展现出更多的职能主义倾向。“三审合

---

〔1〕《生态环境损害赔偿规定》第 11 条。

〔2〕《环境民事公益诉讼解释》第 9 条。

〔3〕参见江苏省南京市中级人民法院民事判决书，(2016) 苏 01 民初 1203 号。

一”或“四审合一”的审理、执行机制，决定了即使是私益诉讼，亦比普通民事诉讼更体现职权主义色彩。以民事公益诉讼为例展开，法院在环境能动司法方面比普通侵权走得更远：

1. 通过行使释明权从案件入口控制诉讼请求范围

释明是当事人主义诉讼模式下强化法官诉讼指挥权，平衡当事人与法院的诉讼角色分工，推动程序正义与实体正义实现的重要制度。[1] 在环境司法中，释明权既是职责，亦为权力，是人民法院适度发挥职权作用原则的体现。[2] 在合议庭组成后应及时组织庭前合议，评议确定是否需要释明变更、增加诉讼请求，在庭前会议中释明，直至法庭辩论终结前均可。[3] 释明的依据及判断标准是“原告的诉讼请求不足以保护社会公共利益”[4]的，“可以”向其释明变更或增加停止侵害、修复生态环境等诉讼请求。[5] 对诉讼请求的合理引导系法院依法审理环境案件的重要保障。

通过释明规范诉讼请求，以科学适用生态环境修复责任。具体类型包括：(1)增加修复生态环境责任诉讼请求。适用于原告诉讼请求对公共利益救济不充分的情形。包括：一是增加独立的修复责任。如原告诉讼请求中未包含停止侵害、修复生态环境等责任方式，通过释明引导增加。[6] 二是增加修复或赔偿数额。当原告主张的修复费用金额明显偏

---

〔1〕 参见祝颖：《环境民事公益诉讼请求释明规则的理论反思》，载《杭州电子科技大学学报(社会科学版)》2020年第5期。

〔2〕 参见《最高人民法院关于审理环境公益诉讼案件的工作规范(试行)》第2条。

〔3〕 参见《最高人民法院关于审理环境公益诉讼案件的工作规范(试行)》第14、27、45条。

〔4〕 重庆市第一中级人民法院民事判决书，(2018)渝01民初669号。

〔5〕 参见《最高人民法院关于审理环境公益诉讼案件的工作规范(试行)》第15条；《环境民事公益诉讼解释》第9条；《最高人民法院、最高人民检察院关于检察公益诉讼案件适用法律若干问题的解释》第18条。

〔6〕 参见福建省高级人民法院民事判决书，(2015)闽民终字第2060号。

低时,通过释明引导增加[1]。还包括对修复费用是否需要鉴定[2]及是否增加期间损失进行释明。[3] (2)变更修复生态环境责任诉讼请求。适用于诉讼请求表达不精准或不具可执行性的情形。如原告无法精准、适当地提出修复责任诉讼请求,可借助释明以变更或合理主张修复责任(含修复费用);[4]需司法鉴定的,可释明引导根据鉴定结论变更诉讼请求。[5] (3)具体化修复生态环境的诉讼请求内容。修复责任履行涉及修复时间、地点、方式、费用等,若原告诉讼请求中对此表述宽泛、概括或模糊,可通过释明引导将之具体化以利于作出可操作性的修复裁决。[6] (4)以诉讼请求目的得以实现为由释明对相应诉讼请求作合理处理。当通过侵权者、政府或其他主体已修复生态环境,诉讼目的已实现无须判令修复[7];当通过其他诉讼(如生态环境损害赔偿诉讼)实现修复时,环境民事公益诉讼就不应再支持修复或停止侵害、消除危险等[8],可通过释明引导妥善处理。

2. 依职权调查和举证责任分配差异化

根据《最高人民法院关于生态环境侵权民事诉讼证据的若干规定》第10条规定,对于审理环境案件需要的证据,法院认为必要的,可责令当事人提供证据,或依申请、依职权调查收集或委托鉴定。强调法院在证据收集方面的职权主义主要是为查清案件,法官并非消极坐堂问案,

---

[1] 参见浙江省丽水市中级人民法院民事判决书,(2019)浙11民初84号。

[2] 参见山东省聊城市中级人民法院民事判决书,(2019)鲁15民初635号;江苏省徐州市中级人民法院民事判决书,(2015)徐环公民初字第5号;江苏省徐州市中级人民法院民事判决书,(2015)徐环公民初字第6号。

[3] 参见新疆维吾尔自治区阿克苏地区中级人民法院民事判决书,(2019)新29民初25号;吉林省长春林区中级法院民事判决书,(2018)吉76民初2号。

[4] 参见广东省高级人民法院民事判决书,(2017)粤民终3092号;山东省威海市中级人民法院民事判决书,(2019)鲁10民初125号。

[5] 参见广东省清远市中级人民法院民事判决书,(2016)粤18民初32号。

[6] 参见江西省高级人民法院民事判决书,(2020)赣民终737号。

[7] 参见江苏省高级人民法院民事判决书,(2017)苏民终232号。

[8] 参见山东省济南市中级人民法院民事判决书,(2016)鲁01民初780号;甘肃省高级人民法院民事判决书,(2021)甘民终709号;河北省高级人民法院民事判决书,(2018)冀民终758号。

而应主动深入案件细节中，因而法院调查收集的证据和委托鉴定的事项，亦应基于双方角度考虑、忠于事实，不能片面只顾及一方利益而忽略其他，更不能有倾向性地为证明某一事项作出与法院中立、公正、消极地位不匹配的行为。

实践中根据当事人举证能力，对证明责任的分配采用了差异化的处理机制[1]：(1)私益诉讼中原告须对污染行为、损害事实承担举证责任，对污染行为与损害之间的关联承担初步举证责任；但原告、被告并非都存在明显的"结构性差异"，法院可根据具体案件情况适当分配当事人举证责任。(2)民事公益诉讼中原告应承担大部分举证责任。提起环境民事公益诉讼的主体已法定化为具备资质的社会组织、检察机关以及法律规定的行政机关，这些主体在信息收集、专业知识储备、人员力量等方面已不完全处于弱势地位，原告负担主要举证责任已符合常理和现实，但不排除被告对因果关系不成立及减免责任的举证义务。(3)生态环境损害赔偿诉讼中原告承担主要举证责任。这是根据原告已掌握行政执法阶段证据、举证能力较强的特点所作的规定。[2] 原来僵化的因果关系举证倒置规则被实践缓和，但《民法典》第1230条对应内容仍未改变，须在司法个案能动调整。

3. 通过对当事人处分权进行适度限制以维护公共利益

但在环境民事公益诉讼、生态环境损害赔偿诉讼中，基于环境公益涉及不特定多数人、属于集体且不可分割的公益的考量，法律对当事人的处分权进行了适当限制。体现在：(1)诉请撤回限制：原告对停止侵害、消除危险、生态环境修复等诉请不得随意撤回、变更诉讼请求，法院若认为撤回或变更诉请不利于保护环境公益的，可不准许撤回。[3] (2)撤诉权限制：①行政机关依法履职使原告诉讼请求全部实现的，可允

〔1〕参见《最高人民法院关于生态环境侵权民事诉讼证据的若干规定》第2～7条。
〔2〕参见《生态环境损害赔偿规定》第6～7条。
〔3〕参见山东省济南市中级人民法院民事判决书，(2016)鲁01民初780号。

许原告撤诉[1];②诉讼过程中公益诉讼的“诉讼请求全部实现”[2]或“目的全部实现”的,社会公共利益已得到充分保护,诉讼已无继续进行的必要的,可允许原告撤诉。[3] (3)承认权限制:原告在诉讼过程中自认对己方不利的事实和证据,若损害社会公共利益的法院应当不予确认。[4] 就公益诉讼和生态环境损害赔偿诉讼而言,承认对己方不利的事实和证据,必须受公共利益的限制,不得牺牲或有损公共利益。(4)反诉权限制:被告无反诉权。[5] 因作为民事公益诉讼和生态环境损害赔偿诉讼原告的检察机关、社会组织、行政机关代表的是公共利益或国家利益,不是直接实施行为的当事人,仅是诉讼程序中的代表人,故对其反诉请求法院不予受理。但被告无反诉权并不意味着其无反驳或抗辩的权利,须保障当事人的其他正当诉讼权利。(5)调解审查权:就民事公益诉讼而言,对双方的调解、和解事宜亦进行严格审查,对达成的和解协议或调解协议,人民法院应当遵循公开原则,按照程序将和解或者调解协议进行公告,接受社会监督,并以是否符合公共利益为审查标准,决定是否认可和解或调解协议。[6] 就生态环境损害赔偿诉讼而言,双方经磋商达成的生态环境损害赔偿协议,可以依法请求人民法院确认,确认标准是“协议的内容不违反法律法规强制性规定且不损害国家利益、社会公共利益”[7]。

---

〔1〕 参见《环境民事公益诉讼解释》第26、27条。

〔2〕 《最高人民法院、最高人民检察院关于检察公益诉讼案件适用法律若干问题的解释》第19条;《人民检察院提起公益诉讼试点工作实施办法》(已失效)第24条;《人民法院审理人民检察院提起公益诉讼案件试点工作实施办法》第9条。

〔3〕 参见江苏省无锡市中级人民法院民事裁定书,(2017)苏02民初68号。

〔4〕 参见《环境民事公益诉讼解释》第16条。

〔5〕 参见《环境民事公益诉讼解释》第17条;《人民检察院提起公益诉讼试点工作实施办法》(已失效)第18条;《关于检察公益诉讼案件适用法律若干问题的解释》第16条。

〔6〕 参见《环境民事公益诉讼解释》第25条;《最高人民法院关于适用〈中华人民共和国民事诉讼法〉的解释》第289条;《海洋自然资源损害规定》第11条;《人民法院审理人民检察院提起公益诉讼案件试点工作实施办法》第8条。

〔7〕 《生态环境损害赔偿规定》第20条。

4. 判后主动移送执行以及时救济受损态环境

环境民事公益诉讼生效裁判的执行关系到环境公共利益能否得到及时维护，因此无须原告申请，应由人民法院依职权移送执行。[1] 即由审判人员直接移送执行人员。这与普通民事案件必须由申请人申请才启动执行程序明显不同，体现出更为强烈的职权主义色彩。考虑到生态环境损害赔偿诉讼中，原告系代表国家行使职权的行政机关，且根据《改革方案》磋商制度的要求，双方达成和解协议的，和解协议经司法确认后执行时，由当事人申请执行较为妥当。[2]

（三）审判组织：专业化与社会化共同提升环境司法案件的审判质量

1. 专业化：环境司法专业化是必然方向

环境司法专门化指的是审判机构专门化，由专门法院或法院内部的专门审判庭审理环境资源案件。[3] 专业化则是指法官在审理环境资源案件时，具备生态学、环境科学、毒理学、环境经济学等专业知识，并具备丰富的法律实务经验和理论水平，以专业化的知识和系统理论解决现实涉水、土壤、大气等环境污染或生态破坏司法难题，以期获得高质量的审判。环境诉讼是一种新型诉讼案件，具有高度的复合性和专业技术性，裁判者的能力与素质决定着环境司法救济的过程，也对环境纠纷处理的结果有决定性作用。[4] 对生态环境案件进行专业化审理，努力打造一支政治、业务、责任、纪律、作风均过硬的专业化环境资源审判队伍，是最高人民法院在环境司法改革上的重要目标。[5] 各地都在采用不同措施探索环境资源审判专业化，确保审判公正、专业、高效。

---

〔1〕 参见《环境民事公益诉讼解释》第 32 条；《海洋自然资源损害规定》第 10 条第 2 款。

〔2〕 参见《生态环境损害赔偿规定》第 21 条。

〔3〕 参见吕忠梅等：《环境司法专门化：现状调查与制度重构》，法律出版社 2017 年版，第 122 页。

〔4〕 参见吕忠梅等：《中国环境司法发展报告：2015—2017》，人民法院出版社 2017 年版，第 22 页。

〔5〕 参见江必新 2019 年 7 月 30 日在最高人民法院新闻发布会上的讲话，载最高人民法院，https://www.court.gov.cn/zixun/xiangqing/173942.html。

2. 社会化:社会专业力量参审将成环境司法常态

借助社会专业力量推动涉水、土壤、大气、森林、草原、海洋等环境资源案件审理的专业性和科学性。一是专家论证咨询。二是专家证人制度。原告、被告都可申请专家证人出庭作证,来帮助当事人解决环境专业性问题,但专家证人的意见仅是参考意见,并非决定性的意见。三是专家意见制度。由法院聘请或委托具有法定资质或专业知识的专家对案涉专业性问题发表意见。尤其在案件复杂、鉴定成本高、周期过长的情况下,专家意见在一定程度上可代替鉴定报告,在确定修复方案、修复费用时具有重要作用。四是司法鉴定制度。具备资质的环境司法鉴定机构可协助解决生态环境损害预防、赔偿、修复等专业性问题。五是专家陪审制度。在环境司法案件中广泛适用陪审制,增加法院处理案件的公信力和专业性。六是技术调查官制度。检察机关和人民法院均可聘请技术调查官协助专业事项的调查分析,提出意见。

3. 职能分工:陪审员对事实进行审查与法官对法律进行审查的有机结合

《人民陪审员法》为环境案件适用陪审制提供了法律依据。对重大生态环境案件,适用陪审制对确保公众对环境案件的参与权、知情权具有重要意义。[1] 检察机关提起的一审环境民事公益诉讼原则上实行陪审制[2],生态环境损害赔偿案件应当适用陪审制[3],在案涉事实涉及复杂的专门性问题时须至少一名“具有专门知识”的人民陪审员参与[4],私益诉讼亦可适用人民陪审制。实践中,重大环境民事公益诉讼、生态环境损害赔偿诉讼案件多采用“3 名法官 +4 名陪审员”组成 7 人合议庭

---

〔1〕 参见《新时代生态环境保护司法意见》第 19 条。

〔2〕 参见最高人民法院发布的《人民法院审理人民检察院提起公益诉讼案件试点工作实施办法》第 7 条。

〔3〕 参见《生态环境损害赔偿规定》第 4 条。

〔4〕 《具有专门知识陪审员规定》第 1 条。

进行审理[1]，亦有"3 名法官 +2 名陪审员"或"2 名法官 +1 名陪审员"[2]的情况。

实行陪审制的环境案件，采用分工合作的机制进行审理，可有效促进环境民事案件的专业化。一是区分事实问题和法律问题进行审理。[3]合议庭开庭前，制作事实认定问题清单，对争议事实问题逐项列举，供陪审员在庭审时参考。难以区分事实认定和法律适用问题的，按事实认定问题处理。具有专门知识的人民陪审员，应就案涉专门性问题发表明确意见。二是区分事实认定和法律认定分别合议。[4] 合议庭评议时，先归纳和介绍需评议讨论决定的事实认定问题，列出案件事实问题清单。陪审员全程参与评议，对事实认定应尊重陪审员的表决权，由陪审员和法官在共同评议基础上表决。陪审员可就法律问题发表意见但不参与表决。三是具有专门知识的人民陪审员应就生态环境修复方案的审查发表意见[5]，并可参与监督生态环境修复、验收和修复效果评估。[6] 实践表明，专业"外脑"可参与调查核实案件事实，科学量化损害评估；[7]专家陪审员可对修复方案提出专业意见，提高了修复的可操作性。[8]

（四）裁判方式：鼓励遵循修复生态的科学规律进行创新性裁判

对此本书第六章第二节已作全面论述。

---

[1] 《具有专门知识陪审员规定》第 7 条第 2 款、第 8 条；《新时代生态环境保护司法意见》第 19 条。

[2] 《具有专门知识陪审员规定》第 7 条第 1 款。

[3] 《最高人民法院关于适用〈中华人民共和国人民陪审员法〉若干问题的解释》第 9 条。

[4] 《最高人民法院关于适用〈中华人民共和国人民陪审员法〉若干问题的解释》第 13 条。

[5] 参见《具有专门知识陪审员规定》第 12 条第 5 款。

[6] 《具有专门知识陪审员规定》第 14 条。

[7] 参见 2022 年最高人民检察院、水利部联合发布的涉水领域检察公益诉讼典型案例之九：江苏省建湖县人民检察院诉张某某等人长江非法采砂刑事附带民事公益诉讼案。

[8] 参见 2021 年贵州省高级人民法院发布的"2020～2021 环境资源审判十大典型案例"之七：贵州省江口县人民检察院诉代某飞、彭某壮、彭某、代某亮非法捕捞水产品刑事附带民事公益诉讼案。

四、行政监督:生态环境修复裁判中行政机关监管义务的表达

负有生态环境保护职责的行政机关对司法裁判中所涉及的修复责任履行负有指导、监督、督促责任。将司法裁判权、执行权与行政机关的业务指导与行政监管权合理衔接,是实现司法修复生态环境目标的重要保障。应科学设计行政机关的司法裁判执行监督权,确保违法行为人按裁判要求准确、完整、及时实现修复目标。

(一)裁判路径:行政机关履行监管义务的裁判方式

司法实践中对行政机关环境修复职责进行监管的裁判,大抵有五种情形:一是径行判决式。即法院查明所受损生态环境归何部门监管后,在判决被告承担生态环境修复义务时,责成行政部门积极履行监管义务。[1] 但在行政机关未参与的情况下,直接判决其承担监管责任的合理性存疑。二是自愿认可监管式。负有生态环境保护和监督管理职责的部门向法院发出文件(函件),表示自愿承担对被告修复环境或恢复原状的监管义务,由法院裁判文书认可。[2] 三是参与协商式。在负有生态环境保护职责的行政机关参与的情况下,对行政机关应负担的环境修复监管、监测、指导等义务进行明确后,在判决文书或调解书中正式明确行政机关的监管义务。这是在"合意"基础上将其义务具体化,相较法院在没有行政机关参与下对其科以监管义务的判决更具正当性。四是被告报告履行状况式。即由负有环境修复或治理义务的被告,定期或在修复完成时向法院提交环境修复责任履行情况报告,以便法院确定被告是否履行了判决义务以及相关行政机关是否履行了监管、检测、监测等职责。这已成为对行政机关科以监管义务的重要方式,通过被告的报告义务的"倒逼机制"促使行政机关履行监管职责。[3] 五是发表法律意见书。即

---

〔1〕 参见山东省烟台市中级人民法院民事判决书,(2017)鲁06民初8号。

〔2〕 参见江苏省连云港市中级人民法院民事判决书,(2014)连环公民初字第00001号;江苏省镇江市中级人民法院民事判决书,(2015)镇民公初字第00002号。

〔3〕 参见广西壮族自治区南宁市中级人民法院民事判决书,(2001)南市经终字第323号;江苏省无锡市中级人民法院民事判决书,(2013)锡环民终字第1号。

在裁判文书之外，以法律意见书的方式来表达行政机关应负担的环境监督管理义务，敦促其履行监管职责。

（二）法律层面：行政机关监管义务的法律化

基于民事诉讼效力相对性原理，法院所作的民事司法裁判若对第三方科以法律义务，除非第三方自愿承担，否则必须有合理、充足、正当的理由。在无法律授权情况下，司法权超越边界，直接或间接为行政机关设定法律义务，有使行政权与司法权发生位移的风险。以至于部分司法案例〔1〕以行政机关与案件处理结果无利害关系为由，否定要求第三人承担修复责任的请求。虽然环境保护与自然资源法等法律已确立行政机关对侵害生态环境的违法行为负有查处、监督、管理、指导等职责和义务，但超出行政管理框架，司法机关能否单方科以行政机关监管义务，涉及权力配置与义务设置的根本性问题。化解之道有二：一是在未来的生态环境法典中，环境污染和生态破坏的公益诉讼、生态环境损害赔偿诉讼适用环境修复等责任时，明确规定负有环境保护义务的行政机关负有监管义务，以此作为法院的裁判依据，使其正当化、合法化。二是通过《民事诉讼法》之公益诉讼条款的完善，授权法院在涉及环境利益、消费者利益等公益诉讼中，判令相关行政机关履行与裁判义务相关的监管义务，进而从程序正当的角度给予法院授权。但为防止司法权过度干涉行政权，应设置合理限制条件：法院在司法裁决中为行政机关设定的监管义务，必须属于行政机关职责范围，且应与司法裁判的内容密切相关，裁判的执行必须依赖于这种监管义务的履行，以此实现环境修复的目的。

（三）模式改进：第三方修复与第三方独立评估机制

基于环境多元共治理念，应充分发挥社会第三方的辅助功能，建立多元协作的生态环境修复责任裁判执行机制，助力实现修复目标。

1. 第三方修复：司法裁判由第三方修复已呈主流态势

鉴于环境污染或生态破坏行为人大多不具备修复生态环境的专业

〔1〕 参见福建省高级人民法院民事判决书，（2015）闽民终字第2060号。

知识、技能，或者不具备修复的条件，若仅判决由被告修复将不能实现司法裁判目的，第三方修复已渐成主流。司法裁判中涉第三方治理或修复的，应注重将司法裁判与《关于推进环境污染第三方治理的实施意见》相衔接。当前的第三方修复司法裁判主要采用"备用式第三方修复"，即先判决被告承担修复责任，如被告不修复或无能力修复时，由第三方修复，修复费用由被告承担。[1] 在第三方修复裁判中，需要关注：一是法院裁判时不宜直接指定第三方修复。二是第三方履行修复责任应属执行判决阶段之事，应在执行阶段加强与负有生态环境保护职责的行政机关的协调，确保第三方代履行达到预期效果。三是第三方履行修复责任时须强化对第三方修复效果的评估与监督，由于第三方原因造成二次污染或生态破坏的，第三方应承担侵权责任。四是第三方代履行修复责任时，原则上应尊重司法裁判中确定的修复方案，同时鼓励采用更优化的修复治理方案和技术，以达到真正修复生态的目标。

2. 修复后评价：第三方独立评估修复效果的机制

第三方评估修复效果是指在被告自行修复的情况下，委托第三方对修复效果进行检测、监测、评估、验证，以便确定是否达到修复标准及具体修复方案的要求。如在中国绿发会与马鞍山国翔环保科技有限公司环境污染责任纠纷案[2]中，判决修复后的监督机制为：判决生效后 3 个月内，国翔公司修复案涉堆放钛石膏原址生态环境，修复完成后 1 个月内提交书面报告，交由第三方机构评估，费用由国翔公司承担。第三方评估修复机制需解决几个问题：第一，应由独立第三方进行评估。贵州、福建、山东等地的生态环境损害修复管理办法规定，第三方评估由鉴定机构进行，《生态环境损害赔偿规定》第 27 条规定的评估人为"赔偿权利人及其指定的部门或机构"。因此，评估机构既可是原鉴定机构，也可是另行确定的相关部门或机构，以确保评估的独立性和公正性。第二，第

[1] 参见广东省广州市中级人民法院民事判决书，(2017)粤 01 民初 201 号。
[2] 参见安徽省高级人民法院民事判决书，(2018)皖民终 826 号。

三方评估的标准原则上是所附修复方案,但修复标准应当动态考量生态环境变化的需求及修复标准的改进。[1] 第三,第三方评估费用应由被告承担。第四,第三方独立评估亦应该有合理的监管机制,防止寻租的存在。建议由生态环境保护部门设立类似于鉴定机构的资质认证制度,由经资质认证的机构进行修复后评估。

---

〔1〕 参见吉林省吉林市中级人民法院民事判决书,(2017)吉02民初32号。

余论：生态环境修复责任的专门化、体系化塑造

《民法典》对修复责任的规定实际上是为专门的环境立法留下“端口”，实现环境法与民法之间的沟通与协调[1]，实现私法与公法协同保护生态、促进生态文明的任务。

以“生态恢复论”为基础的生态环境法律责任理论，是为解决生态环境问题寻找的专门方案。[2] 生态环境修复责任为环境法律责任的创新代表，在应对环境危机过程中，其将传统民事责任、行政责任与刑事责任“融为一炉”，既与传统责任关联但又在内容、形式上有所不同。[3] 遂不能简单以公法责任或私法责任定位之，亦不能将其简单归入民事责任、行政责任或刑事责任的某一类，其在不同场合呈现多面性、交互性、融合性

---

〔1〕 参见王慧：《〈民法典〉生态环境修复请求权的二元构造及其实现路径》，载《安徽大学学报（哲学社会科学版）》2021年第4期。

〔2〕 参见吕忠梅：《环境法典视角下的生态环境法律责任》，载《环球法律评论》2022年第6期。

〔3〕 参见吕忠梅：《环境法典视角下的生态环境法律责任》，载《环球法律评论》2022年第6期。

的特点。将其作为环境法律责任中的专门化责任，给予其恰当位置[1]和合理的独立化规范配置，进行价值融贯性和逻辑一致性的体系化构造，是解决公私法交融下修复责任制度安排的妥善路径。当前，立法规划已将生态环境法典制定作为重要任务，宜将生态环境修复责任的独立化置于法典化、体系化的视角下，使公法与私法协同、生态环境法典与其他法律相互链接，构造体系化、独立化、规范化的生态环境修复责任体系，并辅之以“行政执法优先、刑事附带修复、民事兜底救济”三位一体的法律机制。

对生态环境修复责任的立法模式选择，存在不同认识。公法模式[2]、私法模式与公私法协同模式[3]等主张均有之。鉴于生态环境损害本就长期游走在公法和私法之间的属性[4]，生态环境修复法律目标的实现既可能通过公法规则，亦可能借道私法路径。[5] 单一的公法论或私法论均存在不足，采用公私法协同论更契合我国现实的立法基础和理论认知。大量的修复责任规范梳理显示，生态环境修复责任的“规范出身”与其“法律属性”之间呈现明显的“非对应关系”，生态环境修复责任共同存在于公法规范与私法规范中，“非此即彼”的划分未免简单化、机械化。规制模式之争的背后，一定程度上反映了规范主义与功能主义的立场差异。从严格规范主义立场出发，作为公益的生态环境修复应由公法解决，私法的私益性难以解决公共性问题；但在功能主义立场下，可忽

---

[1] 参见刘长兴：《现代环境治理体系的法律责任基础及构造》，载《暨南学报（哲学社会科学版）》2022 年第 11 期。

[2] 参见巩固：《生态损害赔偿制度的模式比较与中国选择——〈民法典〉生态损害赔偿条款的解释基础与方向探究》，载《比较法研究》2022 年第 2 期；刘长兴：《论环境行政法律责任的创新及专门化发展》，载《环球法律评论》2022 年第 6 期。

[3] 参见刘静：《论生态损害救济的模式选择》，载《中国法学》2019 年第 5 期；陈红梅：《生态损害的私法救济》，载《中州学刊》2013 年第 1 期；戴茂华：《民法典规范下生态破坏责任制度的适用与完善》，载《环境保护》2021 年第 13 期。

[4] 参见李晨光：《生态环境损害救济模式探析：游走在公法与私法之间》，载张仁善主编：《南京大学法律评论》总第 47 卷，法律出版社 2017 年版。

[5] 参见程玉：《生态环境修复行政命令制度的规范建构》，载《北京理工大学学报（社会科学版）》2021 年第 6 期。

略功能主义与规范主义的诸多争论，回归到如何务实解决生态环境修复问题上，公法路径或私法路径皆可达到相似的效果，只是各有所长、各有弊端，扬长避短才是最佳选择。于是，生态环境治理已渐从过去以行政治理为主，转变为私法治理与公法治理并举〔1〕，体现出治理思维的进步与革新。

对于生态环境修复责任立法路径的选择，有不同认知：一是综合性专门立法路径。如建议制定"生态环境损害综合预防与救济法"〔2〕、"环境公益损害救济法"〔3〕、"统一的环境责任与赔偿法"〔4〕、"生态环境损害赔偿综合性法律"〔5〕、"综合的环境责任法"〔6〕、"自然损害救济法"〔7〕等，目的在于系统性规范生态环境损害之预防、修复、赔偿及磋商、诉讼等机制。专门综合性立法的规范脉络固然清晰可辨，但同时也会造成与既有规定之间的混乱，立、改、废成本较高，并非最优立法技术选择。〔8〕 二是生态环境修复责任独立化立法路径。《民法典》将修复责任独立化后，通过环境法典或专门立法对其作专章规定〔9〕，或在未来

〔1〕 参见刘士国：《民法典"环境污染和生态破坏责任"评析》，载《东方法学》2020年第4期。

〔2〕 竺效：《论生态损害综合预防与救济的立法路径——以法国民法典侵权责任条款修改法案为借鉴》，载《比较法研究》2016年第3期。

〔3〕 巩固：《环境民事公益诉讼性质定位省思》，载《法学研究》2019年第3期。

〔4〕 於方、韩梅、田超：《论环境责任与赔偿法律制度的完善》，载《环境保护》2018年第16期。

〔5〕 郭林青等：《我国生态环境损害赔偿制度研究——基于各省区市实施方案及配套制度分析》，载《环境与可持续发展》2021年第5期。

〔6〕 沈百鑫：《环境损害的修复责任制度初探——以水体损害修复责任的中德比较为视角》，载高鸿钧、王明远主编：《清华法治论衡》第22辑，清华大学出版社2014年版，第296页。

〔7〕 李义松、刘丽鸿：《我国生态环境损害修复责任方式司法适用的实证分析》，载《常州大学学报（社会科学版）》2020年第1期。

〔8〕 参见王莉、邹雄：《生态环境损害公私法二元救济的规则安排》，载《南京社会科学》2020年第6期。

〔9〕 参见王灿发、王雨彤：《生态环境损害赔偿诉讼责任承担方式的反思与完善》，载《环境保护》2022年第9期。

《民法典》修订中对其作独立化、体系化规定〔1〕的呼吁渐多。更直接的主张是制定“统一的生态环境修复法”〔2〕、“生态环境损害赔偿与恢复法”〔3〕,以此系统化规定生态环境修复责任制度,这彰显了修复责任的独立化与专门化,但易打乱现有的法律体系,且与当下生态环境法典化立法思路有所冲突,亦非最优选择。三是公私法协同下修复责任独立化路径。在公法与私法二元结构体系中,妥善安放规范以规制生态环境修复责任。〔4〕重视《民法典》与环境法的对话与协同共治,强化环境侵权修复责任独立化配置〔5〕,坚持“环本民补”的定位;还应塑造宪法和环境基本法层面的生态环境修复基本制度、环境特别民事责任立法层面的生态环境修复多元责任方式以及专门技术规范层面的生态环境修复责任的边界、限度和具体要求。〔6〕建立实体法与程序法共同协力、法典与单行法相协调的生态环境损害救济体系。〔7〕此外,尚有基于“拟制条款”,将生态利益纳入私法体系,借助私法救济环境公益的主张。〔8〕公私法协同路径点出了修复责任的本质特点,但难将生态环境修复责任真正独立化、体系化,还需再寻找更优方案。

如今,环境法典已纳入立法规划〔9〕,宜将生态环境修复责任独立

---

〔1〕 参见张高榕、熊超:《生态修复责任法律性质探析——以〈民法典〉侵权责任编第一千二百三十四条切入》,载《社科纵横》2021年第2期。

〔2〕 刘士国:《民法典“环境污染和生态破坏责任”评析》,载《东方法学》2020年第4期。

〔3〕 康京涛:《生态修复司法适用的实证分析——以212份环境裁决文书为中心》,载《法治论坛》2018年第3期。

〔4〕 参见李丹:《环境损害惩罚性赔偿请求权主体的限定》,载《广东社会科学》2020年第3期。

〔5〕 参见蔡唱:《民法典时代环境侵权的法律适用研究》,载《法商研究》2020年第4期。

〔6〕 参见李挚萍:《生态环境修复责任法律性质辨析》,载《中国地质大学学报(社会科学版)》2018年第2期。

〔7〕 参见徐以祥:《〈民法典〉中生态环境损害责任的规范解释》,载《法学评论》2021年第2期。

〔8〕 参见李昊:《论生态损害的侵权责任构造——以损害拟制条款为进路》,载《南京大学学报(哲学·人文科学·社会科学)》2019年第1期。

〔9〕 参见全国人大常委会2021年4月21日公布的“2021年度立法工作计划”,载中国人大网,http://www.npc.gov.cn/npc/c2/c30834/202104/t20210421_311111.html。

化、专门化纳入生态环境法典制定的整体视角予以审视。这种责任源于实践创新,后被立法确认并不断发展,有别于传统民事责任、行政责任。专为救济生态环境损害的富有“生态化”特质的生态环境修复性责任,实现由“碎片化”向“体系化”“独立化”跃进,乃生态环境本身内生性、协同性、整体性的必然要求。基于“适度法典化”理念,参酌国外环境法典的立法模式,“集中为主、分散补充”[1]的立法模式是一种合理选项。未来制定的生态环境法典作为领域法,有规范集合的典型特征。[2] 在制定生态环境法典时,对于是否应专门规定环境法律责任有不同认识,但总体倾向于法律责任独立成编,以确保污染控制、绿色低碳发展、自然生态保护等编章所设定的权利义务得以实现。环境法律责任经历“从重叠与混沌、到依托传统法逐步创新、再到形成专门环境法律责任,环境法律责任制度逐渐成熟”[3]。“推动生态环境法律责任走向价值统一、概念统一、判断标准统一的类型化,形成‘专门责任 + 特别责任’的二阶类型法律责任体系。”[4]生态环境修复责任不仅是最富特色、专门针对环境本身的修复性救济法律责任方式的创新,更是环境法中的专门化环境法律责任[5],成为有别于预防性、赔偿性责任之外的新型环境责任形态。

当前,生态环境修复责任从概念、性质、标准、目标、主体、方式到实现机制等都远未达到统一。要使其在实践中得到规范运用,立法上首先得进行体系化重塑,以便为其在法律责任体系中找到妥当位置。对修复责任性质的不同认知,决定了其体系化逻辑和内容构造的差异。如将其

---

〔1〕 竺效:《生态环境责任编的比较法借鉴及编纂思路》,载《中国法律评论》2022 年第 2 期。

〔2〕 参见焦艳鹏:《领域型法典编纂中法律责任的设定——以生态环境法典为例》,载《法制与社会发展》2023 年第 1 期。

〔3〕 吕忠梅:《环境法典视角下的生态环境法律责任》,载《环球法律评论》2022 年第 6 期。

〔4〕 吕忠梅:《环境法典视角下的生态环境法律责任》,载《环球法律评论》2022 年第 6 期。

〔5〕 参见刘长兴:《论环境行政法律责任的创新及专门化发展》,载《环球法律评论》2022 年第 6 期。

界定为行政法律责任,则依赖于行政法律设定和追究,辅之以政治责任和其他责任推动落实,并以司法机制追究污染者或破坏者修复责任。[1]诚然,基于国家的生态环境保护职责,通过行政执法实现修复生态环境目的,具有效率高、成本低、及时的优势。但并不意味着只能将其定性为行政处罚责任。事实上,《民法典》作为基本法,其第1234条对生态环境修复责任的新型独立环境民事责任的定位应得到尊重,司法实践广泛认同其民事责任性质,这是生态环境修复责任独立化构造的现实基础。宜将之置于公法与私法协同的立场构建与适用,方能实现对公共利益的周延救济。故应当注重修复责任的多维面向,在法律责任编修复责任条款下形成"总—分"体系,与《民法典》第1234、1235条对接,将行政执法优先、刑事附带救济、民事兜底修复的思路贯穿其中,对修复责任的实体规则与程序机制进行系统化建构,真正彰显其独立价值。

鉴于此,生态环境修复责任作为基础性、综合性责任制度,生态环境法典宜对其进行体系化、专门化塑造。具体而言:第一,需"正名"。明确使用"生态环境修复责任"一词规范其称谓,使其名正言顺。第二,明"性质"。注重生态环境修复责任的多维属性,塑造多元实现机制。第三,厘"条件"。厘清生态环境修复责任的适用条件,便于准确适用。第四,定"标准"。需在法典中明确生态环境损害责任的修复标准、验收标准等,便于执行。第五,识"主体"。对生态环境修复责任主体进行契合环境损害特殊化要求的配置,适度扩张主体范围。第六,分"责任"。应将生态环境修复责任的分担机制塑造为适度有别于传统侵权责任的分配机制。第七,塑"类型"。生态环境修复责任不宜再像过去立法那样过于模糊化,应进行类型化构造并塑造相应适用规则。第八,创"方式"。以开放式的原则,确保修复责任方式处于持续创新之中,因时因地制宜实现修复目标。第九,立"机制"。修复责任的实现并非仅有行政执法或民事诉讼之途径,亦可将之置于多元机制下建构层次化、缜密的适用机制。第

〔1〕 参见刘长兴:《生态环境修复责任的体系化构造》,载《中国法学》2022年第6期。

十,重“协调”。既重视预防、修复、赔偿、惩罚等多元民事、刑事、行政责任之间的内部协调与外部协同,又注重多元实现机制之间的协同。第十一,重“衔接”。生态环境法典对生态环境修复责任的规范,应与实体法、程序法合理衔接,通过公法与私法的有机配合以及生态环境法典与单行立法协同推进实现生态保护目标。

本书是对生态环境修复责任独立化的研究尝试,仍存诸多不足,敬请批评指正。